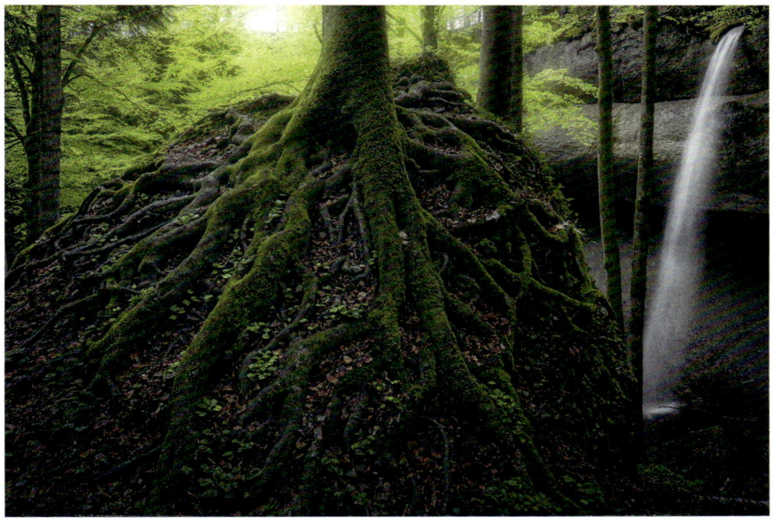

Mittelerde ist keine imaginäre Welt. [...] Schauplatz meiner Erzählung ist diese Erde, dieselbe, auf der nun wir leben, aber die historische Periode ist imaginär.

Tolkien, Brief 183

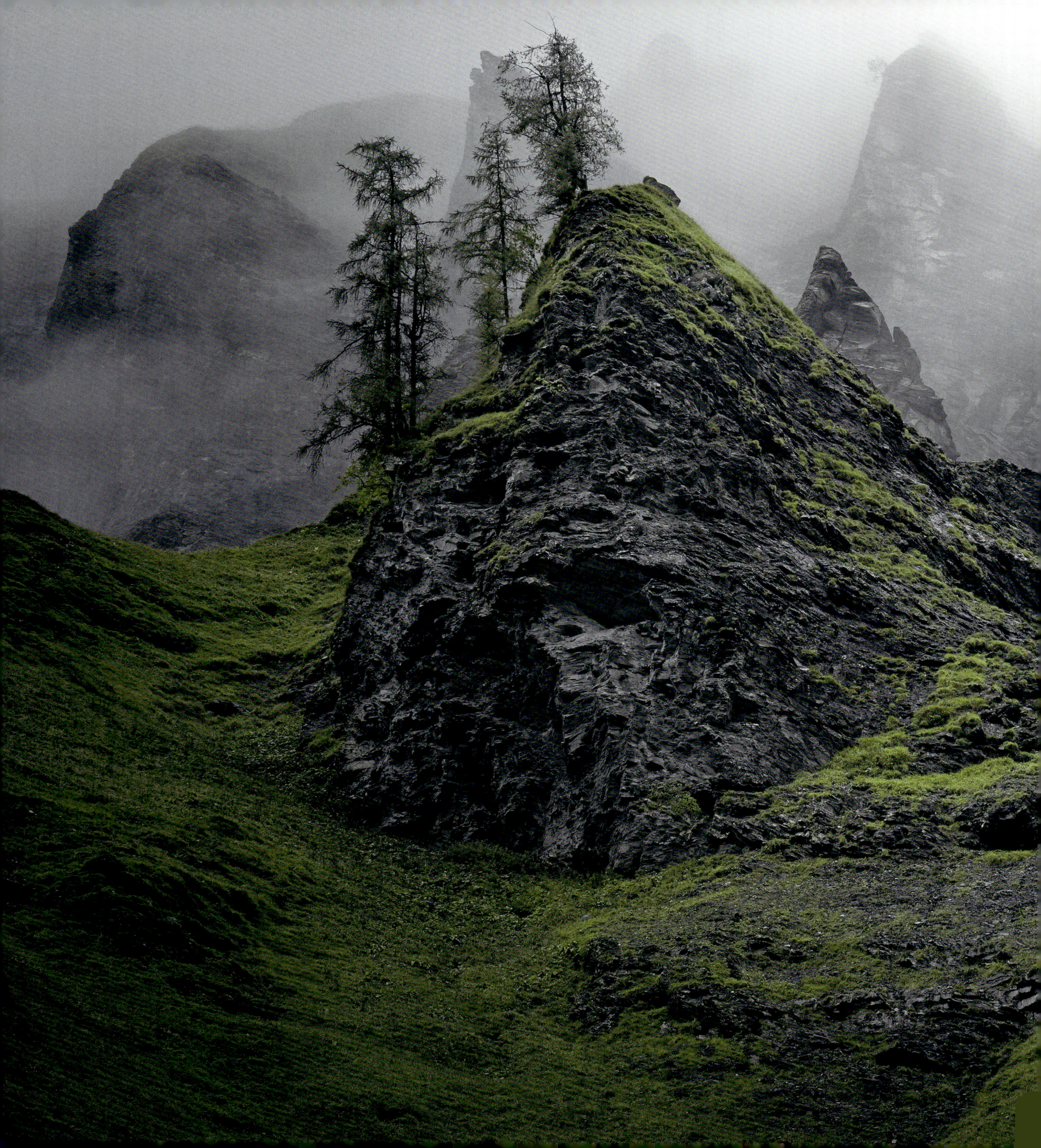

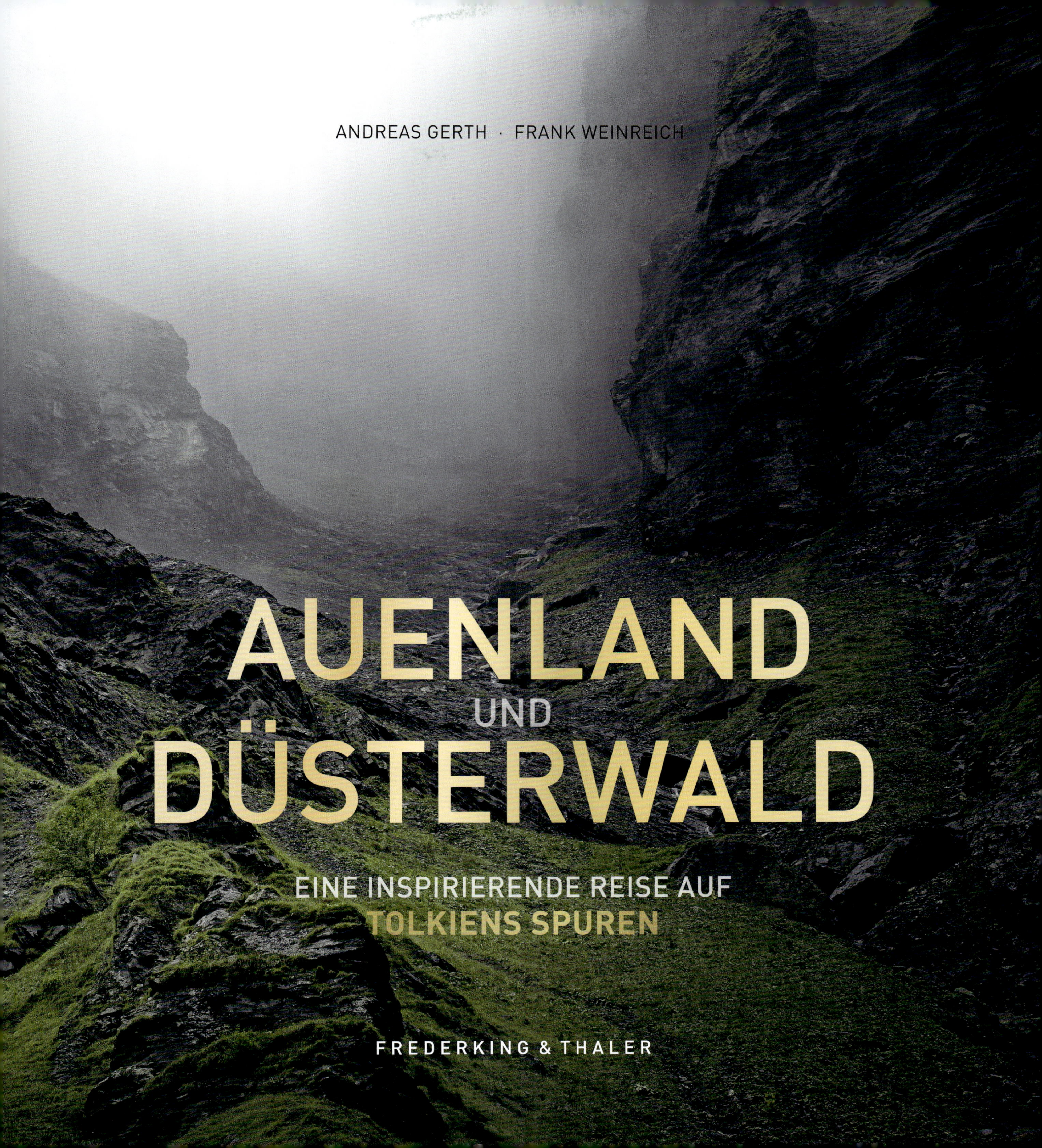

ANDREAS GERTH · FRANK WEINREICH

AUENLAND UND DÜSTERWALD

EINE INSPIRIERENDE REISE AUF TOLKIENS SPUREN

FREDERKING & THALER

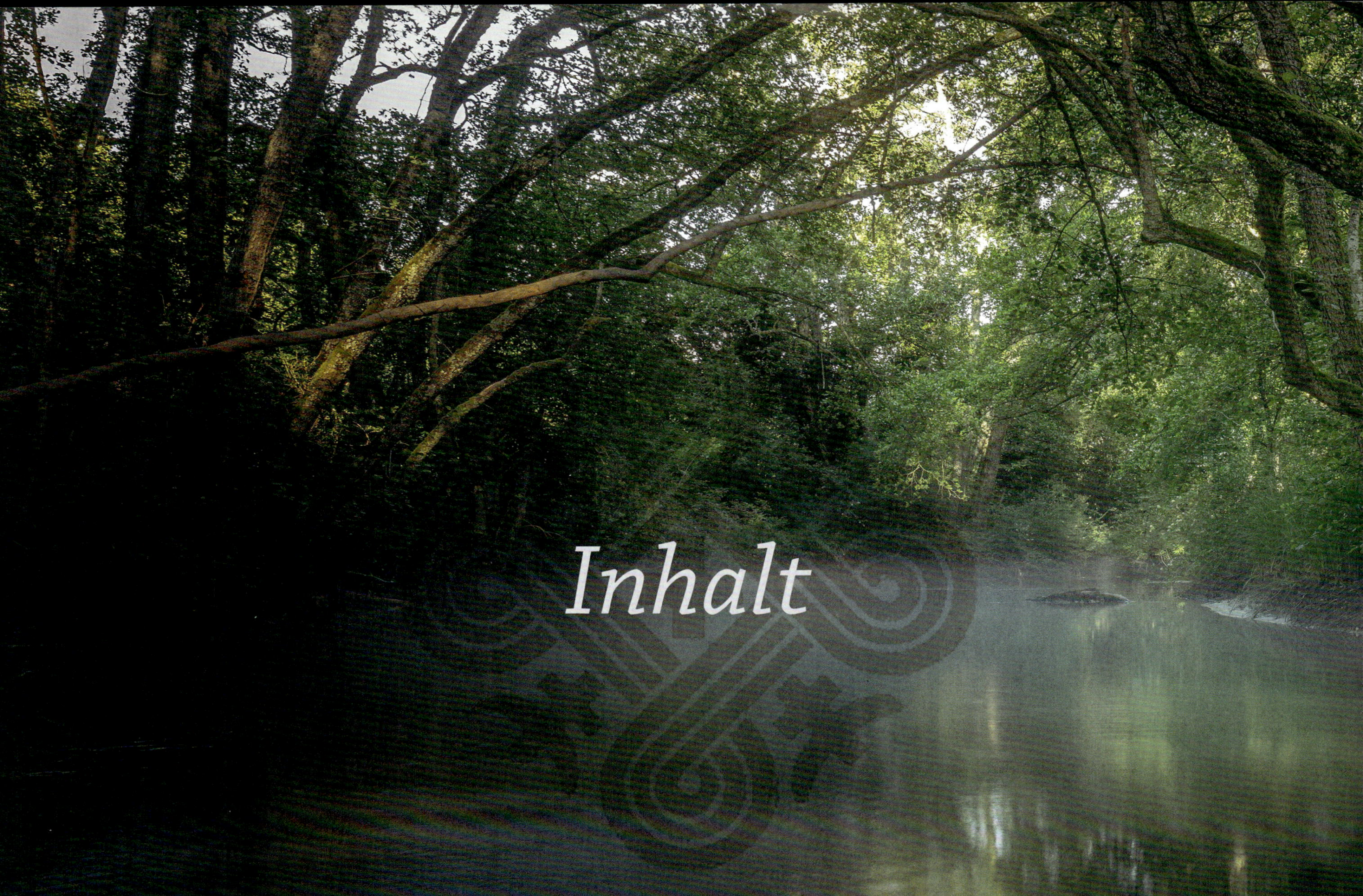

Inhalt

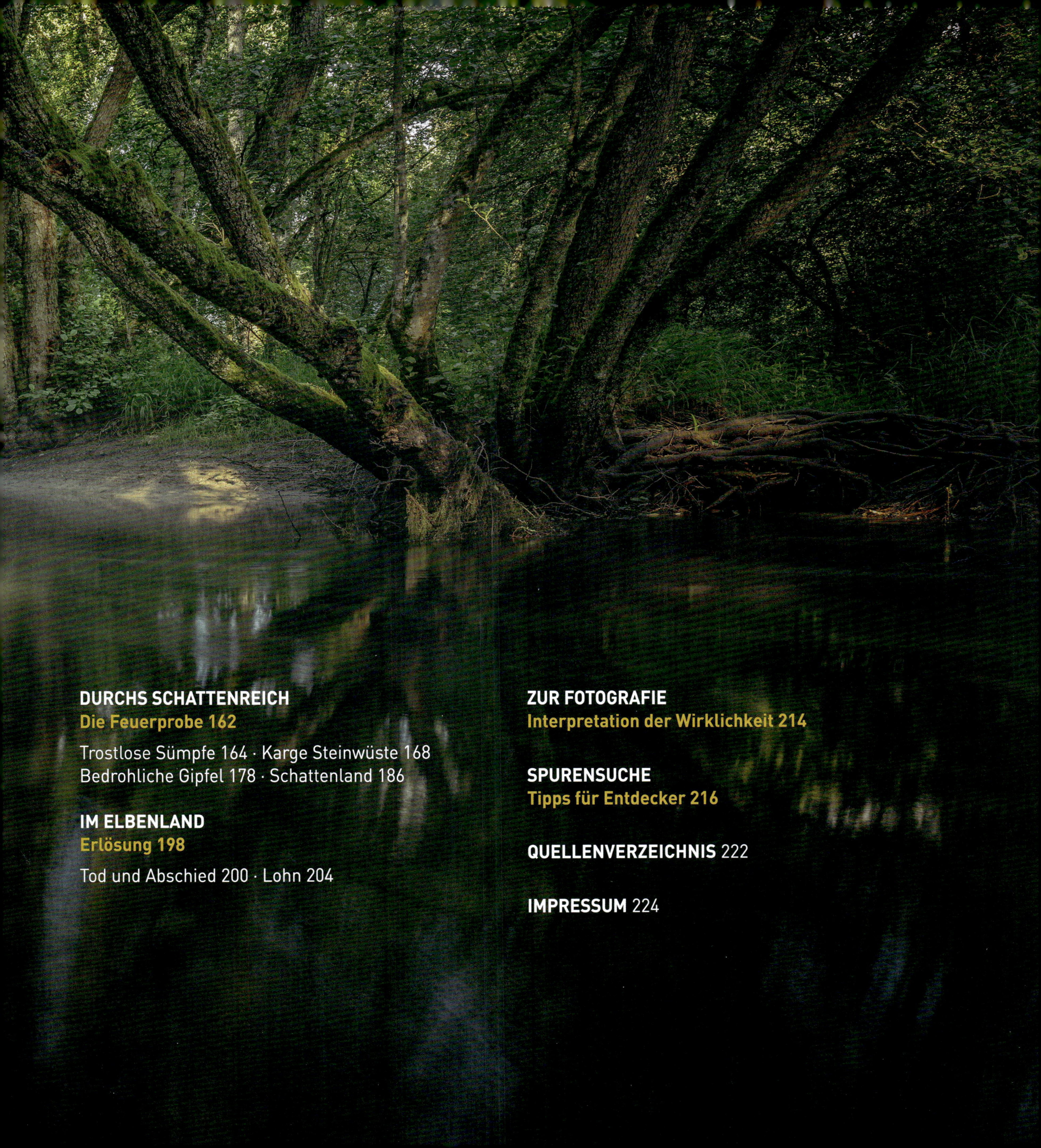

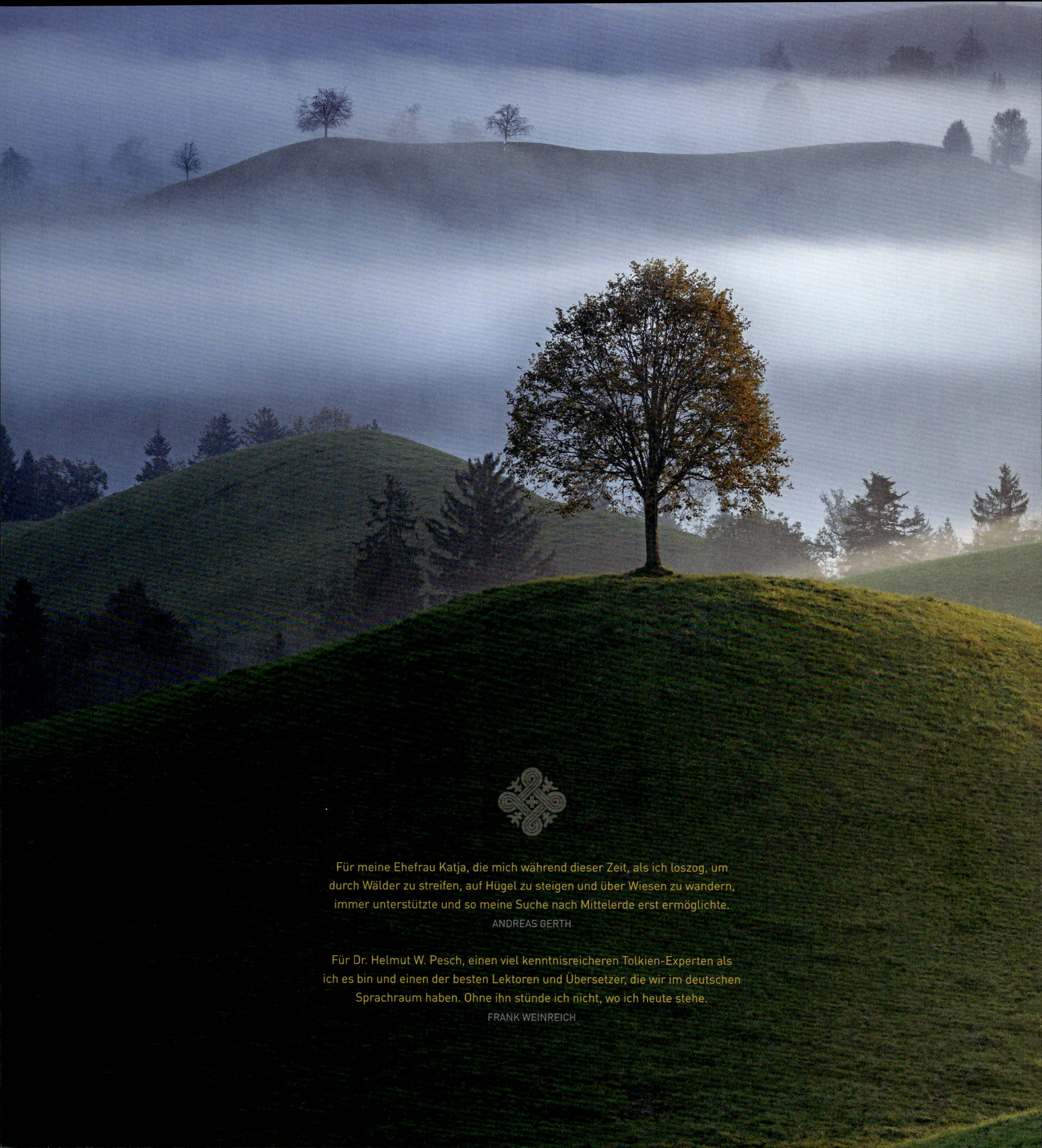

Für meine Ehefrau Katja, die mich während dieser Zeit, als ich loszog, um durch Wälder zu streifen, auf Hügel zu steigen und über Wiesen zu wandern, immer unterstützte und so meine Suche nach Mittelerde erst ermöglichte.

ANDREAS GERTH

Für Dr. Helmut W. Pesch, einen viel kenntnisreicheren Tolkien-Experten als ich es bin und einen der besten Lektoren und Übersetzer, die wir im deutschen Sprachraum haben. Ohne ihn stünde ich nicht, wo ich heute stehe.

FRANK WEINREICH

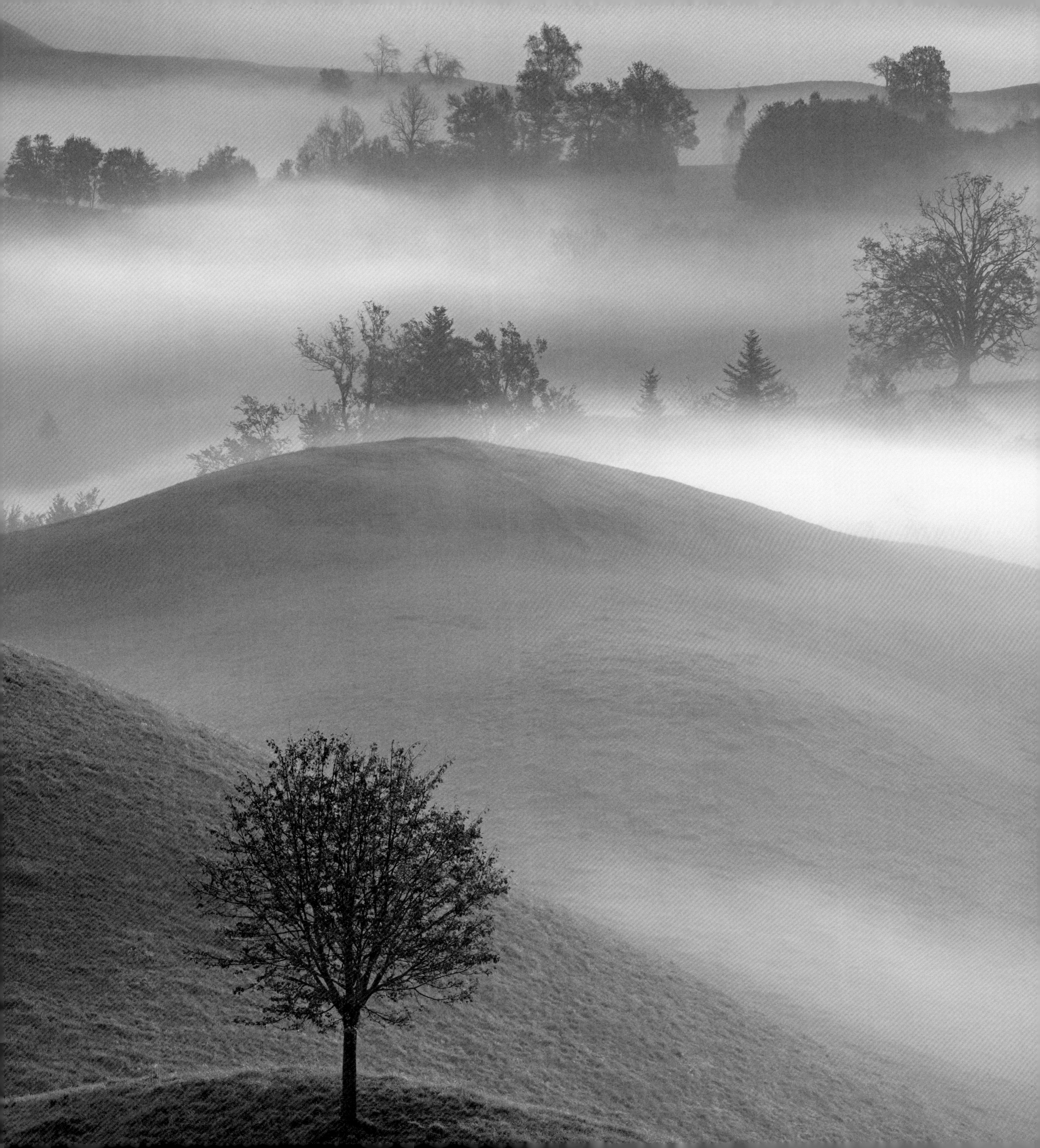

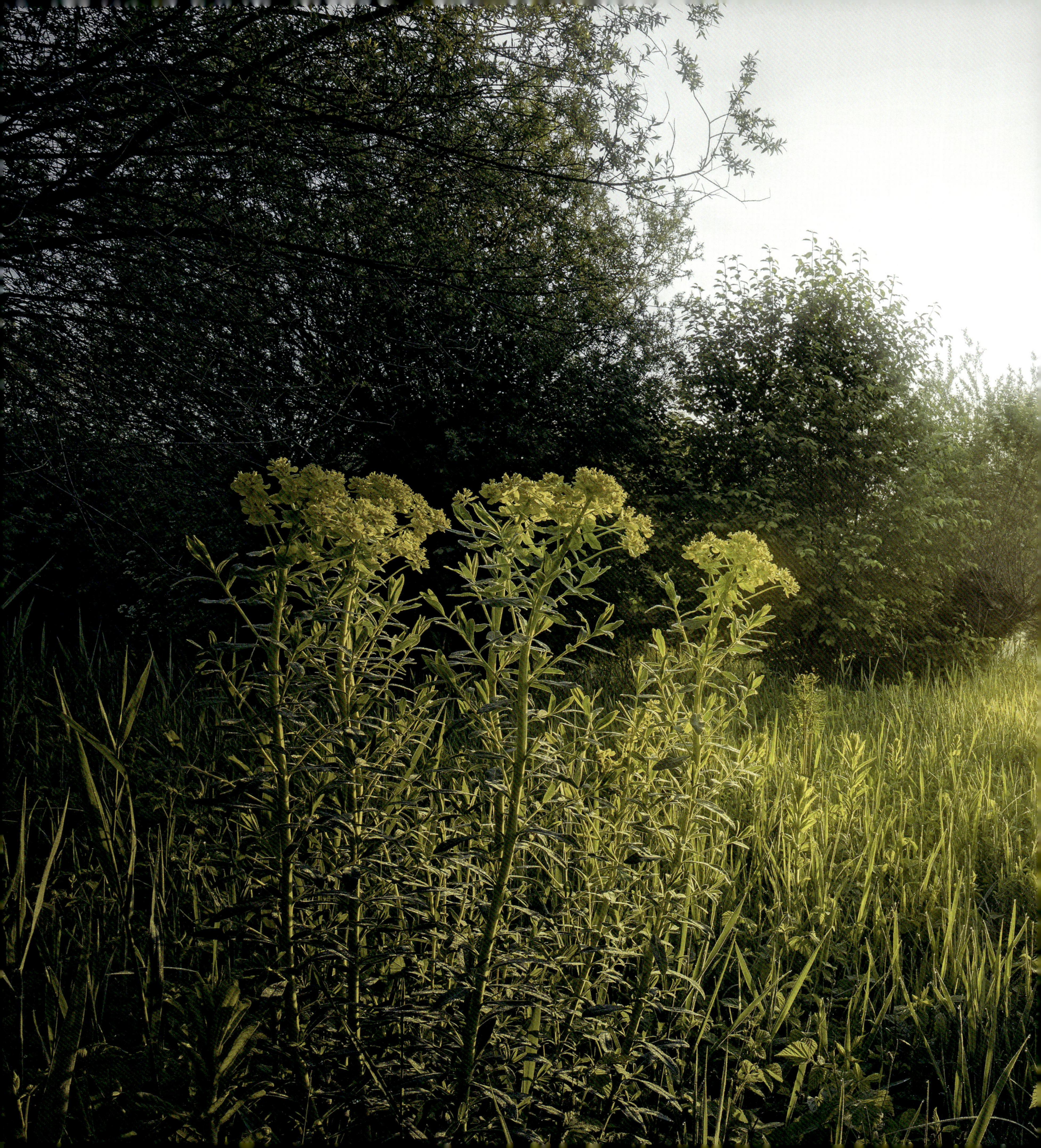

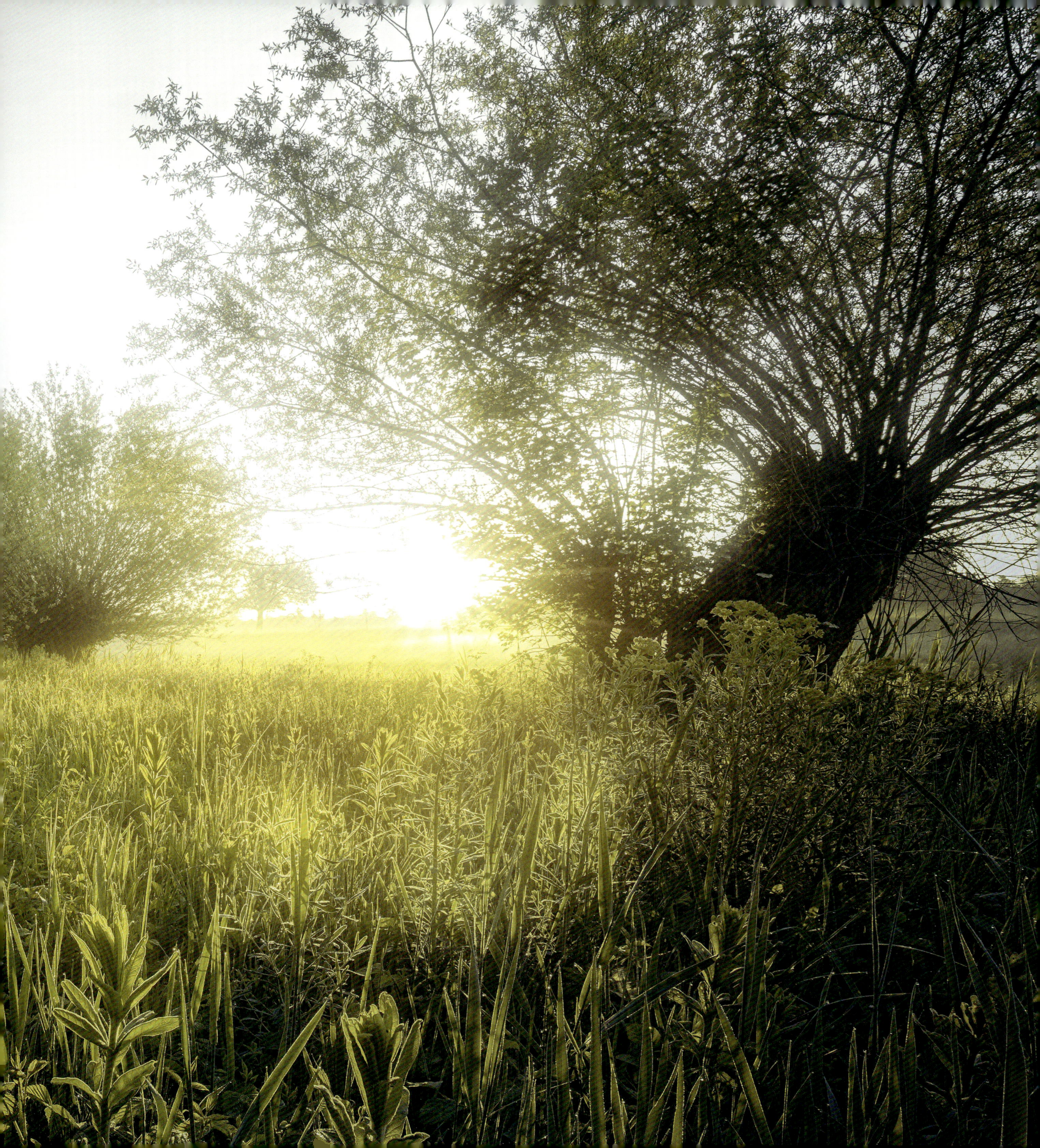

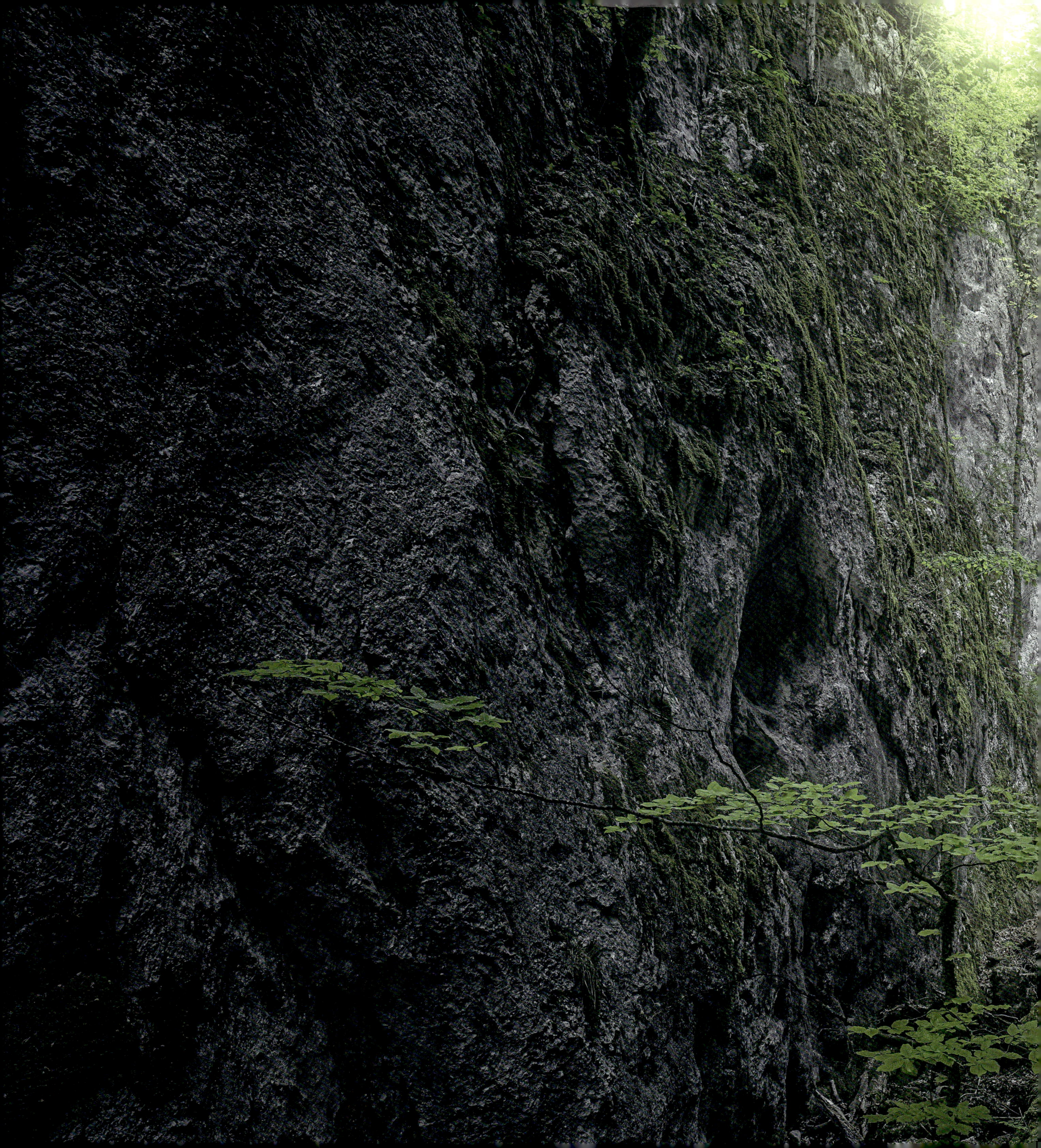

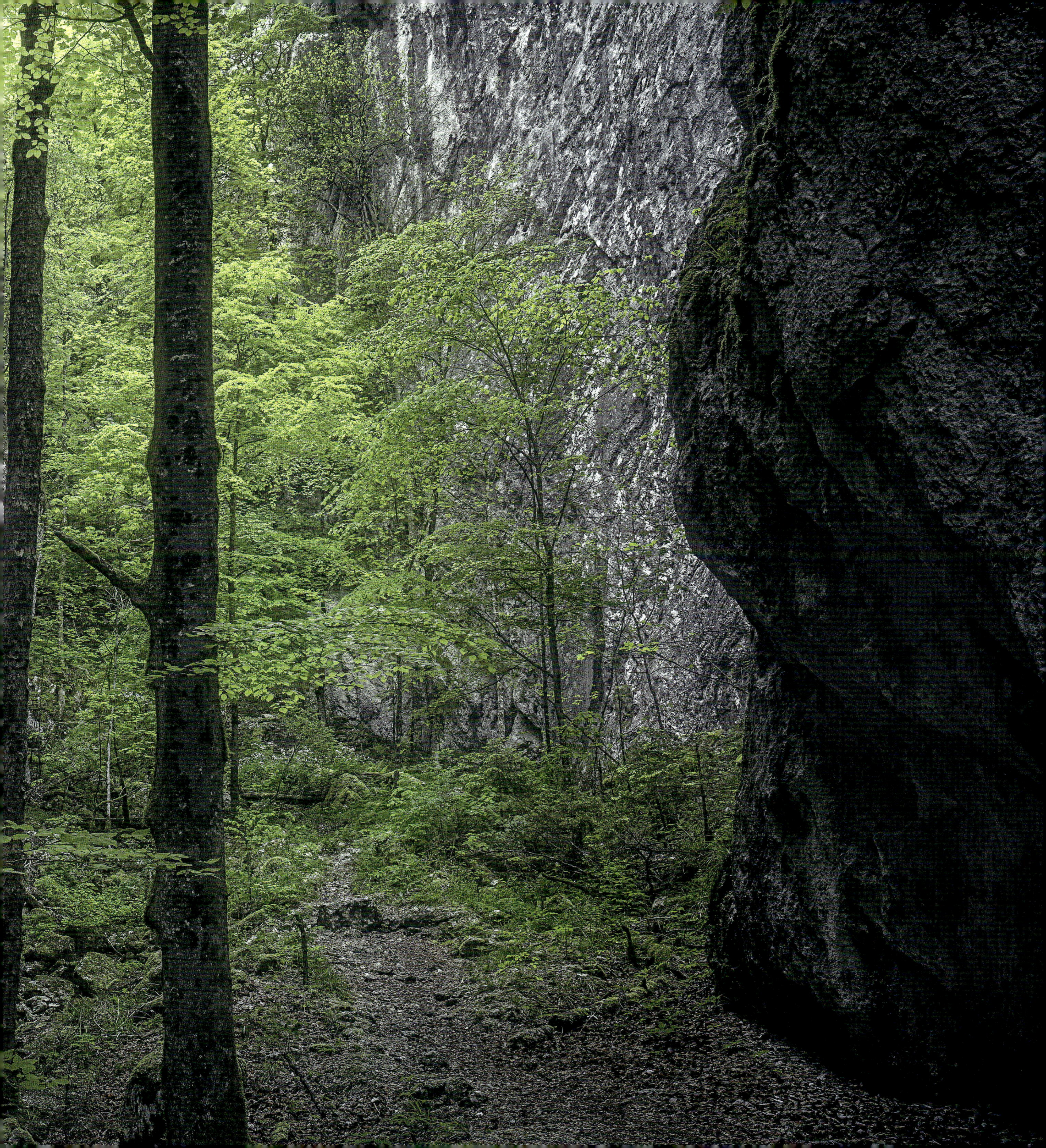

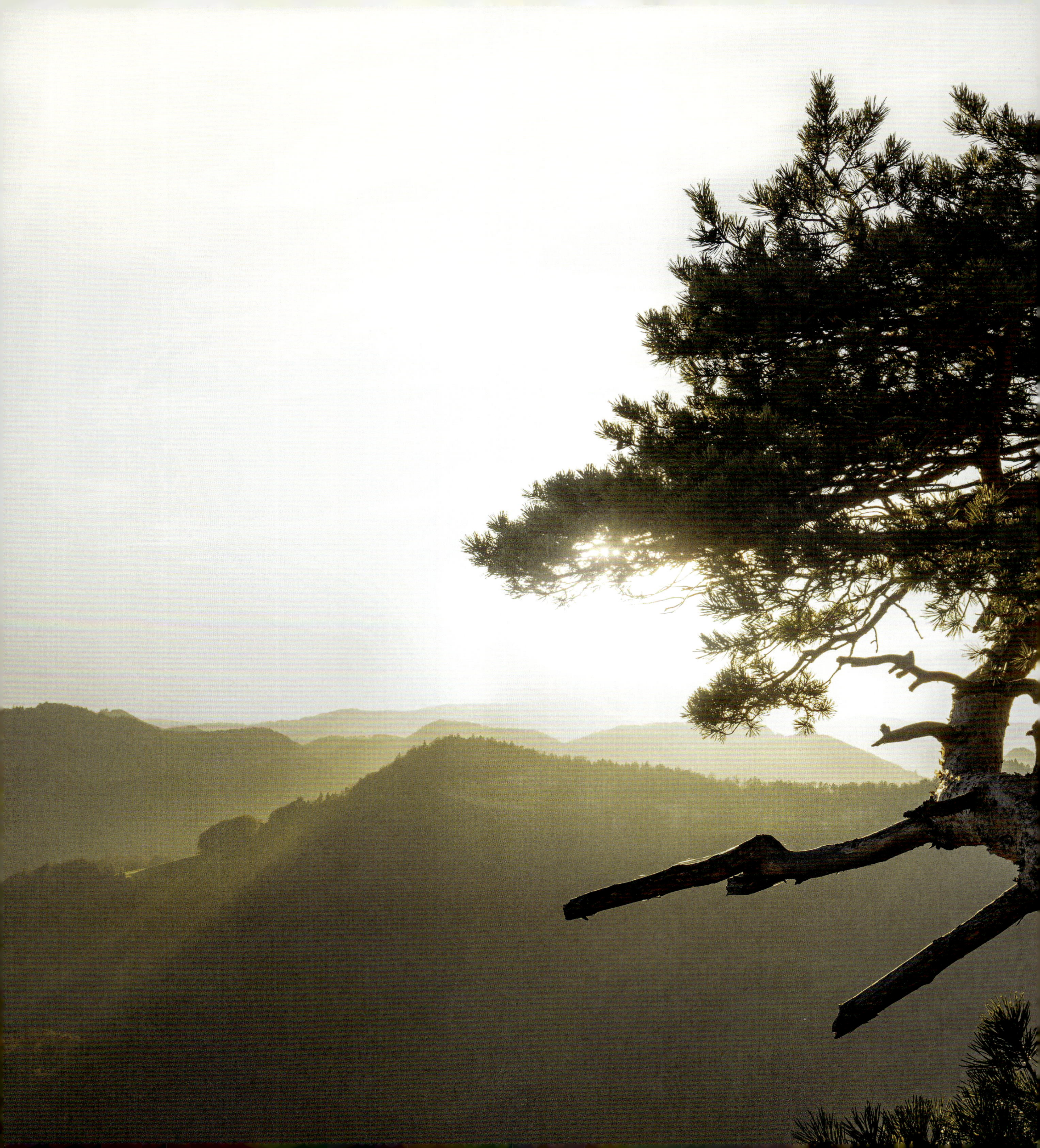

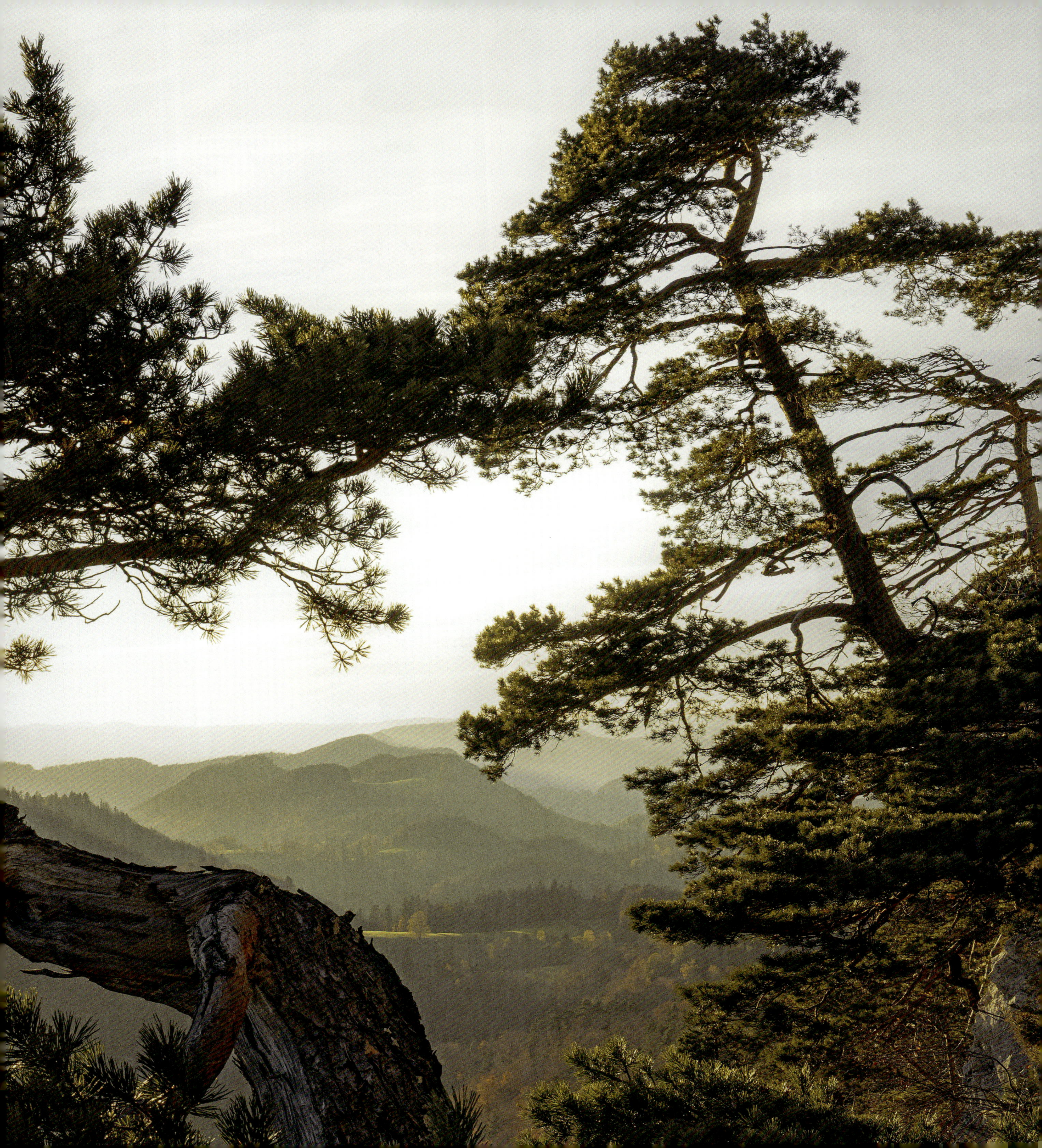

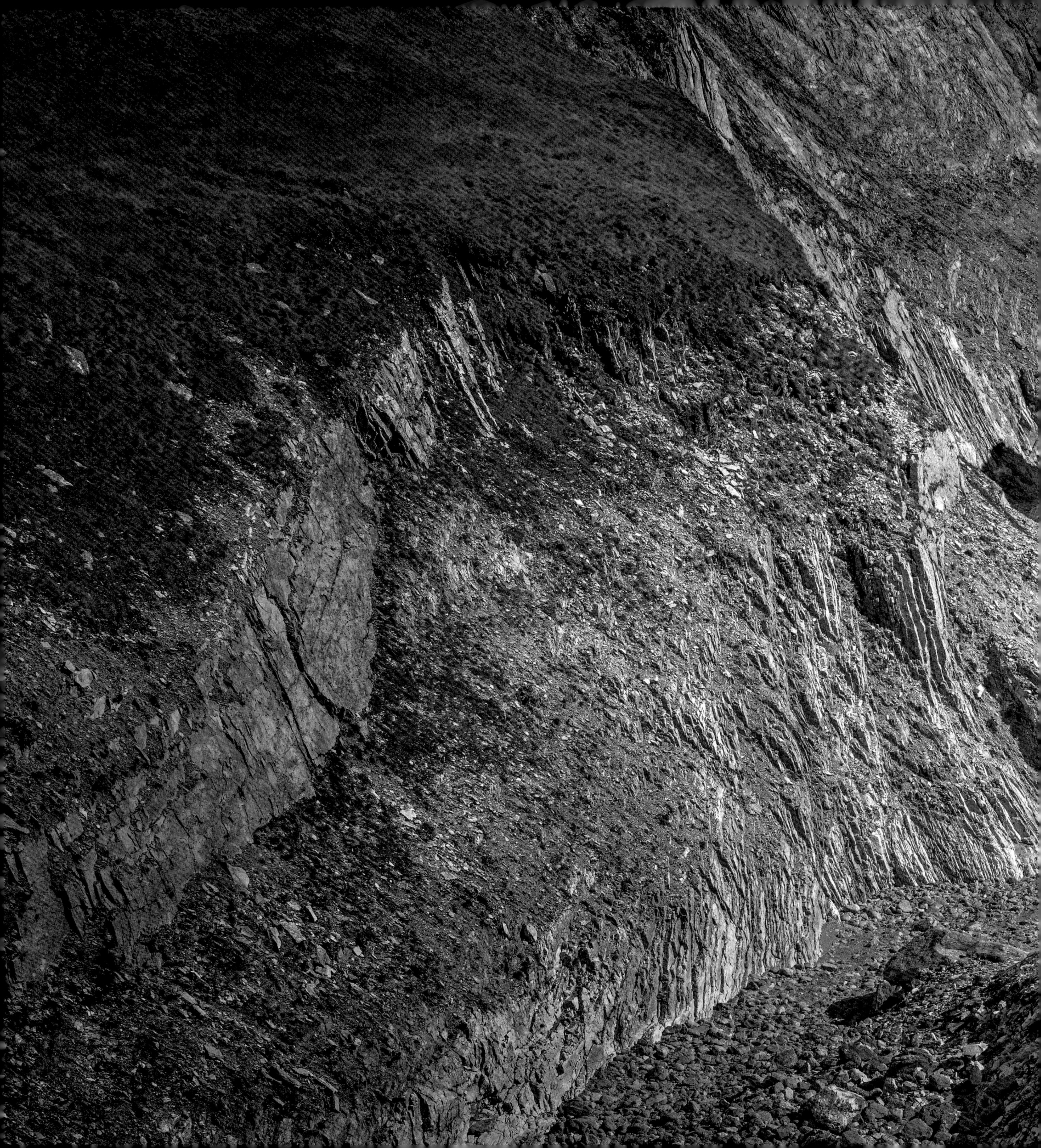

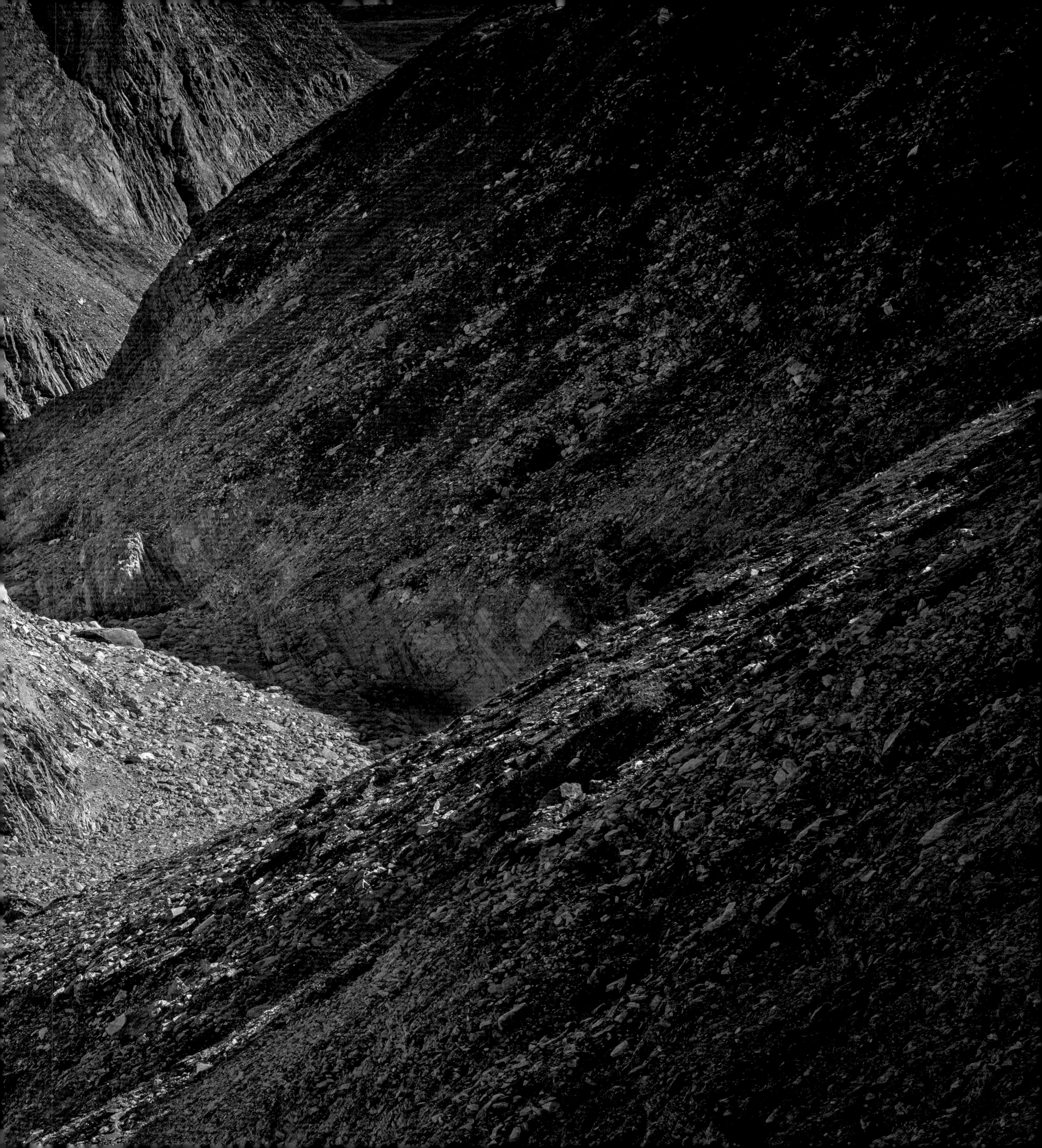

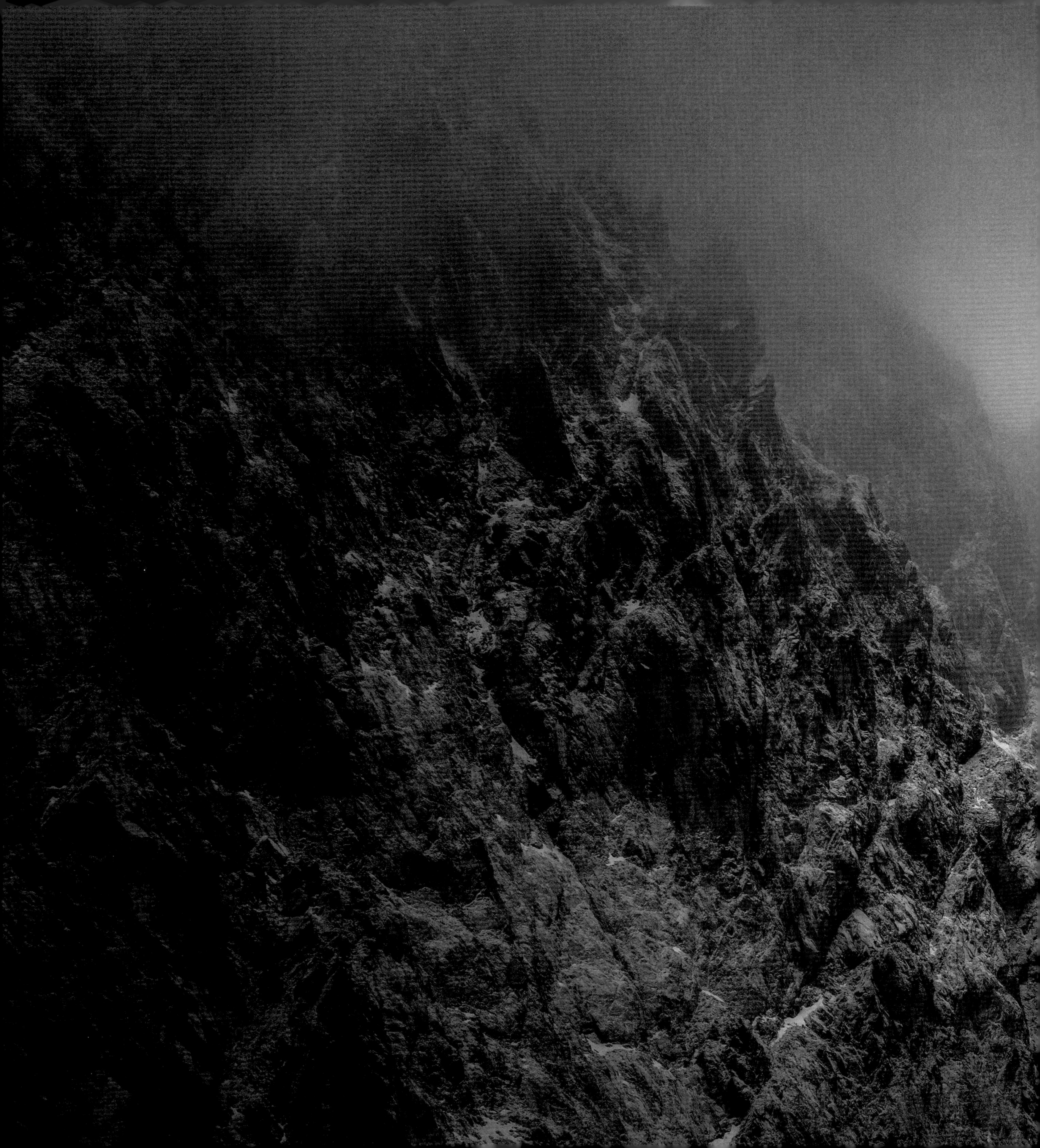

VORWORT

»Mittelerde ist keine imaginäre Welt«

Das Zitat »Mittelerde ist keine imaginäre Welt« stammt aus einem Text Tolkiens, den er als Reaktion auf die Besprechung des letzten Bandes seiner Trilogie durch seinen ehemaligen Studenten, den Dichter W. H. Auden, verfasste (Briefe, S. 315). Wie auch in späteren Aussagen stellt Tolkien dort klar, dass es sich bei Mittelerde um unsere Welt handelt – und öffnet damit Tür und Tor für allegorische Interpretationen, die er zeitlebens verwarf, wie auch (was ihm wesentlich genehmer war) für Interpretationen, die die Anwendbarkeit der geschilderten Welt und Geschehnisse nutzten. Letzterer Ansatz liegt auch dem Band von Andreas Gerth und Frank Weinreich zugrunde. Die einfühlsamen Landschaftsfotografien des Künstlers und die begleitenden Texte des Philosophen versuchen nicht, die konkreten realweltlichen Orte der Inspiration aus Tolkiens Schweizreise aus dem Jahr 1911 zu rekonstruieren, sondern wollen Tolkiens Epos im Rahmen der Campbell'schen Heldenreise visuell-textuell neu erlebbar machen und betonen so deren archetypische Qualität und zeitlose Gültigkeit. Dass dabei die Bedeutung und Schönheit von Mittelerde prominent hervortreten und die Landschaften als eigenständige Protagonisten erkennbar werden, ist ein willkommener Nebeneffekt.

Als Exilschweizer und Tolkienforscher, der prägende Jahre seiner Jugend in der Innerschweiz verbrachte, berühren mich die Bilder der heimischen Landschaften in ihrer interpretatio Tolkieniana besonders. Wie die Bilder zeigen, ist die Schweiz nicht nur Berge, Hügel und Wälder, sondern auch Seen, Bäche und Flüsse. Aulës Element und der Gesang des Wassers sind in der Alpenrepublik allgegenwärtig, auch wenn er sich nicht in Form der majestätischen Musik der Wellen und Stürme des Meeres artikuliert.

Wie Bilbo folgte auch ich dem »Ruf des Abenteuers« und kehrte dem helvetischen Auenland mit seinen knorrigen Berglern und weltoffenen Seestädtern den Rücken und ließ mich schlussendlich im »großen Kanton« auf der anderen Seite des Rheins nieder. Aber selbst hier finden sich Echos meiner alten Heimat in Landschaften wie der Sächsischen und Fränkischen Schweiz, und unweit meiner neuen Heimatstadt Jena erhebt sich der Jenzig, der auch »Rigi des Saaletals« genannt wird. Die Schweiz ist in diesen Fällen zum Prototypus für einschlägige Landschaftselemente und Kompositionen geworden. Es entbehrt deshalb nicht einer gewissen Logik, dass Gerth und Weinreich ihrerseits die archetypischen Landschaften Mittelerdes auf die Schweiz projizieren und somit den Kreis wieder schließen.

Die Leser und Betrachter werden durch Text und Bild eingeladen, zu ihrer eigenen Heldenreise aufzubrechen – und das, ohne die Schweiz zu verlassen. Dies führt mich zum zweiten Grund, wieso die Schweiz für dieses Unterfangen besonders geeignet ist. Der berühmte Schweizer Tiefenpsychologe C. G. Jung soll einmal gesagt haben, dass der für die Schweiz zentrale politische Archetypus nicht das weit ausgreifende Reich, sondern der überschaubare Kreis sei. Diesen Archetypus finden wir in modifizierter Form auch wieder in der Heldenreise, die uns in Form einer zyklischen Abfolge entgegentritt und damit den Kreis bewahrt, jedoch gleichzeitig den Protagonisten auf eine höhere Bewusstseinsebene führt.

In diesem Sinne wünsche ich den Lesern und Leserinnen ein meditativ-spirituelles Eintauchen in eine Welt mitten in Europa, deren archetypische Qualitäten durch Andreas Gerths brillante Fotos sowie Frank Weinreichs einfühlsame Begleittexte heraufbeschworen werden.

Jena unter der Rigi des Saaletals, im Mai 2022
Thomas Honegger

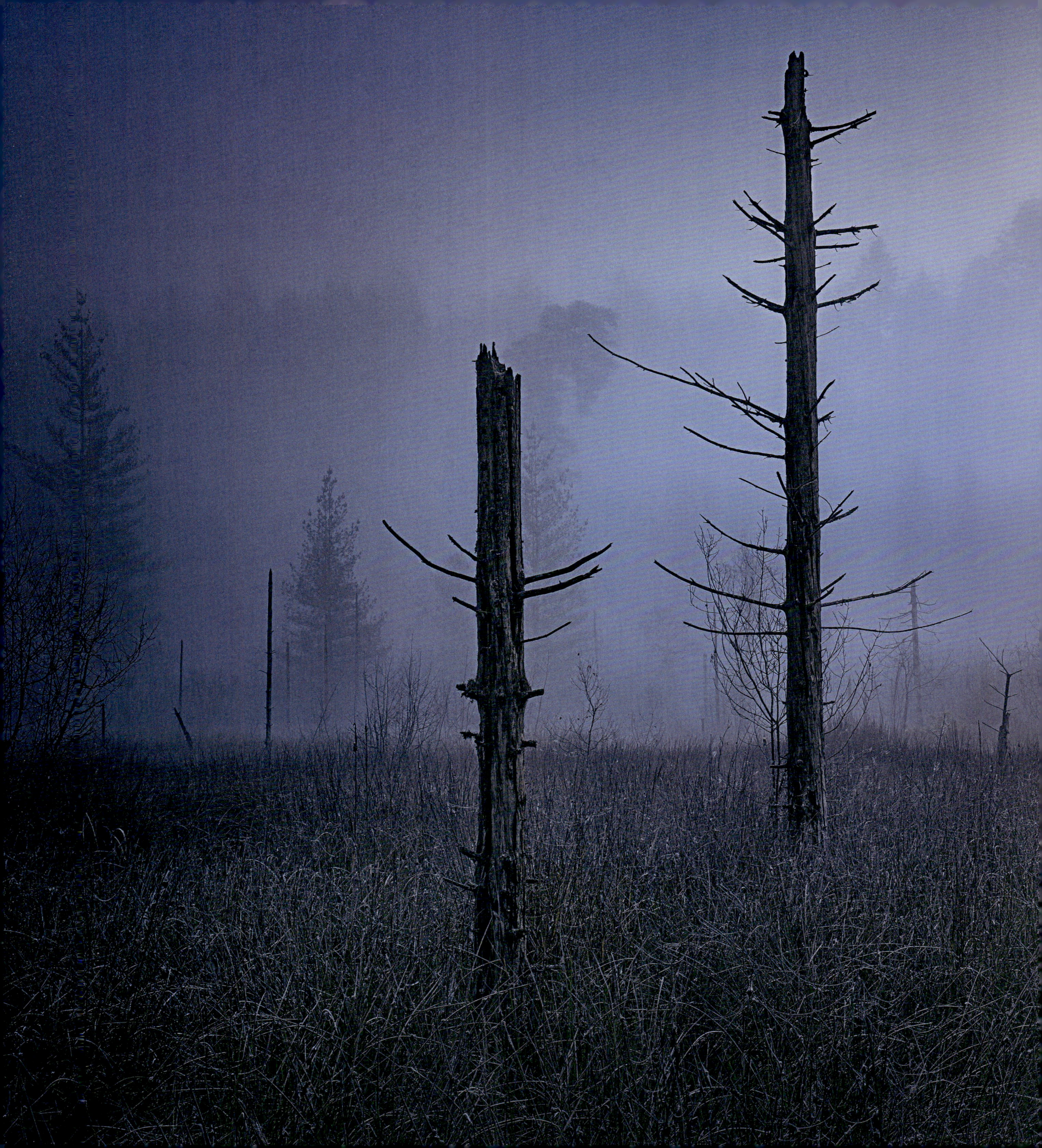

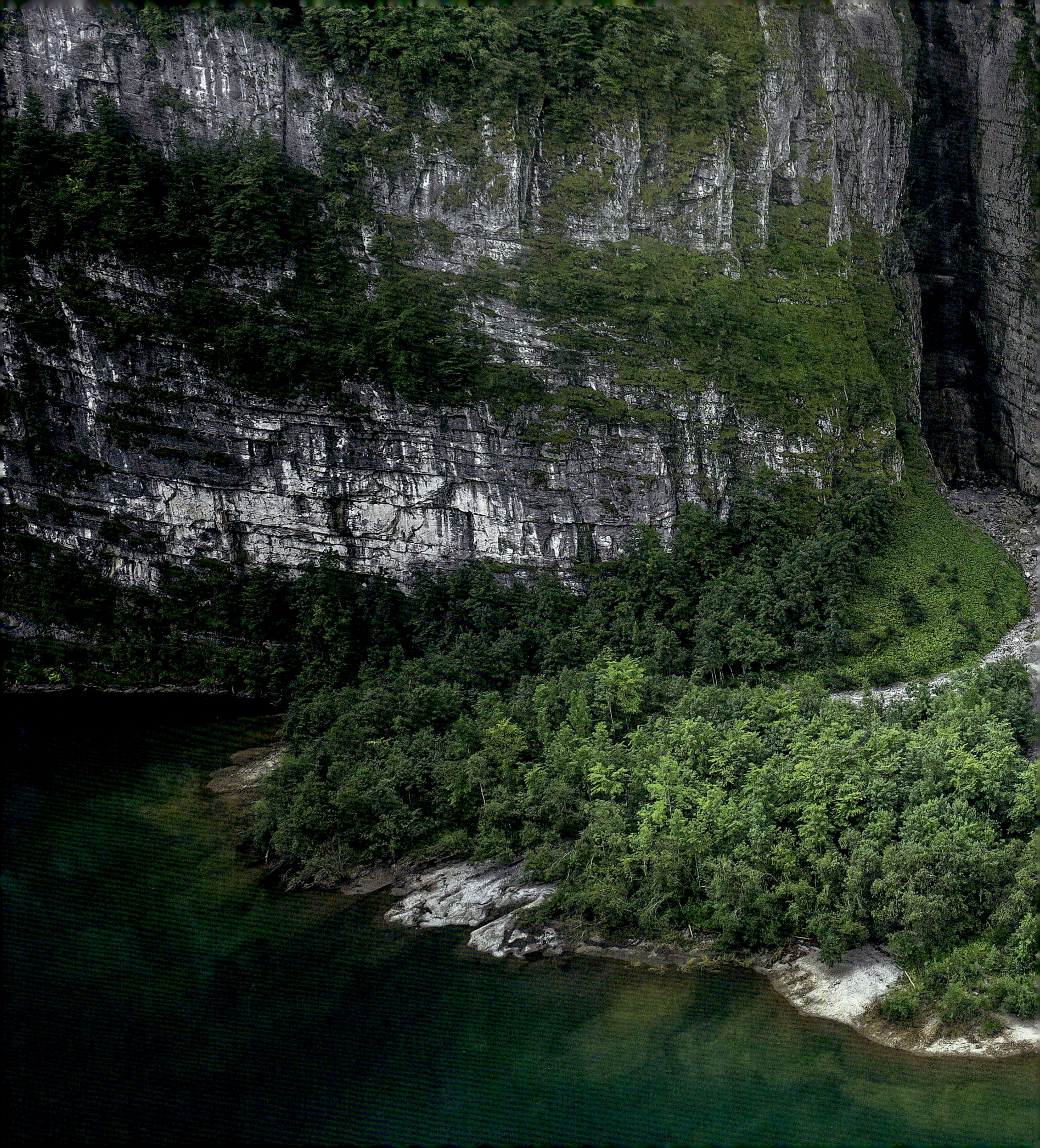

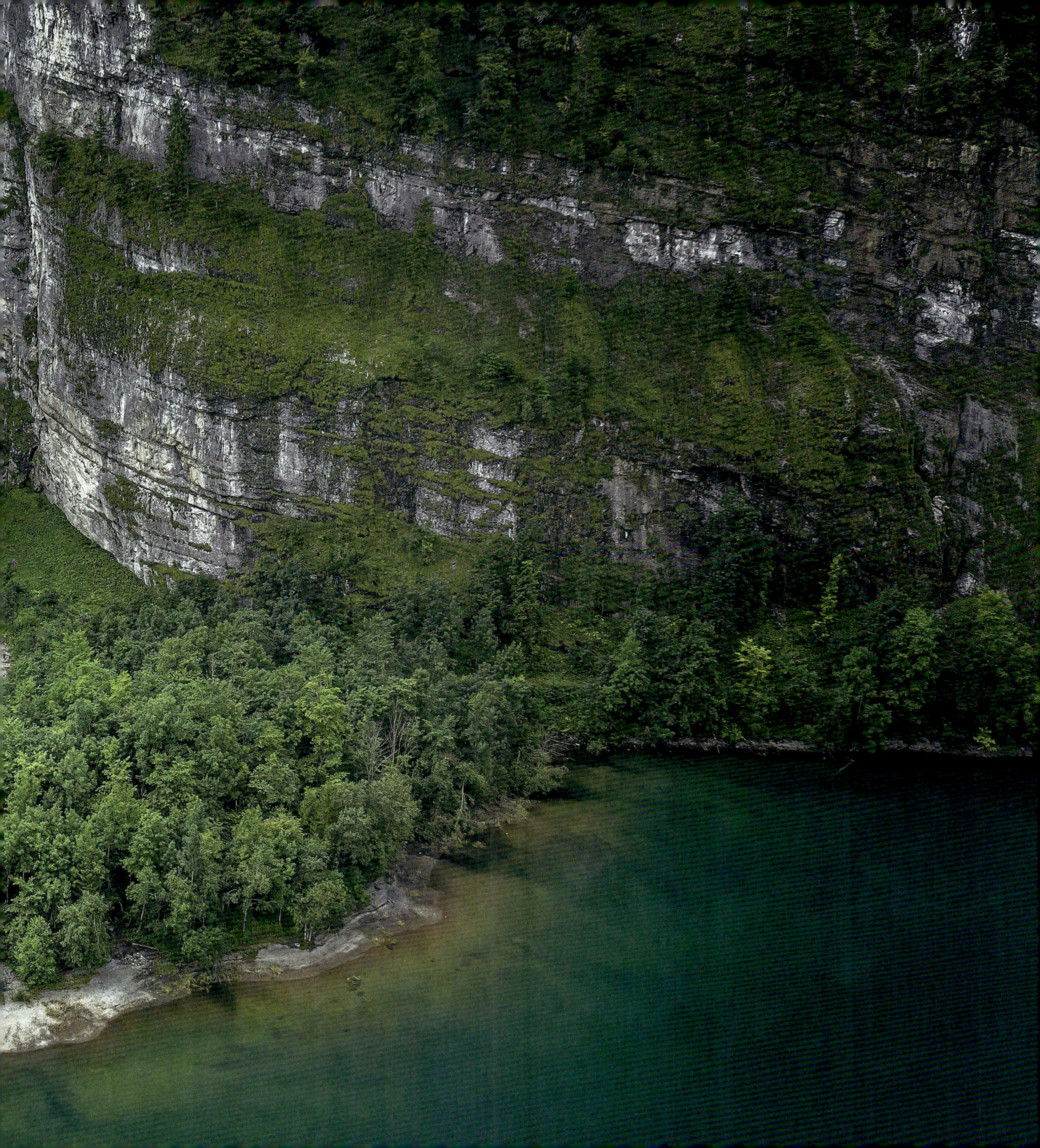

EINLEITUNG

Wie Realität die Fantasie durchdringt

Es ist zu Recht festgestellt worden, dass der wahre Held von Der Herr der Ringe nicht Aragorn oder Sam Gamdschie oder gar Frodo ist, sondern Mittelerde selbst.

Tom Shippey

Inspiration muss keine Einbahnstraße sein, manchmal wirkt sie in beide Richtungen. Als John Ronald Reuel Tolkien, im »Hauptberuf« Literaturwissenschaftler von Weltrang und Professor in Oxford, seine Meisterwerke *Der Hobbit* und *Der Herr der Ringe* schrieb, war er zweifellos von der Schweiz und ihrer vielfältigen Landschaft inspiriert. In seiner Jugend besuchte er die Alpenrepublik einen Sommer lang, und neuere Forschungen haben zweifelsfrei nachgewiesen, dass die ausgedehnte Reise durch das Land seine Schöpfung Mittelerde stark beeinflusst hat. Doch diese Schöpfung, diese wundersame Welt der Hobbits, Elben, Zwerge und, ja auch, der Menschen kann umgekehrt die Wahrnehmung der Schweiz – und sicherlich auch anderer Länder und Regionen – inspirieren. Wir waren in der Schweiz unterwegs und haben Mittelerde an vielen Orten, auf Bergen, an Seen, in Wäldern und überhaupt in der freien Natur wiedergefunden. Diesen Fund stellen wir zur Re-Inspiration und, wenn Sie möchten, zum Aufsuchen, Wandern und Mitträumen in diesem Band in Wort und Bild zur Verfügung und zur Diskussion.

Die Feuer des Schicksalsbergs haben wir nicht gefunden, nicht einmal eine kleine, gemütliche Hobbithöhle. Aber wir haben fantastische Felsformationen, knorrige Bäume, kecke Gräser und Moose und manch sprudelnden Quell oder Wasserfall entdeckt, die vielleicht nicht mittelirdisch sind, aber dort hinpassen würden. Unzählige kleine und große Reminiszenzen der bildgewaltigen Beschreibungen der Welt, an der Tolkien fast sein ganzes 81 Jahre währendes Leben gearbeitet hat, erschließen sich dem wachen Auge des von Mittelerde inspirierten Wanderers. Die Schönheit der Natur unserer realen Welt hilft einem zu verstehen, warum Mittelerde nicht nur mindestens auch ein Held der Ringerzählung ist, sondern dass die Geschichte des Kampfes um den Ring auch die Geschichte einer Welt ist. Und zwar die unserer Welt, wie Tolkien sie sah und sich vorstellte, wie sie sein sollte.

Doch das war noch nicht alle Inspiration, die wir fanden. Eine weitere liegt in der Erzählstruktur von *Hobbit* und *Herr der Ringe* begründet,

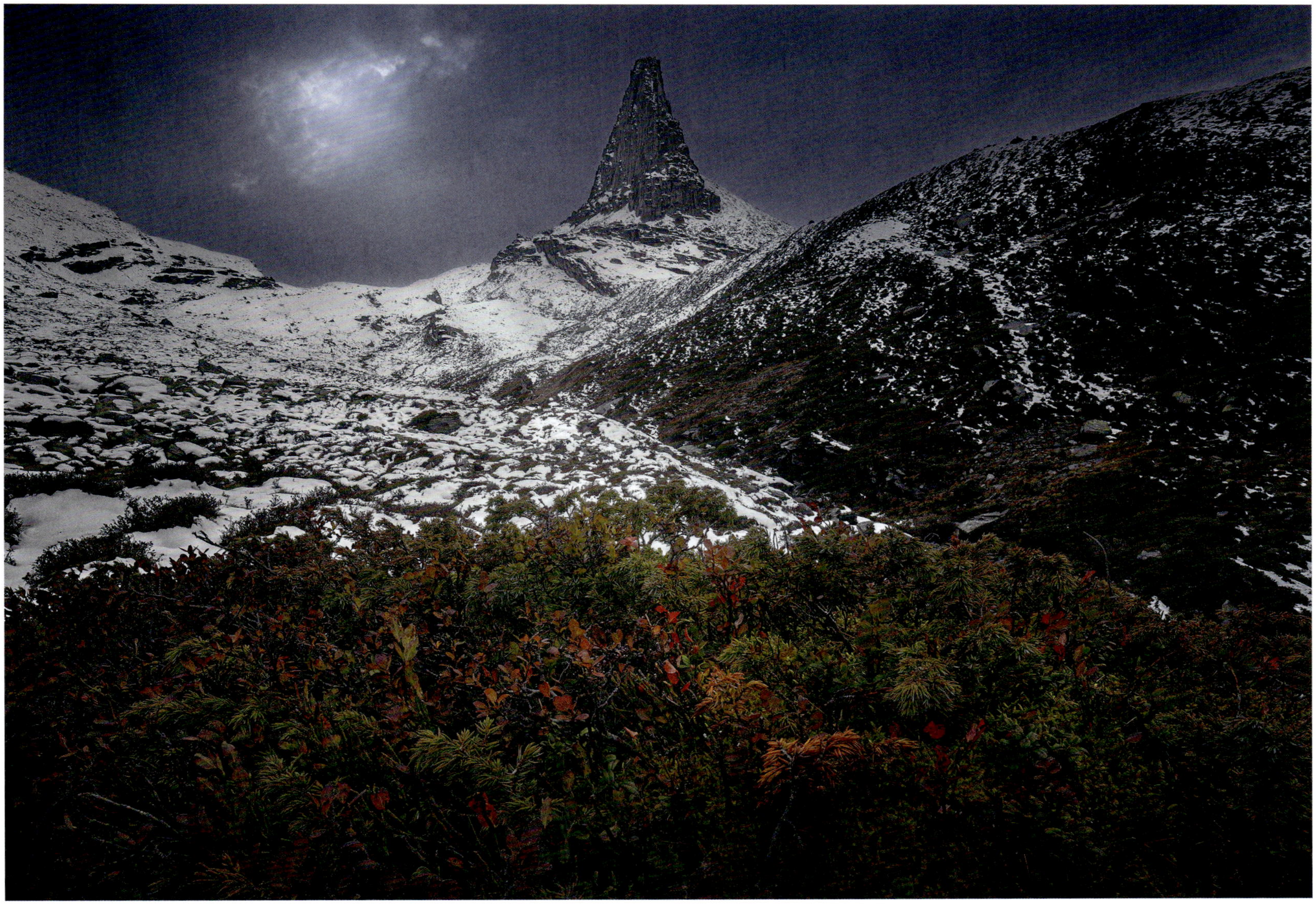

die beide dem klassischen Mythos der Heldenreise folgen, wie er von Joseph Campbell Mitte des vergangenen Jahrhunderts systematisiert wurde. Und die Heldenreise diente uns als roter Faden, um unsere Schweizer Fundstücke aufzureihen. Eine Heldenreise ist im eigentlichen Sinne ein Gleichnis für das Leben, und in gewisser Weise trifft das auch für die Abenteuer Bilbos im *Hobbit* und Frodos und Sams im *Herrn der Ringe* zu, deren Reise ihres Lebens eine Reise durch das Leben ist.

Das sollte auch gar nicht verwundern, denn eigentlich ist fantastische Literatur ja gar nicht fantastisch, sondern erzählt nur das, was wir aus unserem eigenen Leben längst schon kennen, neu und auf andere Weise. Liebe und Freundschaft, Verrat und Loyalität, Freundschaft und Bösartigkeit werden um ein bisschen Magie und zauberhafte oder dämonische Wesen angereichert und in überspitzter Weise dargeboten. Das gilt auch für eventuell fliegende Berge oder kilometerhohe Wasserfälle (die es so bei Tolkien ja auch gar nicht gibt). Wir hoffen, mit diesem Bildband eindruckvoll veranschaulichen zu können, dass es dieser Überzeichnung überhaupt nicht bedarf, dass man die Wunder der Fantasy auch in realen Landschaften finden kann. Denn letztlich ist Mittelerde unsere Welt.

ZUM WELTENBAU

Landschaften in der Fantasy-Literatur

Jede Geschichte verfügt über zwei Kernbestandteile: Sie beruht auf einem Konflikt, und sie erzählt von einer Reise (die oftmals allerdings bloß metaphorisch stattfindet). Der Konflikt bildet den Anlass, die Geschichte überhaupt erst zu erzählen, und die Reise führt das Publikum durch ihren Ablauf. Reise und Konflikt sind aus dem Grund für die Leserinnen und Zuschauer attraktiv, weil sie, egal wie fantastisch, wie aufgebauscht, wie exotisch sie auch daherkommen mögen, Aspekte unserer persönlichen Erfahrungen darstellen. Denn unser aller Leben ist eine Reise und die durchlebten Konflikte – den Begriff müssen wir an dieser Stelle weit fassen; es geht glücklicherweise in den meisten Fällen nicht um Gewalt, sondern um die Bewältigung von Herausforderungen –, sie sind die Eckpunkte unseres Daseins, die uns zu dem formen, was wir sind.

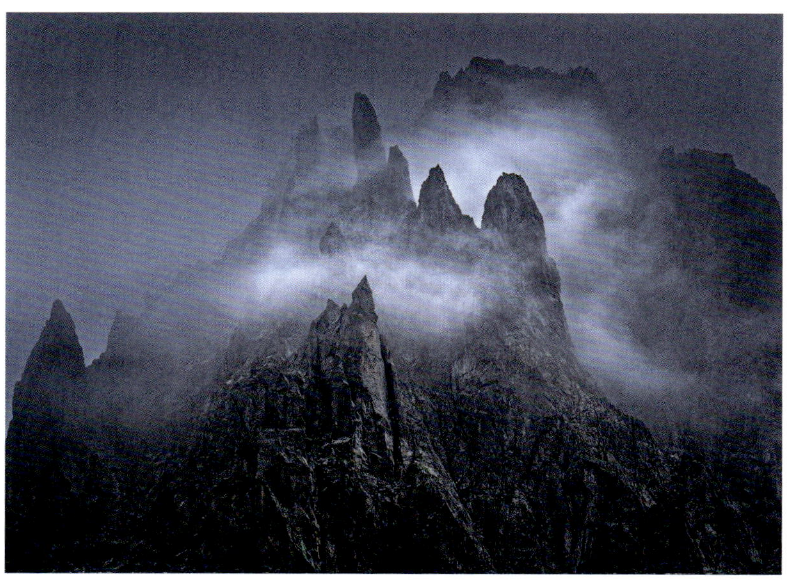

Dieses Buch beschäftigt sich vor allem mit der Reise. Mit der Reise in fantastischen Geschichten und der Reise in der Fantasy-Literatur im Allgemeinen und dann natürlich auch unbedingt mit der Reise in den bekanntesten – und für viele, viele Menschen auf der ganzen Welt den besten und den anrührendsten – aller Fantasy-Geschichten: *Der Hobbit* und *Der Herr der Ringe* von J. R. R. Tolkien. Nur kann man an dieser Stelle gedanklich schnell ins Stolpern kommen. Was kann eine fantastische Geschichte, die in einer erfundenen Welt spielt, mit der Realität gemein haben? Und ist ein Buch, das in der Realität Inspirationen für die Irrealität nachspürt, nicht bestenfalls ein willkürliches, schlimmerenfalls aber gar ein traumtänzerisches Unterfangen?

Nein, ist es nicht. Denn Literatur funktioniert überhaupt genau andersherum. Literatur ist immer mehr oder weniger frei erfunden, das schon. Aber sie gebiert ihre Erfindungen aus Erfahrungen der realen Welt, und das tut sie auch, wenn sie als Science-Fiction von Raumschlachten, als Horror von Untoten und als Fantasy von Magiern und Drachen erzählt. Wenn Literatur und Film Beziehungskrisen, politische Machenschaften, jugendliche Schwermut oder den Tod geliebter Menschen dramatisieren, dann ist der Bezug zu unseren echten Leben offensichtlich. Wenn es darum geht, dass ein Wissenschaftler ein Monster erschafft, ein Raumschiff im All verloren geht oder ein Magier beim Aufsagen eines Zauberspruchs versagt, dann sind dies jedoch ebenfalls präzise, einleuchtende und grundlegende Metaphern für die *conditio humana*. Dies schrieb die große amerikanische Schriftstellerin Ursula K. Le Guin einmal anlässlich einer Preisverleihung an sie, und sie hat damit im Prinzip alles gesagt, was man über den Sinn fantastischer Literatur, Filme und Computerspiele wissen muss. Letztlich führt das nämlich zu dem Schluss, dass »die Fantastik gar nicht fantastisch« ist, wie ich andernorts festhielt.

Alle Schriftstellerinnen und Regisseure haben schon immer die Welt, so wie sie ist, betrachtet und aus diesen Beobachtungen heraus ihre Kunst entworfen und verwirklicht. Machtgier, Eifersucht, Opferbereitschaft, Freundschaft werden vielleicht verfremdet und sicherlich oftmals überhöht, um sie und den mit ihnen verbundenen Erzählzweck eindrucksvoller zu machen, aber es sind eben doch alltägliche Verhaltensweisen und Phänomene, mit denen jede und jeder etwas verbinden kann. In der Fantastik kommen zu den gleichen alltäglichen Verhaltensweisen und ihrer Überhöhung dann noch irreale Elemente hinzu, aber auch diese beruhen auf der Erfahrungswelt, die wir alle miteinander teilen. Sie werden nur vergrößert, verfremdet, neu kombiniert und angereichert, beruhen aber doch alle auf der Realität.

Was auch gar nicht anders möglich ist, denn bislang erzählten nur Menschen anderen Menschen Geschichten, und die können sie nur erzählen beziehungsweise erfinden, indem sie auf etwas zurückgreifen, das sie kennen. Egal, wie fantastisch eine Sache anmutet, sie lässt sich doch immer auf die Realität zurückführen. Das gilt für dingliche Inhalte wie fliegende Pferde ebenso wie für immaterielle Inhalte wie Geister oder Zauber.

Ein Pegasus ist die Kombination von Vogelflügeln und einem Pferd, zweier Tiere also, unter deren Verquickung sich aufgrund ihrer jeweiligen Alltäglichkeit alle Publika etwas vorstellen können. Ein Geist ist eine Variante der Fortführung der uralten Idee, dass das Leben mit dem Tod nicht endet, und ein Zauber nimmt ein Ausgangsprodukt wie eine Verwandlung und erklärt sie mit unerklärlichen Kräften. Kann ich den Pegasus durch die Kombination von bekannten Dingen problemlos erfinden, so kann ich einen »Perklikos« zwar als Begriff erfinden, ihm aber keine Eigenschaften zuweisen, die ich nicht der Realität entnähme. Denn ich kann nur aus dem schöpfen, was ich kenne. Aber selbst wenn dem nicht so wäre – oder besser vielleicht, wenn ein Außerirdischer mit völlig anderem Erfahrungshintergrund mir einen »Perklikos« beschriebe –, so würde er von niemandem verstanden, denn Kommunikation funktioniert nur auf der Basis geteilter Begrifflichkeiten und Erfahrungen. Denn ich kann nur aus dem schöpfen, was ich aus eigener Erfahrung kenne.

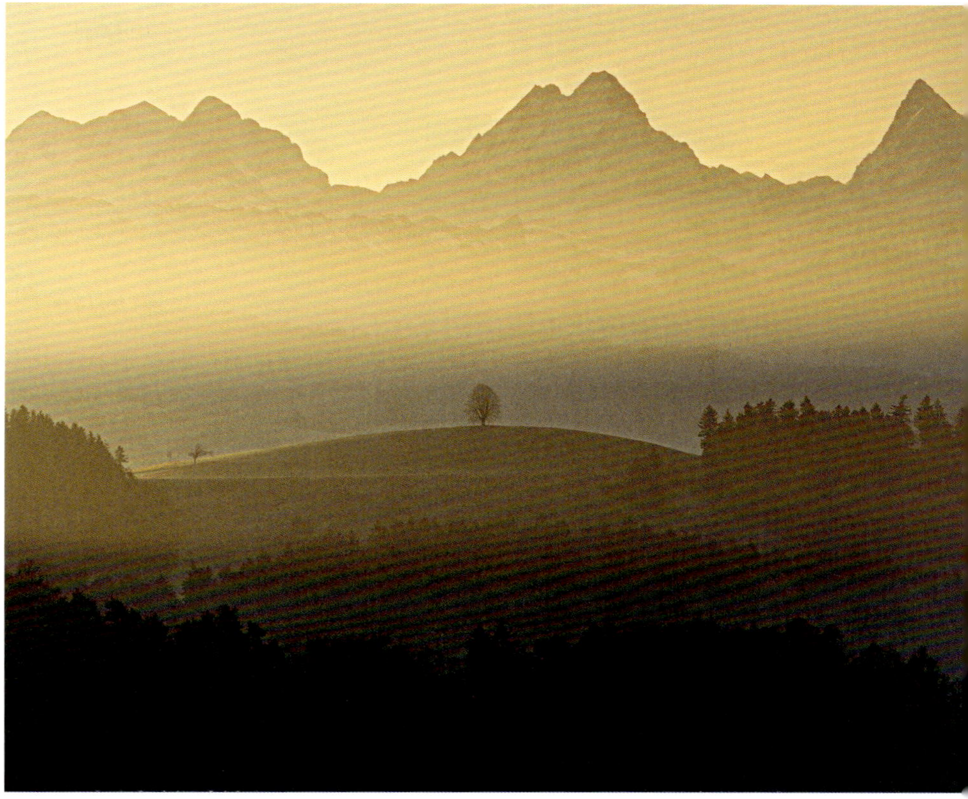

Folgt man diesem Gedanken, so ergibt sich, dass auch für die Protagonisten einer fantastischen Erzählung und deren Handlungen gilt, dass sie eigentlich gar nicht fantastisch sind, sondern nur fantasievoll ausgeschmückt und überhöht. Das gilt dann auch für einen ganz besonderen Protagonisten der Fantastik: die erfundene Welt und ihre Landschaften. Ganz besondere Protagonisten sind die fantastischen Landschaften, weil sie nicht nur das Bühnenbild darstellen, vor, auf und in dem sich eine Handlung entfaltet, sondern außerdem die Funktion haben, das Publikum zu berühren, vor allem aber es zu entführen. Besonders in der Fantasy-Literatur geht es immer auch darum, das Publikum in die erzählte Welt hineinzuziehen.

Um Fantasy genießen zu können, bedarf es eines geistigen Zustands, den der englische Dichter Samuel Coleridge »die willentliche Aussetzung des Unglaubens« nannte. Natürlich weiß jede Leserin des *Herr der Ringe*, jeder Zuschauer von *Harry Potter*, dass das alles »Märchen« sind. Will man aber trotzdem mitfiebern, mitleiden und den letztlichen Triumph erleichtert miterleben, muss man sich für ein paar Stunden

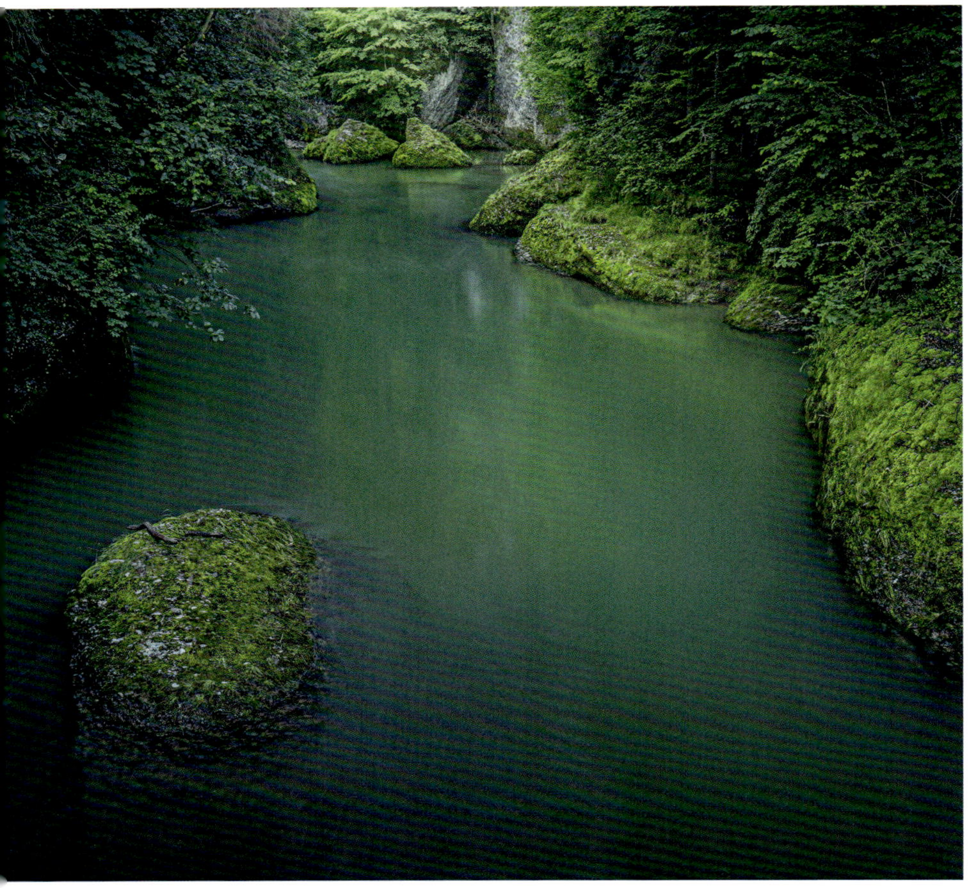

darauf einlassen, dass man so tut, als ob man an das glaubt, was man da liest oder sieht. Die Attraktivität dessen, was man da sieht oder liest, hängt für viele Menschen – ich denke für den weitaus größten Teil des Publikums – auch davon ab, dass man aus dem persönlichen Alltag in eine Welt und Landschaft entführt wird, die anders, größer, schöner, vielleicht auch schrecklicher als die Realität ist.

Trotzdem darf die erfundene Welt nicht aus dem Bezugsrahmen des Publikums herausfallen. Was fantastische Landschaften angeht, ist sogar ein erhöhter Realitätsbezug vonnöten – vielleicht nicht, um das Verständnis zu erleichtern oder die Glaubwürdigkeit aufrechtzuerhalten, aber um ein regelrechtes Eintauchen in die erfundene Welt zu ermöglichen. Es gibt fliegende Berge in der Fantasy, aber nachvollziehbarer sind normale Gebirge. Sind die eindrucksvoll gestaltet und um eine Geschichte, Geheimnisse und (übernatürliche) Gefahren angereichert – vielleicht eine riesige Zwergenstadt in unterirdischen Höhlen besagten Gebirges? –, folgt das Publikum den Wanderern leichter und ergriffener über ihre Grate, als es das bei so absolut exotischen Phänomenen wie einem fliegenden Berg täte. Es geht bei der Erschaffung einer literarischen Welt immer um einen Balanceakt zwischen zwei Aspektkomplexen: Exotik/Attraktivität/Sensation einerseits und Vertrautheit/Glaubwürdigkeit/Wiedererkennbarkeit andererseits.

Glücklicherweise ist den Schriftstellerinnen und Regisseuren bei ihrem kreativen Schaffen die Realität eine außerordentlich große Hilfe. Unsere Welt mit ihren Meeren, Inseln, Tundren, Wäldern, Flüssen, Gebirgen, Seen, Wüsten, Auenlandschaften, Savannen, ihren sanften Hügeln, murmelnden Bächen, den lauschigen Hainen und blühenden Wiesen stellt alles zur Verfügung, was sich eine Weltenbauerin nur wünschen kann. Es ist gar nicht notwendig, allzu erfinderisch zu werden, wenn man eine Fantasy-Welt beschreibt, weil unsere echte das meiste von dem unverfälscht hergibt, was es braucht, um das Gefühl einer fantastischen Reise zu ermöglichen. Das besondere Element der Anderweltlichkeit von Landschaften wie der Mittelerdes entsteht eher durch die (Welt-) Geschichte und die Geschichten, mit denen sie verwoben werden. Der Dichter Novalis charakterisiert das Vorgehen der Romantik wie folgt: »Indem ich dem Gemeinen einen hohen Sinn, dem Gewöhnlichen ein geheimnisvolles Ansehen, dem Bekannten die Würde des Unbekannten, dem Endlichen einen unendlichen Schein gebe, so romantisiere ich es.« Ganz ähnlich geht die in weiten Teilen der Romantik entsprungene Fantasy beim Weltenbau und bei der Landschaftsbeschreibung vor: Sie nimmt die Flüsse, Wälder und Gebirge der Realität und verbindet sie mit tragischen Kriegen, geheimnisvollen Vorkommnissen, halberinnerten geschichtlichen Begebenheiten und einem Schimmer von unendlicher Tiefe.

Die gleiche Metaphernhaltigkeit, die Le Guin für die Inhalte fantastischer Erzählungen konstatiert, gilt schon seit der Antike auch für die Erfindung von Welten und ihrer Landschaften mitsamt ihres tierischen und pflanzlichen Lebens. So stehen die vielköpfige Hydra oder der Nemeische Löwe der Sagen für die Gefahren der Fauna, die Weinrebe des Dionysos feiert die Fruchtbarkeit der Flora bei den Griechen, die Mistel dasselbe und mehr bei den Kelten, Scylla und Charybdis sind zwei Monster, die für Römer wie Griechen die Gefahren der Gewässer zwischen Sizilien und dem Festland symbolisierten, denen die damaligen

Rudergaleeren in der schwierig zu berechnenden Strömung ausgesetzt waren, und Vulkane waren für Kulturen weltweit der Sitz von Göttern wie Dämonen.

Das ist bei Tolkien nicht anders, und es wäre auch nicht weiter bemerkenswert, wenn es nicht erstens so meisterhaft einfühlsam umgesetzt wäre und weil sich zweitens darin ein bemerkenswertes Bewusstsein für den Wert der Natur ausdrückt. Seit den ersten Warnungen des Club of Rome über die Grenzen des Wachstums in den frühen 1970er-Jahren trifft man ein solches zwar als ökologisches Denken glücklicherweise nahezu überall in Kunst und Literatur an. Man würde es aber wohl nicht gerade in fantastischen Büchern aus den 1930er- bis 1950er-Jahren vermuten. Die Tolkienforschung ist sich jedoch heute darin einig, dass Tolkien neben seiner Mythen- und Sprachenliebe auch von einem höchst modern anmutenden ökologischen Bewusstsein angetrieben wurde, das eines der wesentlichen Elemente seiner Mittelerdedichtung ausmacht. Und es drückt sich auch außerhalb von Mittelerde in seinen kleineren Schriften aus, ob hymnisch verklärend wie in *Der Schmied von Großholzingen* oder spöttisch in der Satire *Herr Glück* über den (Un-) Wert des England seinerzeit gerade erobernden Automobils.

Dass der Fotograf dieses Buchs Tolkiens Mittelerde gerade in der Schweiz findet, ist in zweierlei Hinsicht nicht verwunderlich. Es liegt zum einen daran, dass das wunderschöne Alpenland für Mitteleuropa vergleichsweise fruchtbare Refugien für die Suche nach weitgehend unberührter Natur bietet. Zum anderen aber war es Tolkien selbst, der Inspiration für seinen »Mythos für England«, wie er Mittelerde einmal nannte, in der Schweiz fand. Während des Sommers 1911 besuchte er als junger Mann die Alpenrepublik und absolvierte dabei eine Reise, die sich in biografischen Hinweisen seines späteren Lebens als ebenso wirkmächtig wiederfindet wie in den Geschichten aus Mittelerde selbst.

Einfühlsam umgesetzt sind Tolkiens Landschaften gleich in mehrerlei Hinsicht. Einmal in Form ihrer Beschreibungen, die, obwohl ausladend, für das Publikum doch hochattraktiv sind. (Ich habe einmal im Rahmen einer Inhaltsanalyse nachgewiesen, dass mehr als 20 Prozent des Textkorpus von *Der Herr der Ringe* aus reinen Reise- und Landschaftsbeschreibungen bestehen, das sind jeweils mehr als 200 Seiten, egal in welcher Ausgabe.) Zweitens wird immer wieder von Kritikern wie Fans betont, dass die erfundene Welt eine enorme Tiefe und großen Realismus aufweise, was beweist, dass die Landschaften Mittelerdes trotz ihrer Exotik, des übernatürlichen Hintergrunds und des Zaubers manch frei erfundener Wesen und Phänomene greifbar bleiben. Drittens gelingt dem Autor eine bemerkenswerte Symbiose von Landschaft und Protagonisten, wodurch einerseits die Welt geradezu lebendig wird, andererseits die Handlung organisch in ihre Umstände eingebettet ist, wodurch sie als gänzlich aus einem Guss erscheint.

Als Beispiel dafür seien die Ents, die Baumhirten, genannt, die sich trotz ihrer eigentlichen Unabhängigkeit von den Weltläuften nahtlos in die Polarität der Ereignisse fügen (müssen). Wie der große Konflikt auf dem Widerstreit von Gut und Böse beruht, so steht auf der einen Seite das Gute und Schöne in der Natur in Form etwa des elbischen Zauberwalds von Lothlórien oder der ästhetischen Wunder der Höhlen von Aglarond, während auf der anderen Seite die bösartige Perversion der Welt durch menschliche Machtgier in Mordor oder in Gestalt tragischer Kriegsopfer in den Totensümpfen ihren Ausdruck findet. Am Treiben der umtriebigen Zweibeiner völlig uninteressiert, sind die Ents dann gezwungen, Position in einem Kräftemessen zu beziehen, das nichts mit ihnen zu tun hat. Darin drückt sich letztlich der Glaube an die Sinnhaftigkeit der Ordnung der Natur im Besonderen wie der Welt im Allgemeinen aus. Die ihnen zugewiesene Rolle steht für die Überzeugung von der Notwendigkeit der Erhaltung der Balance einer Natur, die ohne den Eingriff von Menschen oder Göttern, nie in Gefahr geraten wäre.

Hier trennen sich Realität und Fiktion ganz klar, denn die Eindeutigkeit der Positionen in den Fiktionen werden sich in der Realität niemals wiederfinden lassen. Eine solche Art der Nachahmung der Wirklichkeit ist aber auch gar nicht Aufgabe des großen Fantasy-Epos. Vielmehr geht es hier darum, den Konflikt in idealer Weise zu überspitzen, um die eine Frage, die letztlich hinter aller fantastischer Literatur steht, in aller Schärfe stellen zu können: *Was wäre, wenn?*

Die Landschaften der Fantasy stellen die Bühne für die Heldenreise dar. In den besten Fällen – so, wie in Form von Tolkiens Mittelerde verwirklicht – sind sie auch Protagonist und helfen als solcher bei der Beantwortung der Frage *Was wäre, wenn?*. Und das tun sie, indem sie sich in den Dienst der Antwort stellen.

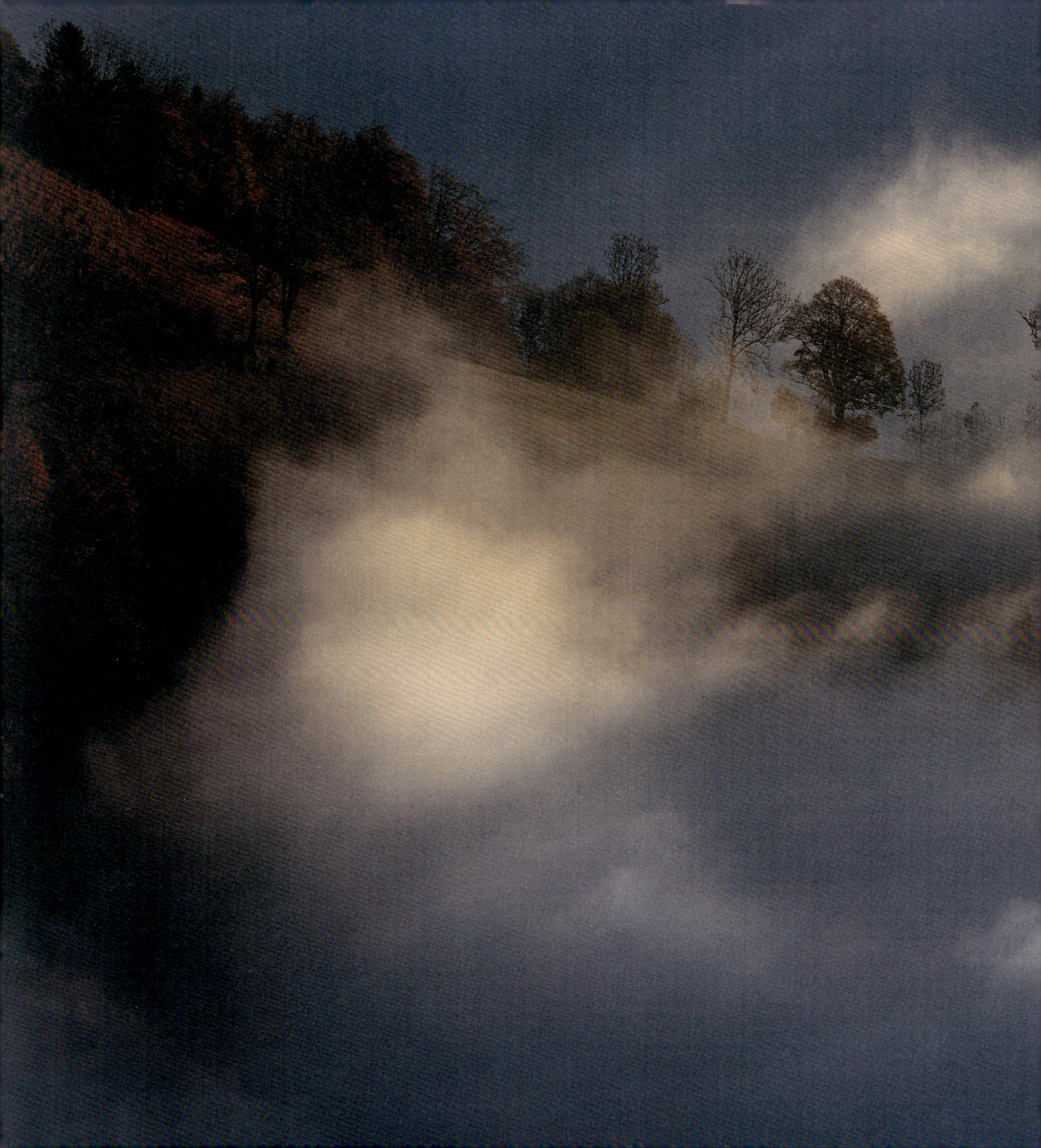

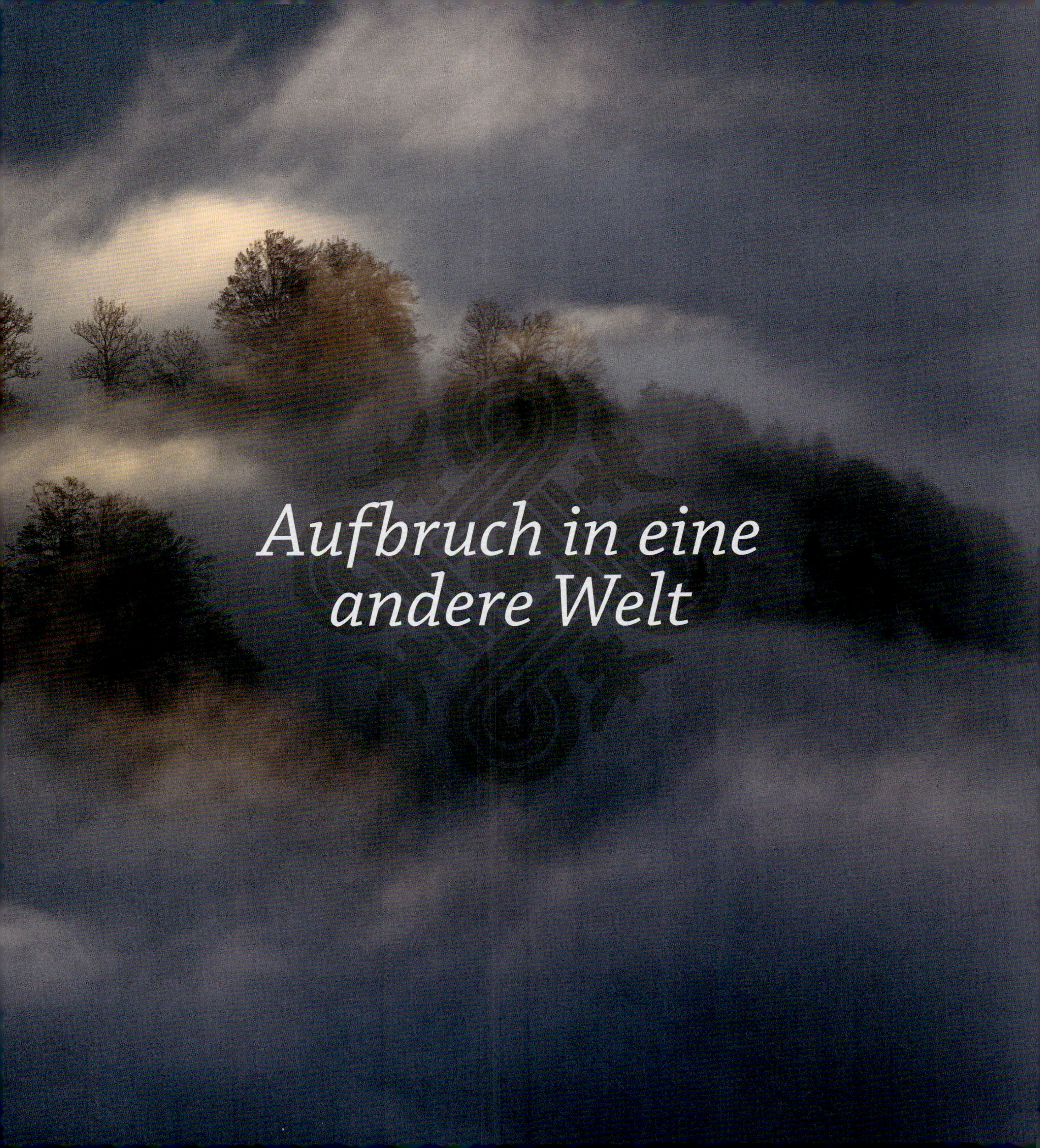
Aufbruch in eine
andere Welt

Berufung und Aufbruch

Geschichten, besonders die des Genres Fantasy, erzählen von Konflikten, die zu Brüchen und Veränderungen führen. Aber auch jedes reale Leben kennt Konflikte, Brüche, Veränderung und neues Beginnen. Jeder große Schritt geht dabei mit Blicken einher, denn wir Menschen sind visuelle Lebewesen. Wir werfen Blicke nach innen und nach außen, wobei auch der Blick nach außen ein symbolischer Blick in die Zeit ist: ein Zurückschauen zu dem, was war, ein Um-sich-Schauen in das, was ist, die Augen voraus in das, was kommen wird. Es ist der Blick zurück, der einem den Mut verleiht, loszugehen, denn mit ihm erfasst man ein letztes Mal, woher man kommt und was einen bis dahin geprägt hat.

Auch wenn ein Unterfangen im wahren Leben zunächst nicht immer einer Berufung folgt, so mag sich eine solche später durchaus herauskristallisieren. Wer sich aber schon einmal auf eine Reise von intrinsischer Bedeutung begeben hat oder erkennt, dass sich auf dem Lebensweg Berufungen herausstellen, wird sich in den Heldenreisen der Fantasy wiederfinden und nachvollziehen können, welche Bedeutung, ja welcher Zauber, so könnte man mit Hermann Hesse sagen, einem solchen Anfang innewohnt.

Diesem Zauber können sich auch Tolkiens Hobbits nicht entziehen, sobald sie aufgebrochen sind. Zwar müssen Frodo, Sam, Pippin und Merry aufgrund der Verfolgung durch die Nazgûl überhastet ihre Reise antreten, und auch Bilbo wird in *Der Hobbit* ohne Vorwarnung auf seinen Weg zum Drachenschatz geschickt. Aber spätestens, als die Hobbits die Grenze des Auenlands erreichen und die vertrauten Hügel und Täler von ersten Blicken auf unbekanntes Terrain in weiter Ferne ersetzt werden, mischt sich Staunen unter die Angst vor der Gefahr und der unerwarteten Veränderung.

»Ob ich wohl jemals wieder in dieses Tal hinunterblicken werde?«, fragt sich Frodo mit einem Blick zurück, und man ahnt schon hier, dass er es nicht tun wird. Oh, er wird schon zurückkommen, aber es ist nicht mehr der gleiche Frodo, es sind nicht mehr die gleichen Hobbits wie die, die an dieser Stelle ins ungeliebte Abenteuer aufbrechen. Was kommt, wird die Reisenden verändern, in diesem Fall sogar auf ganz profunde Weise, und sie werden mit seelischen Narben, aber gewachsener Persönlichkeit zurückkehren. Wer jemals aufbrach zu etwas Neuem, der weiß, dass diese Erfahrung universell ist: Dieser letzte Blick zurück lässt sich nicht wiederholen, denn es ist nicht mehr der gleiche Mensch, der zurückkehrt, und er wird, was er dann sieht, mit anderen Augen sehen.

Und doch ist es der Blick zurück, der den Hobbits die Kraft verleiht, das Kommende durchzustehen. Der Sinn ihrer Reise ist, den Frieden des Auenlandes zu erhalten. Der Blick zurück auf das zu Bewahrende gibt die Kraft für den Blick voraus in die Ferne. Ganz wie im echten Leben: Wir blicken zurück auf etwas Erhaltenswertes, und das gibt die Kraft, den Blick nach vorn auszuhalten, denn der kann zwar hoffnungsvoll, aber auch angsteinflößend sein.

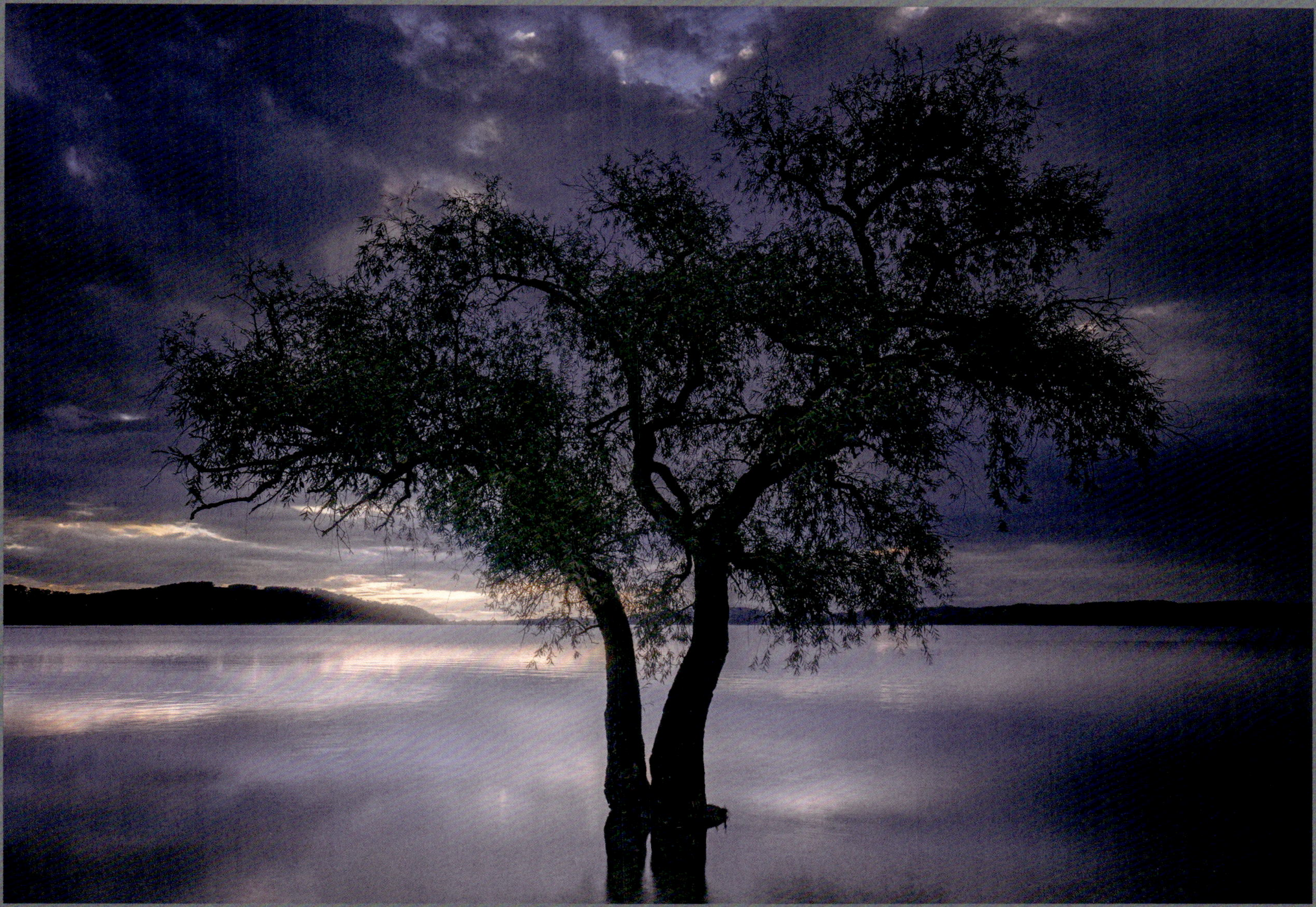

Es muß das Herz bei jedem Lebensrufe
bereit zum Abschied sein und Neubeginne.

Hermann Hesse: *Stufen*

Blicke über die Grenze: See und Moor

Zumeist sind Unternehmungen und Reisen nicht davon motiviert, vor etwas zu fliehen, sondern *zu* etwas aufzubrechen. Das ist auch bei der Heldenreise so und ebenso bei den gefährlichen Wegen, die die Helden in *Der Herr der Ringe* und im *Hobbit* vor sich haben. Der wichtige Unterschied zwischen beidem besteht darin, dass man bei der Flucht auf etwas zurückblickt, während man bei einer abenteuerlichen Unternehmung vorausblickt auf das, was einen erwartet.

Wenn die behaarten Füße von Hobbits die Grenze ihrer Heimat überschreiten und sie erste Blicke auf die Weite des Evendimsees und des Binsenmoores erhaschen, erkennen sie schnell, dass sie außerhalb ihres wohlbestellten Gartenlandes mit dem Unbekannten konfrontiert sind, weder überschaubar noch gezähmt. Auch wenn die Grenzen des Hobbitrefugiums noch weit entfernt von allen Schrecken und echten unwirtlichen Landschaften sind, können die Nebel über den Wassern schon ein gewisses Unbehagen hervorrufen.

Nicht anders ist es mit neuen Unterfangen und ihren Unwägbarkeiten im echten Leben – die Dichterinnen und Dichter schöpfen von Anfang an aus dem Füllhorn der Realität. Immer sind es erste Blicke voraus, die am Beginn neuen Tuns stehen; seien es freudige, neugierige oder unsichere und ängstliche. Und das gilt auch, wenn ein Künstler vor weißer Leinwand oder leerem Notenblatt steht und die ersten Konturen des Werkes gerade erst im Kopf entstehen oder eine Ingenieurin den ersten Konstruktionsstrich zieht oder ein Computerprogramm mit »// define function« beginnen lässt.

Abendrot am See: Am Horizont verabschiedet sich mit der Sonne der letzte Tag vor dem Beginn einer neuen Geschichte; der vertraute Blick auf die Heimat verliert sich in der Abenddämmerung.

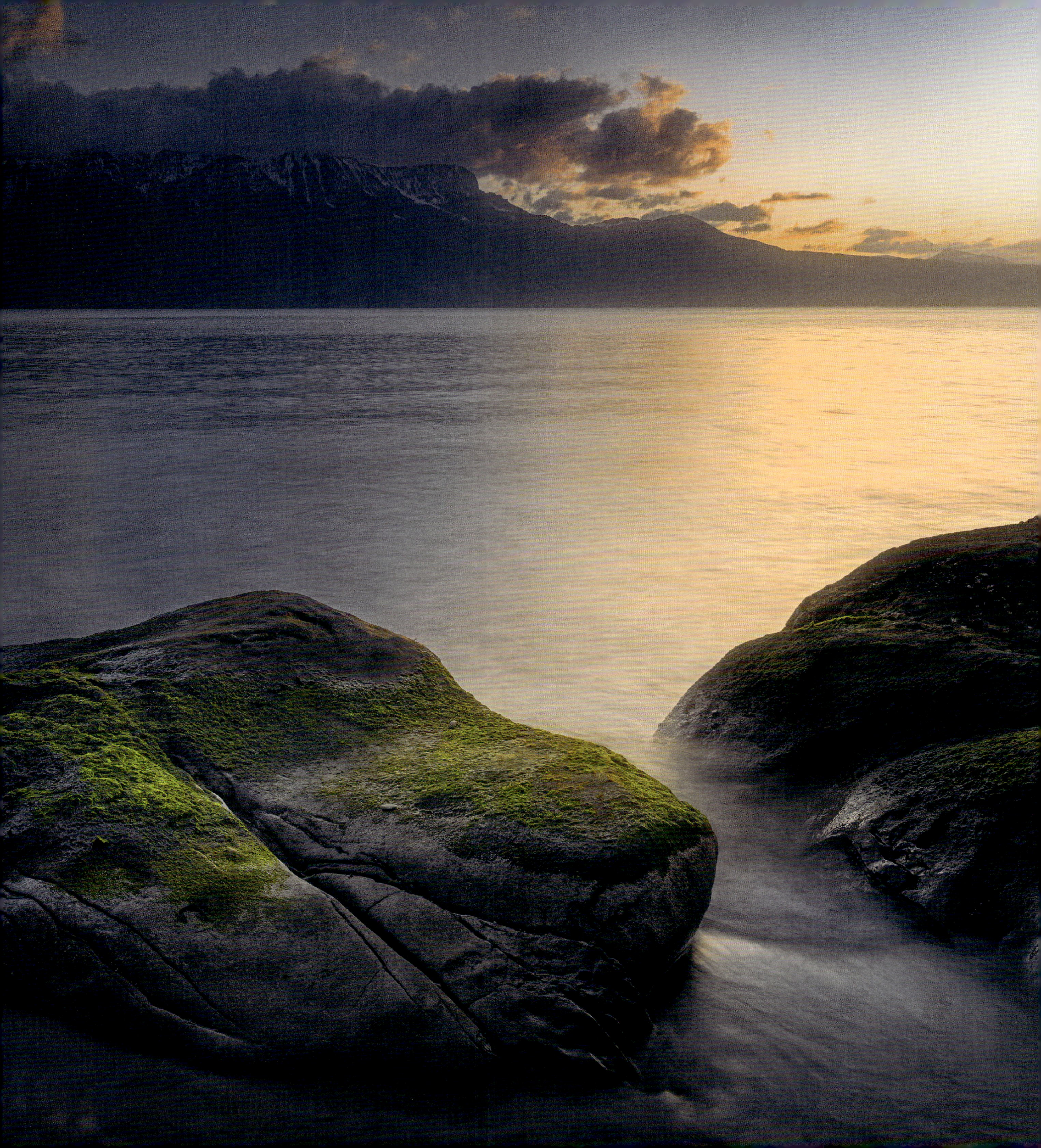

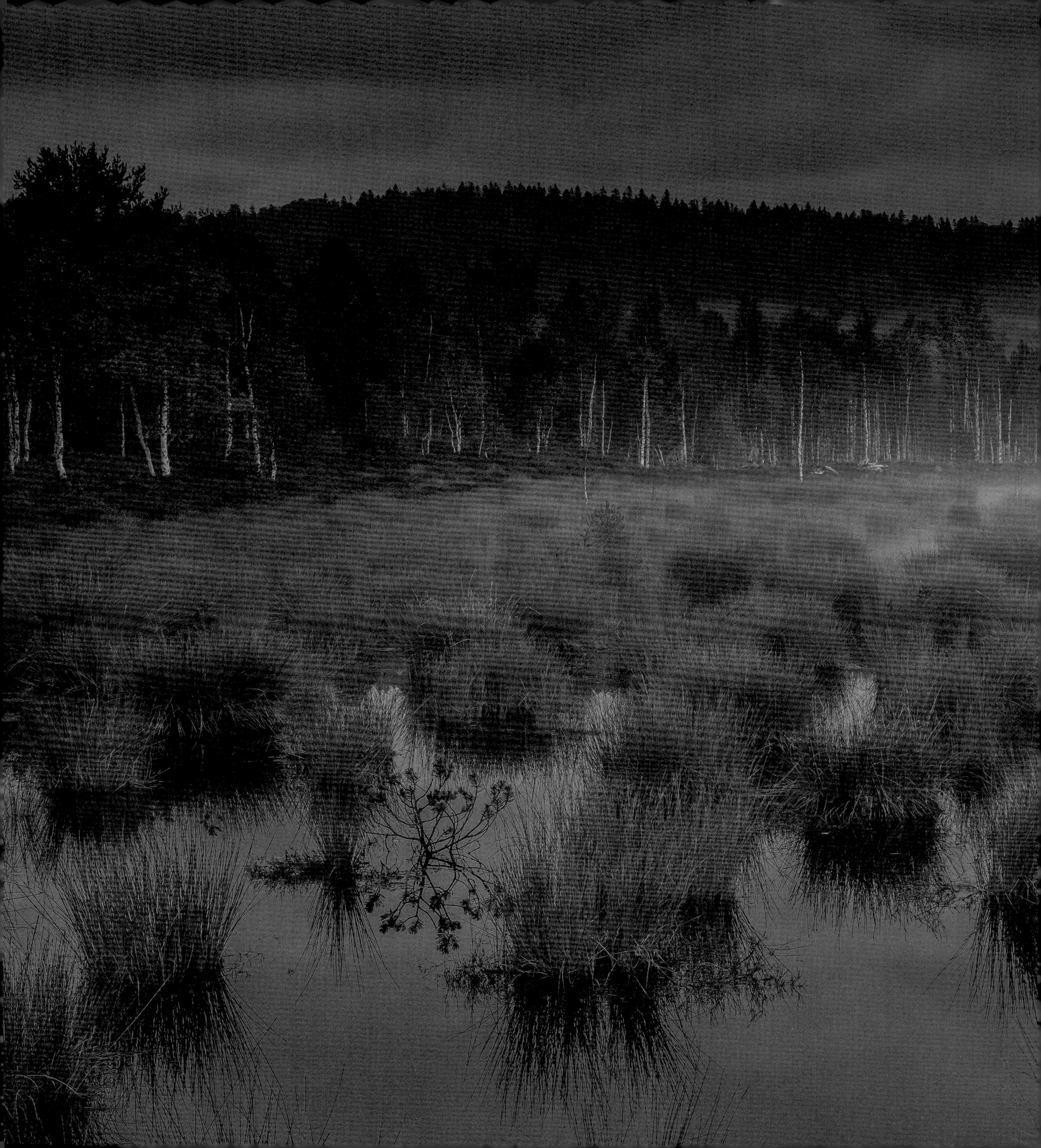

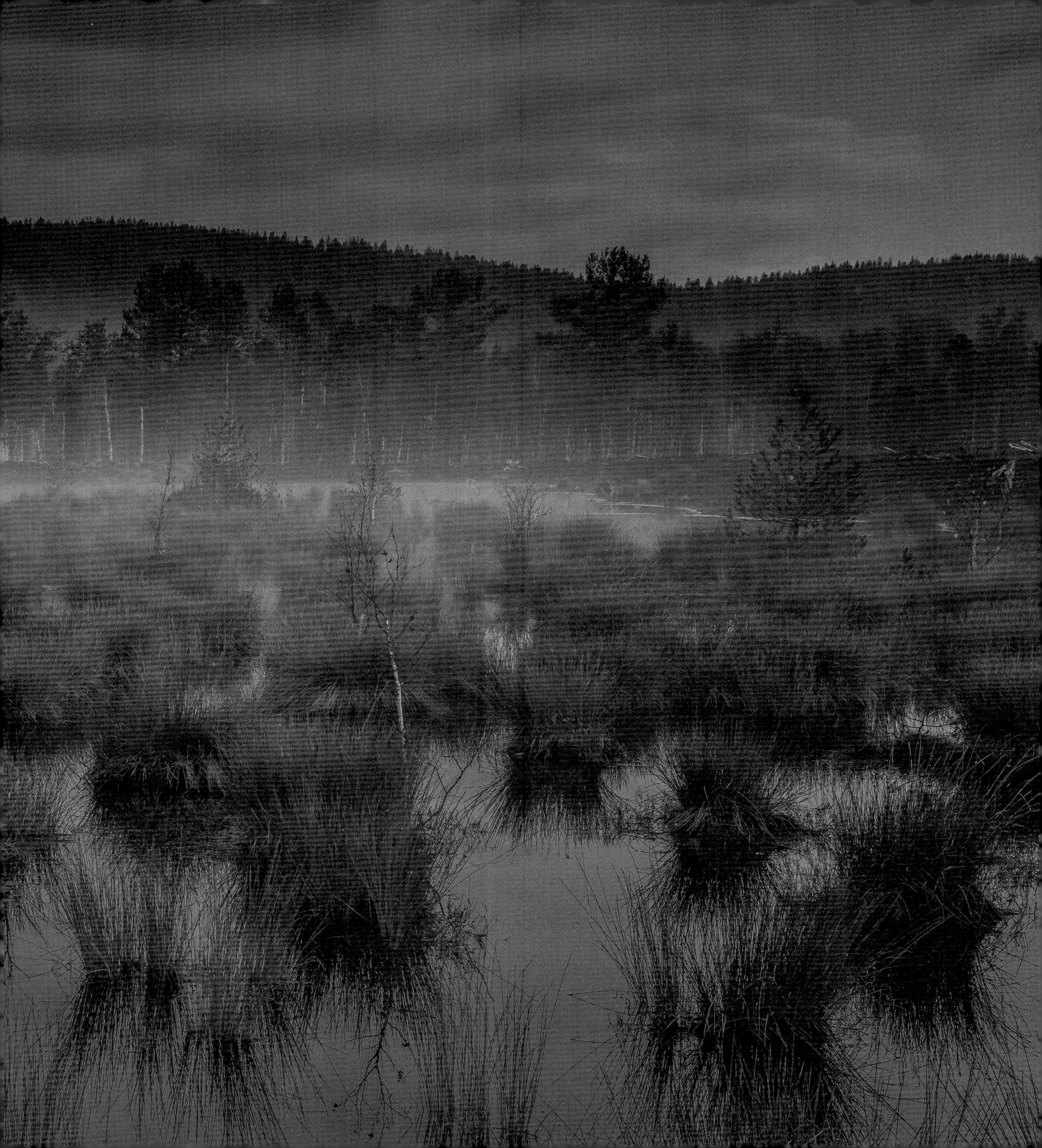

Der Verlust: Schönheit und Ruhe

Ein Aufbruch mag auch im Fall eines entschlossenen oder gar freudigen Beginns durchaus mit wehmütigen Gedanken an das, was man verlässt, verbunden sein; besonders, wenn man wie ein Hobbit seiner Heimat sehr verbunden und Veränderungen generell abhold ist. »Für Abenteuer haben wir hier keine Verwendung, nein danke! Versuchen Sie's doch mal hinter dem Bühl oder drüben jenseits der Wässer«, erklärt Bilbo Beutlin dem Zauberer Gandalf, als dieser ihn für eine gar abenteuerliche Unternehmung anzuheuern versucht.

Das Auenland als »ordentliches Land mit achtbaren Bewohnern, guten Straßen und einem Gasthaus hier und da« ist nicht mit dem zu vergleichen, was außerhalb seiner engen Grenzen liegt. Ordnung ist dort draußen nur in kleinen, isolierten Inseln zu finden, die allerdings dafür oftmals von zauberhafter Schönheit oder überwältigend imposant sind. Doch davon hat man allenfalls eine Vorstellung, wenn man aufbricht.

Aber Aufbrüche bestimmen das Dasein, ob dramatisch fiktional oder unaufgeregt realistisch oder in den Mischformen dieser Extreme. Keine Reise, kein Leben kommt ohne Aufbrüche aus, wie die auch aussehen mögen – klar und deutlich oder neblig trüb. Immer aber gehen sie mit Verlusten einher, denn man verliert, was bis dahin war. Was begrüßenswert sein kann, wenn man zu besseren Ufern aufbricht, aber nicht in einer Geschichte, die auf den impulsgebenden Konflikt angewiesen ist. Für die Hobbits jedenfalls ist der Verlust traurig, denn sie verlieren Schönheit und Ruhe. Doch der Verlust – so oder so – ist auch die Mahnung, warum der Aufbruch nötig wurde.

Lichtblick: Baumgekrönte Hügel im schwindenden Nebel von der Sonne geküsst – Wehmut und Mut vermischen sich, als die Hobbits zurückblicken.

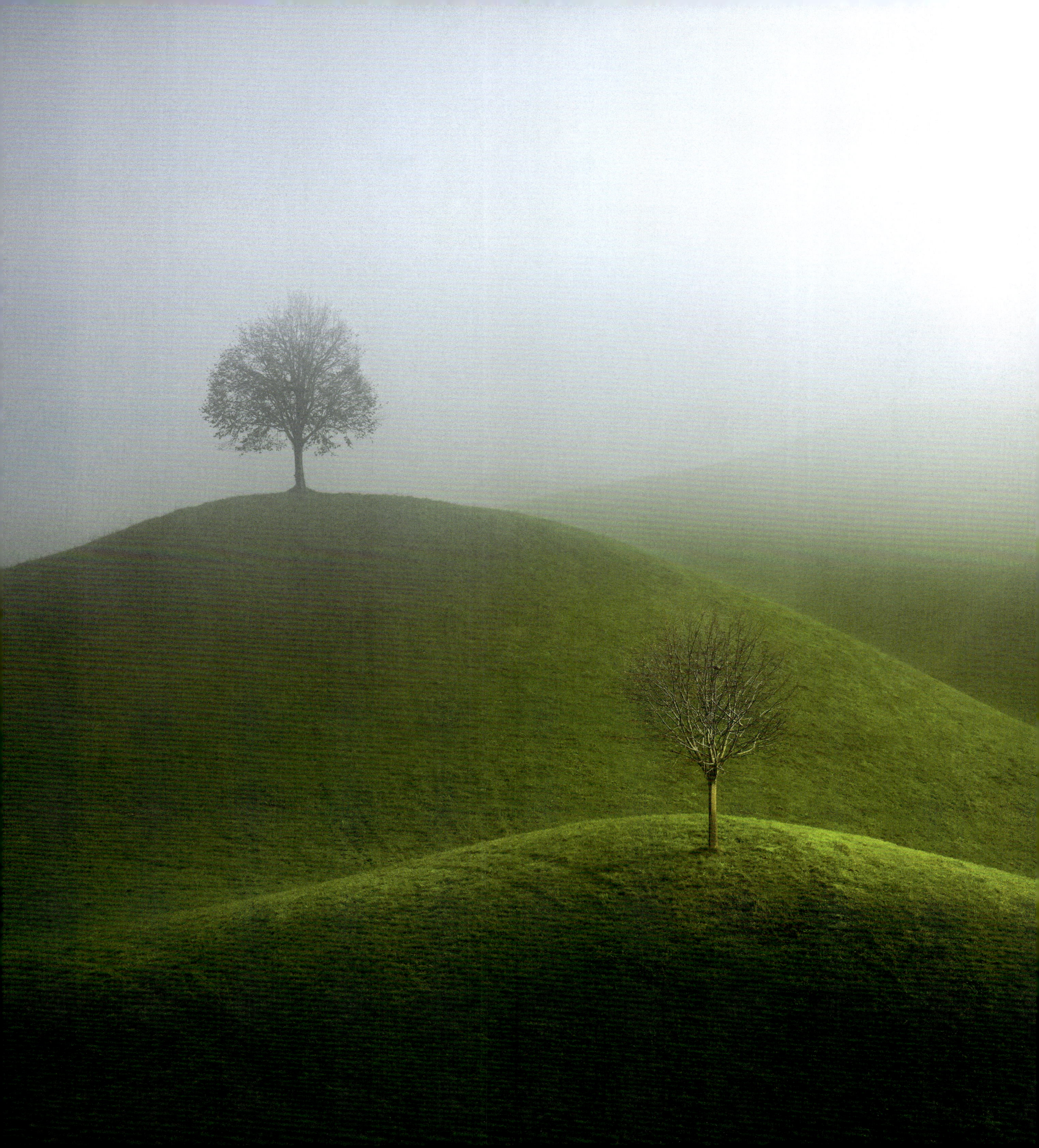

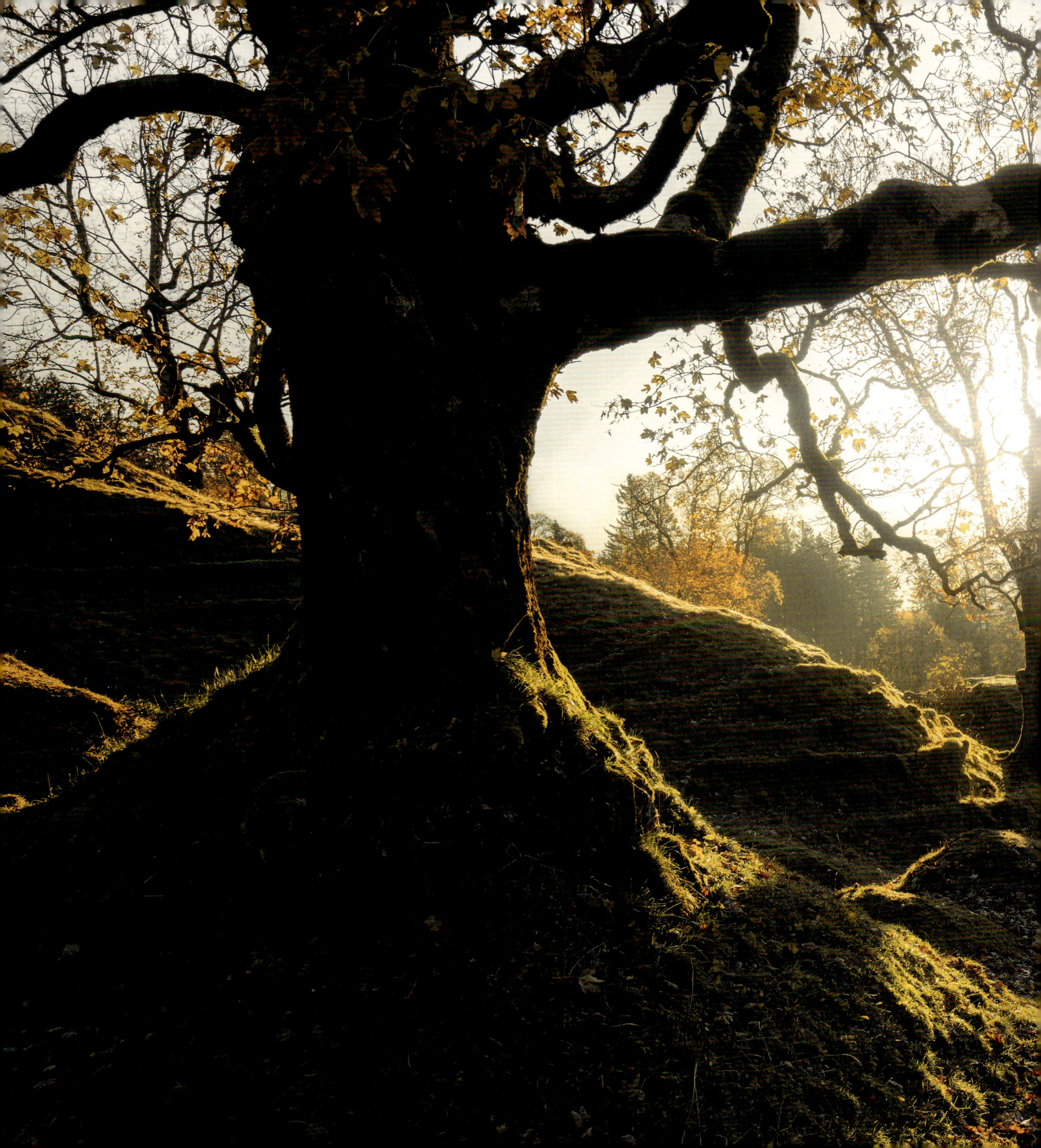

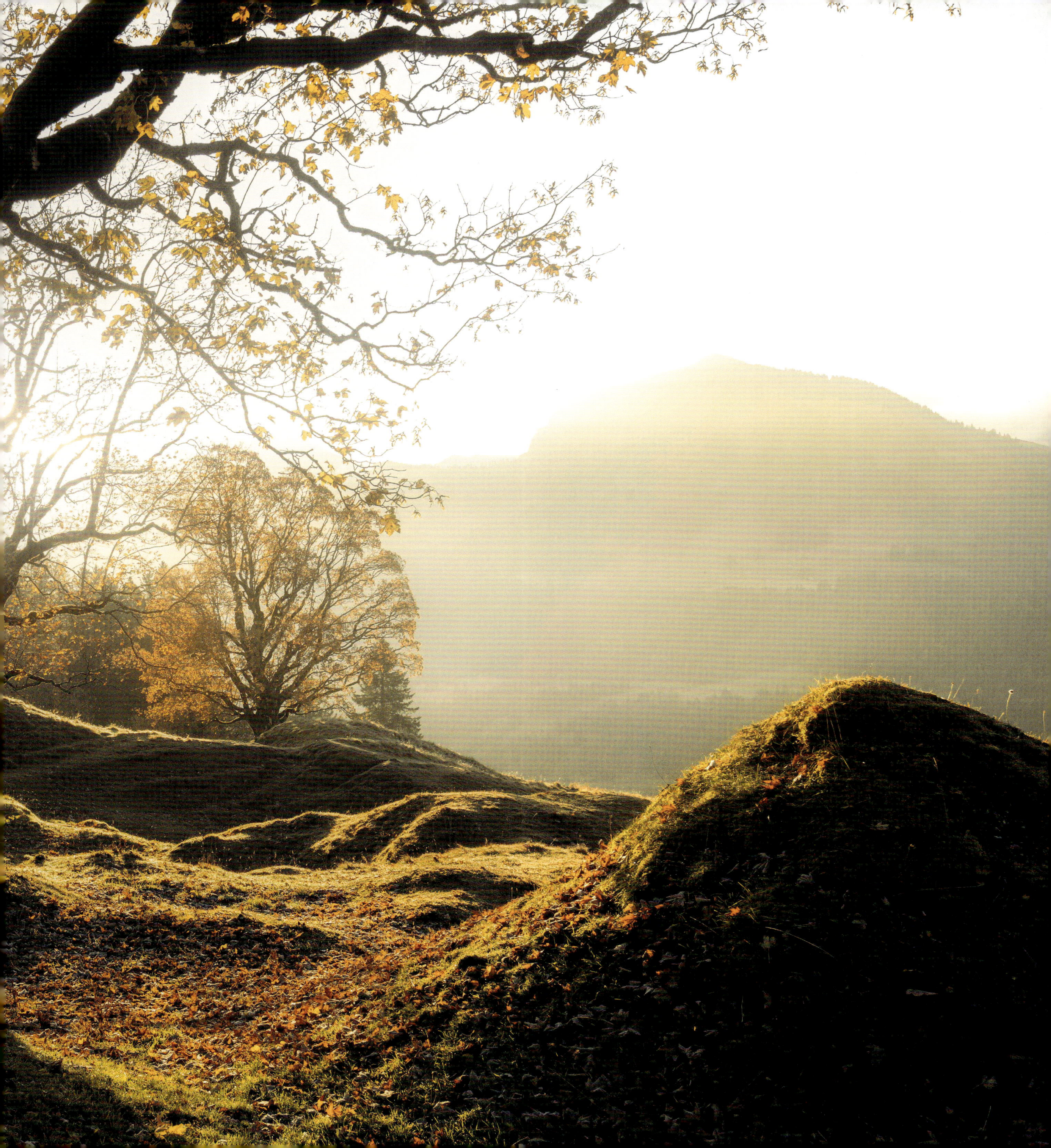

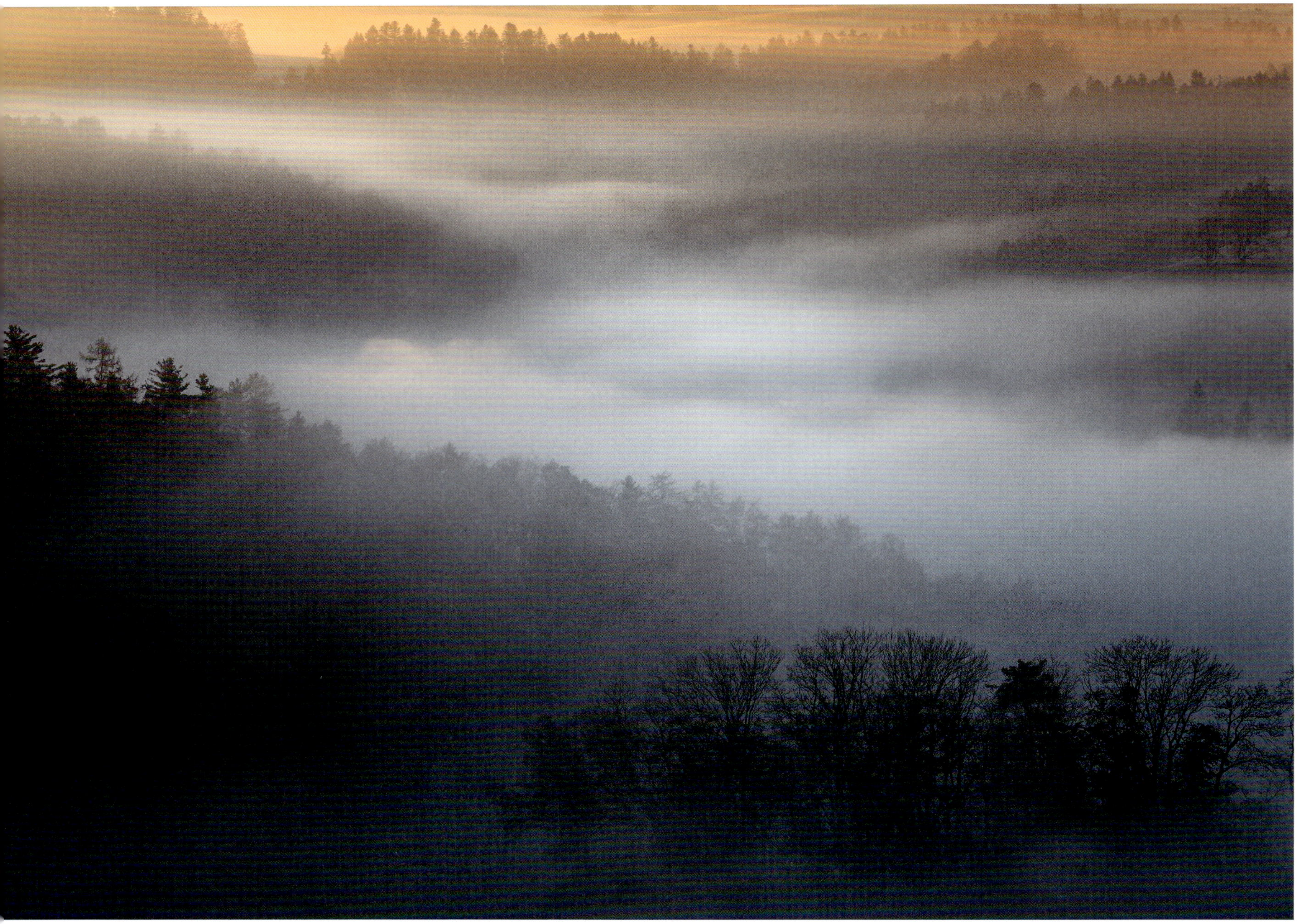

Sanfte Hügel: Goldenes Streiflicht modelliert die Konturen – ein vertrautes Idyll ganz neu gesehen in dem Bewusstsein, dass dies auch das letzte Mal sein könnte.

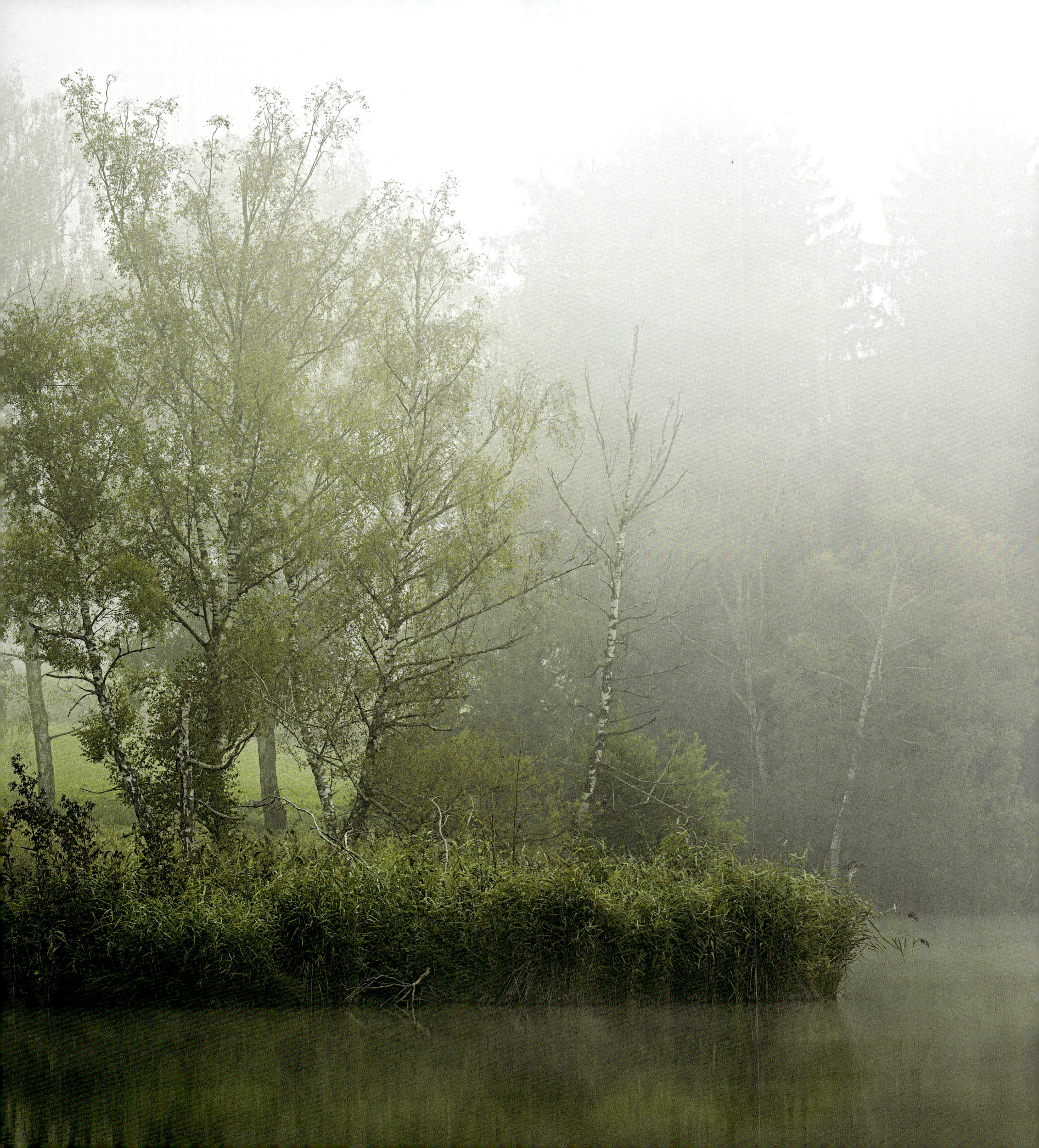

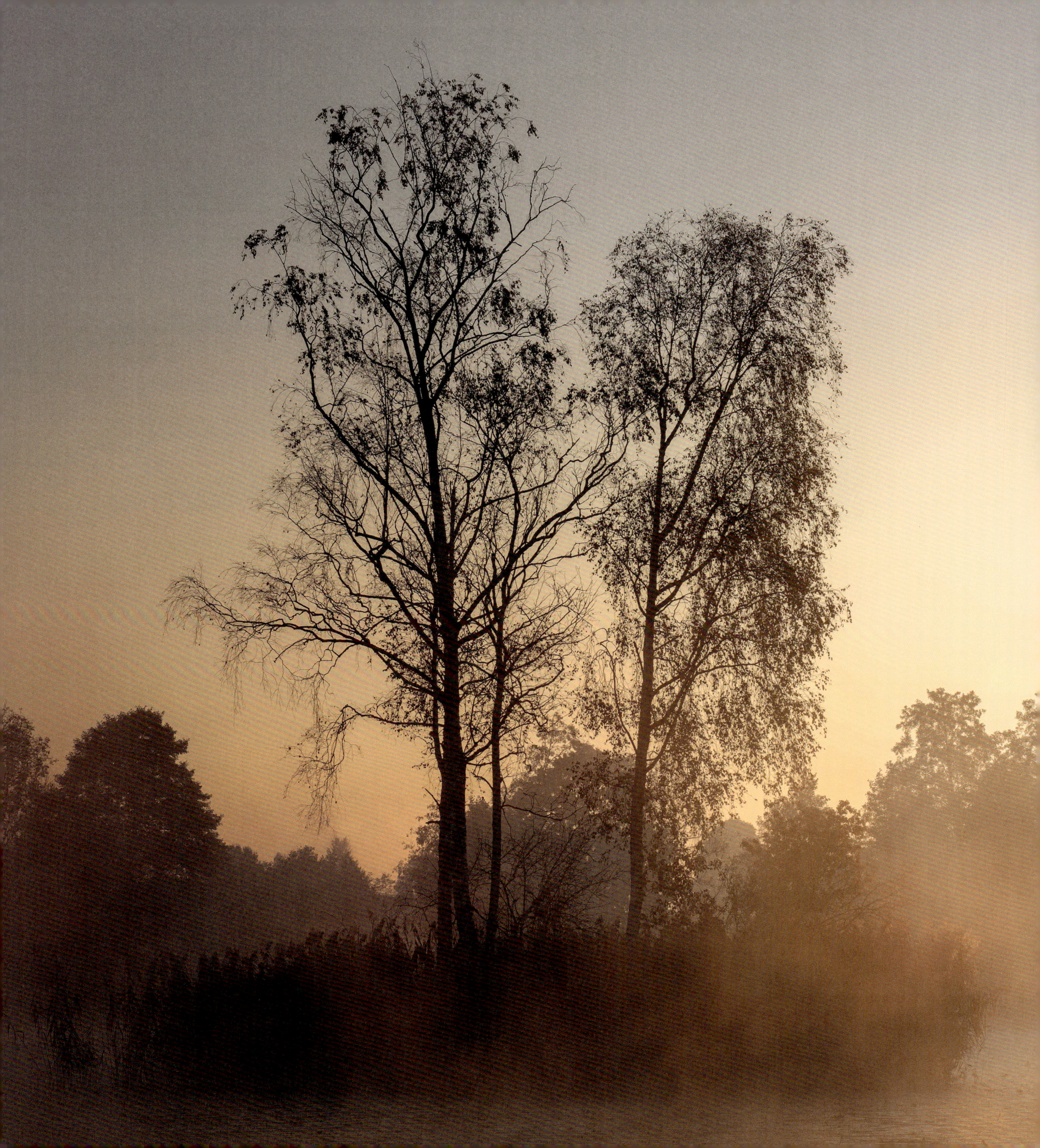

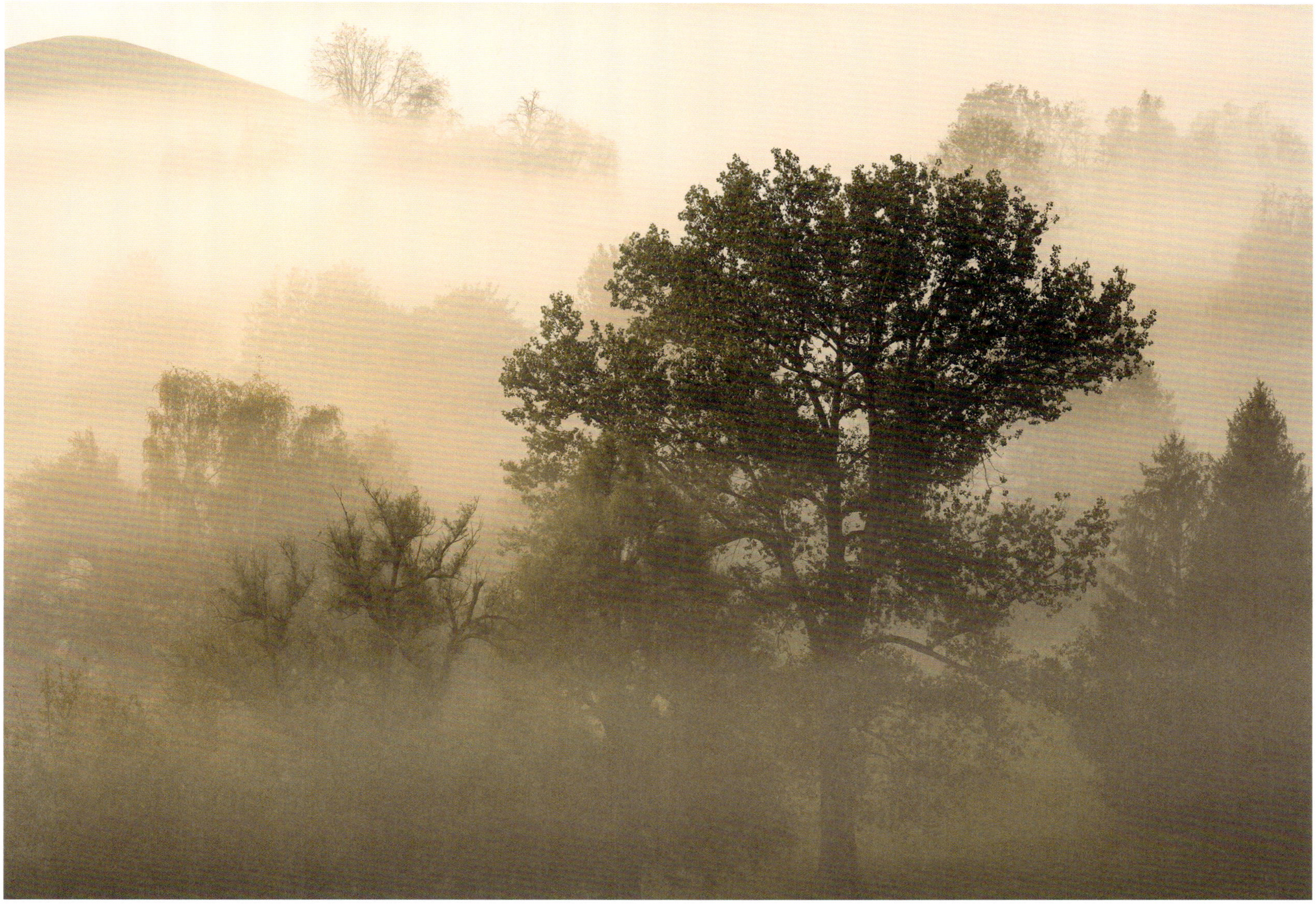

Der Tag erwacht: Eine Insel schält sich als Schattenriss aus dem abziehenden Morgennebel. Es ist, als würde der Vorhang zu einer unbekannten Welt aufgezogen.

Grüne Berge und tiefe Schluchten

Dass in Geschichten die Ereignisse nicht gleich auf den Höhepunkt zusteuern und Helden nicht sofort mit dem Schlimmsten konfrontiert werden, hat dramaturgische Gründe. Ein Teil der Kunst, die Heldenreise überzeugend zu gestalten, gründet darin, einen geschickten Spannungsbogen zu konstruieren, der das Publikum bei der Stange hält, weil es vom Augenblick gefesselt wird und zugleich begierig darauf bleibt, das Kommende zu erleben; so wirkt das sprichwörtliche Buch, das man einfach nicht aus der Hand legen kann.

Eine ähnliche Rolle füllt auch der »Protagonist Landschaft« aus, besonders wenn die Landschaft einer erfundenen Welt beschrieben wird. Auch sie muss erstens glaubwürdig und interessant sein, fällt dann aber zweitens meist noch ein bisschen schöner, aufregender, spektakulärer aus als die Realität, denn wenn man schon eine Welt erträumt, dann darf sie ruhig bekannte Grenzen sprengen. Aber drittens ist es nicht ratsam, das Publikum gleich jenseits der Tür, wo alles begann, mit der Idee gen Himmel stürmender Gipfel zu überfallen.

Es entspräche auch gar nicht unserer Lebenserfahrung und dem, was uns selbst zufriedenstellen würde. Hat man die Mittel, kann man sich natürlich mit dem Hubschrauber auf die Gipfelstation nahe dem Mont Blanc fliegen lassen; der Blick bleibt ähnlich spektakulär, wie er sich den Erstbesteigern Michel-Gabriel Paccard und Jacques Balmat vor beinahe einem Vierteljahrtausend präsentierte. Doch das Ergebnis wirkt hohl, da das Ziel ohne den Weg dorthin keinen Gewinn darstellt, da man dafür doch nichts tun musste.

Erfüllend wird eine Reise erst, wenn sie zur Gänze erlebt wird, wenn man den gesamten Weg von Anfang bis Ende bewusst geht. Und das schließt die Tagestouren über die grünen Berge ein, lange bevor man die Baumgrenze überschreitet und die kahlen Grate und schneebedeckten Gipfel erreicht, die sich am Ziel in den Himmel selbst zu recken scheinen.

Klammtal: Die ersten tastenden Schritte jenseits des Hags, jenseits der vertrauten Gartenheimat – das neue Diesseits einer ganzen Welt.

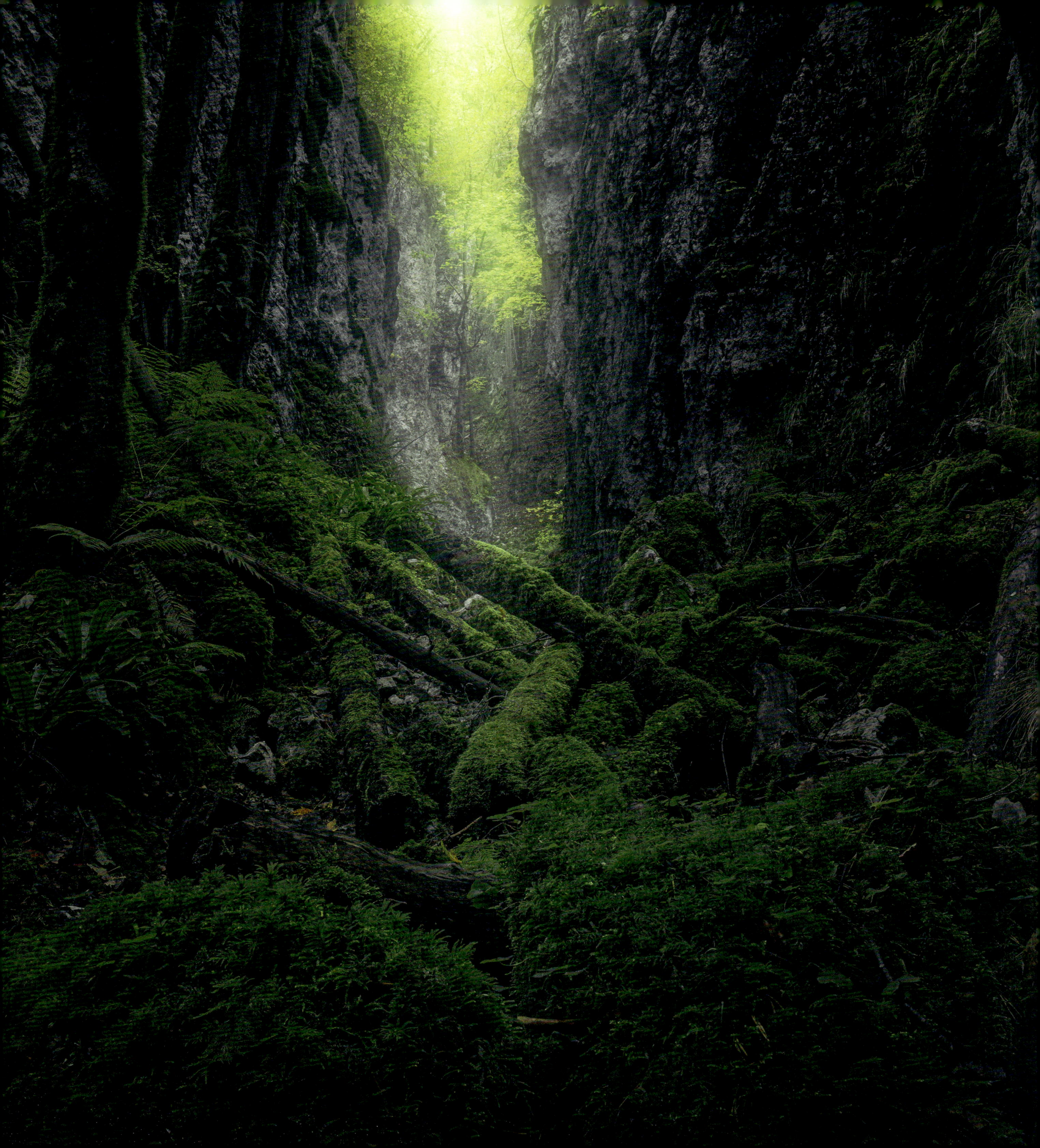

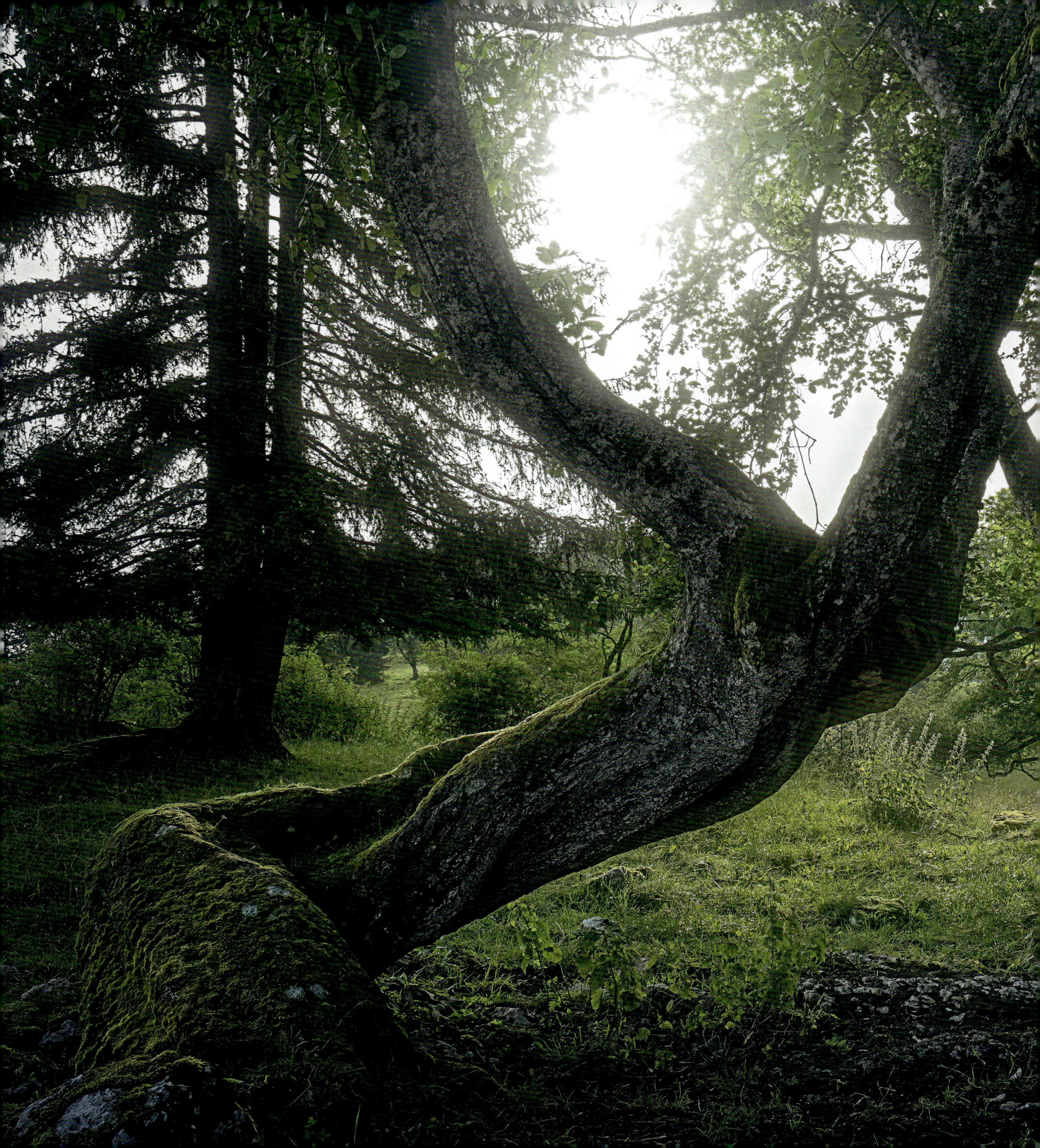

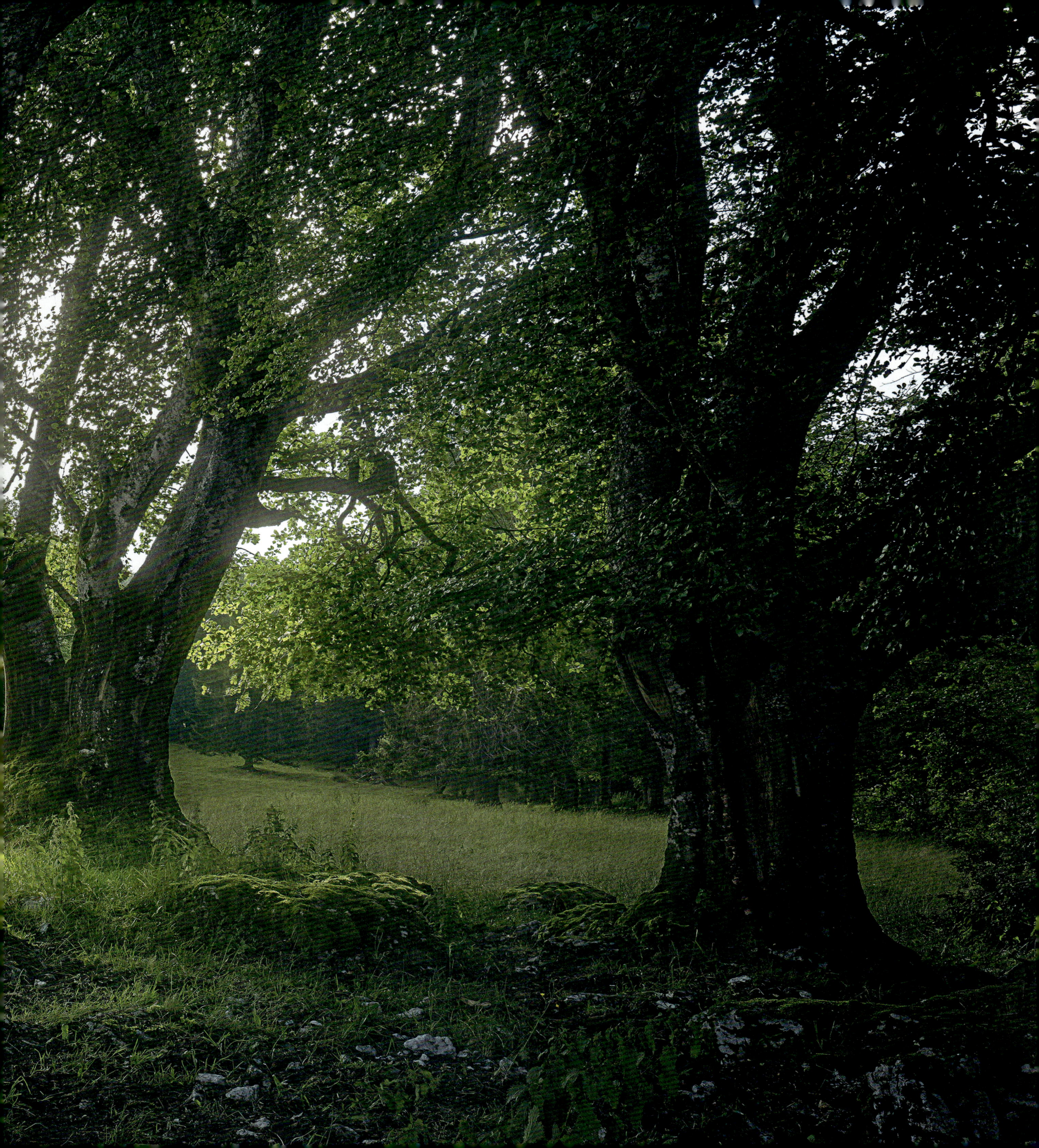

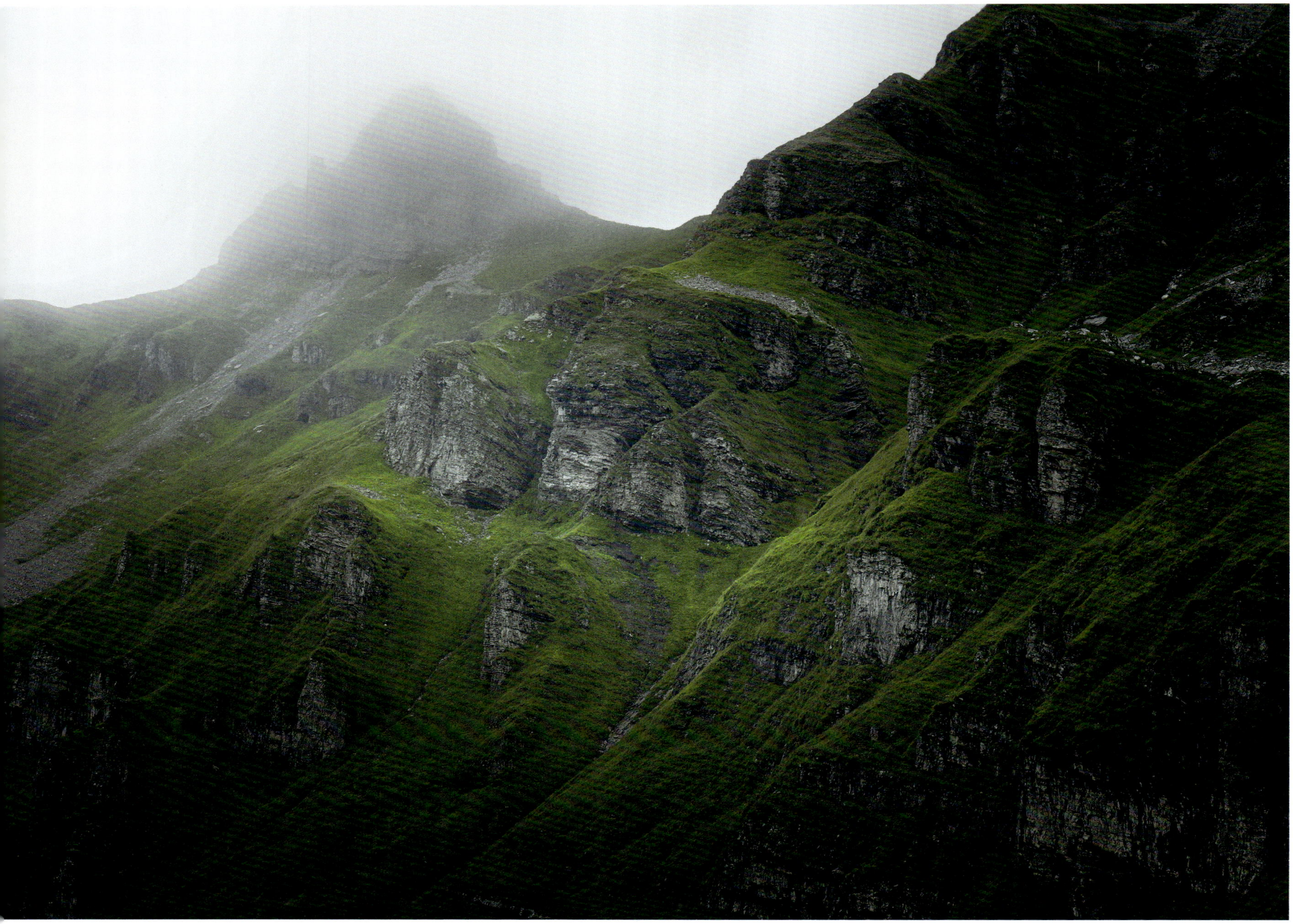

Eine andere Welt: Erste Felsen, Matten, Wälder
in fahlem, unsicherem Licht locken ... schrecken?

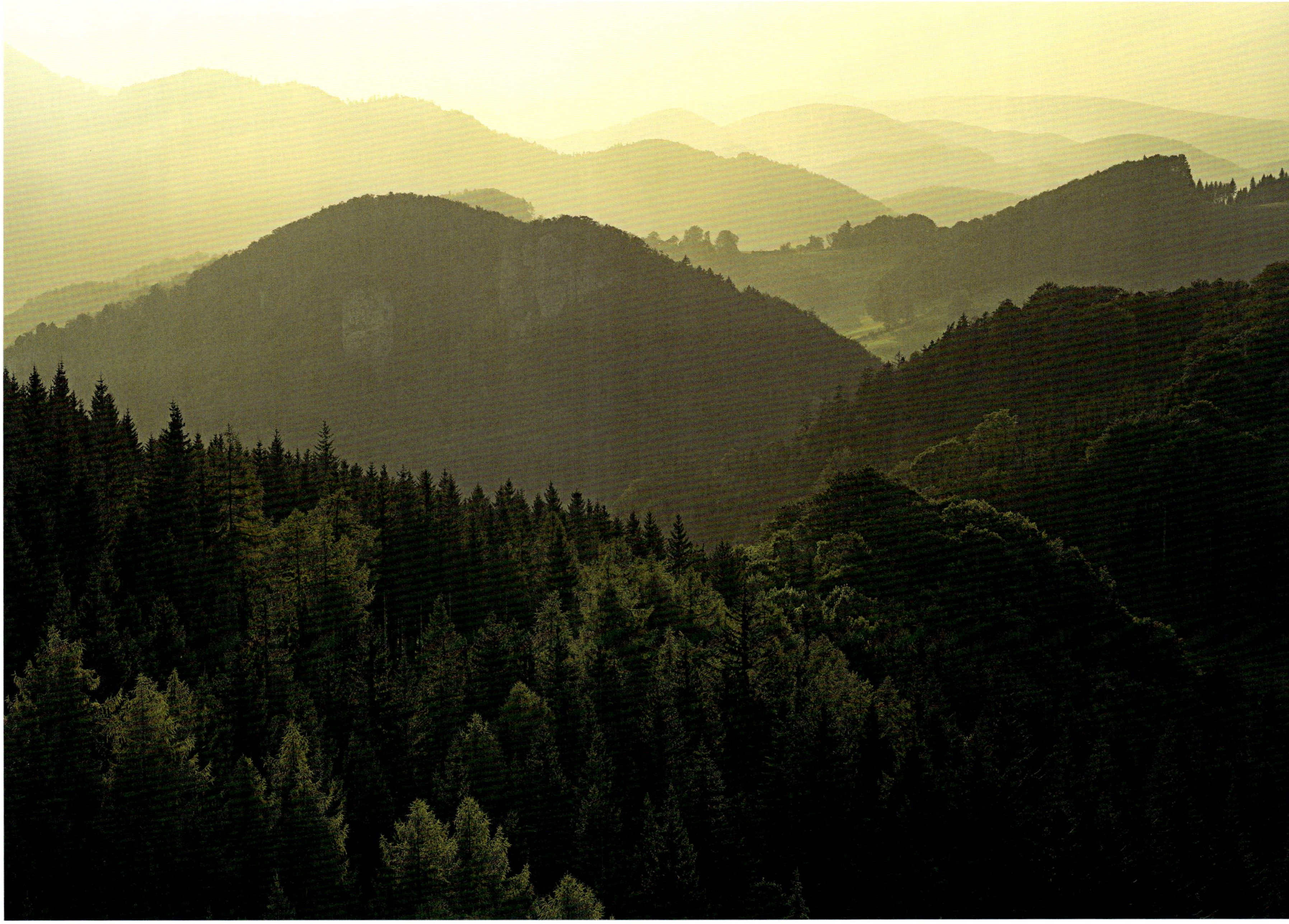

Nach ein oder zwei Stunden hatten sie jeden klaren Richtungssinn verloren und folgten einer Richtung, die sie nicht gewählt hatten – nach Osten und Süden, mitten hinein in den Wald und nicht hinaus.

HdR, Der Alte Wald

Schützende Wälder

Der Wald war schon immer Zufluchts- und Sehnsuchtsort, auch wenn, beispielsweise in Märchen wie »Hänsel und Gretel«, zudem stets vor den darin lauernden Gefahren gewarnt wird. Da ist es schon fast nicht anders zu erwarten, dass ein Autor mit einer solchen Liebe zu Bäumen, wie Tolkien sie empfand, Wäldern eine wichtige Rolle in seinen Werken zuspricht.

Der Alte Wald in direkter Nachbarschaft zum Auenland, der Fangorn mit seinen Baumhirten und das baumbestandene Elbenreich Lothlórien sind von großer Bedeutung für die Ringgeschichte, während der Düsterwald prominent in *Der Hobbit* firmiert: Auch bei all diesen Bäumen gilt, dass Schutz und Zauber nicht ohne Gefahr zu haben sind. Tolkien deckt die ganze Bandbreite von zauberhafter Schönheit über undurchdringliche Wildnis bis zur Wehrhaftigkeit Fangorns ab, wo die Baumhirten wertvolle Hilfe im Kampf gegen das Böse leisten und sich als tödliche Gefahr für ihre Feinde erweisen.

Die Wälder Mittelerdes stellen in außerordentlichem Maße belebte Natur dar. Auch wenn sie gefährlich, gar gewalttätig sein können, so sind es doch Schutzzonen, denn sie sind vor allem dazu da, den ursprünglichen Zustand der Welt zu bewahren, die gut ist, so wie sie ist, während Veränderungen durch Mensch und Ork oftmals ihre Integrität angreifen. Das entspricht der naturkonservativen Grundhaltung ihres Autors, wie etwa die Tolkienforscherin Andrea Denekamp beobachtet, die einen am Topos des Waldes orientierten »Biozentrismus« in Mittelerde konstatiert. Fantastik ist eben auch Ausdruck realer Überzeugungen und Sorgen.

Symbiose: Es scheint als lebt der Baum vom Fels und der Fels im Schutz des Baums. Hier draußen ordnen sich die Dinge anders, aber sie ordnen sich.

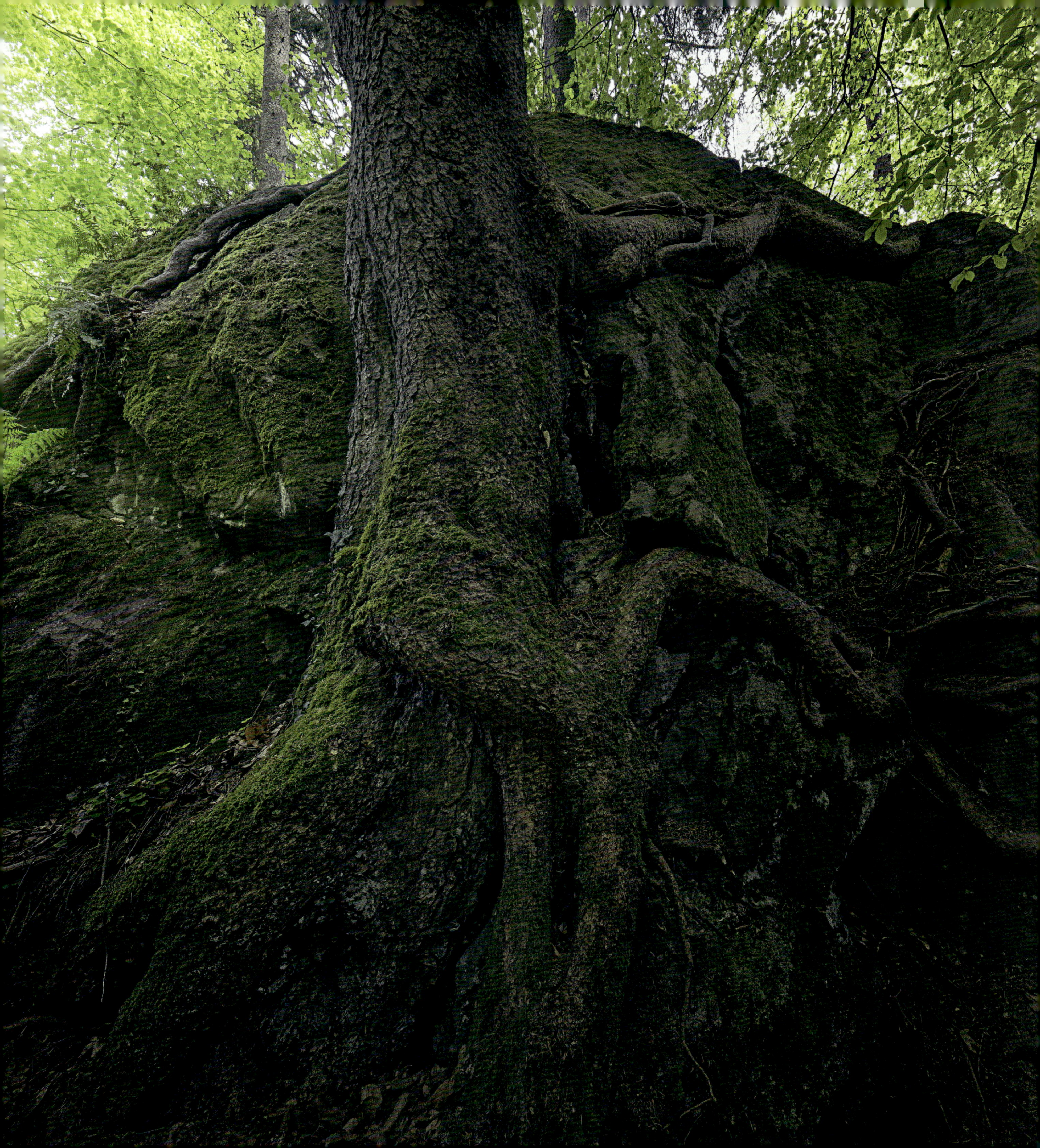

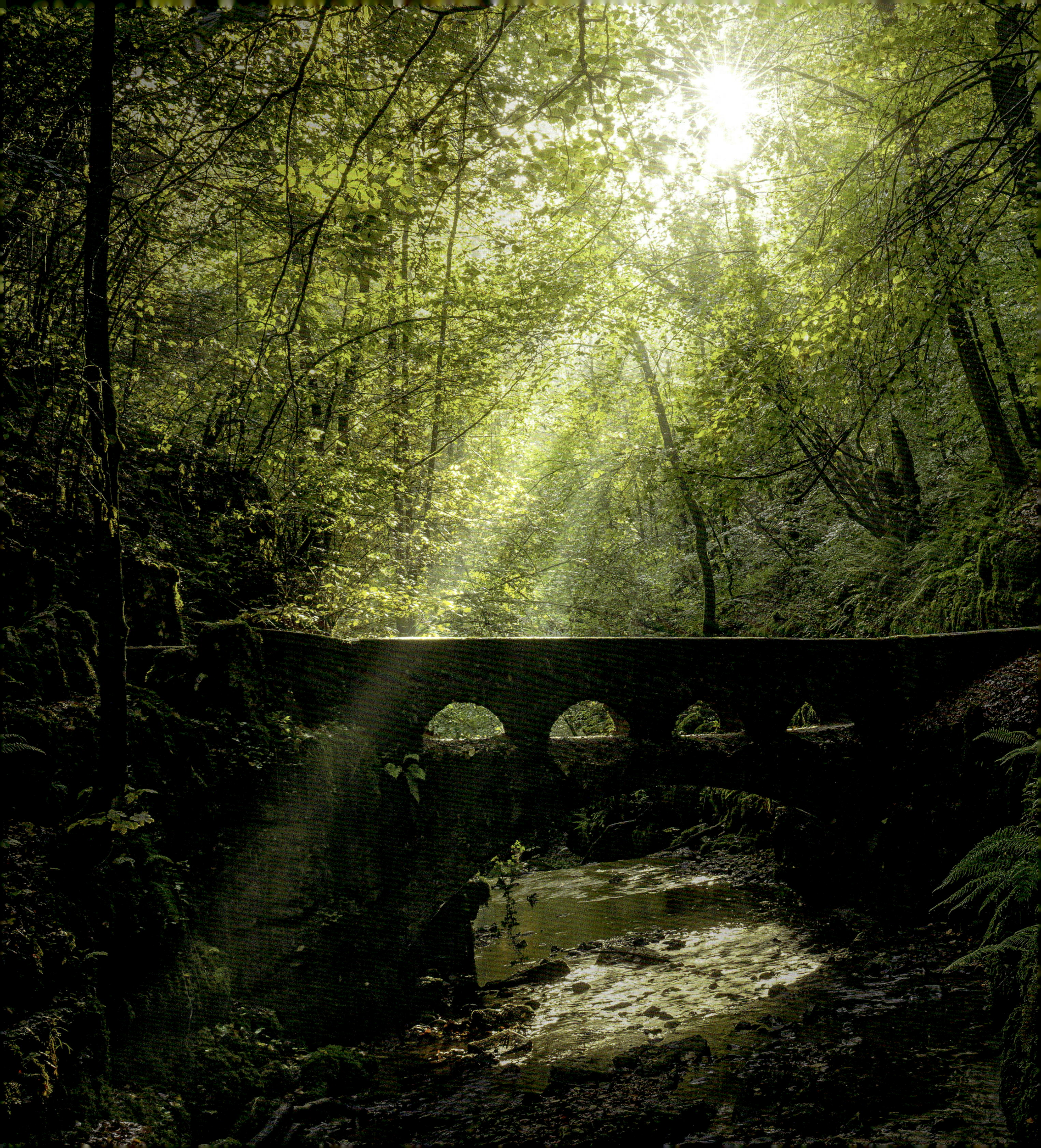

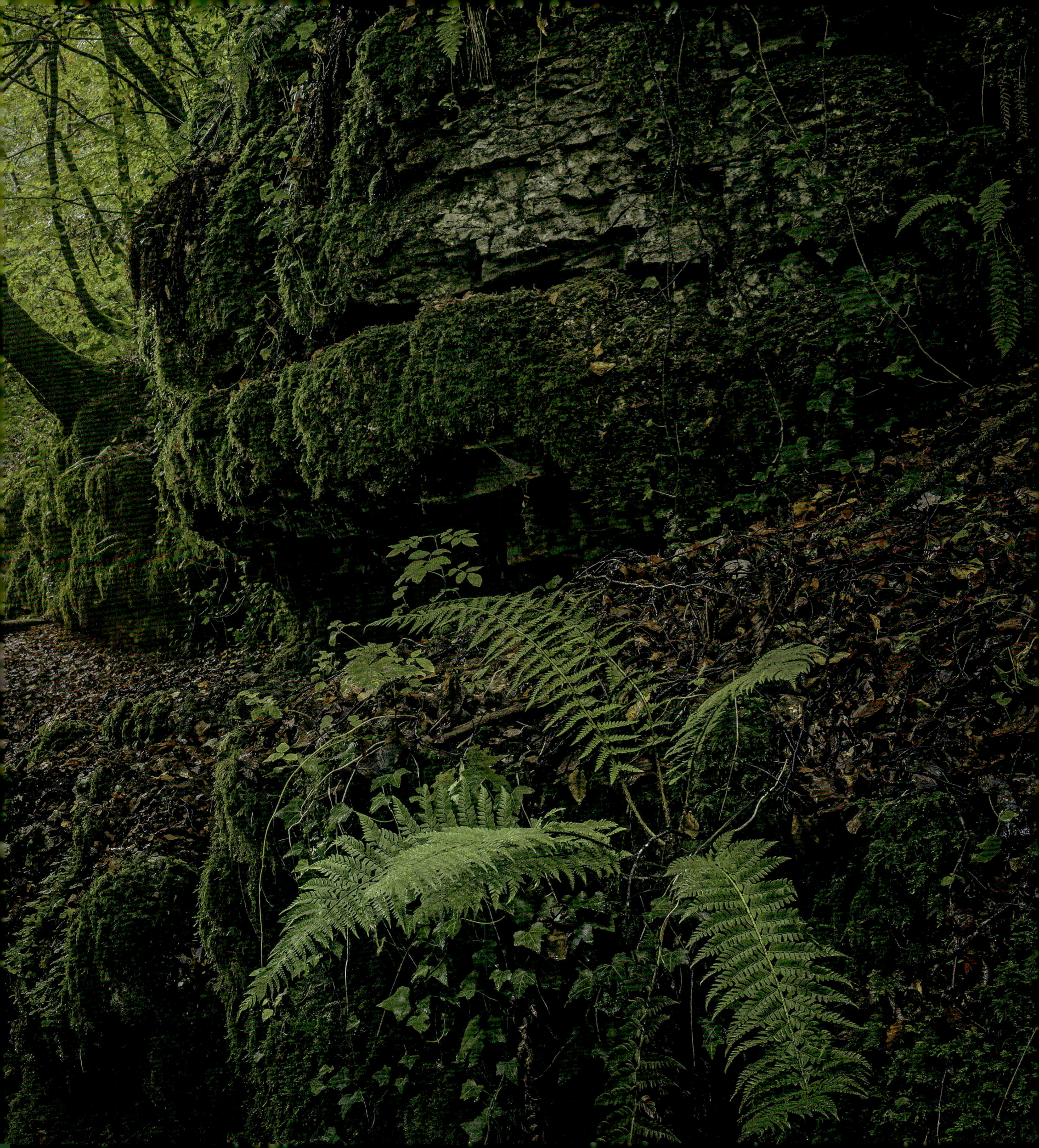

»Der Alte Wald mag all das über [das] Enden und Sich-Lichten nicht«, sagte Merry.

HdR, Der Alte Wald

Weidenlicht: Astfinger greifen aufs Wasser hinaus bei der Rast; doch was, wenn sie sich schlössen? Alles ist neu, nichts erscheint gewiss.

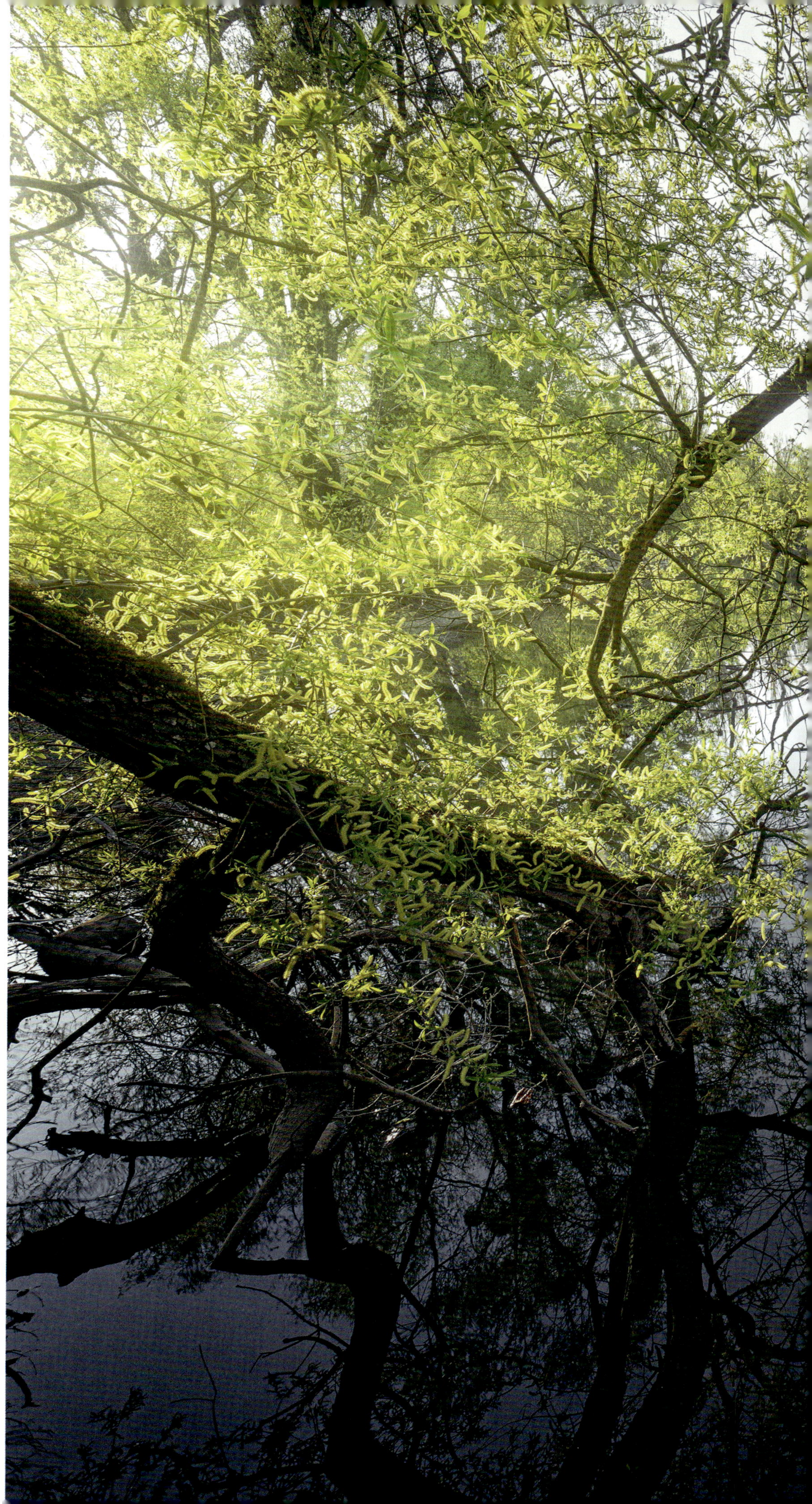

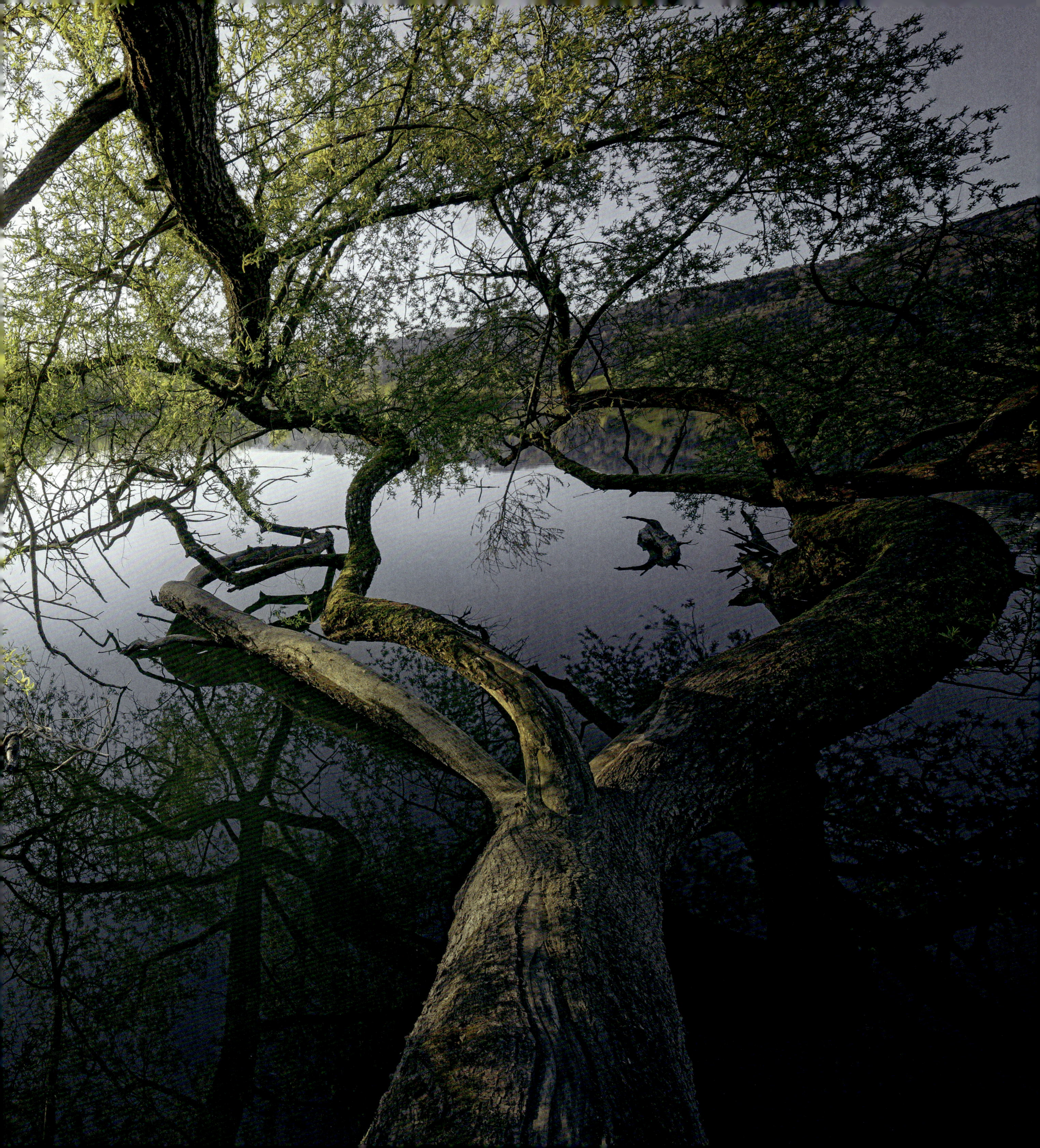

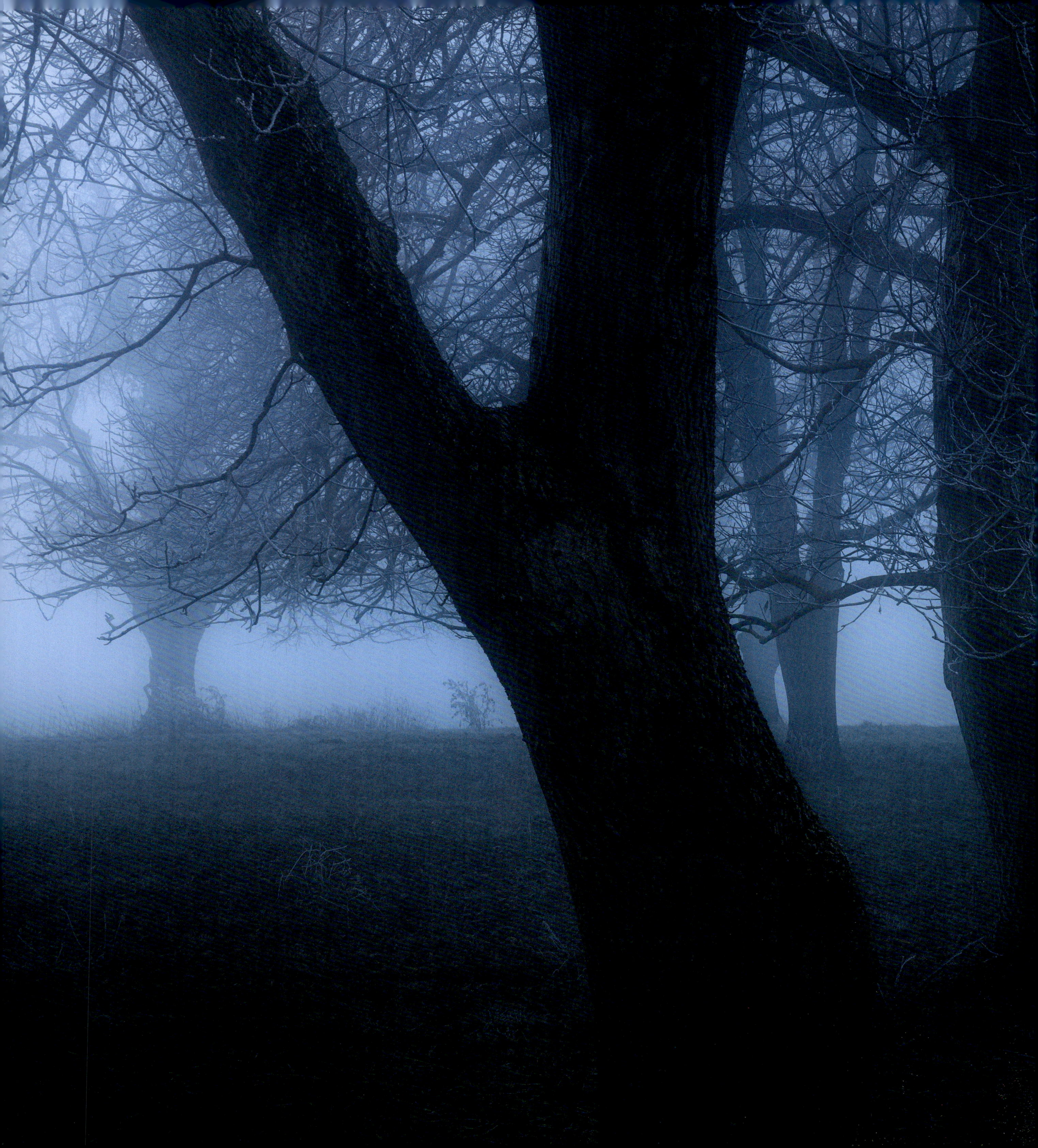

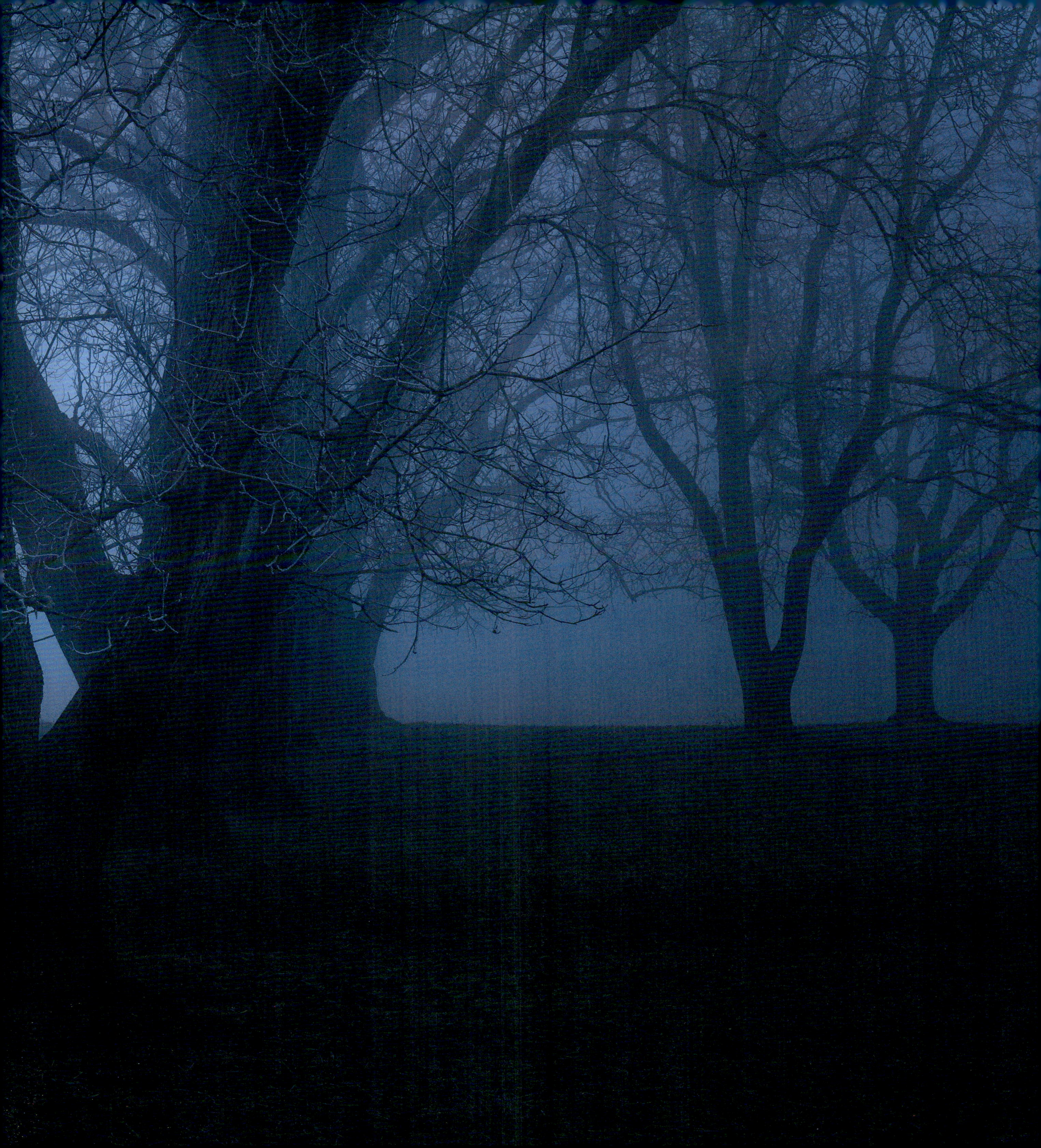

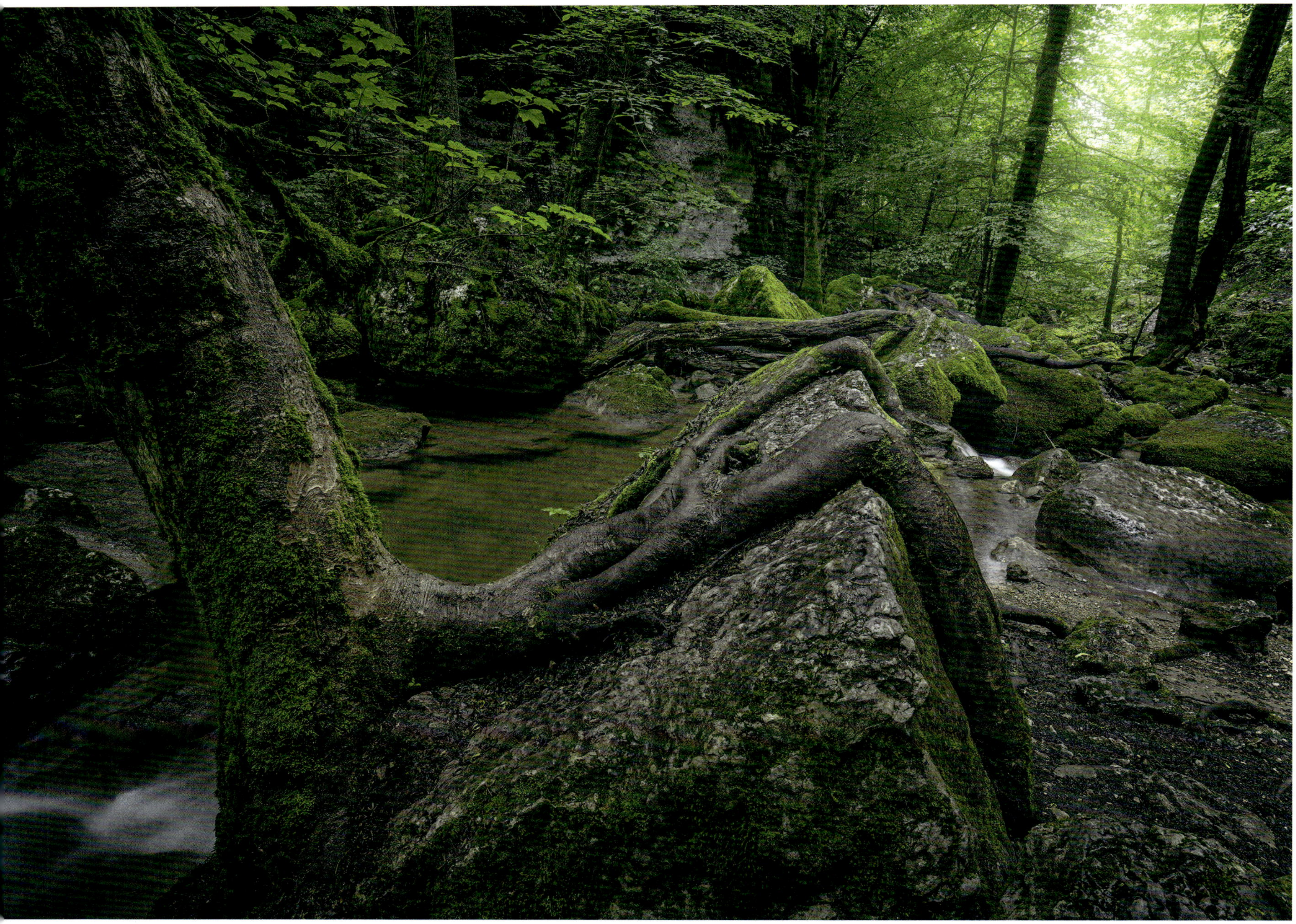

Der Trunk war wie Wasser [...] und trotzdem hatte er einen Duft oder eine Würzigkeit, die sie an den Geruch eines fernen Waldes erinnerte, von einem kühlen Nachtwind herübergetragen.

HdR, Baumbart

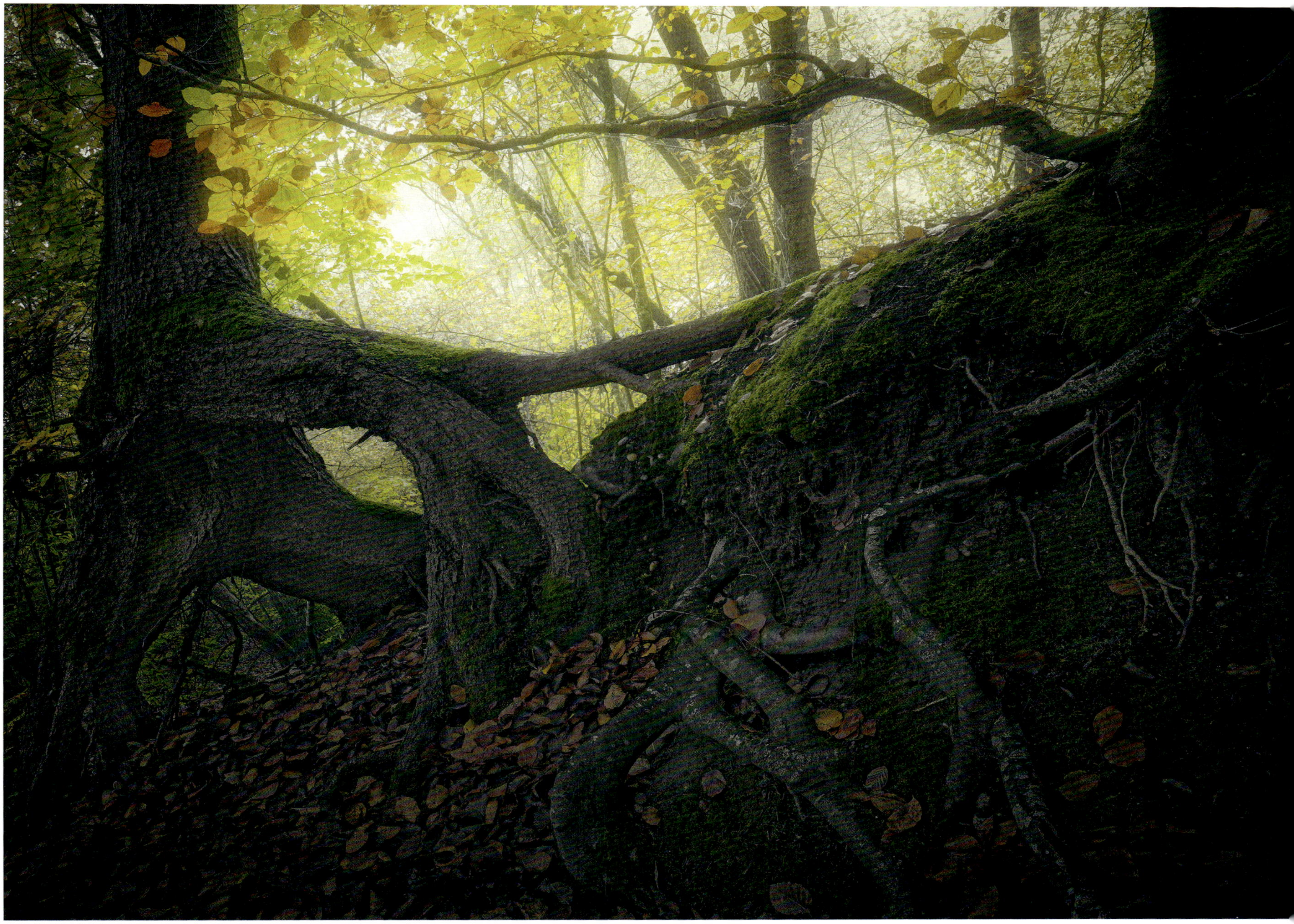

Die Herrscher des Waldes: Unbändige Kraft, wenn auch in Zeitlupe, und die Ahnung von etwas mehr, eines freien Willens, ohne Bosheit, stattdessen Fürsorge, Geborgenheit.

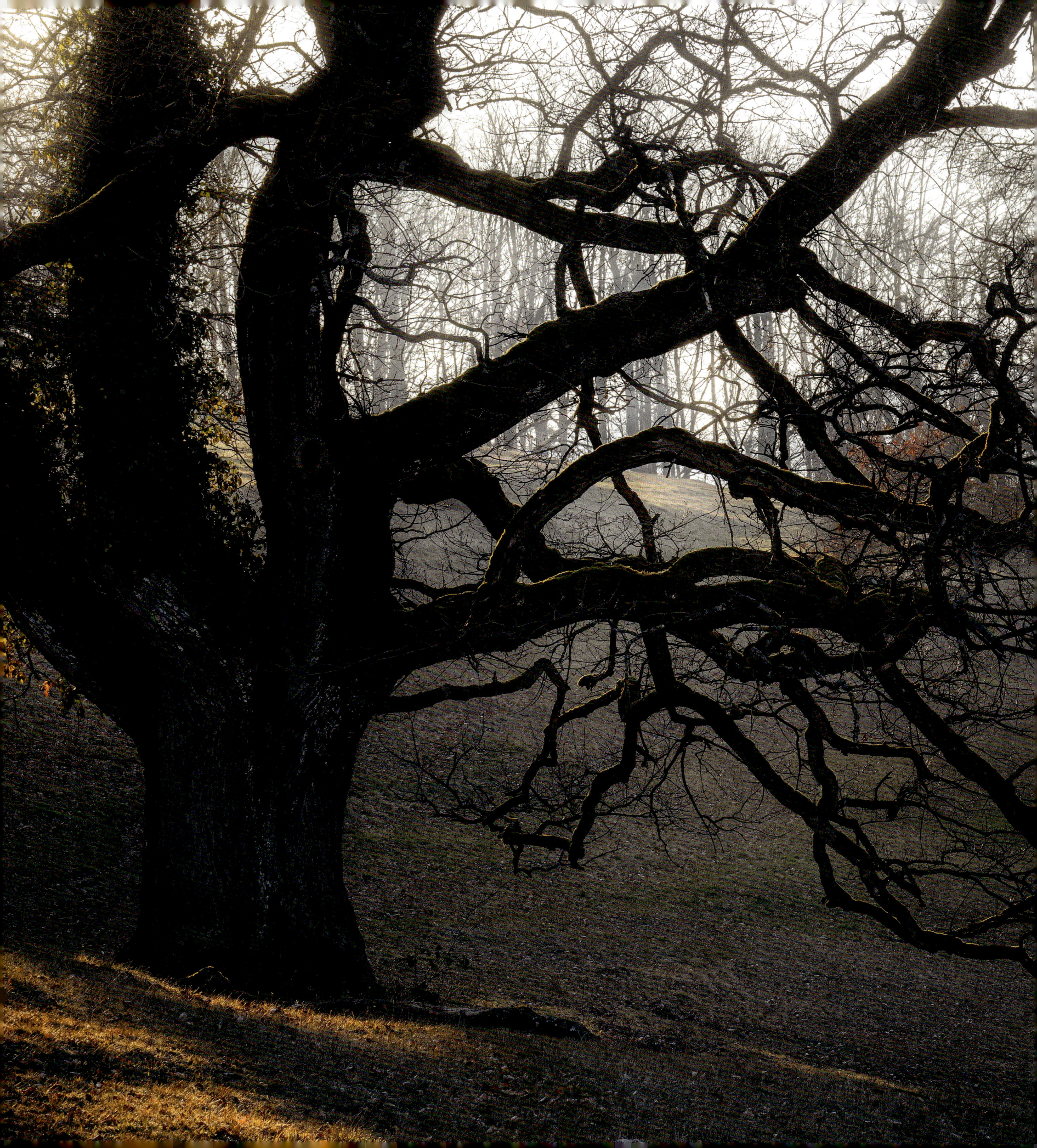

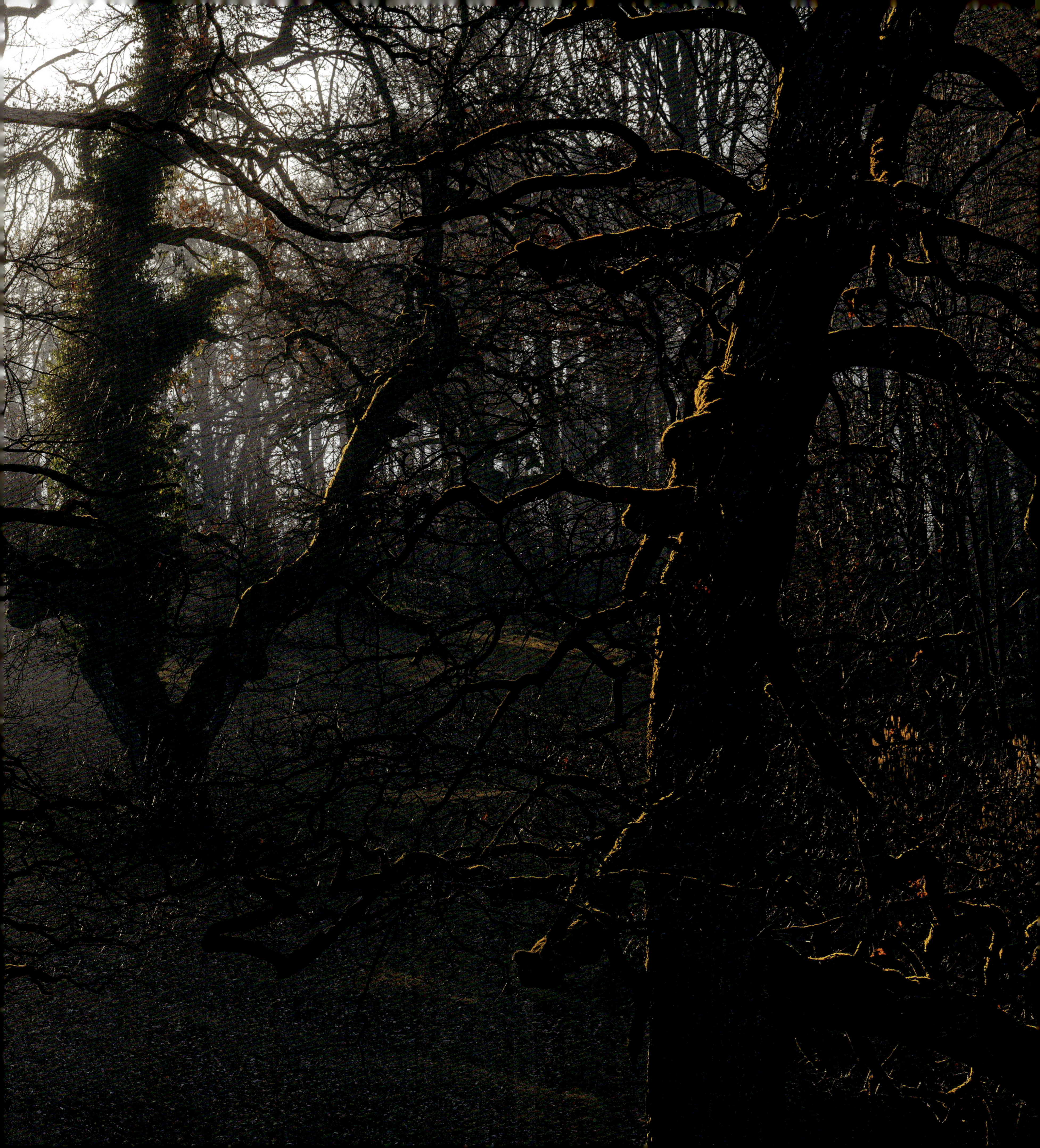

Täler und Höhen

Beim Weltenbau geht es nicht nur um kilometerhohe Wasserfälle und schwindelerregende Abgründe, sondern immer auch um weniger spektakuläre Einzelheiten. Der Höhepunkt der Geschichte ist vor dem dramatischen Hintergrund eines lodernden Lavastroms inszeniert, und auch sonst kennen die Erzählungen aus Mittelerde spektakuläre Landmarken wie den Einsamen Berg mit seinem Drachenschatz oder die gescheiterte Gebirgsüberquerung mit magischem Schneesturm unterhalb dreier himmelsstürmender Gipfel. Ganz zu schweigen vom *Silmarillion* mit seinen Beschreibungen der in der Altvorderenzeit noch viel imposanteren Landschaften.

Aber eine Welt besteht nicht nur aus Höhepunkten, und Tolkien wollte eine real wirkende Welt erschaffen, mit all ihren unzähligen Details. Dass seine Schöpfung tatsächlich diese Authentizität ausstrahlt und besonders in den beschreibenden Passagen so wirkt, als ob es sich um Tatsachenbeschreibungen handelt, liegt auch daran, dass er den vermeintlich kleinen Dingen so liebevolle Beachtung schenkte. Die Beschreibungen der Abendsonne auf dem Gras sanft ansteigender Hügel, eine von Blumen bedeckte Feuchtwiese, das Flirren von Insekten über schilfbestandenen Teichen, der müde Schritt der Wanderer hinab in ein liebliches Tal nach einem langen Tag – all das lässt die Welt für das Publikum erst richtig entstehen. Und in seiner bescheidenen, aber unmissverständlichen Schönheit dient es auch der Geschichte, indem es indirekt aufzeigt, was die Helden mit ihrer Reise verteidigen werden.

Das ist alles gar nicht so viel anders als das, was man in unserer Welt auch erlebt, solange man sie mit offenen Augen durchstreift. Wer sich in der Natur bewegt, ist auf die Unvorhersehbarkeiten gefasst, die schon hinter der nächsten Biegung auftauchen mögen. Zwar wird man sich wohl kaum mit den überspitzten Überraschungen und Donnerschlägen eines Heldenepos konfrontiert sehen, doch Erfreuliches wie auch Gefährliches kann einem draußen jederzeit begegnen. Da eröffnet sich plötzlich an der Kehre eines Waldwegs der Blick in ein weites Tal, das erhaben und in sattes Grün gekleidet im Sonnenlicht daliegt. Da lässt aber auch ein plötzlicher Wetterwechsel einen Gebirgsbach anschwellen, und auf einmal erscheint guter Rat teuer, wenn die Natur keine Rücksicht auf den Menschen nimmt.

Licht ins Dunkel: Hoch über dem Tal werden Dunkelheit und kalter Stein besiegt; Licht bricht sich Bahn an unverhofften Orten.

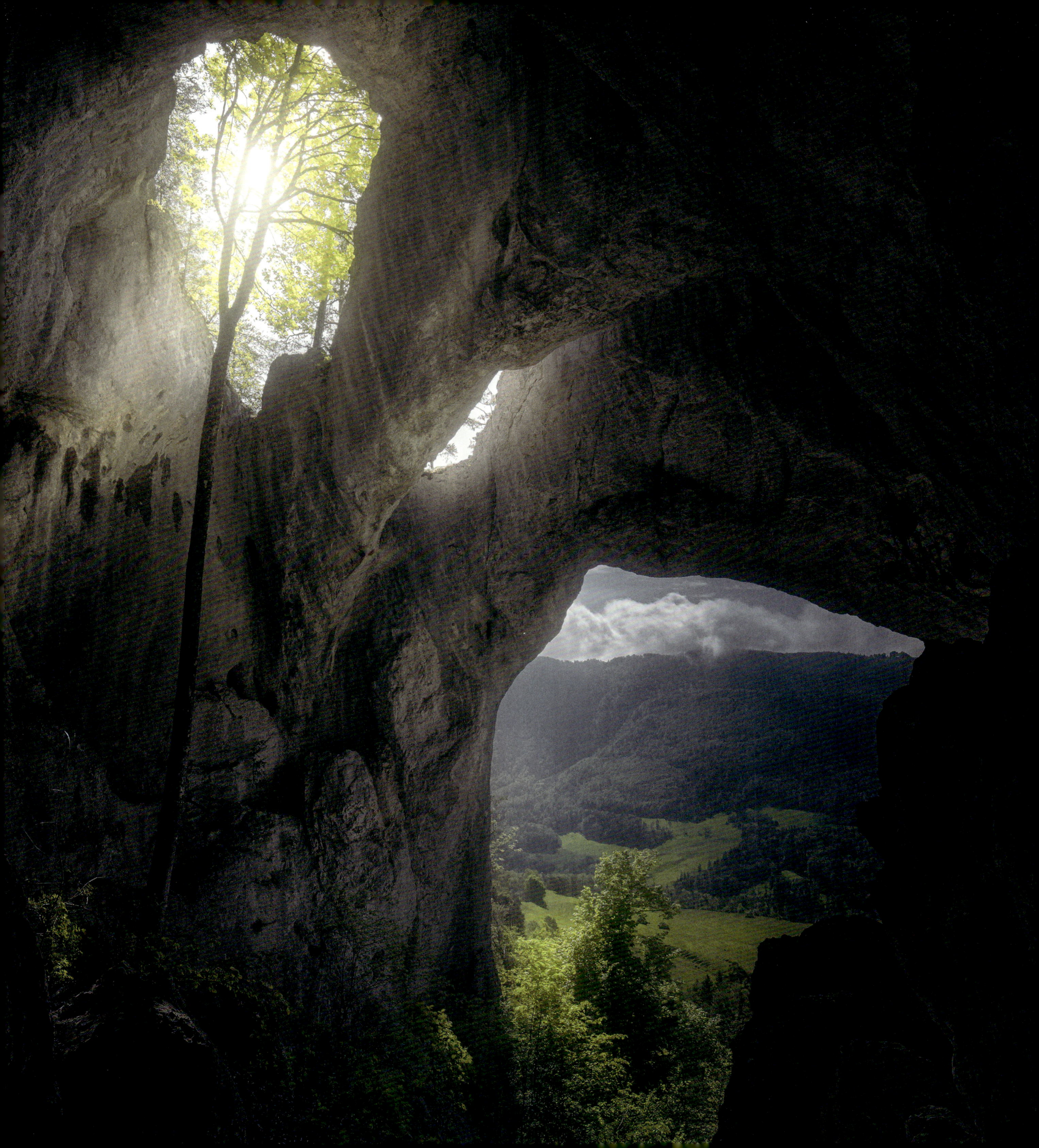

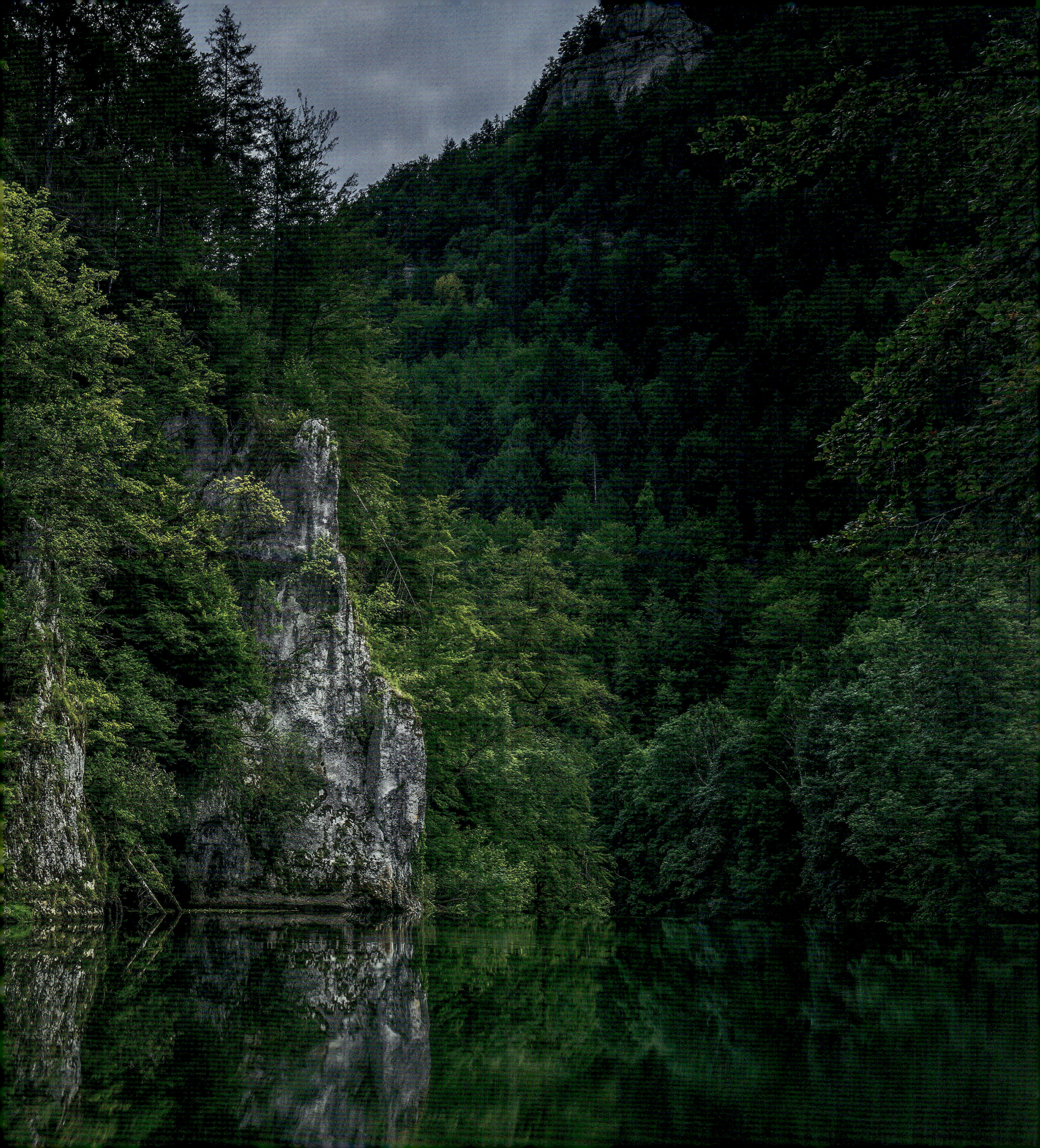

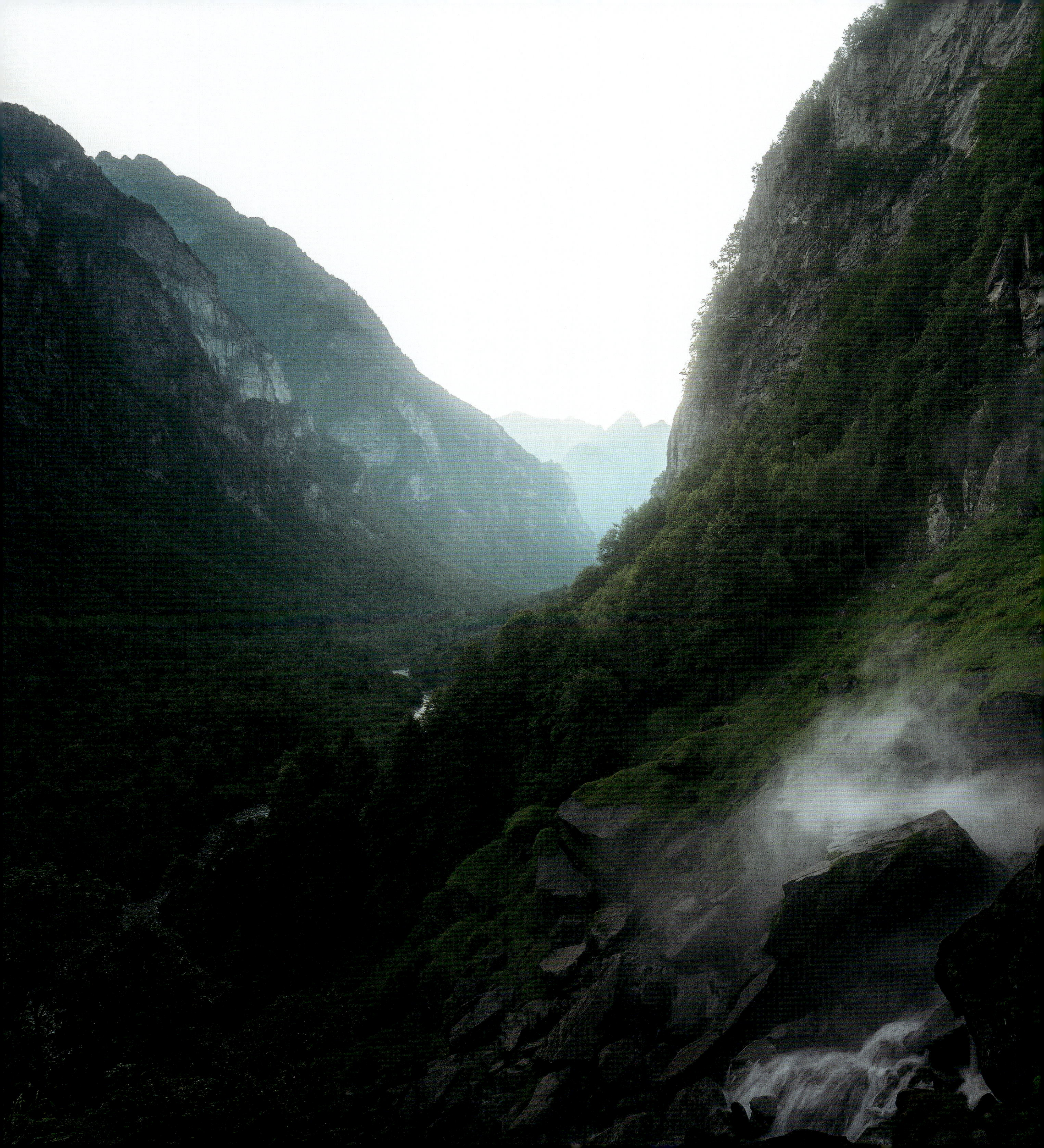

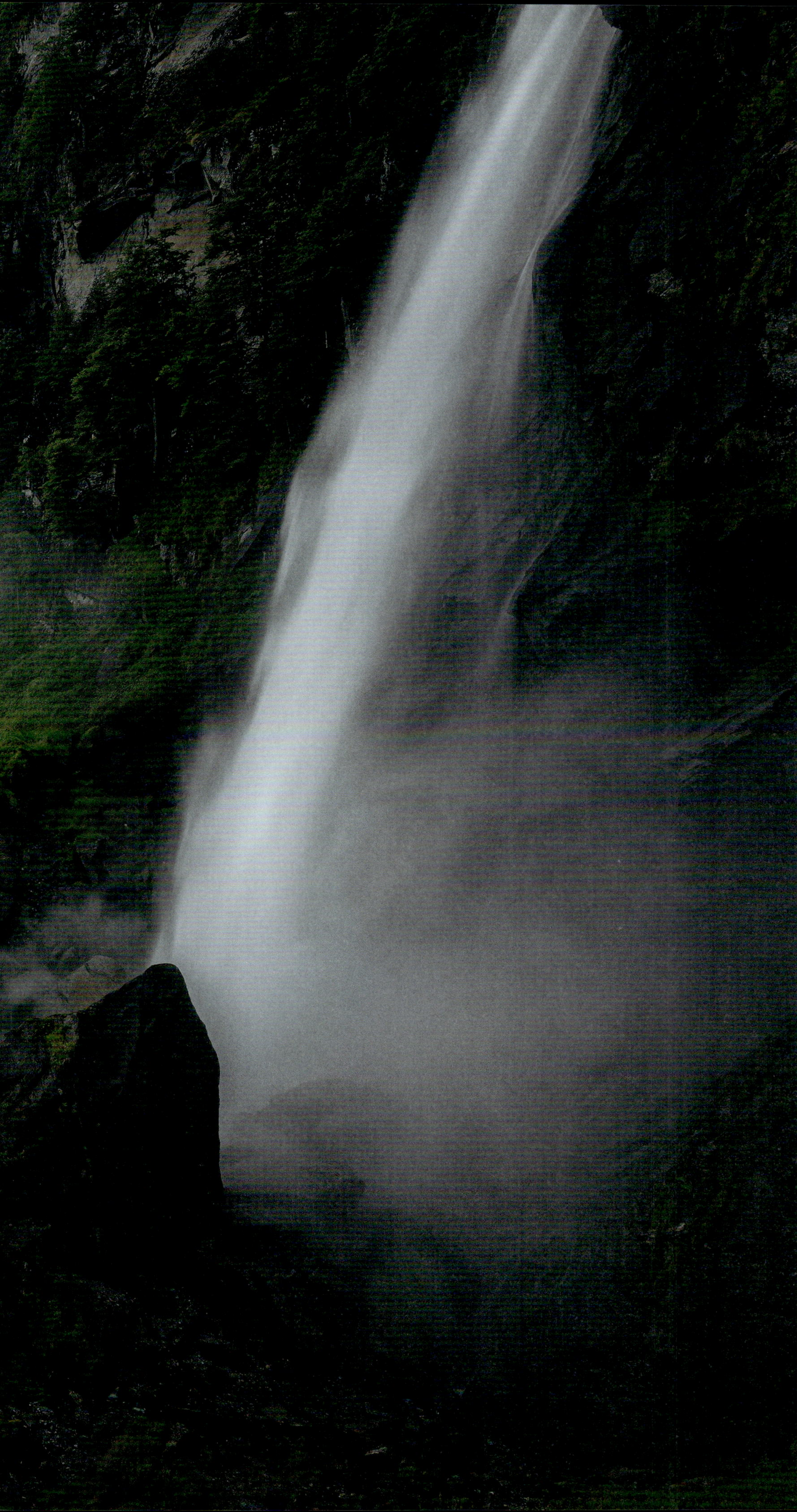

Es steht fest, dass mir Mittelerde wirklicher vorkommt als viele ›reale Orte‹. […] Tolkiens Leser stehen alle unter demselben Eindruck: Sie haben Mittelerde auf alle möglichen Weisen tatsächlich erlebt.

Patrick Curry: *Defending Middle-earth*

Geborgen: Nur das Rauschen des Wassers durchbricht die wohltuende Stille des Tals.

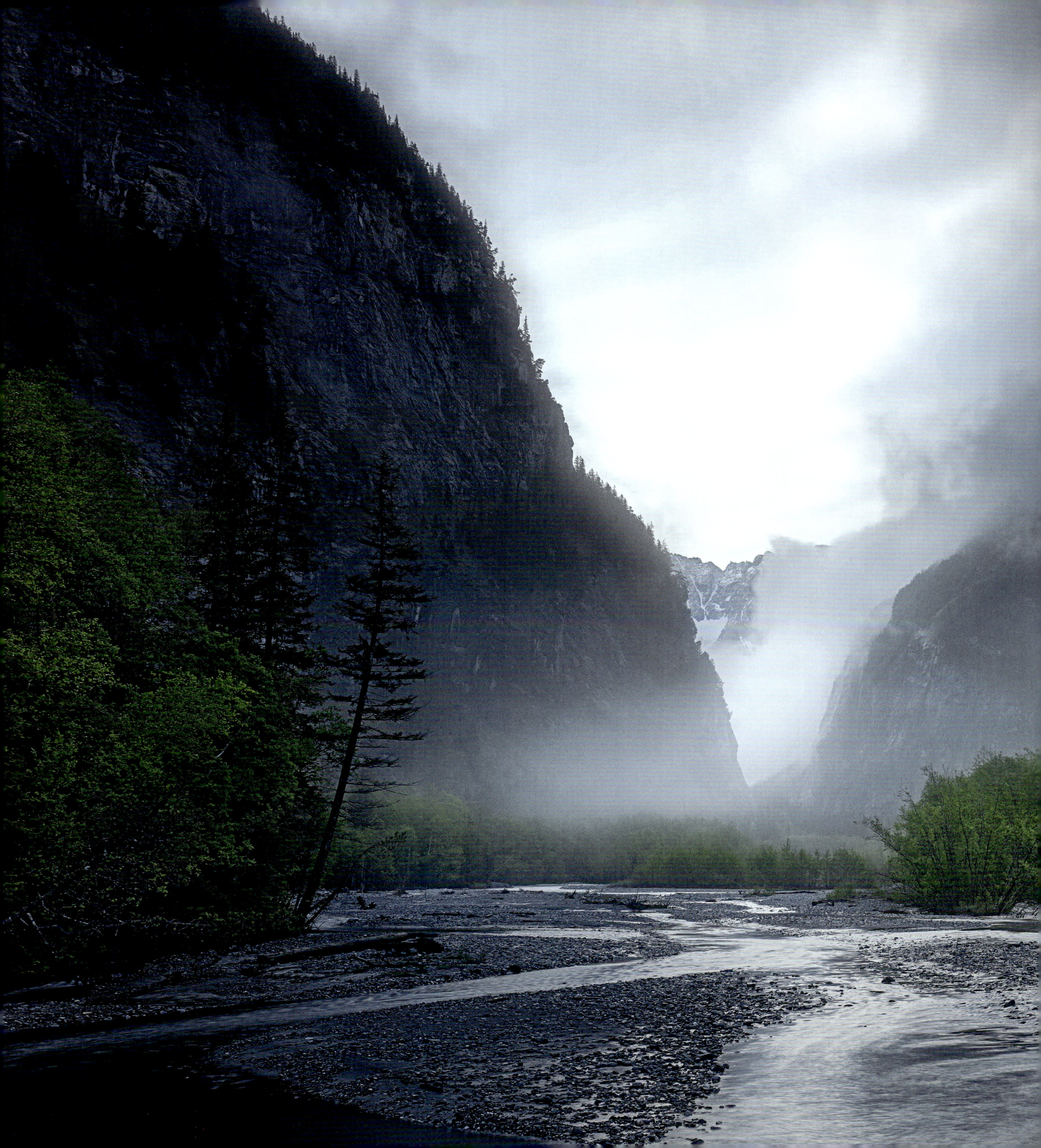

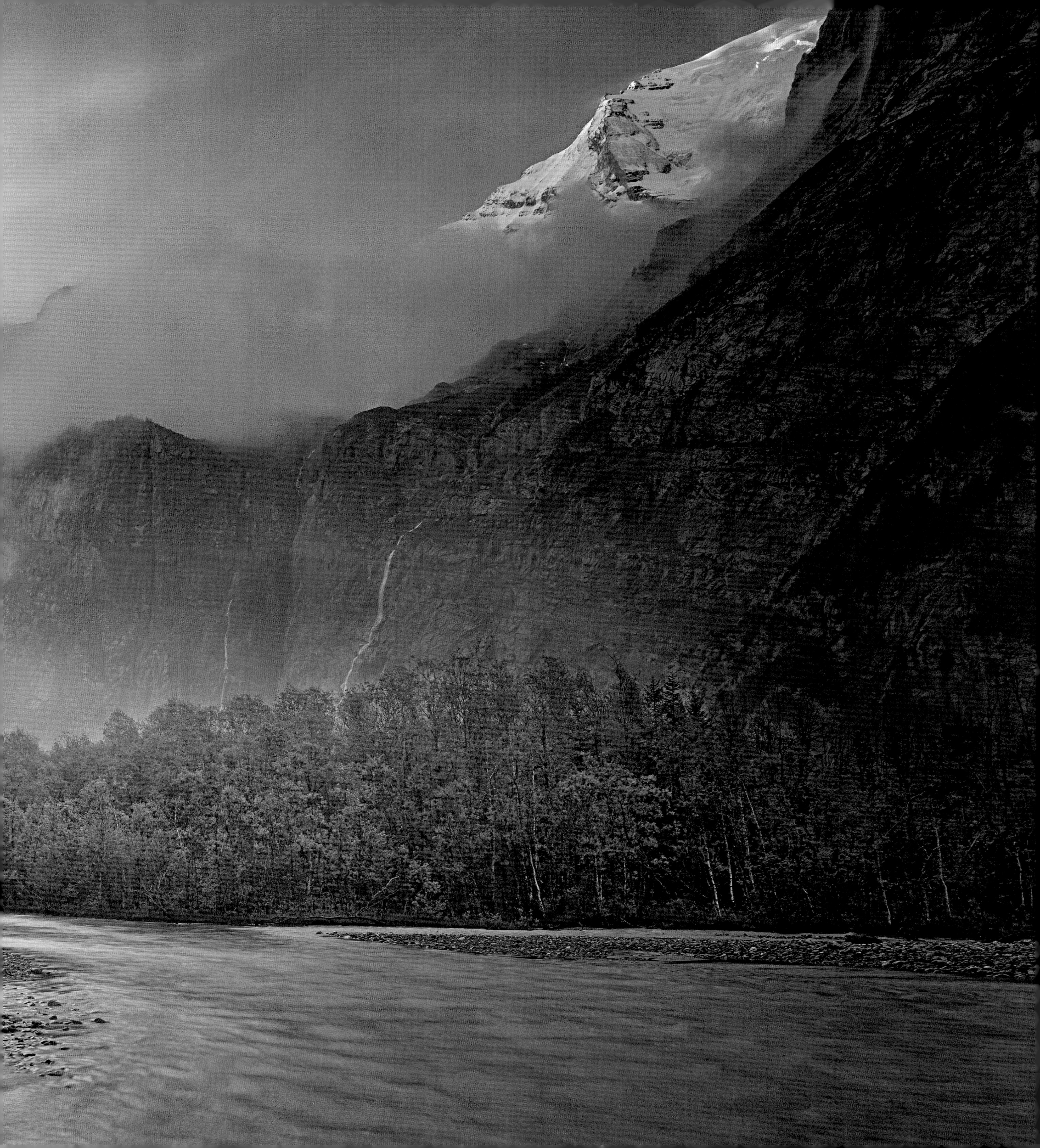

Eines Morgens in der Frühe der Zeiten,
als es noch mehr Grün und weniger Lärm
auf der Welt gab …

HdR, Ein unerwartetes Fest

Zufluchtsort: Wo, wenn nicht hier … Ohne Orte wie diesen zerbräche der Wanderer unter der Last seiner Aufgabe und die Reise endete unerfüllt.

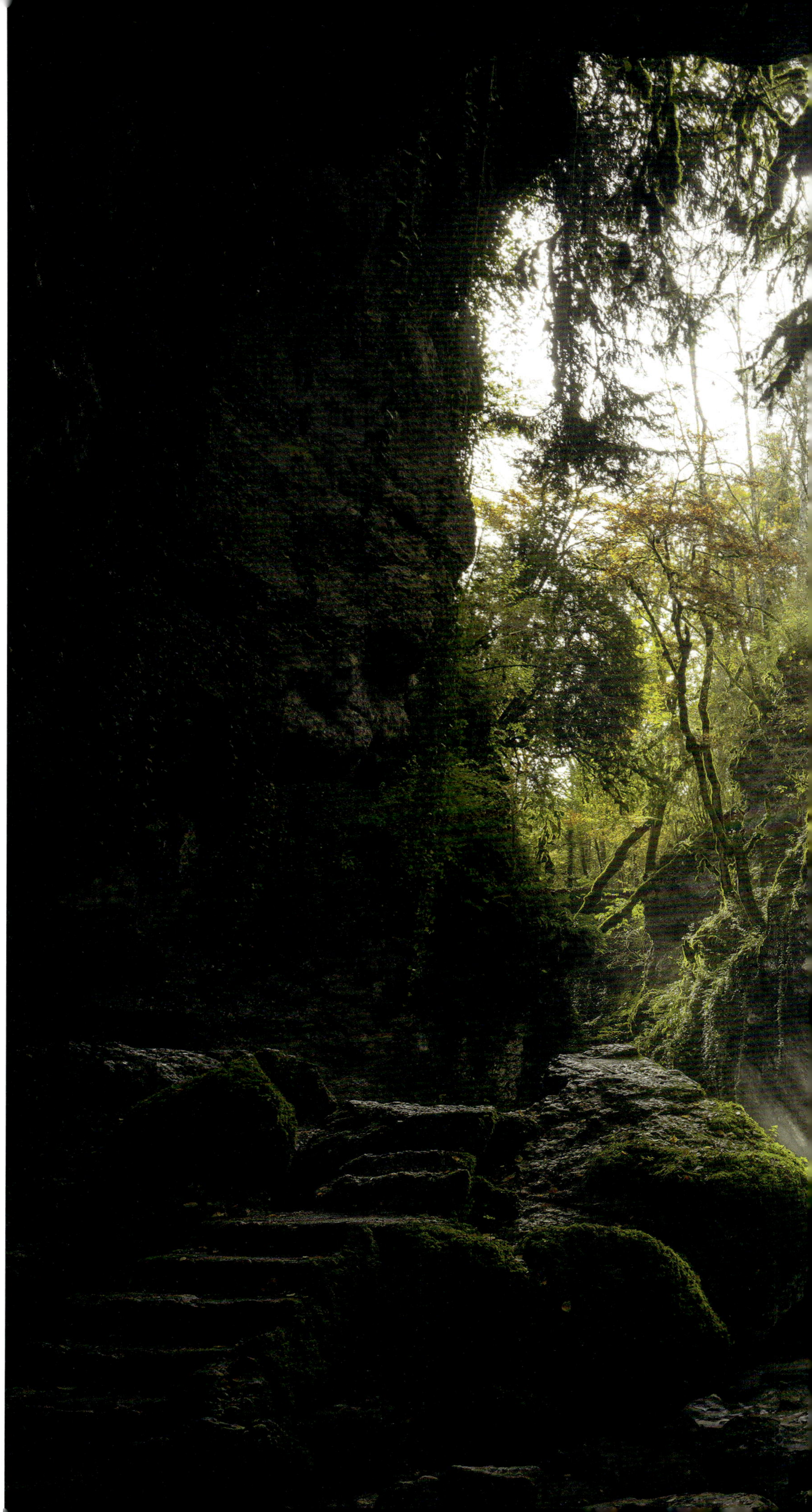

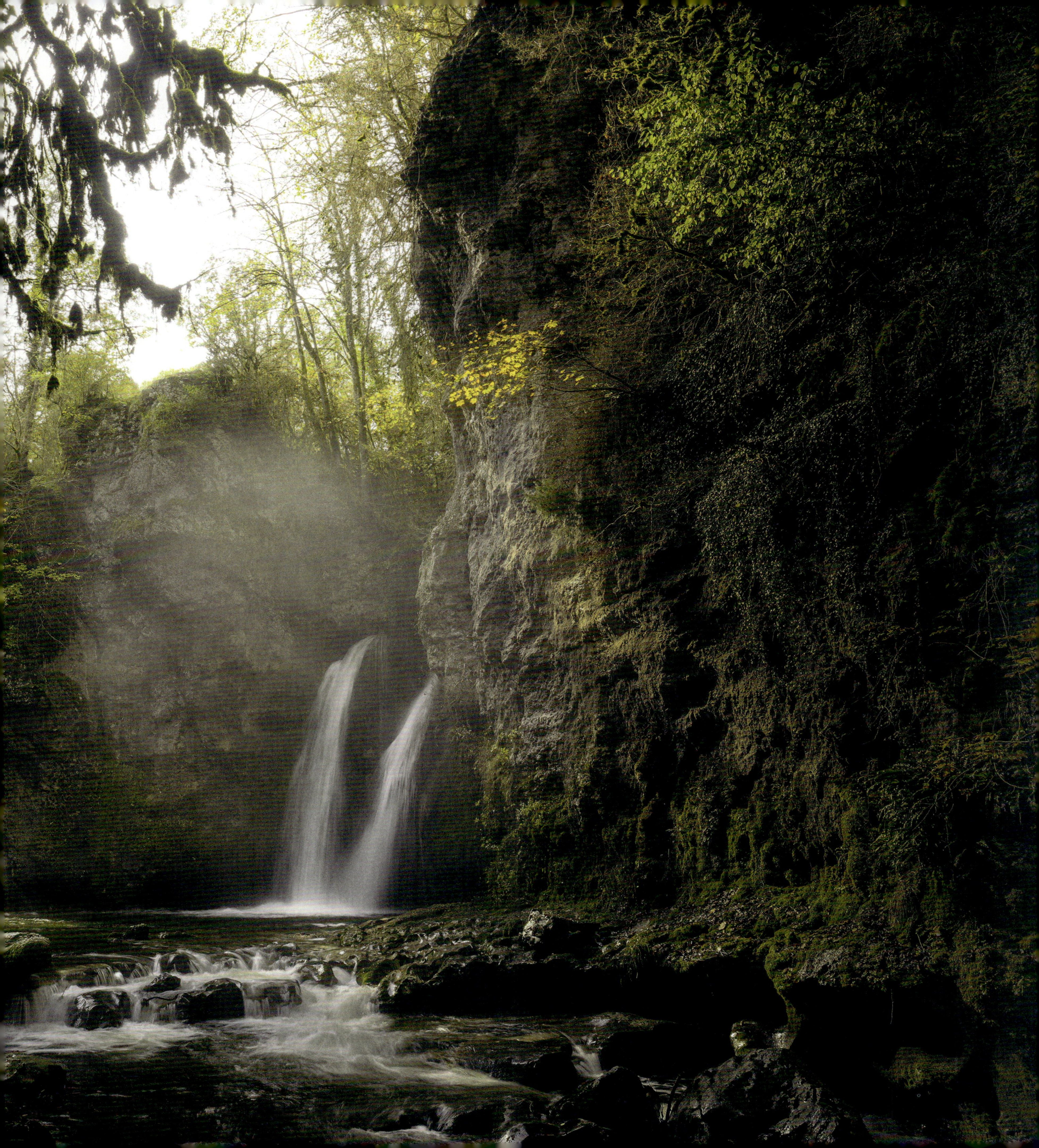

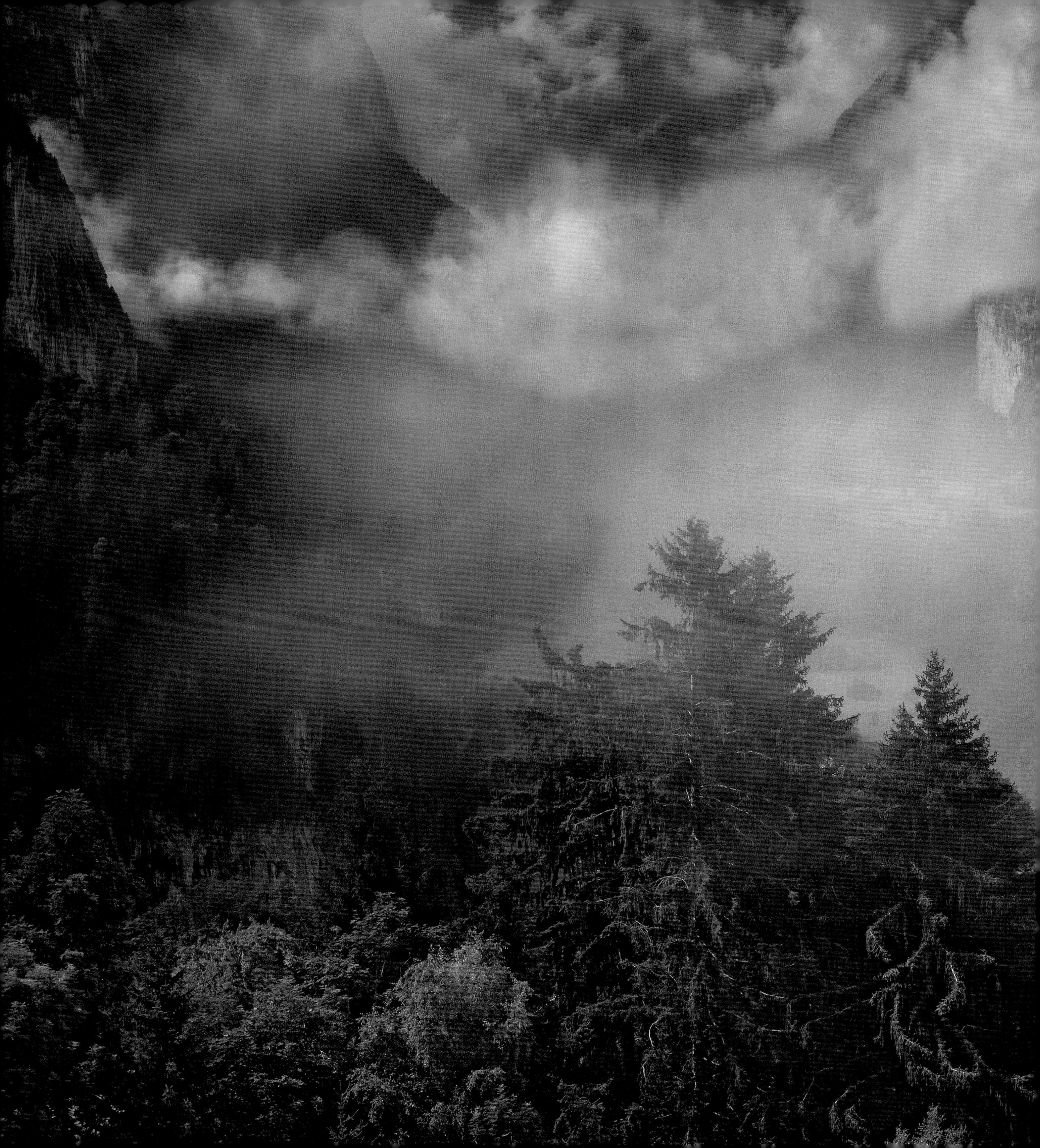

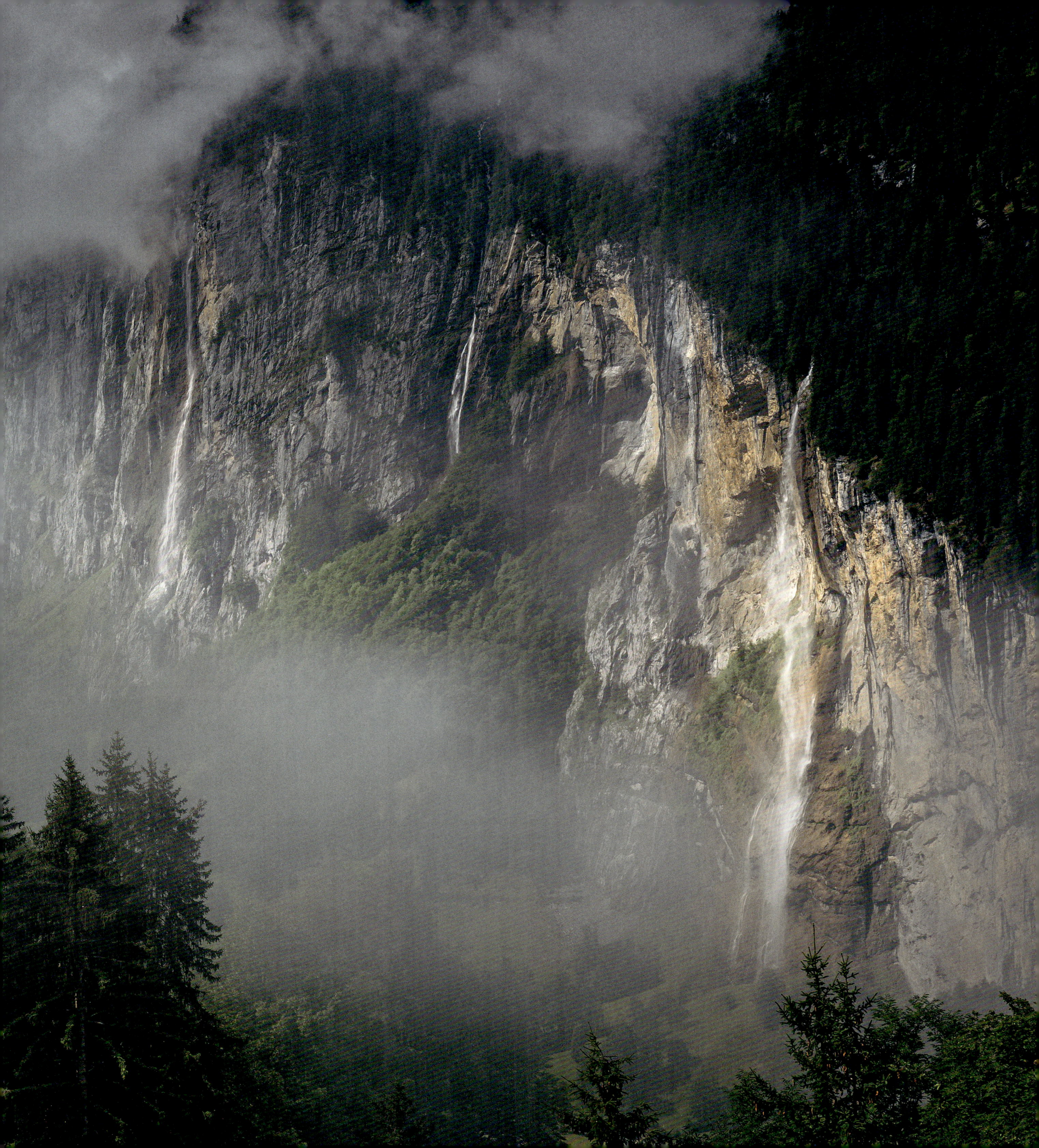

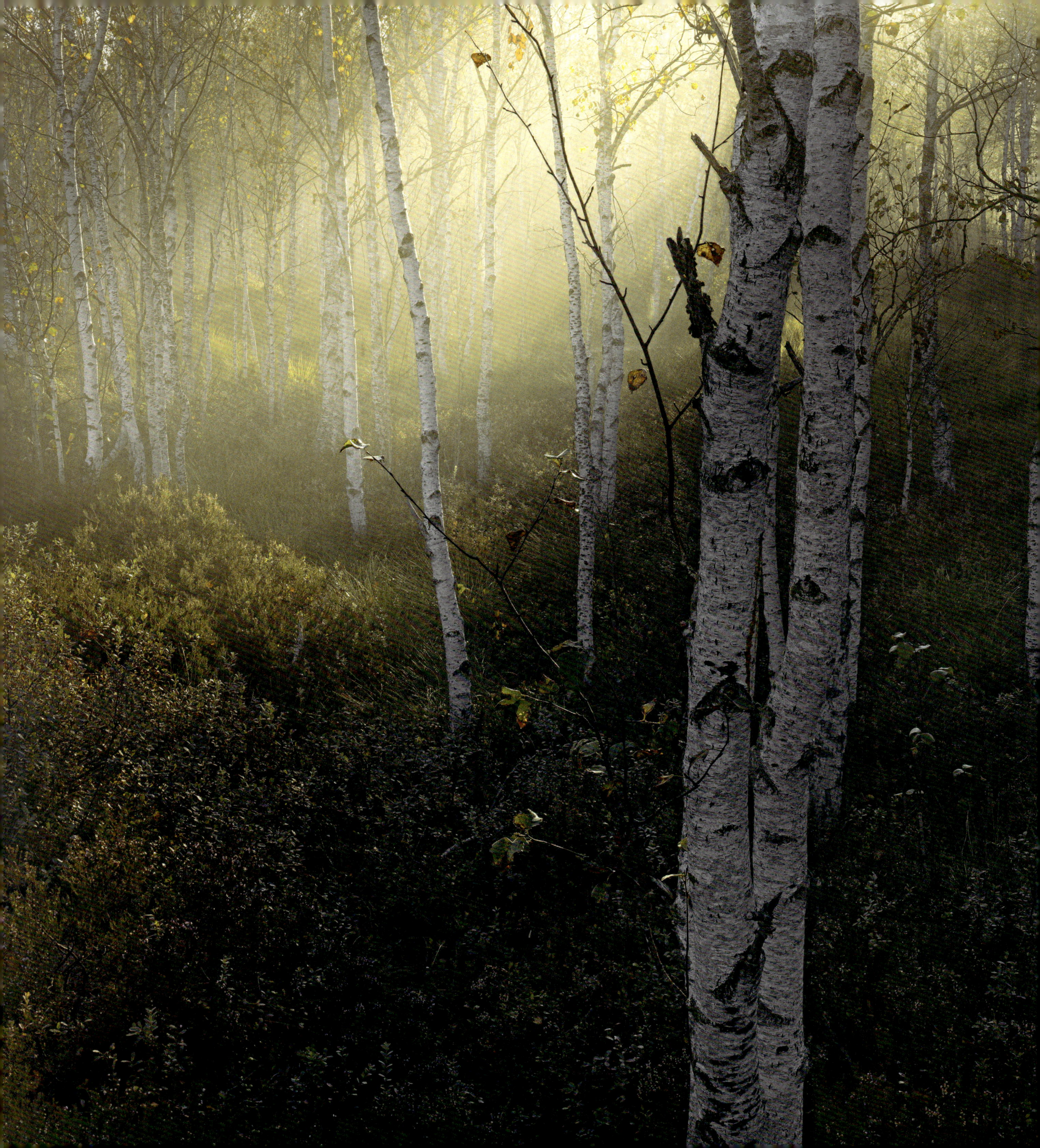

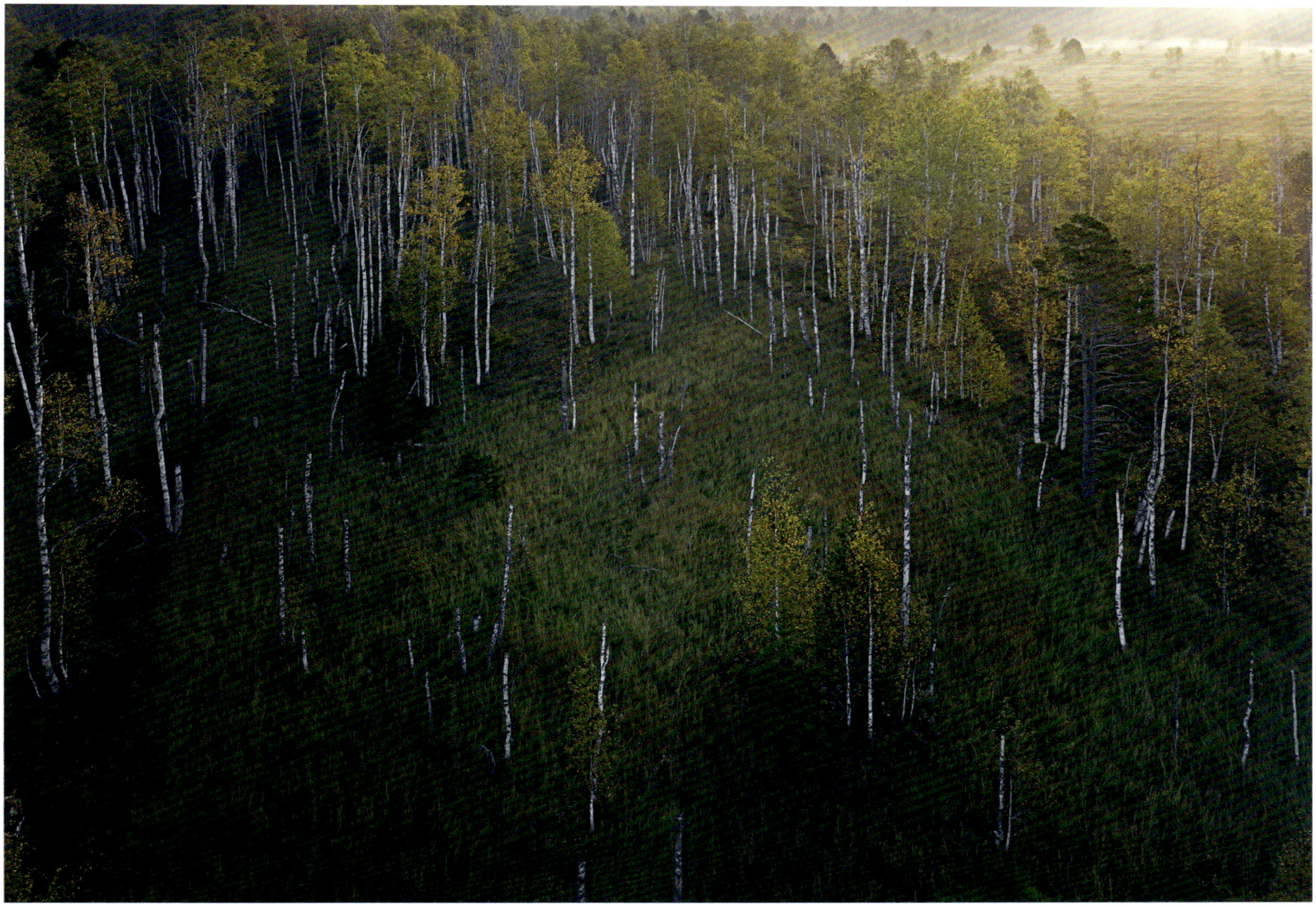

Tanzende Birken: Geschmeidig bewegen sie ihre schlanken Stämme und zarten Äste im Wind. Bewegen sie? Ja, zumindest scheint es so, als täten sie es aus eigener Kraft. Und wer wollte das widerlegen?

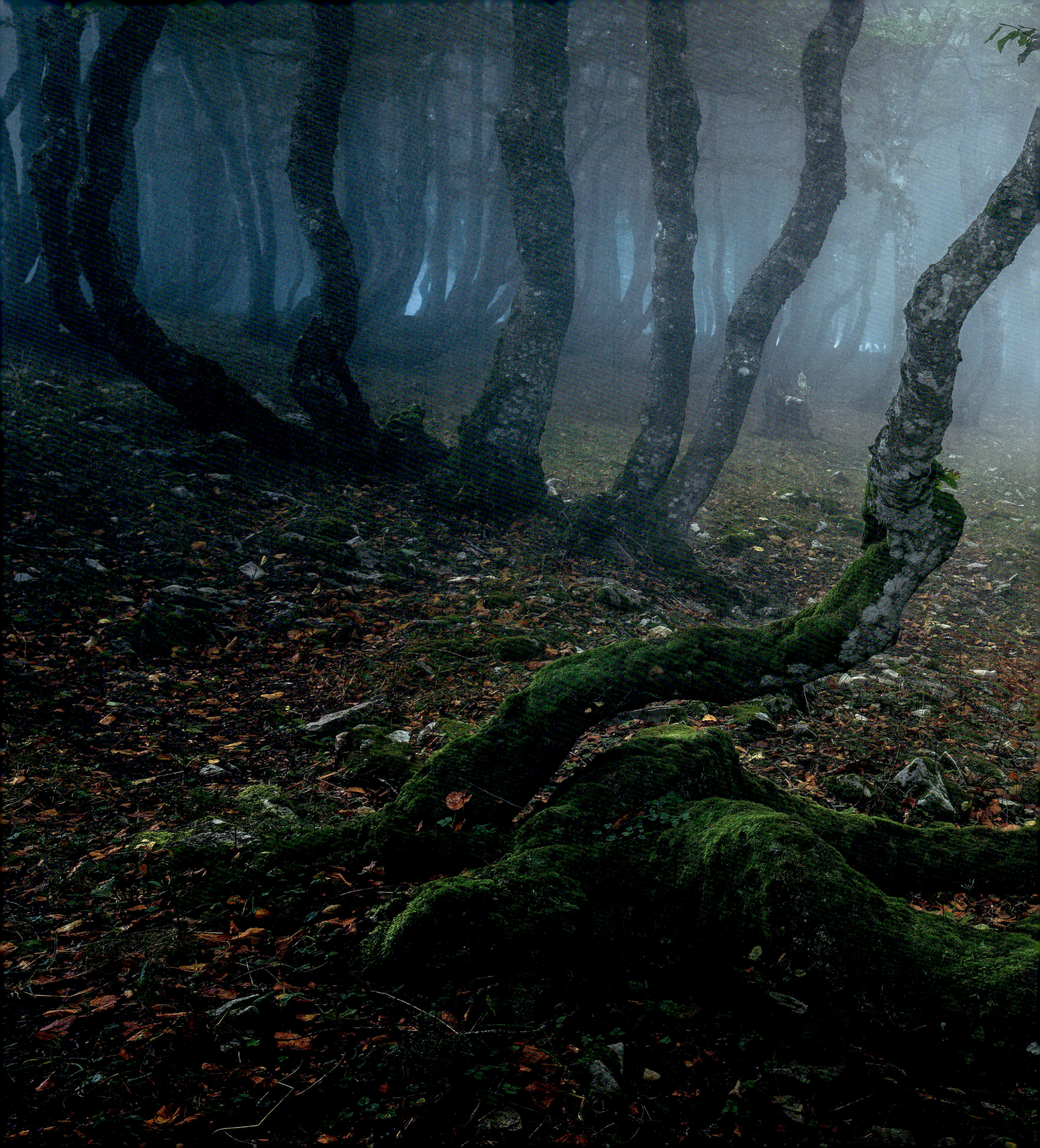

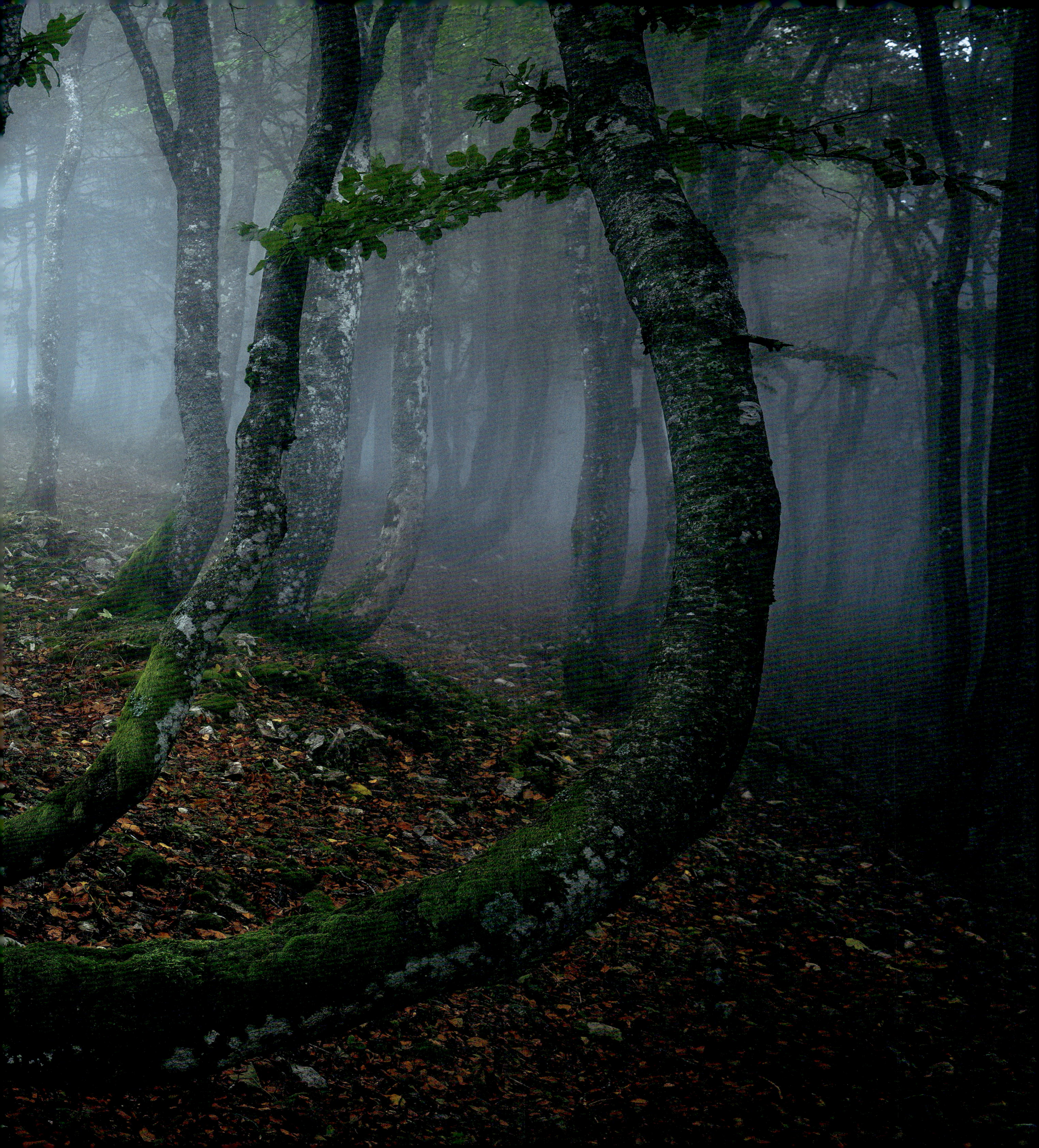

»... ein richtiger Weg, der zu einem Haus oder Gehöft hätte führen können, war nicht zu sehen ...«

Tolkien: *Der Hobbit* (im Folgenden mit H abgekürzt), Hammelbraten

Gemeinsam: Zusammen standhaft bleiben, auch wenn der Abgrund dräut. Alleine geht es nicht.

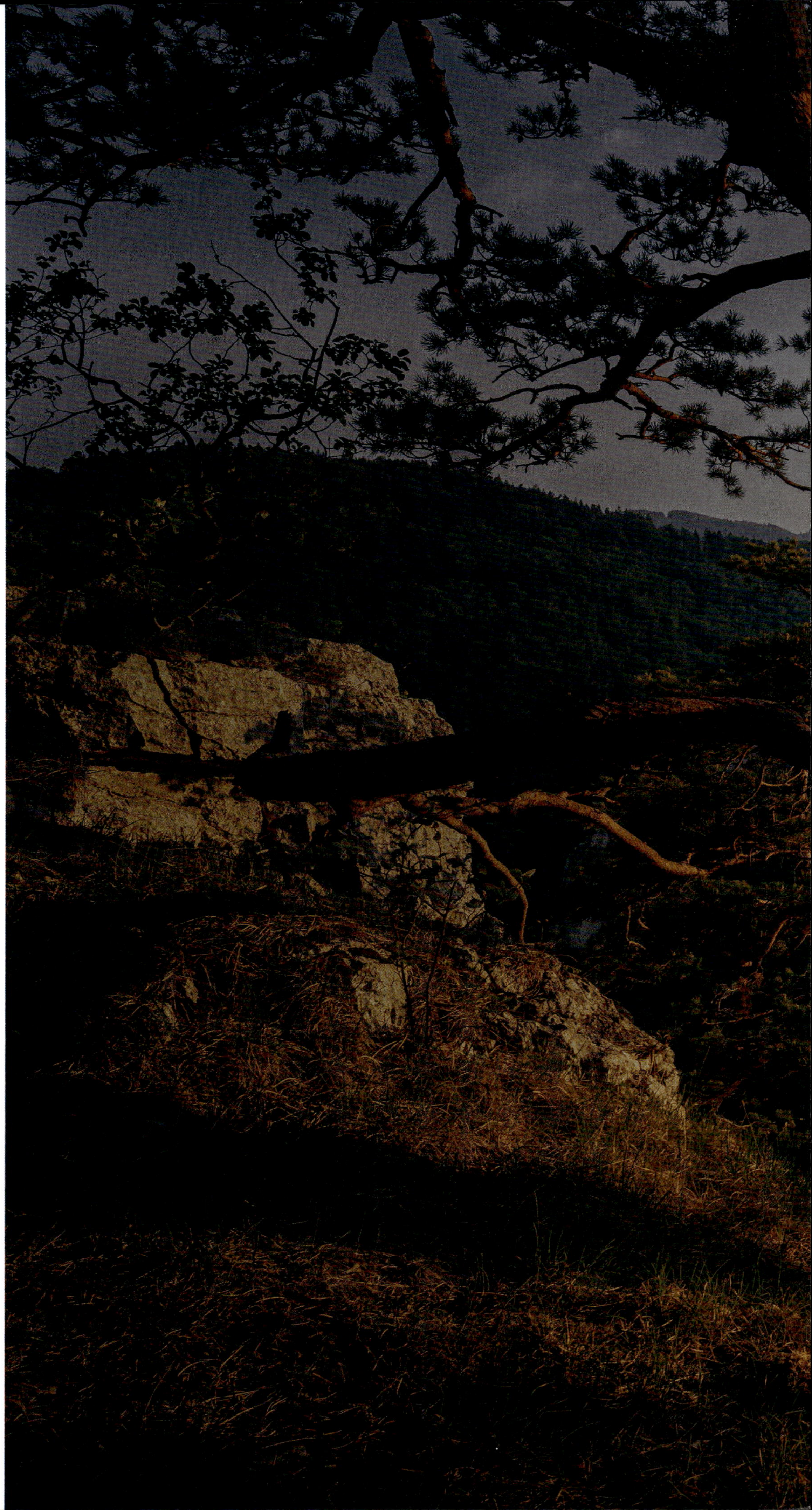

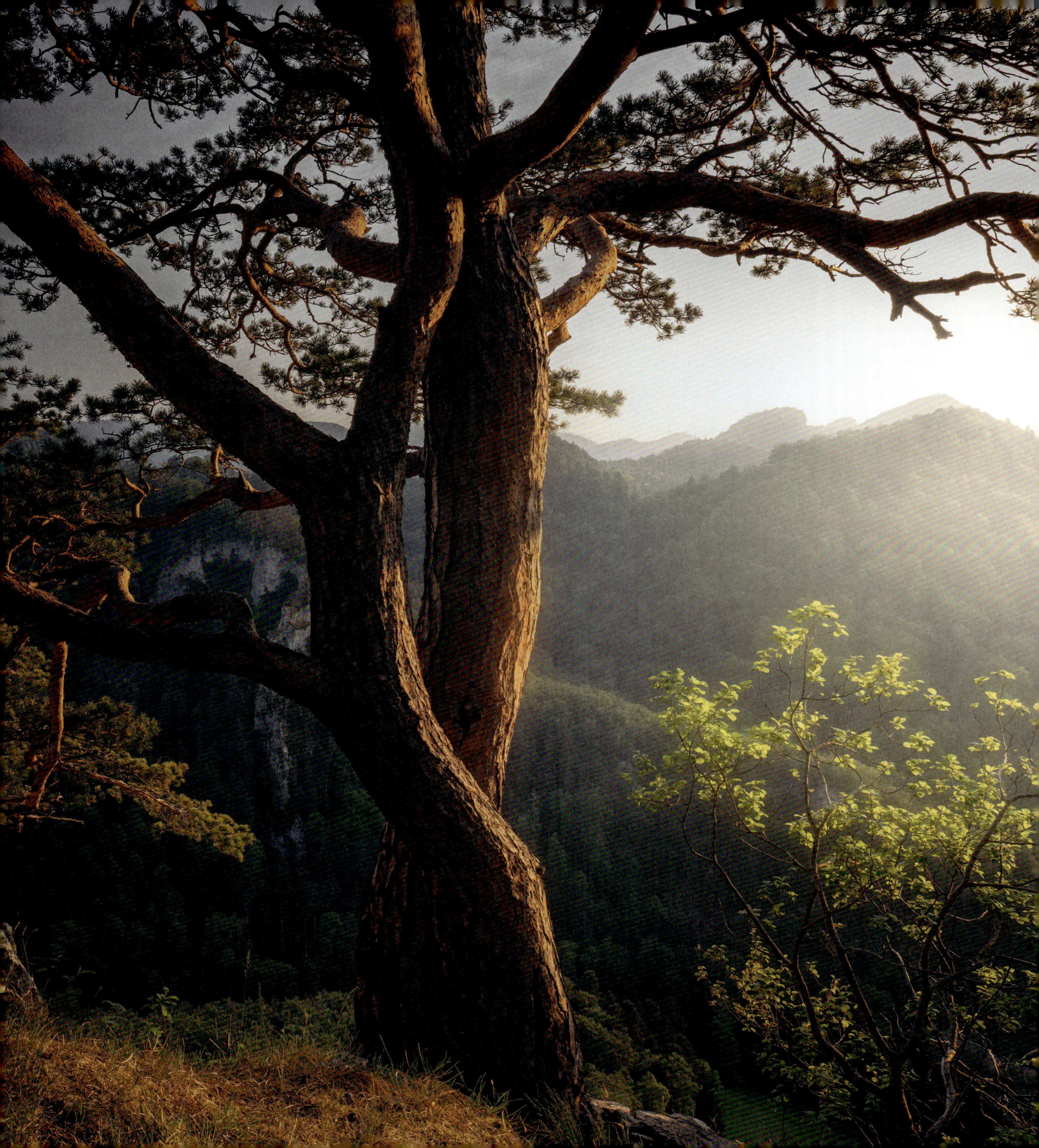

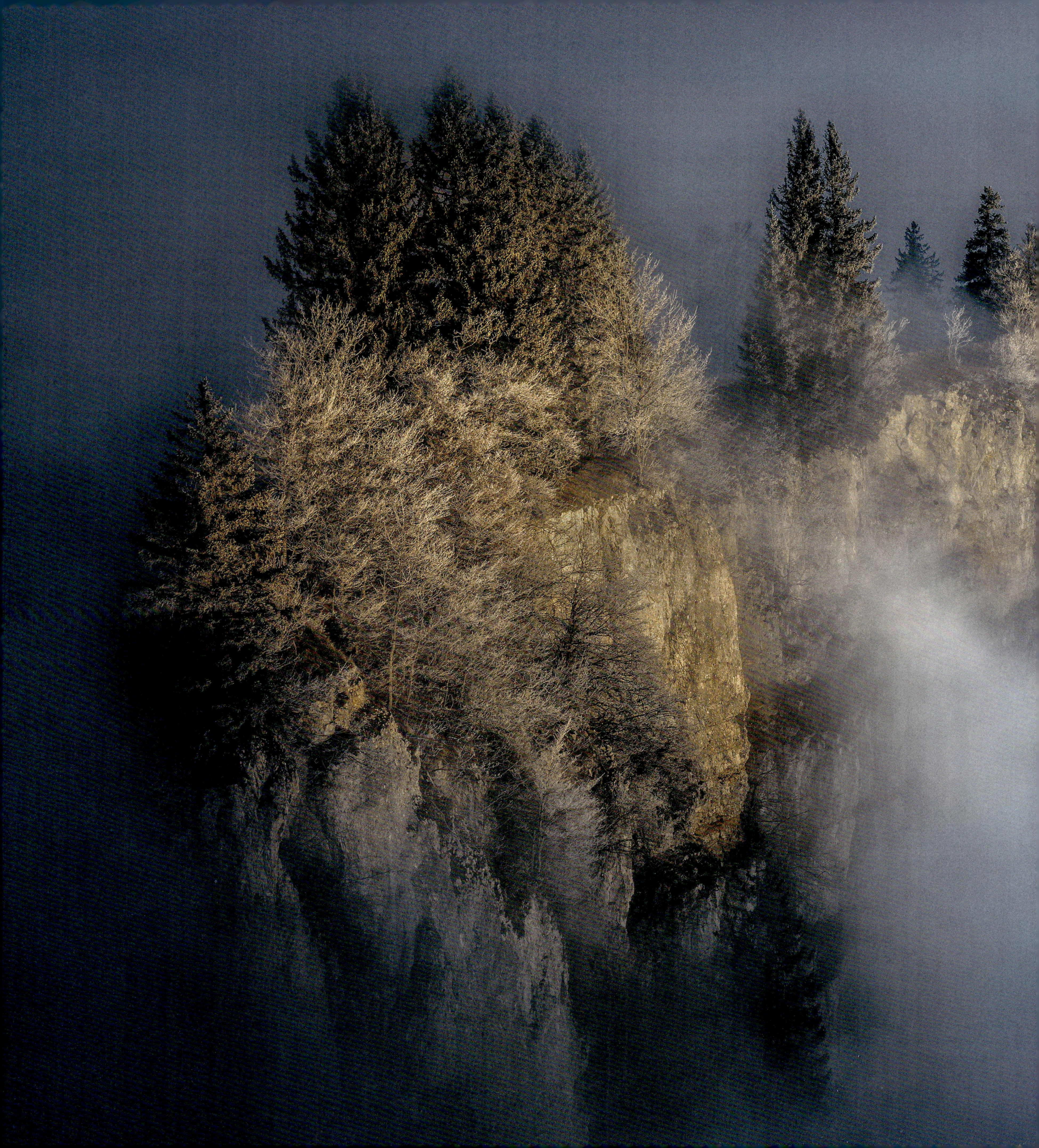

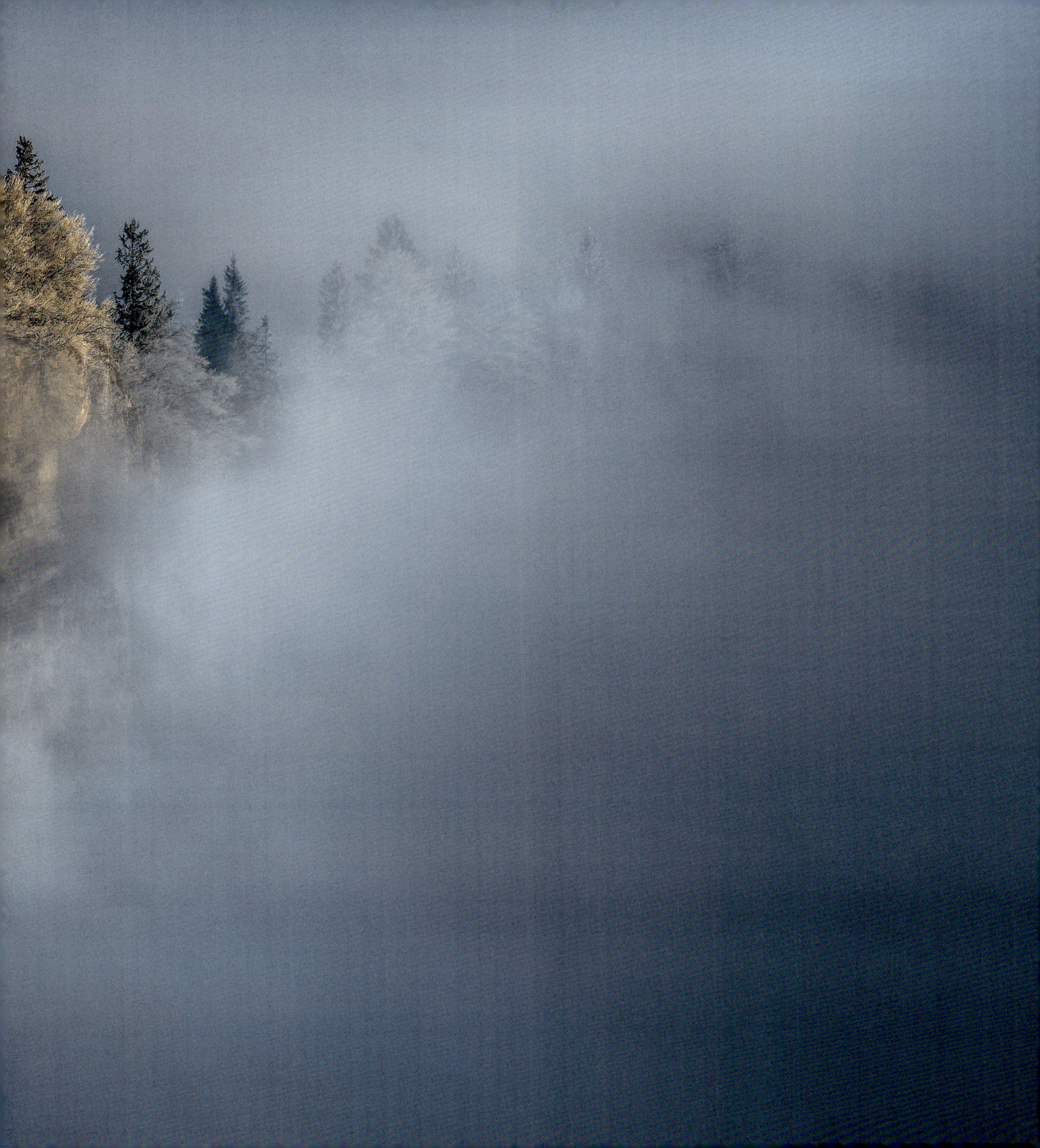

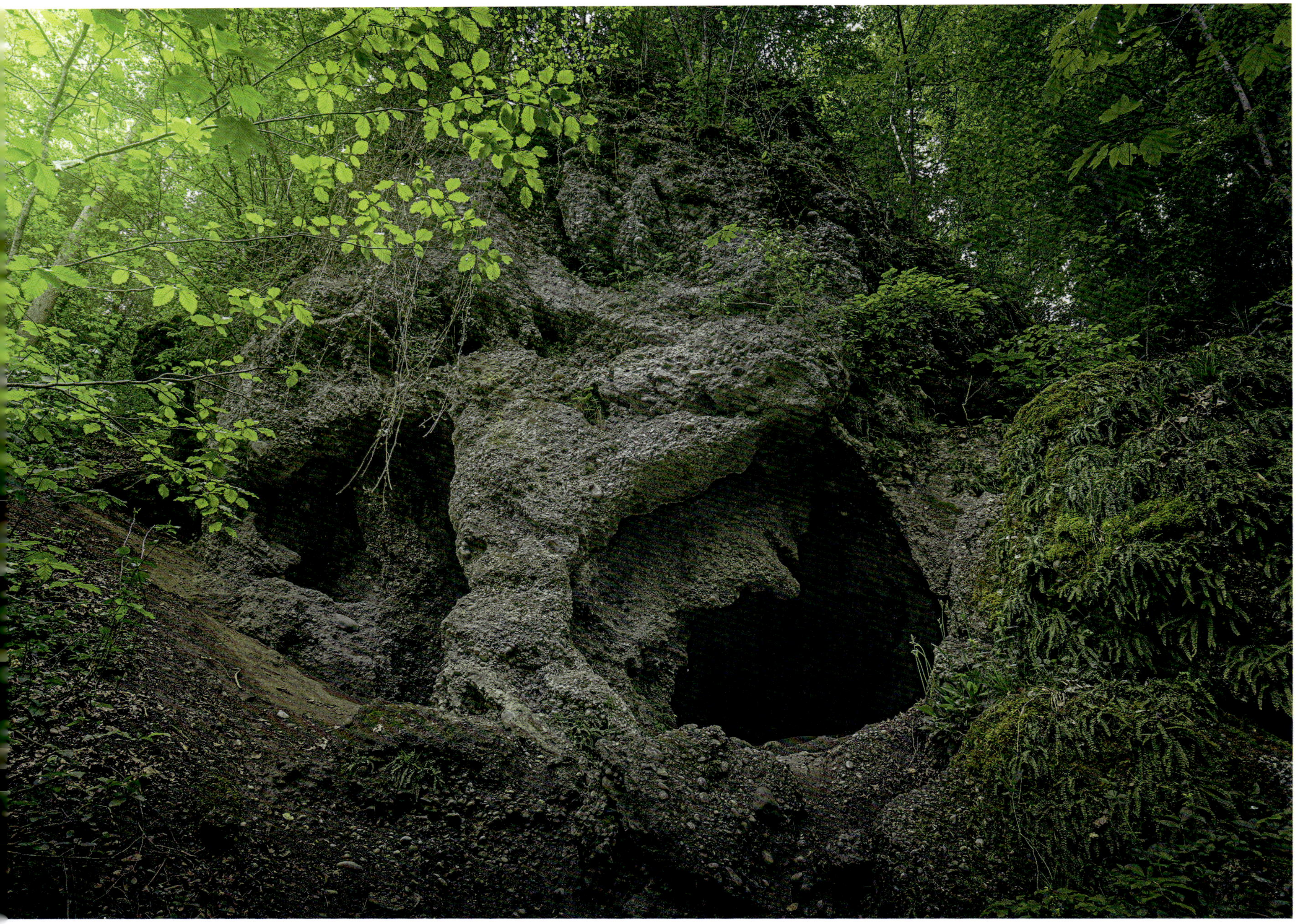

Zuversicht: Nachts kommen die Trolle heraus.
Doch müssen sie in Sonnenstrahlen versteinern.
Licht vertreibt alle Dunkelheit.

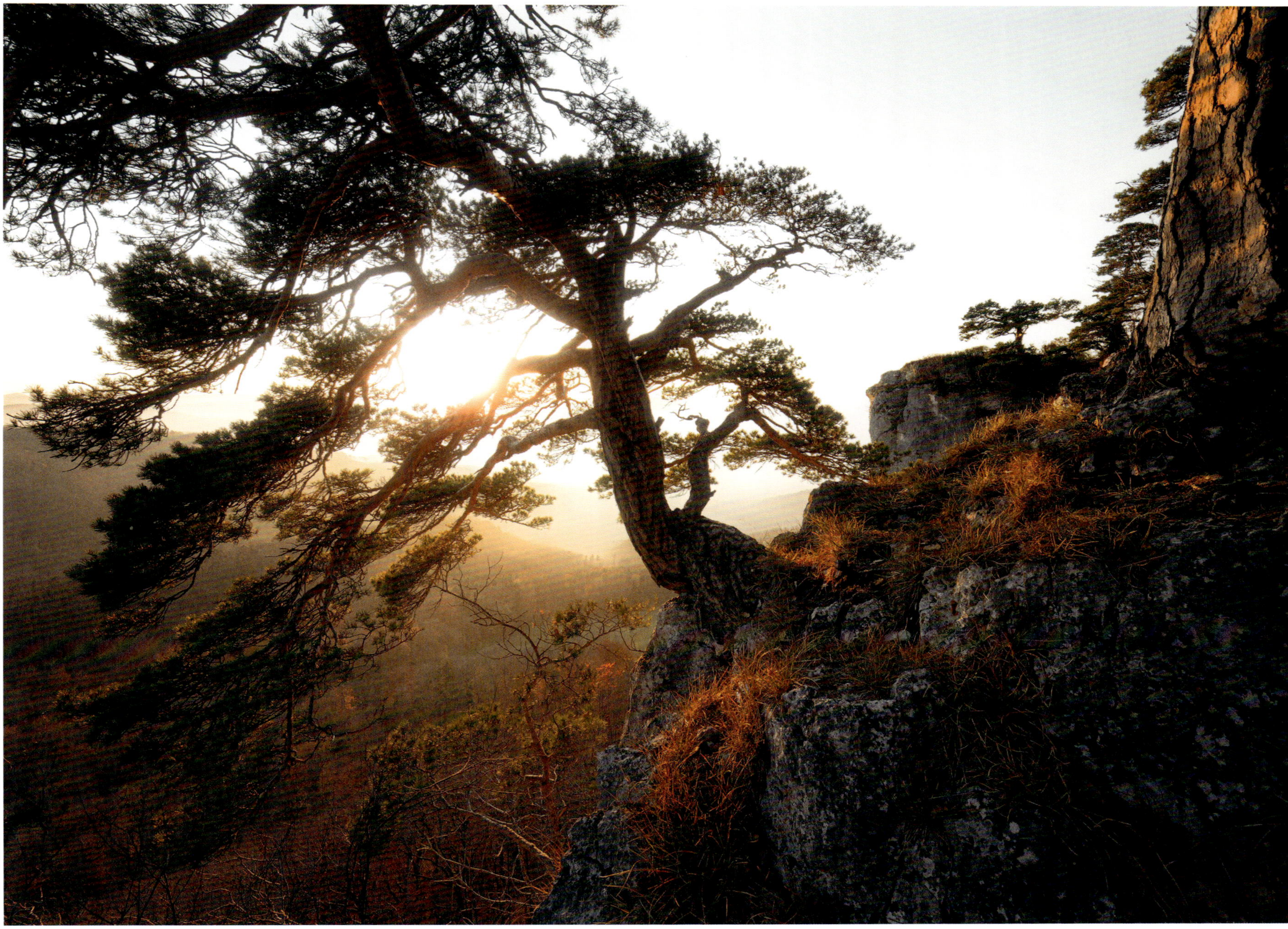

»Aber es waren Trolle.
Unzweifelhaft Trolle.«

H, Hammelbraten

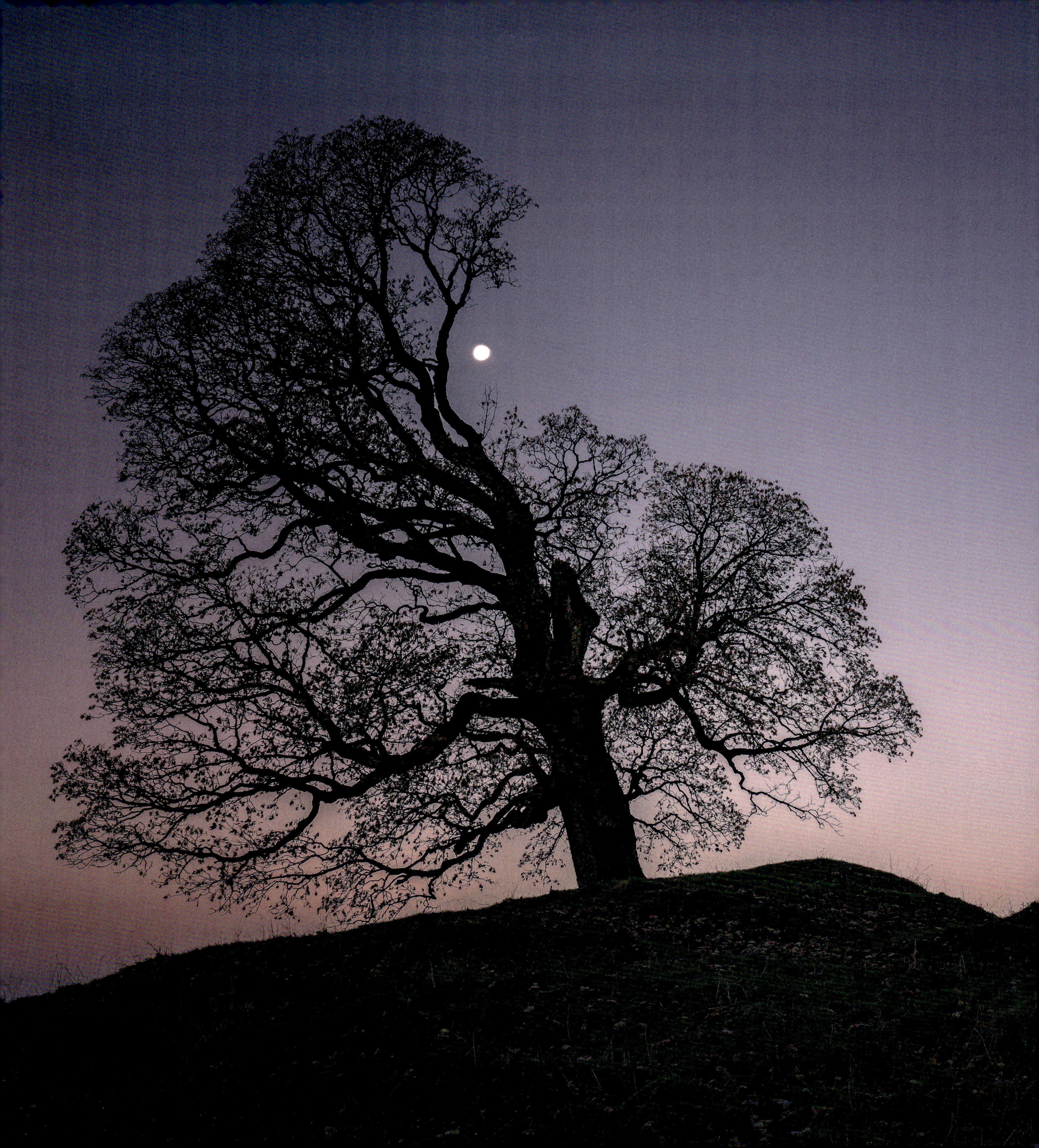

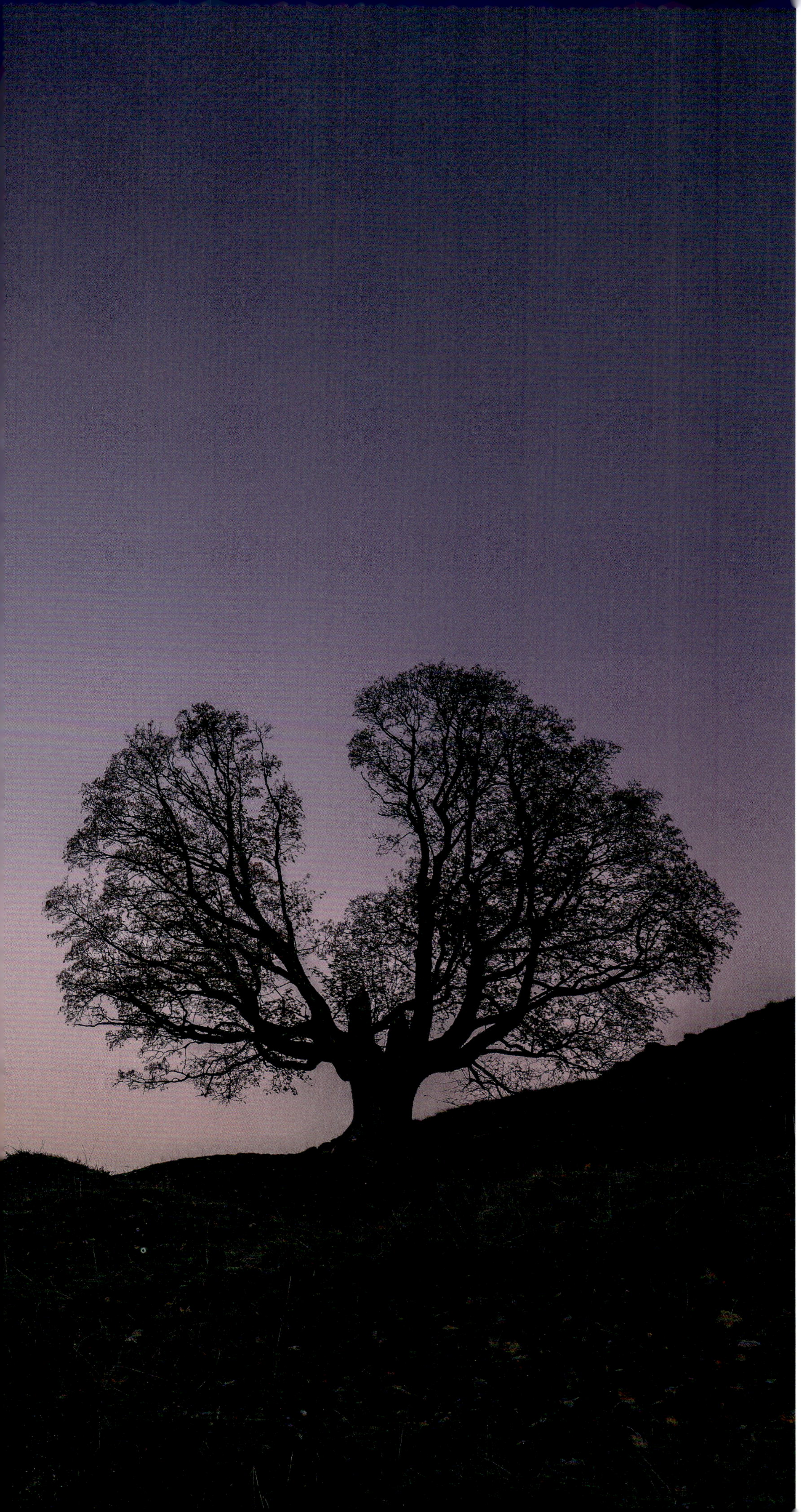

»Ich frage mich, an was für fremde Plätze der Stern dich führen wird.«

Tolkien: *Der Schmied von Großholzingen*

Sturmerprobt: Von Wind und Wetter gezeichnet. Imperfekt, wie die Wanderer, die sich zu ihren Füßen mühen. Es kommt doch nur darauf an, dass alle da sind, wo sie sind.

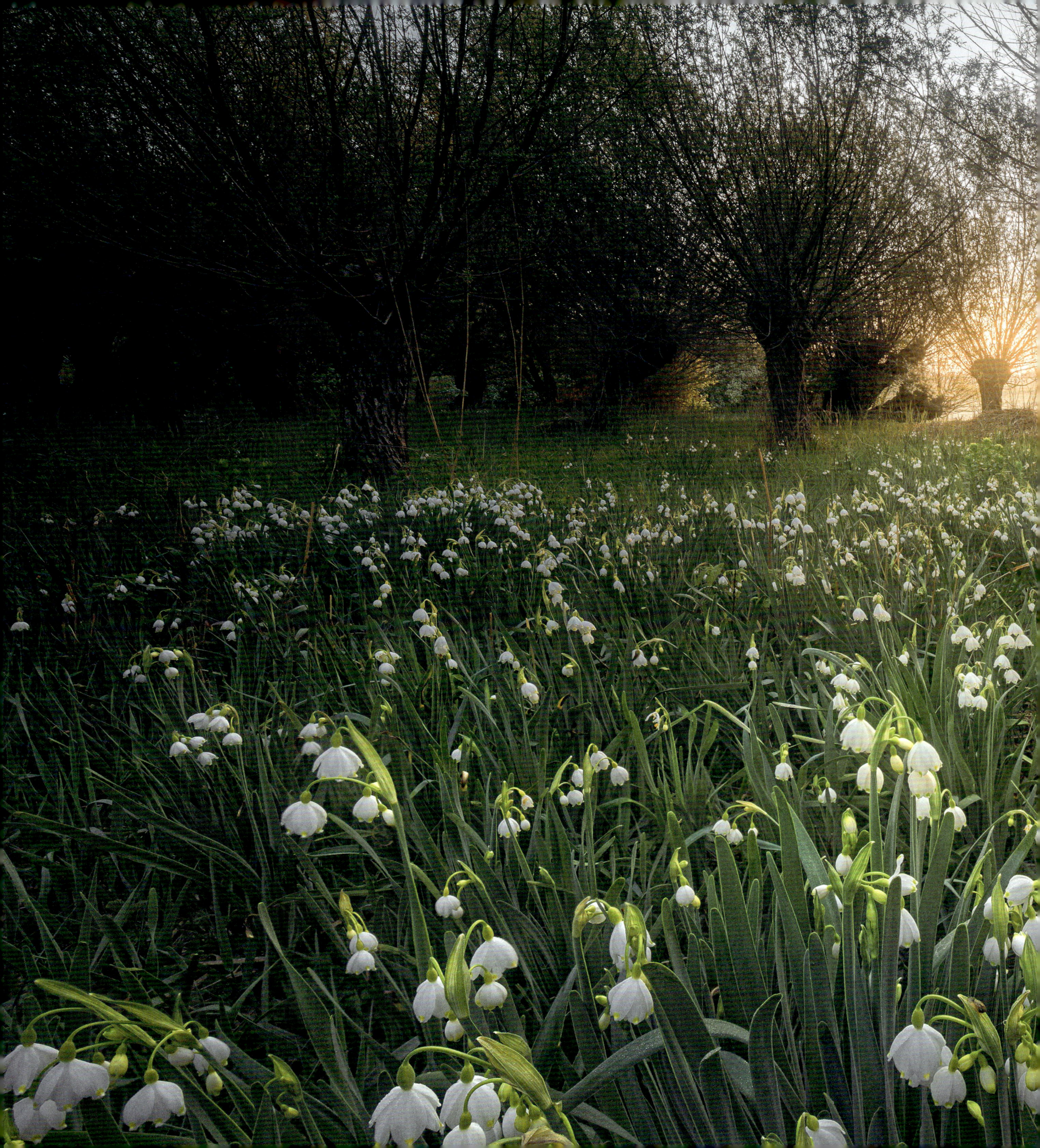

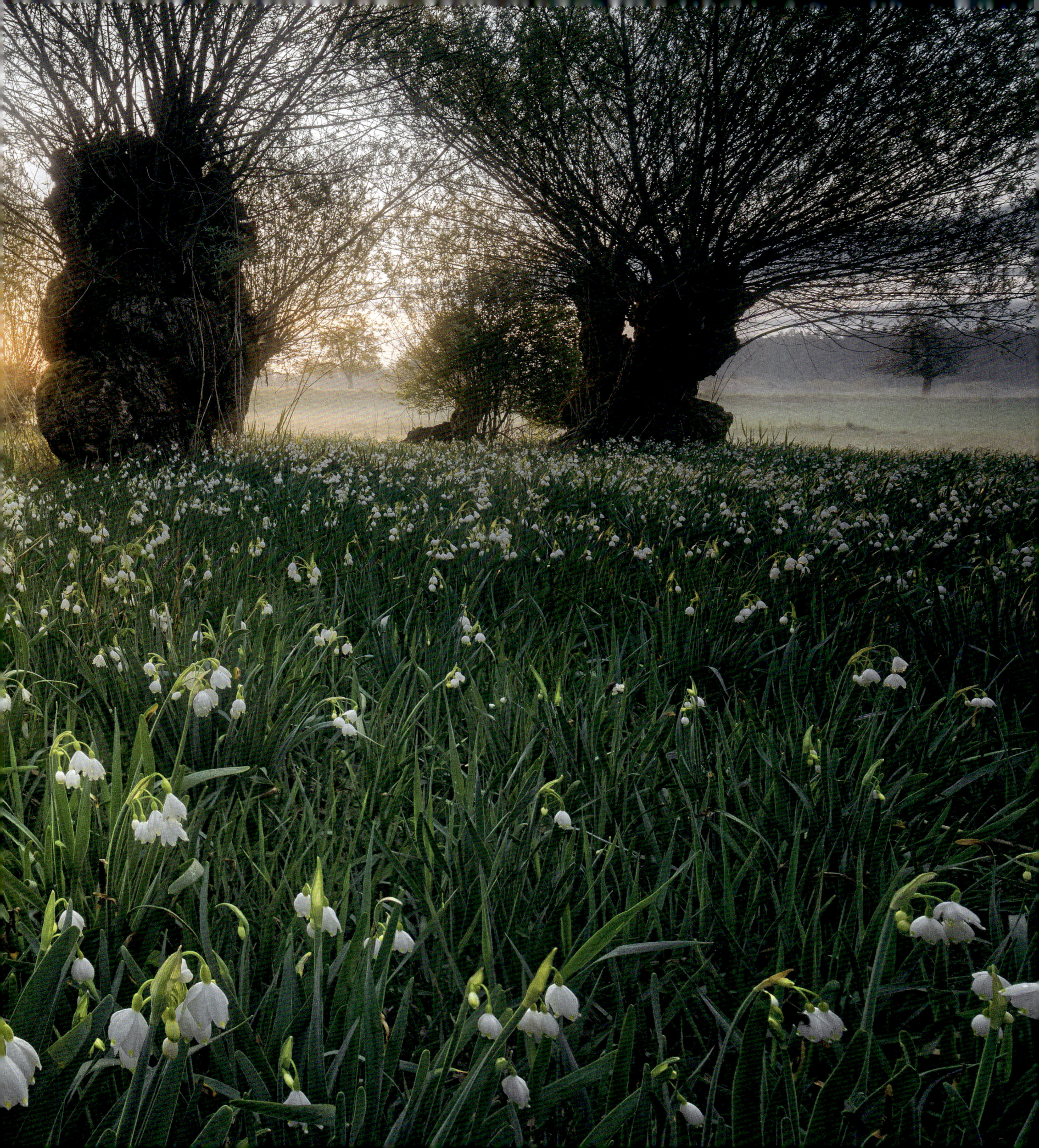

Übers Gebirge

Gleichsam als Wegscheide zwischen halbwegs sicheren Landen im Westen und dem Herrschafts-121gebiet des Dunklen Herrschers im Osten liegt das Nebelgebirge, das im *Hobbit* wie in *Der Herr der Ringe* über- beziehungsweise unterschritten werden muss. Damit ist auch eine Grenze markiert, ab der es kein Zurück mehr gibt – für Bilbo nicht, der allein verloren wäre in der Wildnis, für die Gefährten nicht, die den Einen Ring nun ohne Hilfe vor den Augen der Verfolger verborgen durchs Land tragen müssen.

Diese symbolische Grenze finden wir in den Alpen wieder, die als Inspiration dienten. 1911 verbrachte Tolkien einen Sommer in der Schweiz, die ihn zutiefst beeindruckte. Der Künstler John Howe schreibt: »Er nahm eine Reihe von lebendigen und erhabenen Eindrücken [aus den Schweizer Alpen] mit zurück, die beim Schreiben auf natürliche Weise wieder aufgetaucht sein mögen.«

Auf unzähligen Seiten wurde schon versucht, die Majestät von Gebirgen einzufangen, zahlreiche Autoren haben diese Eindrücke literarisch verarbeitet, um die Gefühle hervorzurufen, die bei diesen Anblicken entstehen. Doch darum geht es gar nicht bei den realen wie den erfundenen Bergen der Heldenreise. Nicht zufällig scheitern die Gefährten an der Überquerung eines der ungezähmtesten Gipfel und müssen den Weg durch den Untergrund nehmen.

Die entsprechenden Kapitel des verhängnisvollen Weges durch die Höhlen unter dem Gebirge könnte Tolkien als Vorlage für den Literaturwissenschaftler Joseph Campbell geschrieben haben, der die Heldenreise als Erster systematisiert hat und an dieser Wegscheide von »Walfischbauch« spricht: Der Held verliert endgültig den Kontakt mit dem Gewohnten und muss sich seinem Abenteuer unwiderruflich stellen – er wird »in das Unbekannte verschluckt«. Tolkien schrieb seine Bücher vor der Publikation von Campbells Analyse, umso verblüffender wirkt das in deren Unkenntnis so treffend entworfene Bild, dass sowohl die Ringgefährten als auch Bilbo gezwungenermaßen nicht übers Gebirge, sondern (unter größten Gefahren) untendurch wandern müssen.

Die Wand: Ihr Anblick lässt Furcht und Entschlossenheit miteinander ringen.

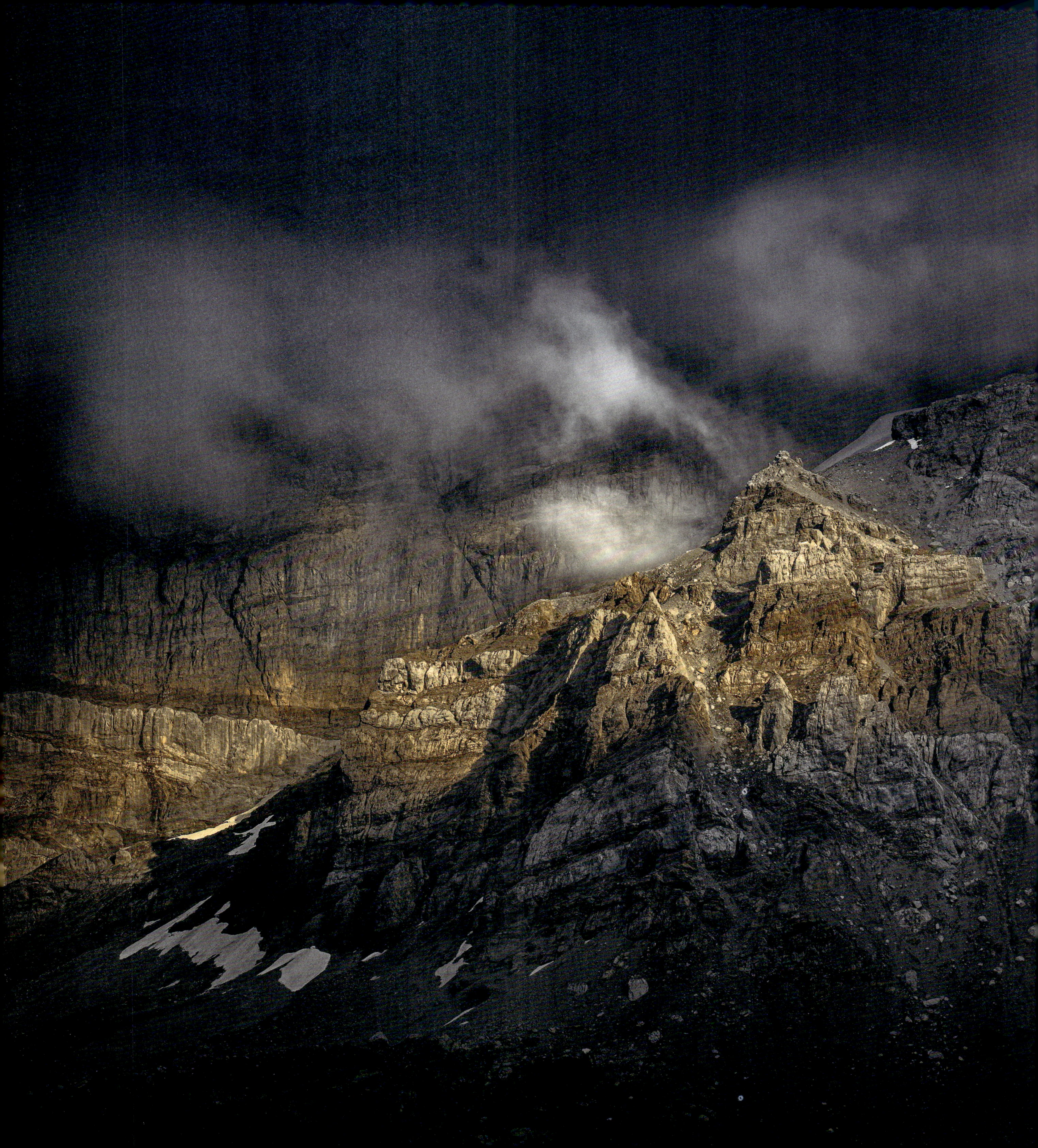

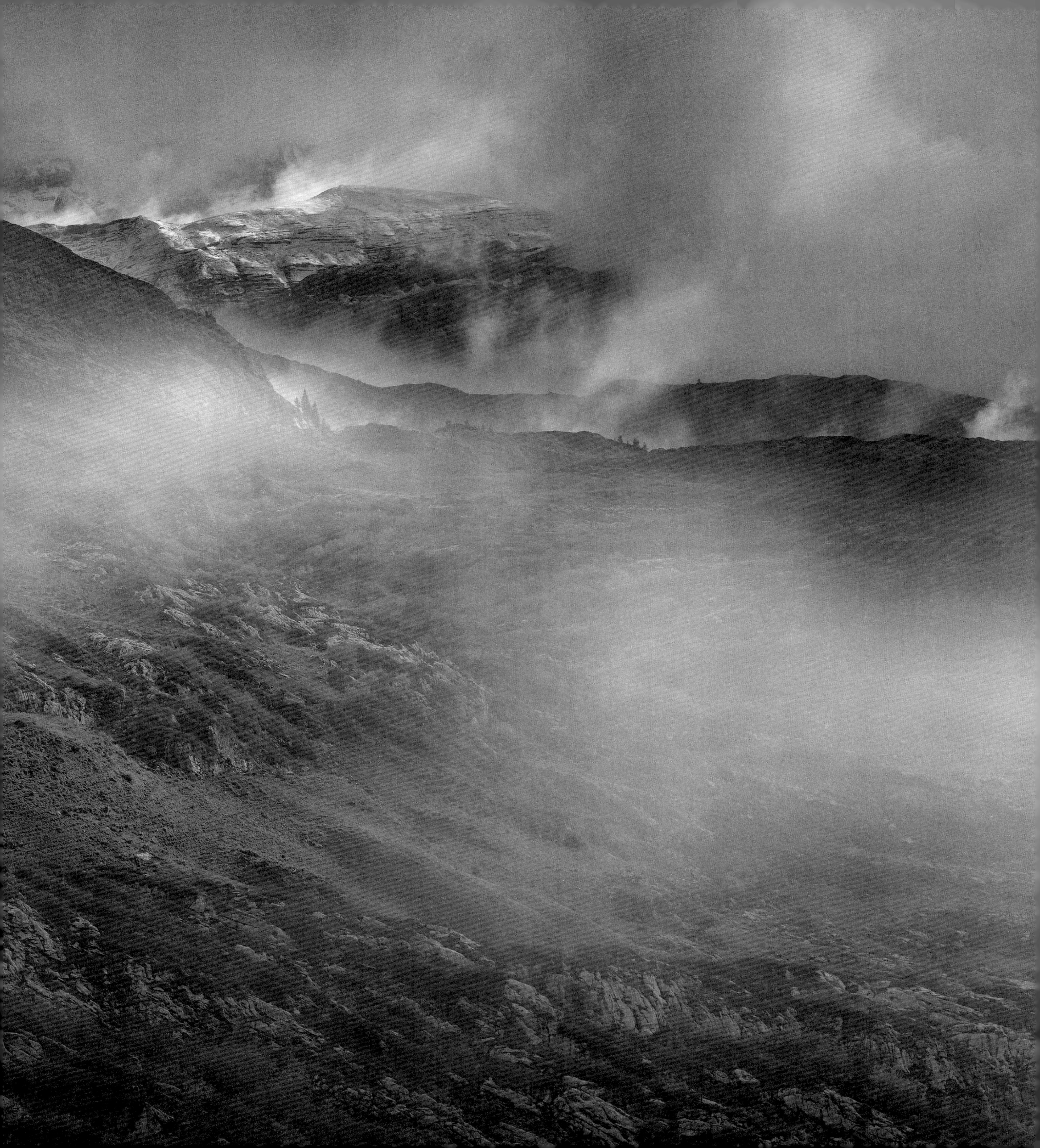

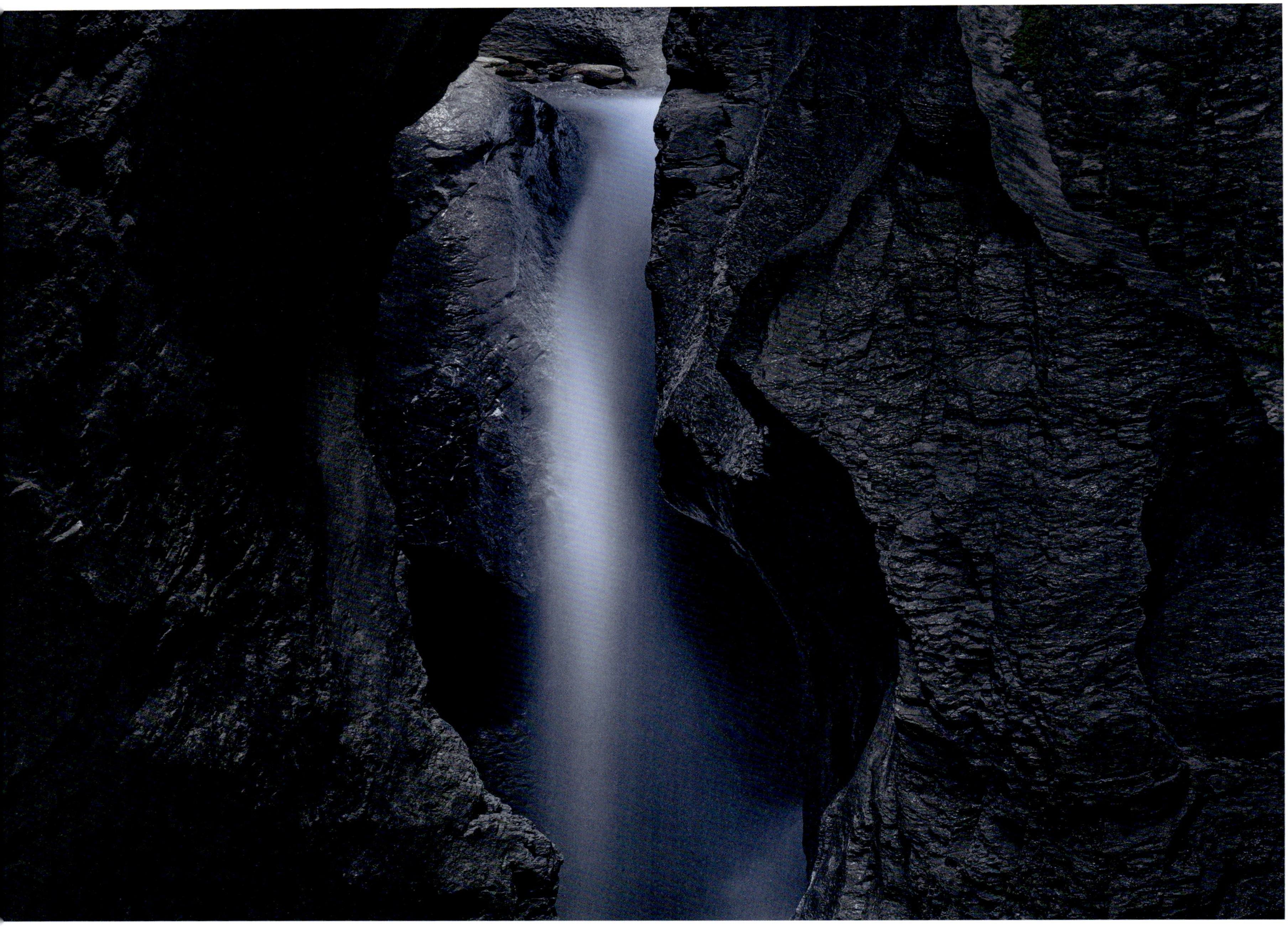

Felslabyrinth: Tief im Innern weisen keine Sterne den Weg; nur vereinzelt sagt ein Schimmer: »Geht weiter und fürchtet euch nicht.«

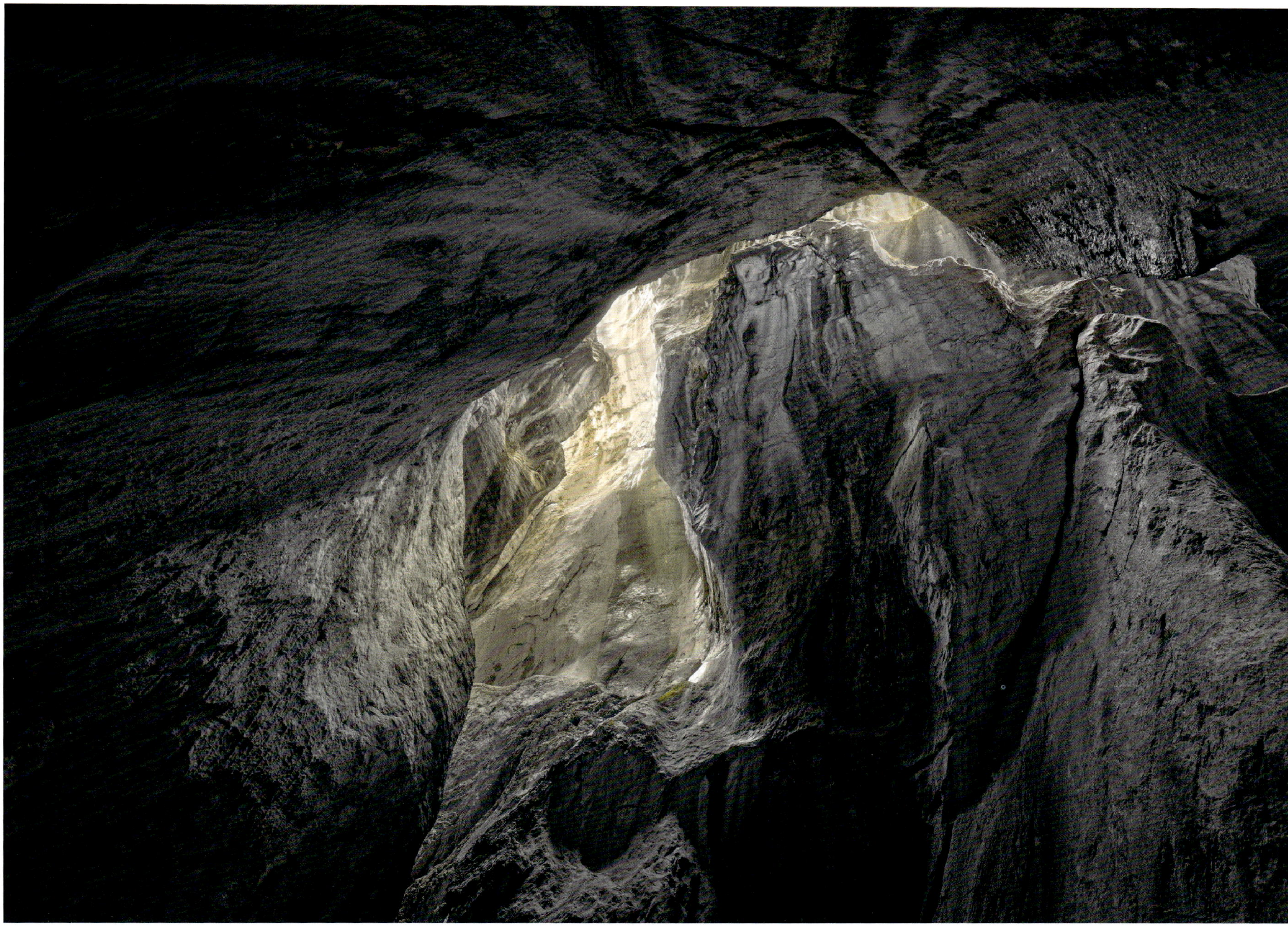

*Wer wird uns jetzt führen in
diesem tödlichen Dunkel?*

HdR, Eine Wanderung im Dunkeln

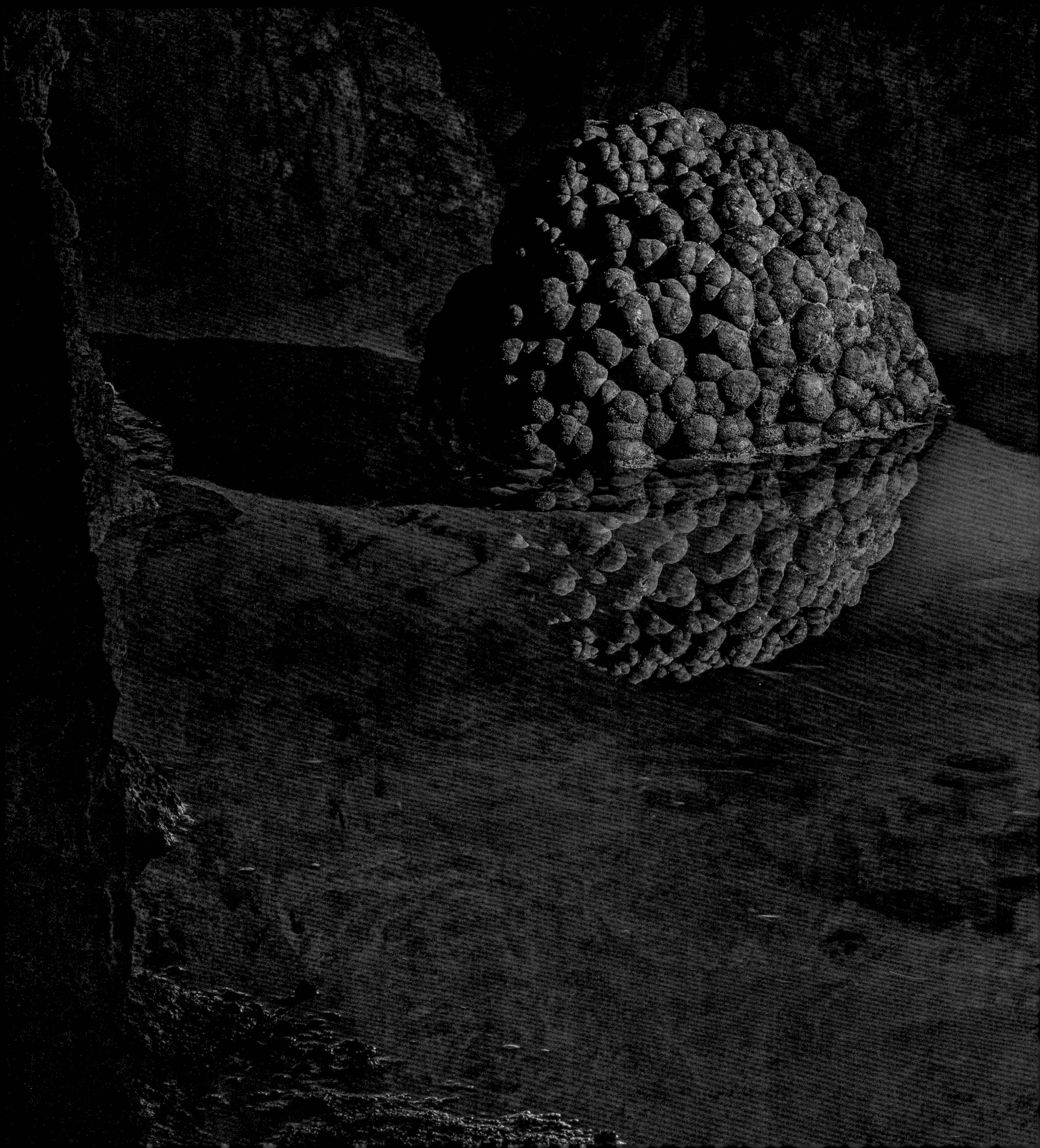

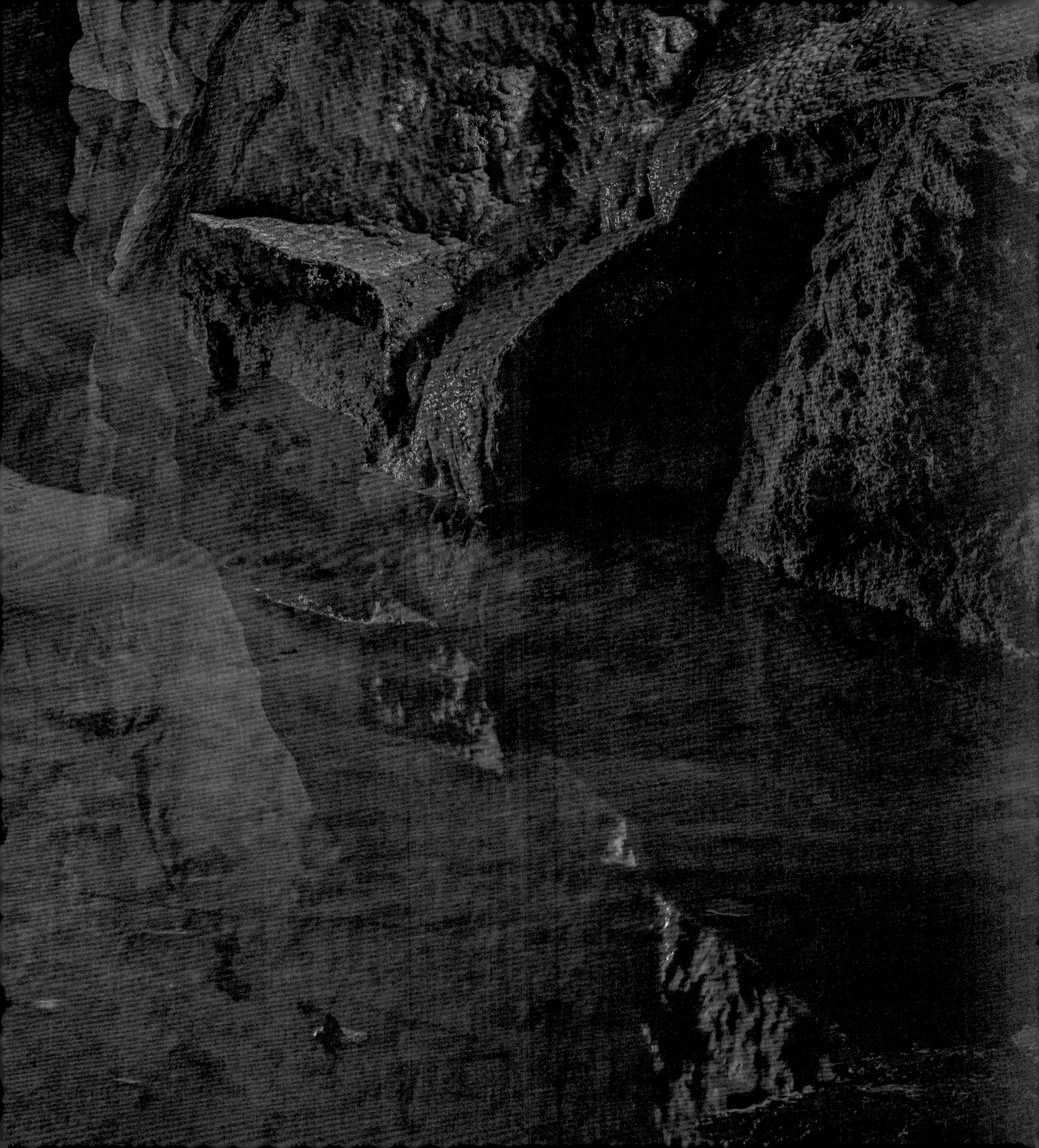

Das wird der Tod der Halblinge sein, Gandalf.

HdR, Der Ring geht nach Süden

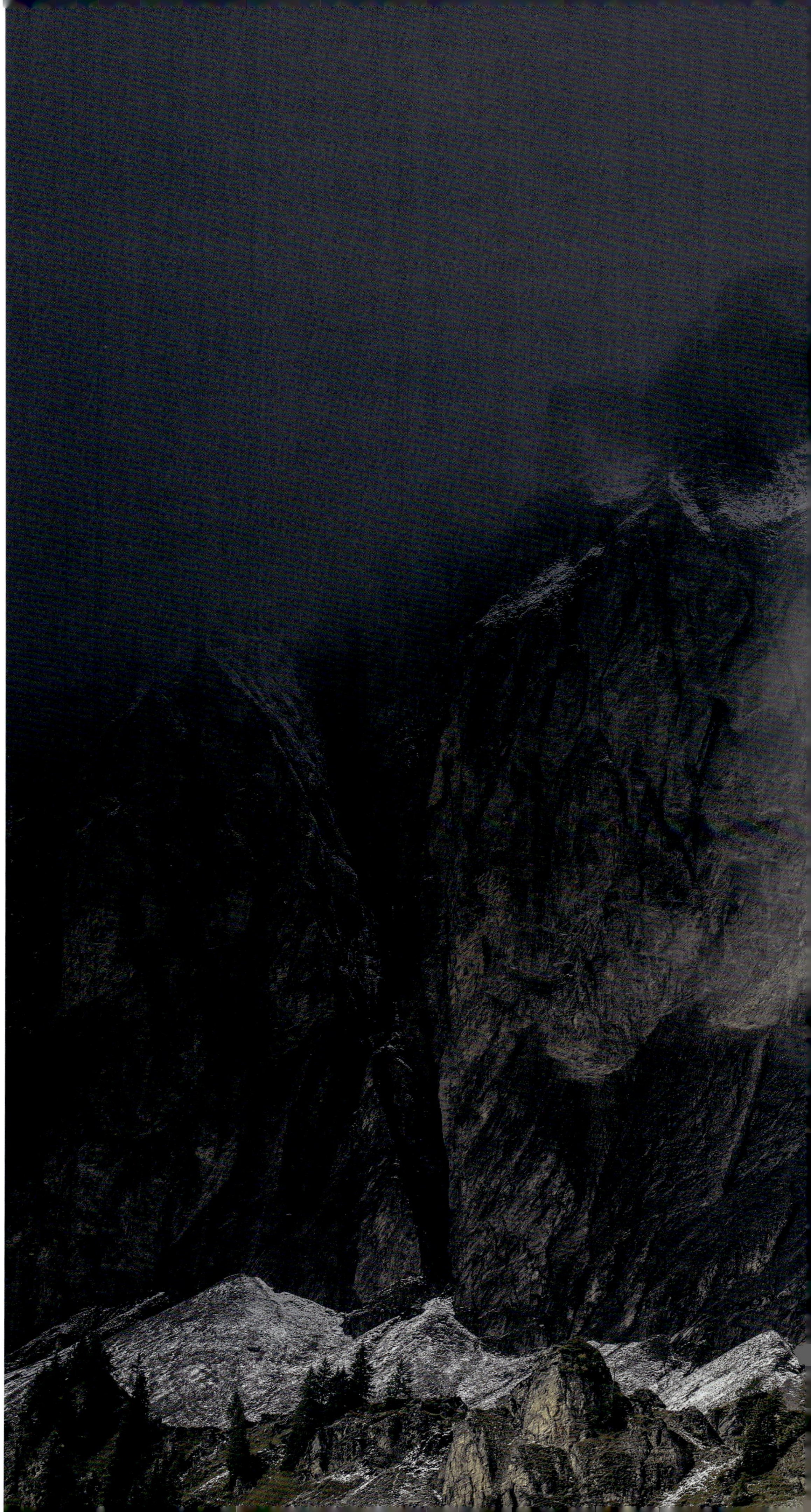

Dem Hindernis getrotzt: Ein Blick zurück im Schmerz, denn der Preis der Prüfung war hoch. Tränen trocknen, als die Wolken weiterziehen.

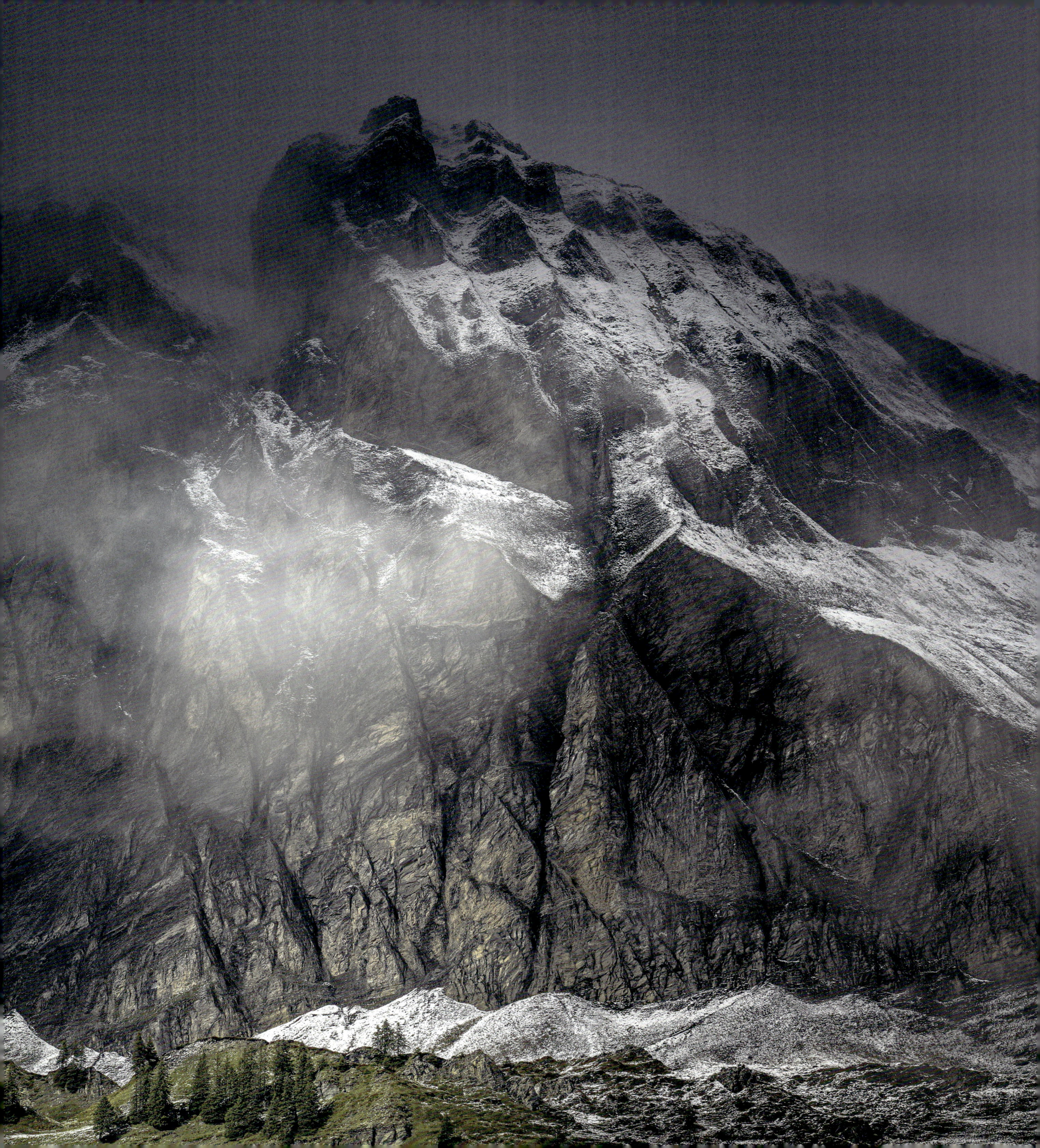

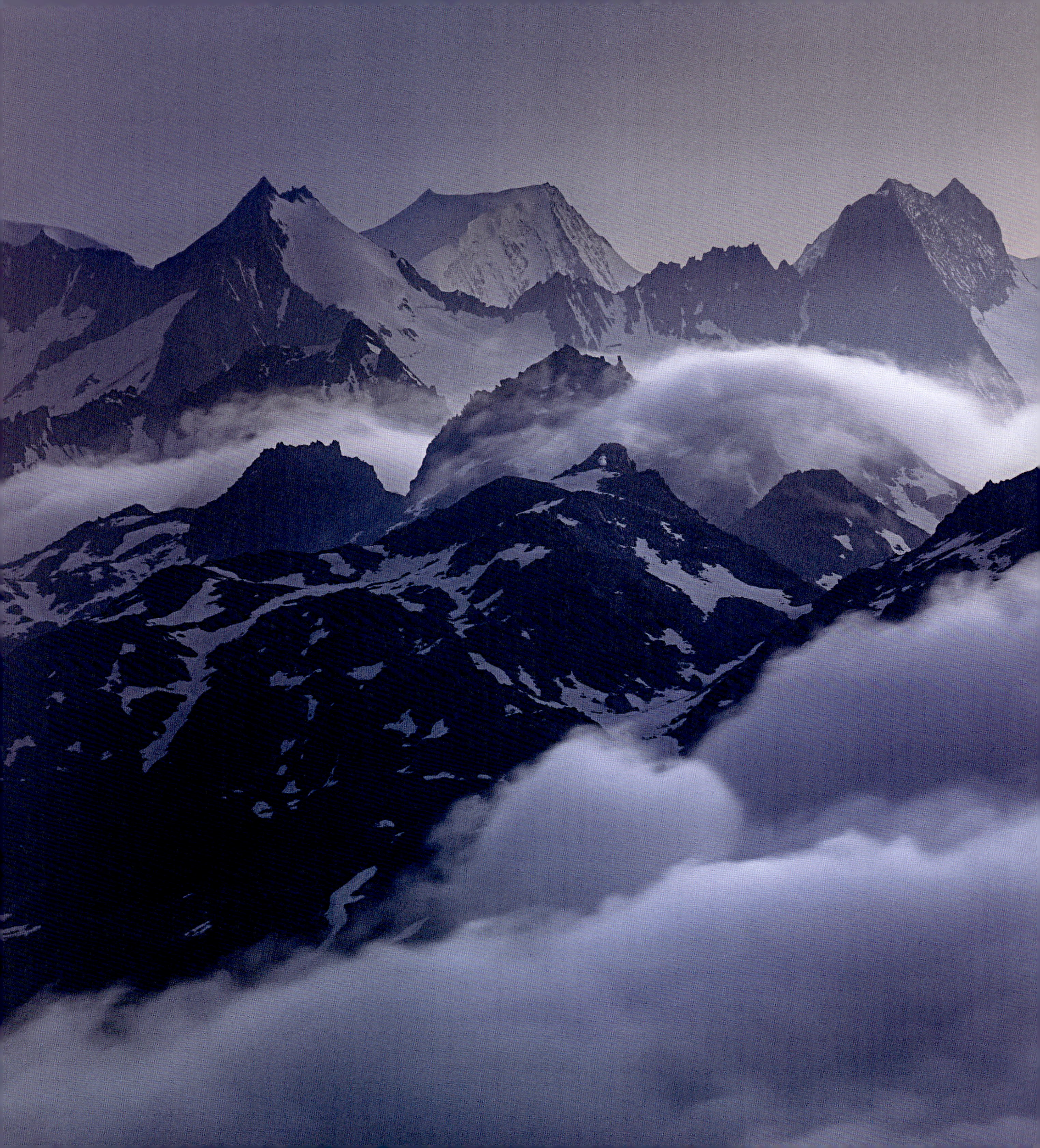

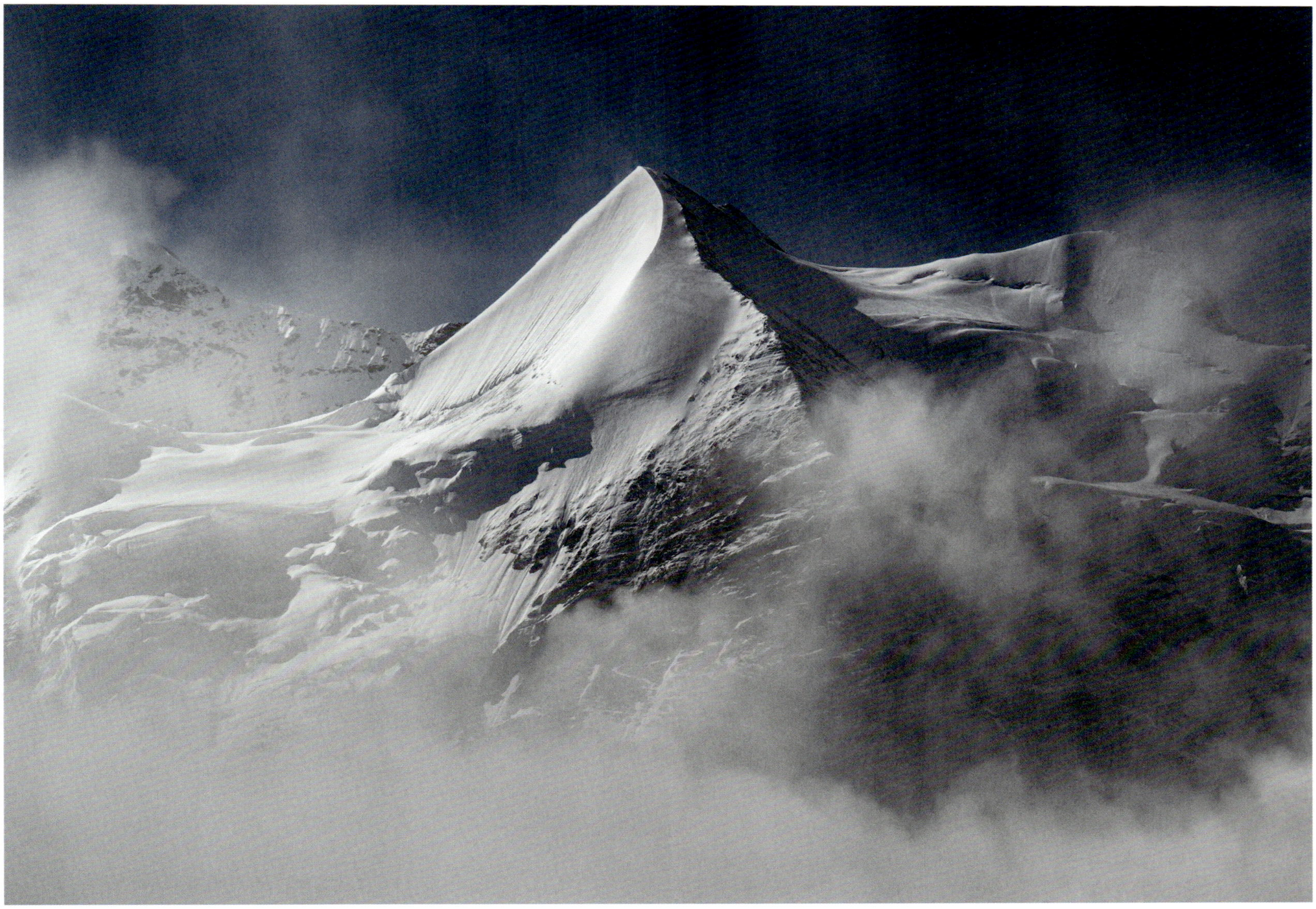

Weiße Spitze: Unbeirrt von allem Leid erhebt sich in aller Majestät das Massiv. Und auch das ist tröstlich in seiner Dauerhaftigkeit.

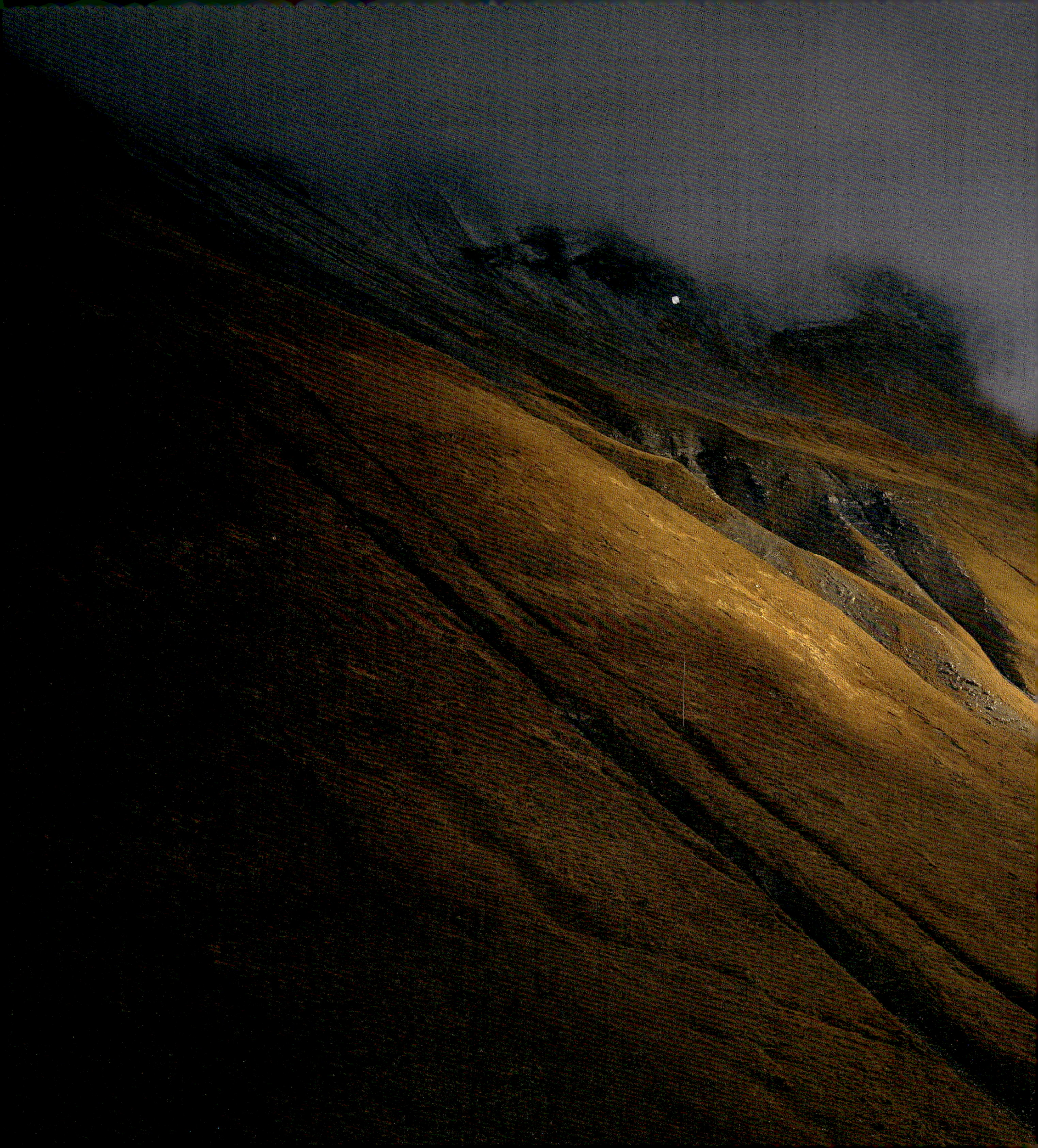

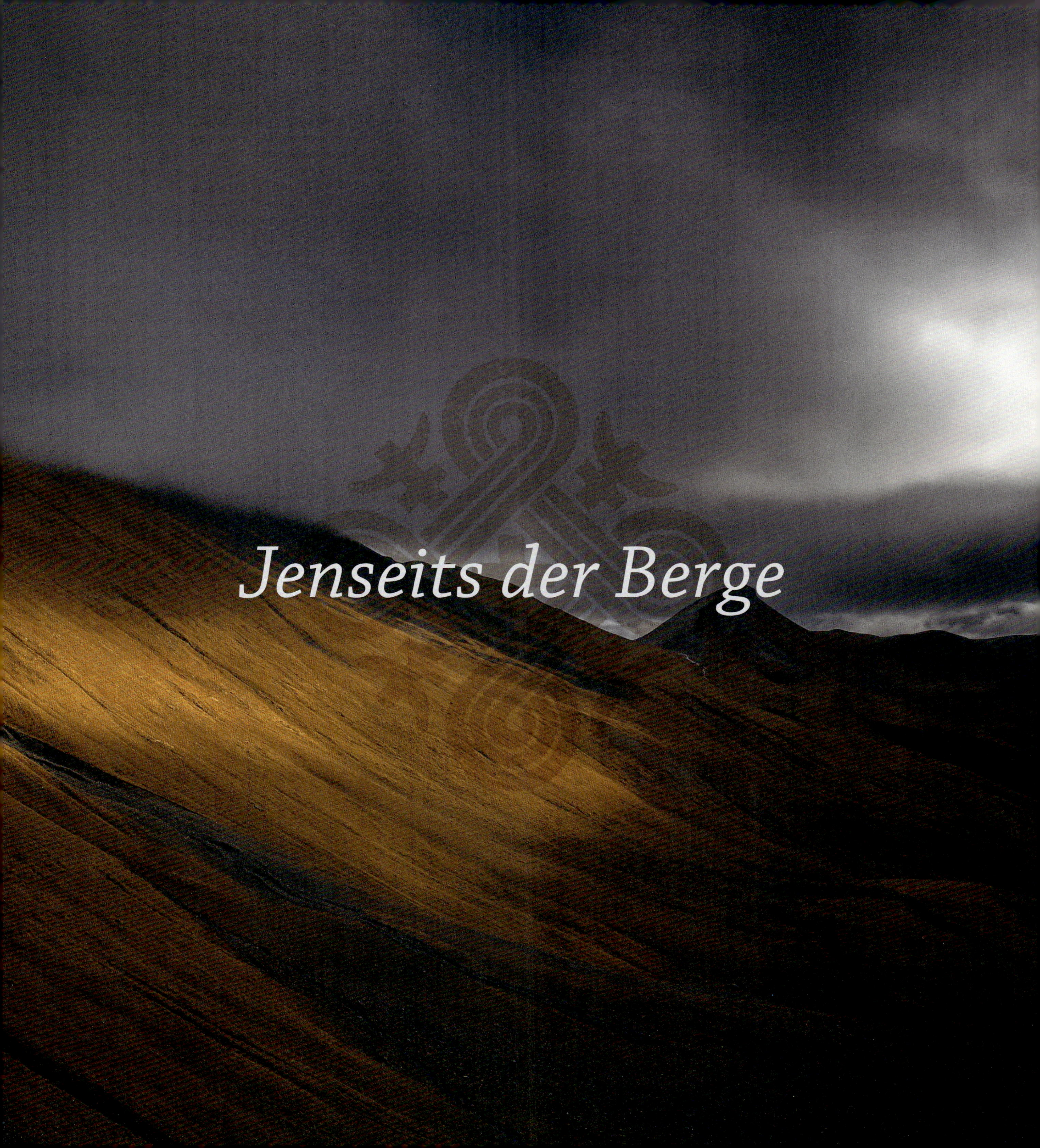
Jenseits der Berge

JENSEITS DER BERGE

Pfad der Prüfungen

Wie hält man den Spannungsbogen einer Geschichte und damit die Leserinnen und Leser bei der Stange? Das ist eine Frage, die sich jede Erzählerin, jeder Autor stellt, und die oft schwieriger zu beantworten ist als die nach Anfang und Ende einer Geschichte. Oder bei einer bedeutenden Aufgabe, einem Lebensabschnitt im echten Leben. Der Ausgangspunkt ist klar, das Ziel – was möchte ich erreichen/wie soll das Abenteuer enden? – meist auch. Aber wie komme ich dahin? Der Weg ist vielleicht nicht das Ziel, aber der Weg muss nichtsdestotrotz beschritten werden, und eine Geschichte muss schlüssig und aufregend dem Pfad zu ihrem Höhepunkt folgen.

Joseph Campbell beobachtet in seiner Analyse der Heldenreise, dass dieser Weg in Mythen aus aller Welt als »Pfad der Prüfungen« (»Road of Trials«) beschrieben ist. Auch Bilbo Beutlin muss im *Hobbit* eine klassische Abfolge von Prüfungen absolvieren. Er muss einen Rätselwettstreit gewinnen, Kameraden retten, einen Gefängnisausbruch organisieren – Aufgaben, die sich im Lauf der Reise stellen und doch aneinandergereiht daherkommen, wie etwa die Aufgaben, die Herkules oder Psyche in den klassischen Sagen zu lösen haben. Kraft, Geschicklichkeit und Intelligenz sind nötig, um zu bestehen, und manchmal mag einem auch unerwartete Hilfe zuteil werden.

Am interessantesten an Campbells Beobachtungen aber ist, dass die zu bewältigenden Aufgaben die Heldinnen und Helden so gut wie immer auch auf sich selbst zurückwerfen. Der Pfad ist gepflastert mit Gelegenheiten und Ereignissen, die eigene innere Widerstände aufdecken und dem Prüfling mehr über sich selbst erkennen lassen, als dieser vielleicht wissen will oder ertragen kann. Während das in dem einer gewissen Leichtigkeit verpflichteten *Hobbit* nicht so herauskommt, müssen sich die Helden in *Der Herr der Ringe* ebenfalls eigenen Unzulänglichkeiten stellen. Und während dies Aragorn im Umgang mit der Bürde, König werden zu müssen, noch sehr gut gelingt, droht Frodo an seinen Prüfungen zu zerbrechen, und besteht sie, wie Psyche, nur, weil vor allem Sam ihn im übertragenen wie später im wörtlichen Sinne trägt.

Im Rahmen der Prüfungen treten Landschaften bei Tolkien bezeichnenderweise in den Hintergrund. Bilbos Rätsel werden ebenso im Dunkeln gestellt, wie seine Konfrontation mit den Spinnen in Finsternis stattfindet. Aragorn muss sich den Toten unterirdisch stellen, und auch der Bruch der Gefährtengruppe hat seine Ursache in Ereignissen in einer Höhle, als Gandalf im Kampf gegen den Balrog fällt. Die finstere Umgebung konzentriert die Helden ganz auf sich und ihre Aufgabe – wie es das Wesen von Prüfungen ist, seien sie nun literarischer Art oder im wahren Leben. Die reale wie die fiktionale Reise, die jeweils zum größten Teil aus dem Pfad der Prüfungen besteht, ist selbst da, wo sie durch die anregendste Landschaft führen mag, eine Unternehmung des Individuums, das sich, in Finsternis ebenso wie auf einem sonnenbeschienenen Berggipfel, gezwungen sieht, sich auf die krummen Wege des eigenen spirituellen Labyrinths einzulassen.

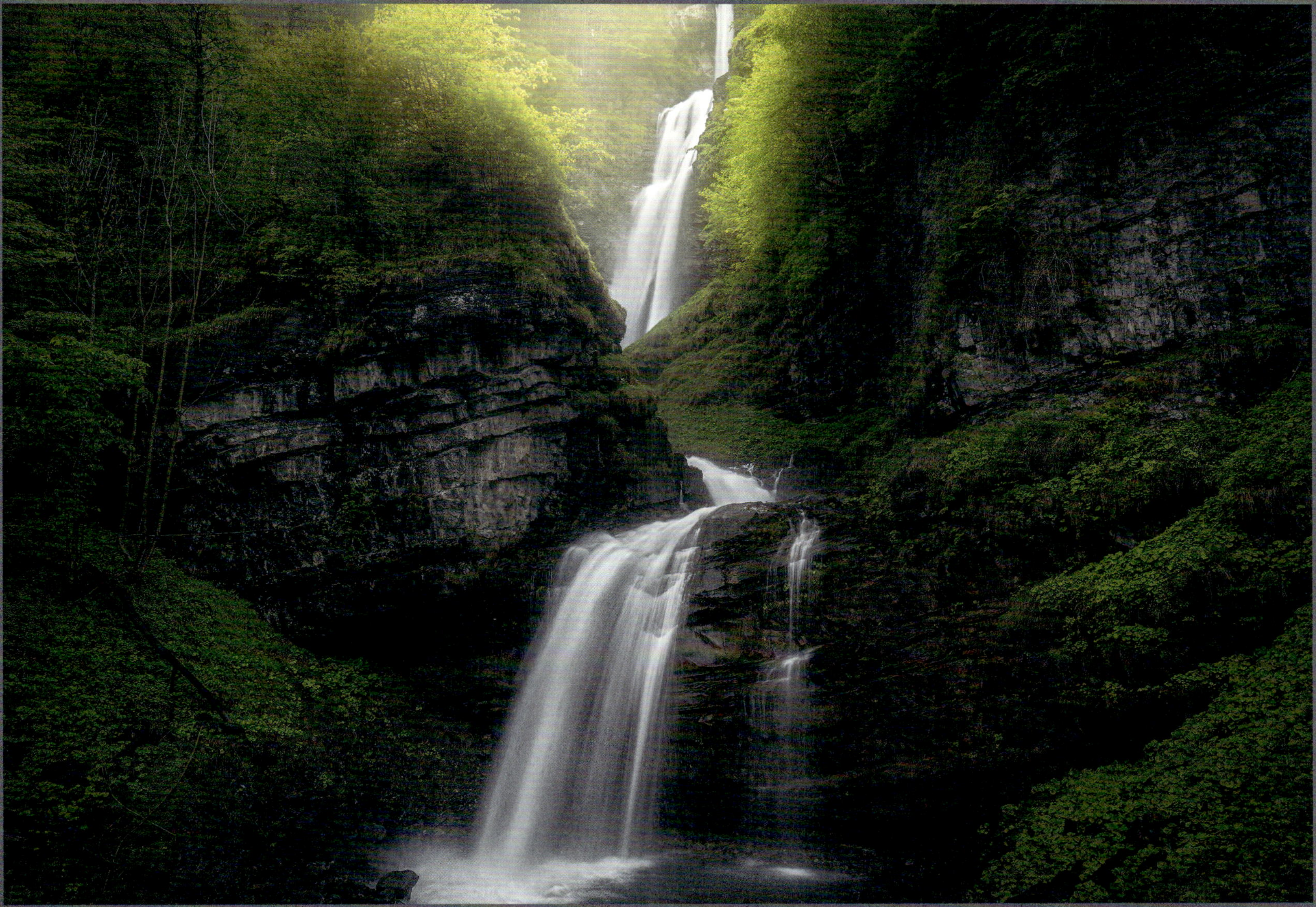

»Ein Teil des Namens dieses Ortes könnte Quellhall sein, wenn er in eure Sprache übersetzt würde. Mir gefällt es hier.«
HdR, Baumbart

Reise auf dunklen Wegen

So angenehm der Duft der Lavendelfelder in der Provence auch ist und so beruhigend sich das sanfte Rauschen des Meeres am Strand auch anhören mag – Reiseeindrücke sammeln die meisten von uns doch hauptsächlich mit ihrem Gesichtssinn. Und wenn es um die Darstellung eines Abenteuers geht, wird vor allem beschrieben, was man sähe, wenn man am Geschehen unmittelbar teilhaben könnte. Menschen, so sie zu sehen vermögen, verlassen sich auf ihre visuelle Wahrnehmung mehr als auf die anderen Sinne, besonders wenn Gefahr droht.

Das reicht auch ins (ungefährliche) Alltagsleben hinein. Wenn eine Aufgabe ansteht, bemühen wir uns, die Anforderungen erst mal *anzusehen*, eine *Übersicht* zu bekommen und im Weiteren den *Überblick* zu behalten, das Ziel nicht *aus den Augen* zu verlieren, und wir *schauen* stets, ob alles gut läuft. Auch das Denken ist durchdrungen von Sprach*bildern*. Schlimm also, wenn man nichts sehen kann, und kein Wunder, dass die Spannung steigt, wenn etwas in der Finsternis stattfindet.

Trotz all der wunderbaren Landschaften Mittelerdes ist es deshalb nicht verwunderlich, dass die wichtigsten Prüfungen – verstanden als Etappenhöhepunkte der Heldenreise –, die die Helden in *Hobbit* und *Der Herr der Ringe* zu bestehen haben, im Dunkeln stattfinden. Wobei ja auch Höhlen und wahrhaft wehrhafte finstere Wälder etwas Wunderbares sind. Oder gar atemberaubend! Einer der schönsten Orte und eine der bezauberndsten Landschaftsbeschreibungen der Literaturgeschichte sind die Höhlen von Aglarond. Die Ambivalenz fantastischer Landschaften beweist sich in der Finsternis des Düsterwalds einerseits und in den Glitzernden Grotten Rohans andererseits besonders eindrucksvoll. Und sie verweist damit auf die dunklen Etappen der Realität, die überwunden werden müssen, sich aber manchmal tatsächlich auch als Bereicherung an sich erweisen.

Grünes Licht: Wenige Lichtstrahlen erreichen den smaragdenen Boden, der sich, je tiefer die Reisenden eindringen, zu labyrinthischen Schatten und dunkler Stille wandelt.

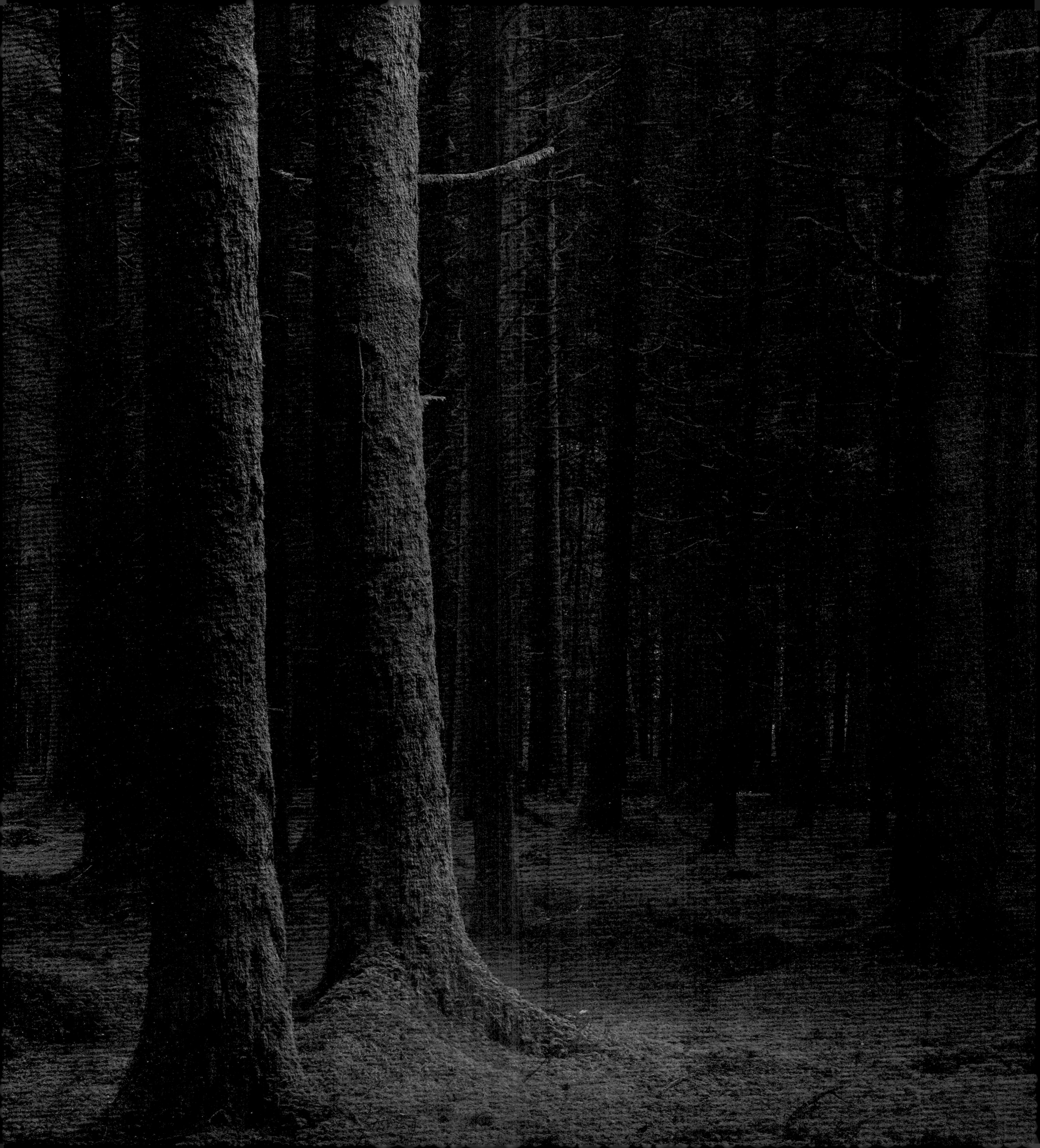

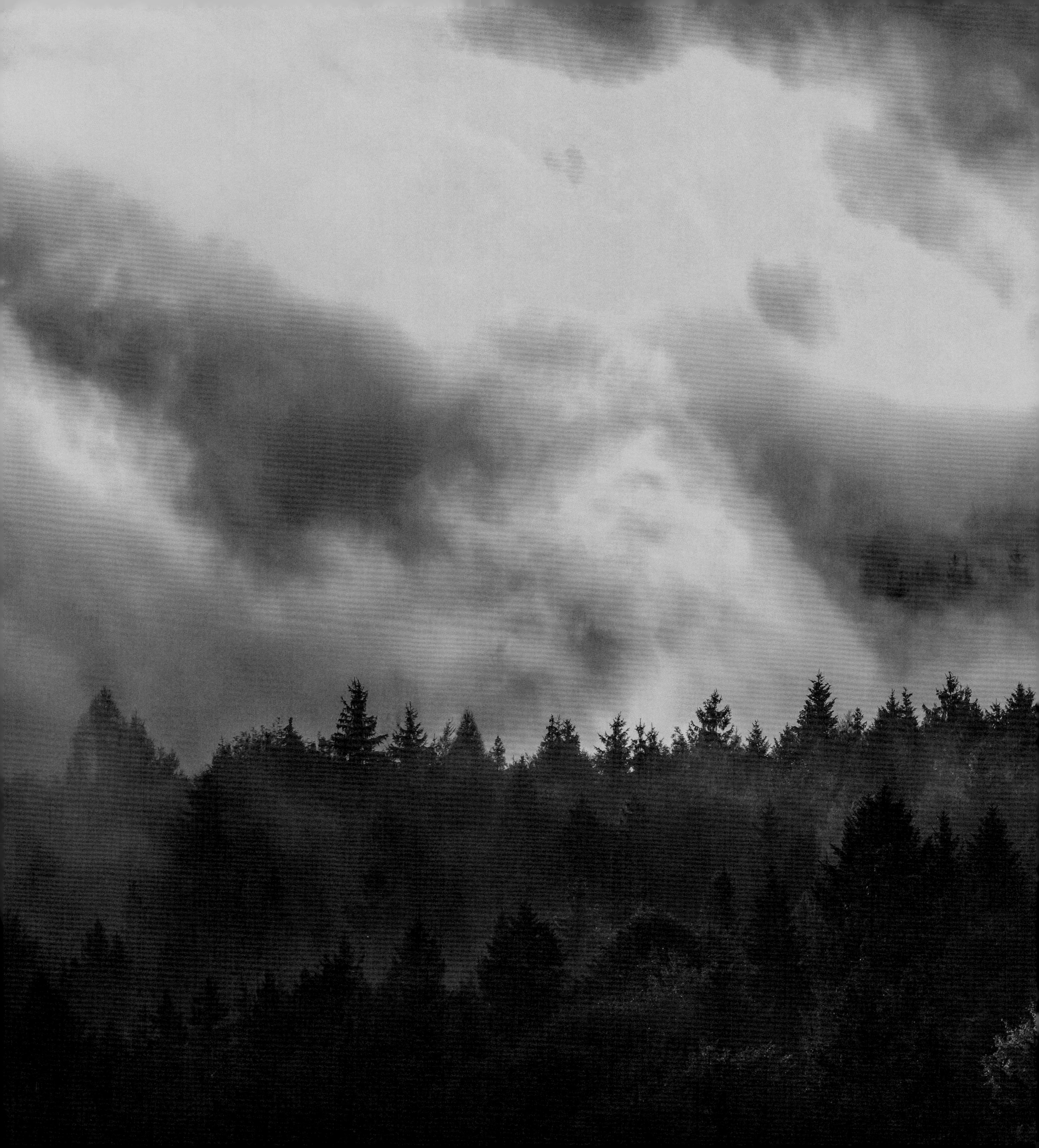

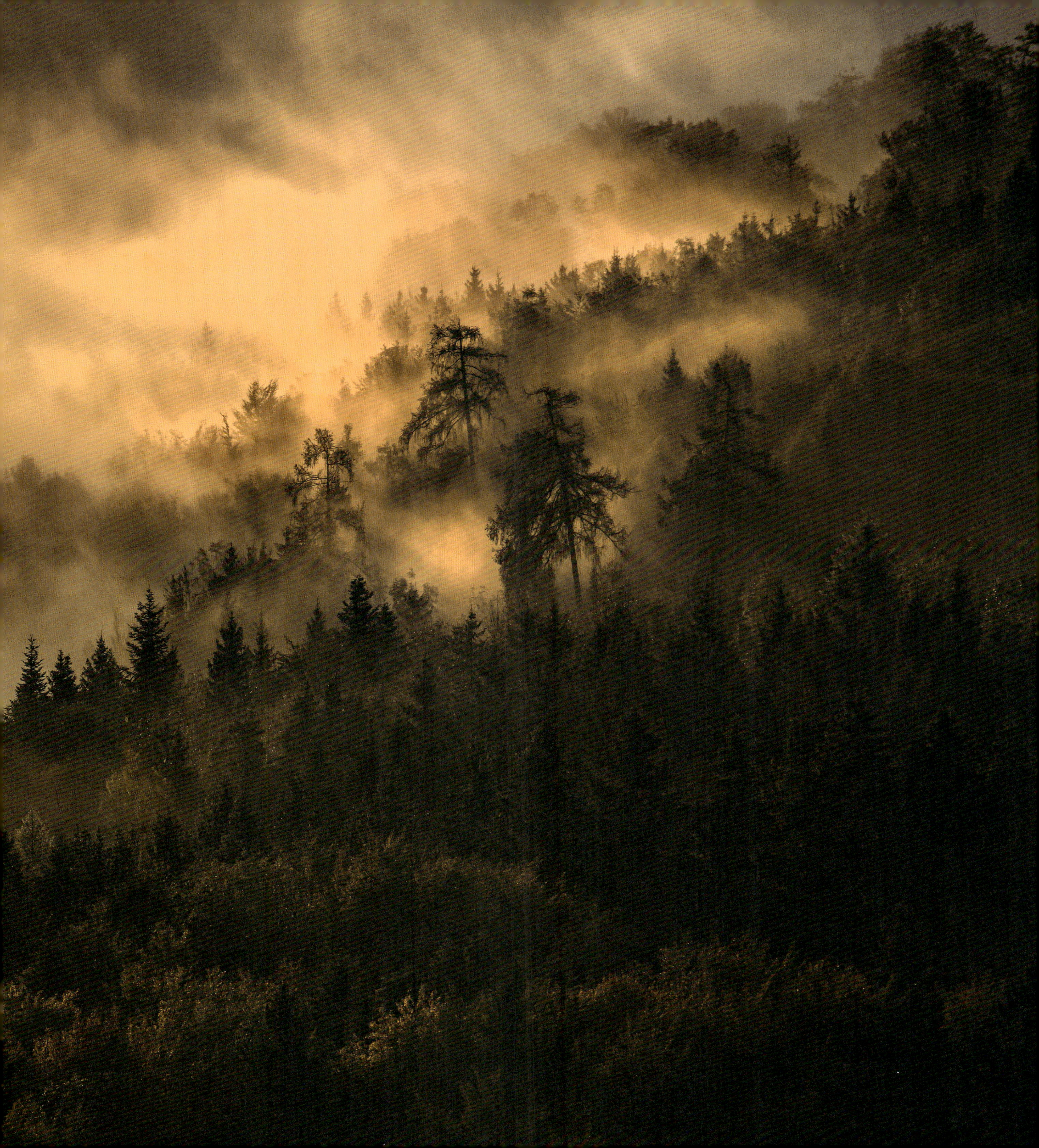

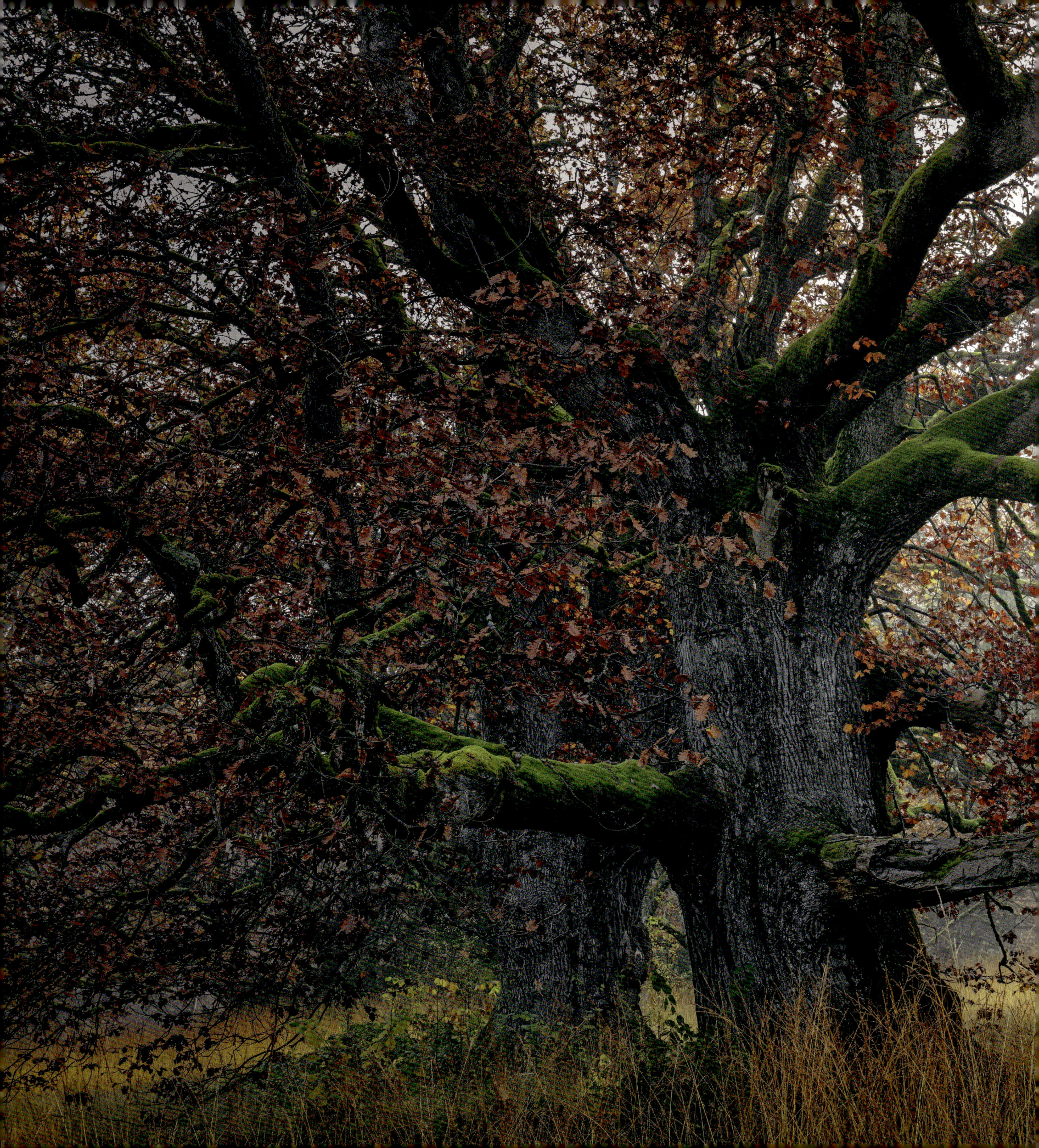

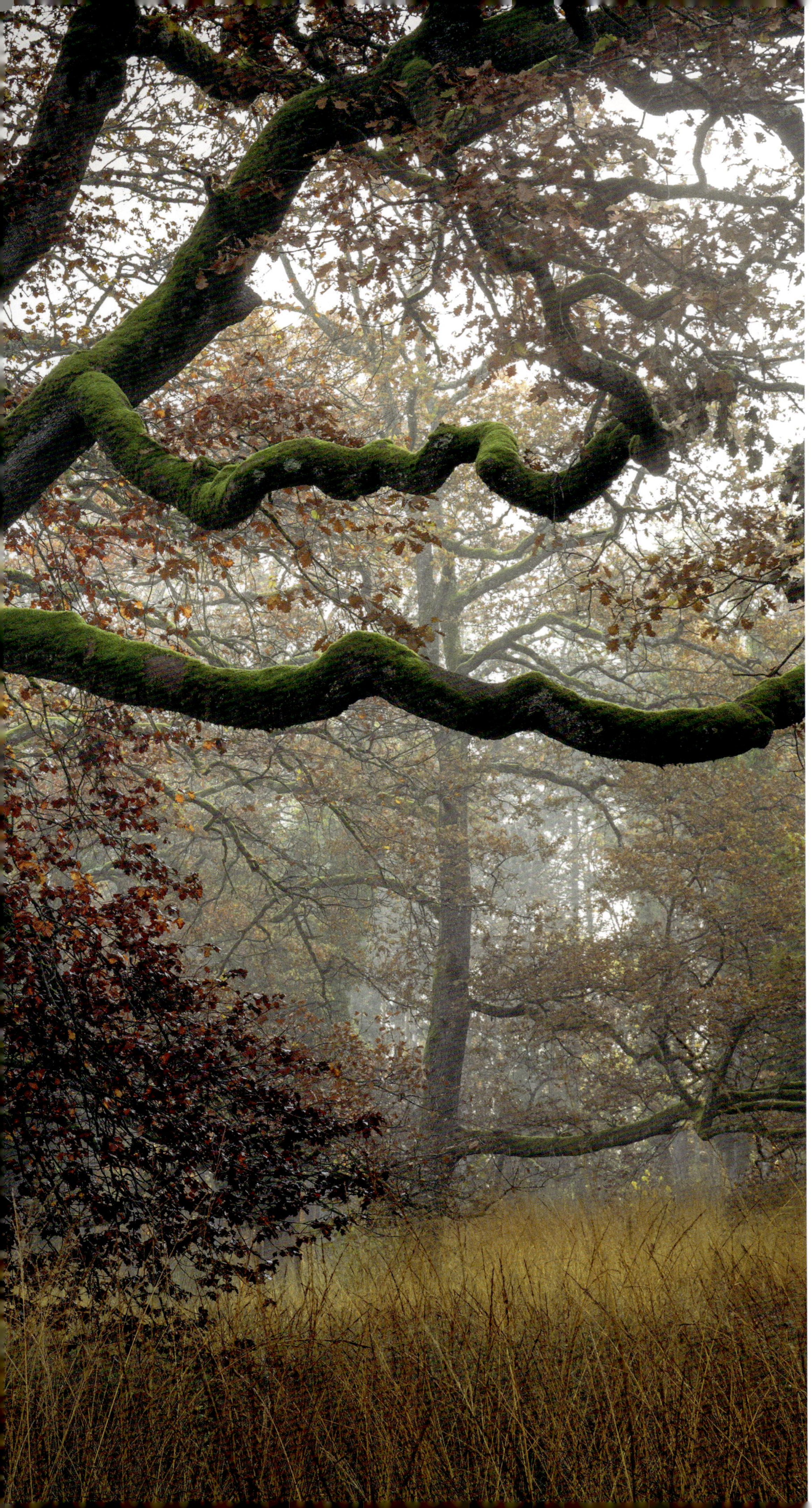

»So, das ist der Düsterwald«, sagte Gandalf, »der größte unter den Wäldern der nördlichen Welt. Hoffentlich gefällt er euch, so wie er aussieht.«

H, Ein seltsames Quartier

Standhaft: Uralt und ungerührt scheinen Zeit und Baum stillzustehen, und doch hängt alles zusammen, und selbst der Wald hält den Atem an in schicksalhafter Zeit.

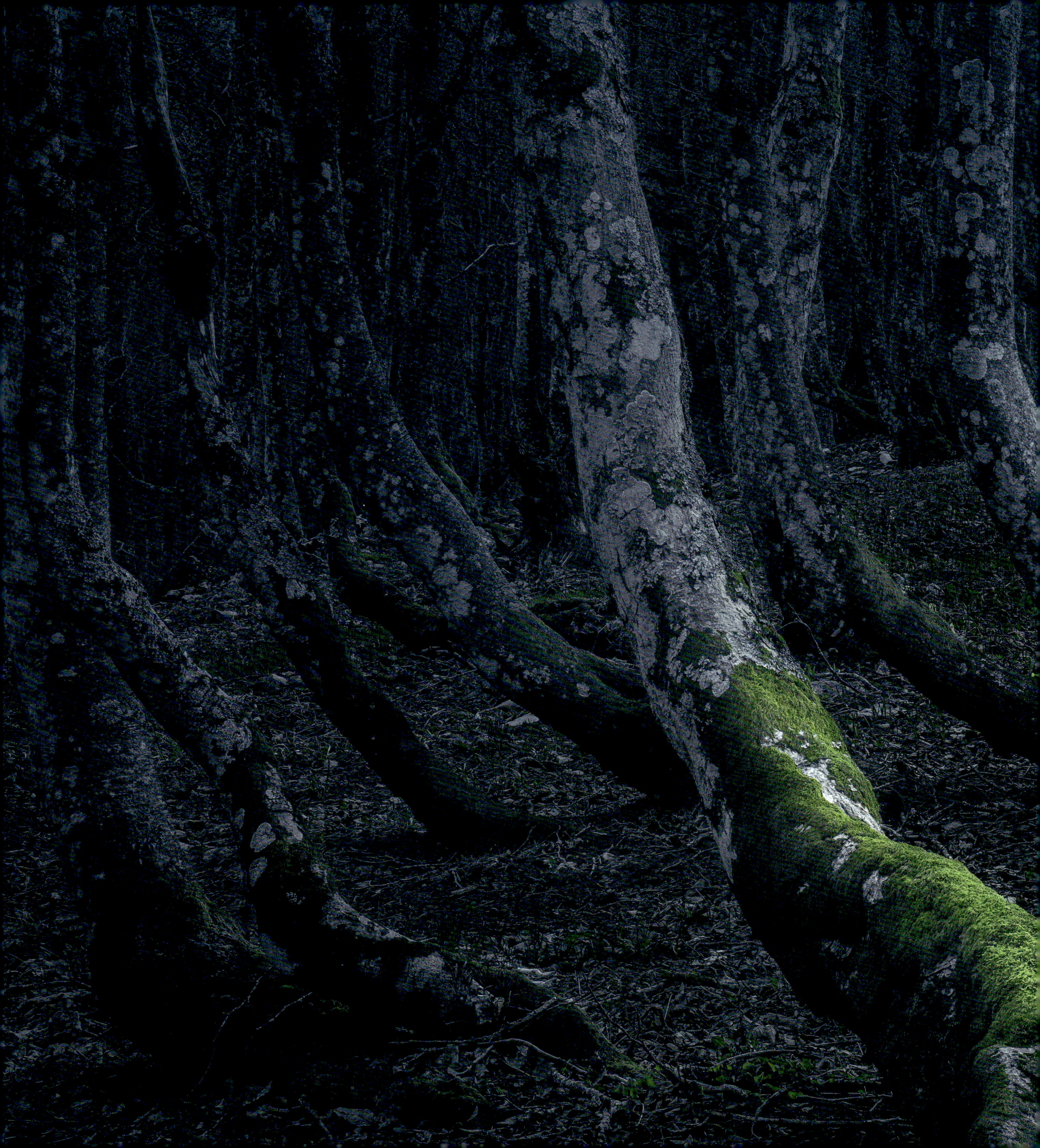

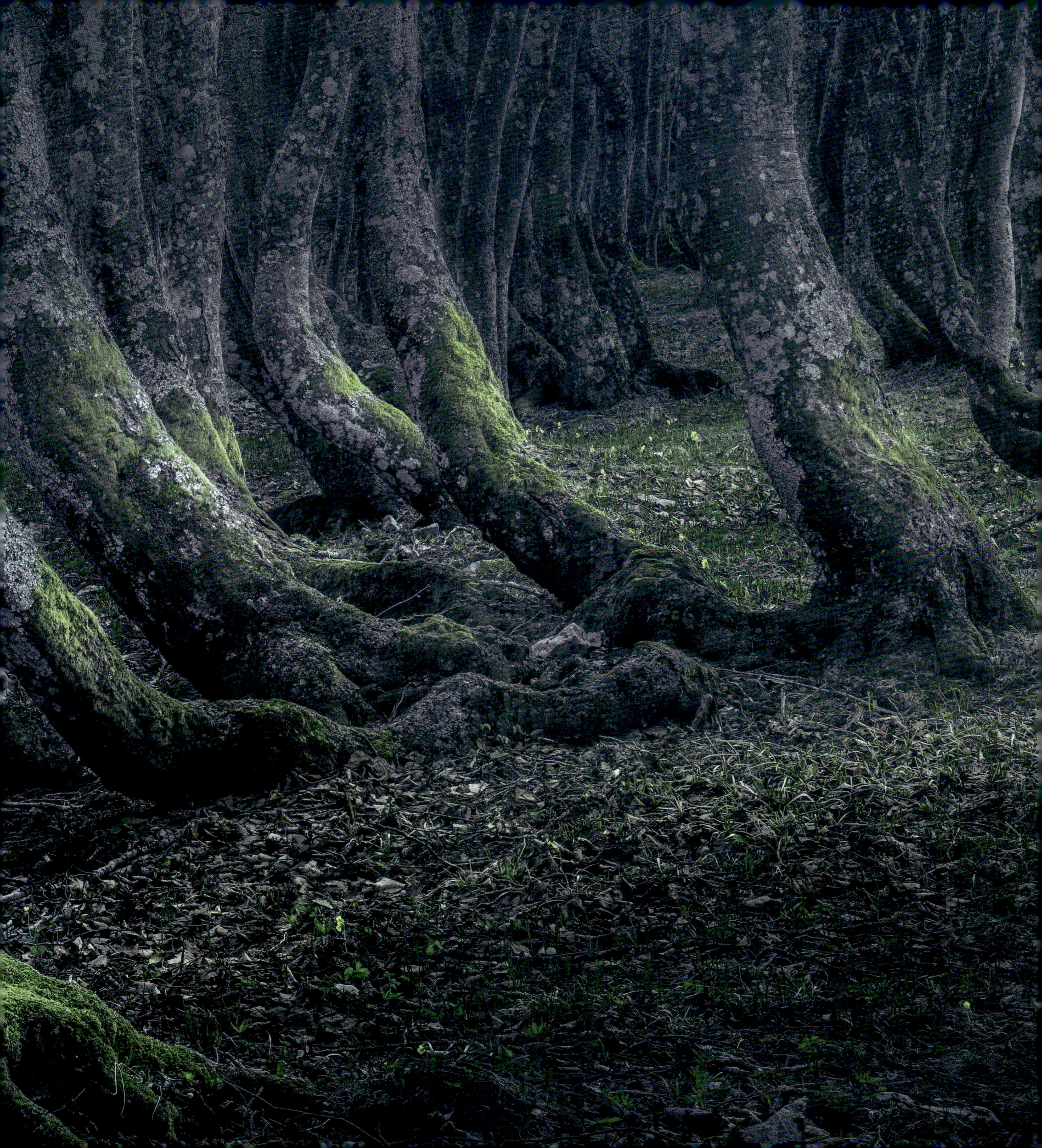

Zum Einsamen Berg

Bei einer Heldenreise läuft in klassischen Abenteuergeschichten und den älteren Vertretern des Genres Fantasy alles auf das Ziel der Reise zu. Die Erzählungen stellen sich in den Dienst der Klimax, die Höhepunkt der Geschichte und Anlass der Erlösung des Helden zugleich ist. Das symbolisiert sich dann nicht nur bei Tolkien auch in der Landschaft. Im *Hobbit* wie in *Der Herr der Ringe* sind es Berge, an oder in denen die Quest ihre Auflösung findet. In beiden Geschichten handelt es sich um frei stehende Gipfel, die ihr Umfeld optisch dominieren.

Deutlicher noch als beim Schicksalsberg, den man erst nach Überwindung einer Gebirgskette als feurigen Dorn in der Ebene erblickt, ist dies beim Erebor gegeben, dessen Beiname »Einsamer Berg« schon verdeutlicht, dass es sich um einen Solitär handelt, der die gesamte Region überragt. Er scheint Bilbo und den Zwergen zuzurufen: *Kommt, hier entscheidet sich euer Schicksal!* Und tatsächlich üben auch reale Gipfel auf viele Menschen einen Sog aus. Selbst wenn sie nicht mit Schätzen zu locken vermögen, sprechen sie etwas in uns an.

Ebenso symbolisch darf die Reise jedoch nicht einfach so an ihr Ende führen, und sogar die Landschaft sollte die Schwierigkeiten ausdrücken, die mit dem Erreichen des Ziels verbunden sind. Etwa in Gestalt von Sümpfen, die schon immer mit Gefahr und Tod verbunden werden – ob in Form realer Moorleichen oder fiktiver Schrecken wie in Sherlock Holmes' *Hund von Baskerville*. Und auch Bilbo und den Zwergen stellt sich diese letzte Barriere vor dem Höhepunkt entgegen.

Das Ziel vor Augen: Der Weg ist nicht das Ziel, das Ziel ist das Ziel. Und doch verändert sich der Blick darauf, denn schon auf dem Weg lernt der Wanderer, über sich hinauszuwachsen.

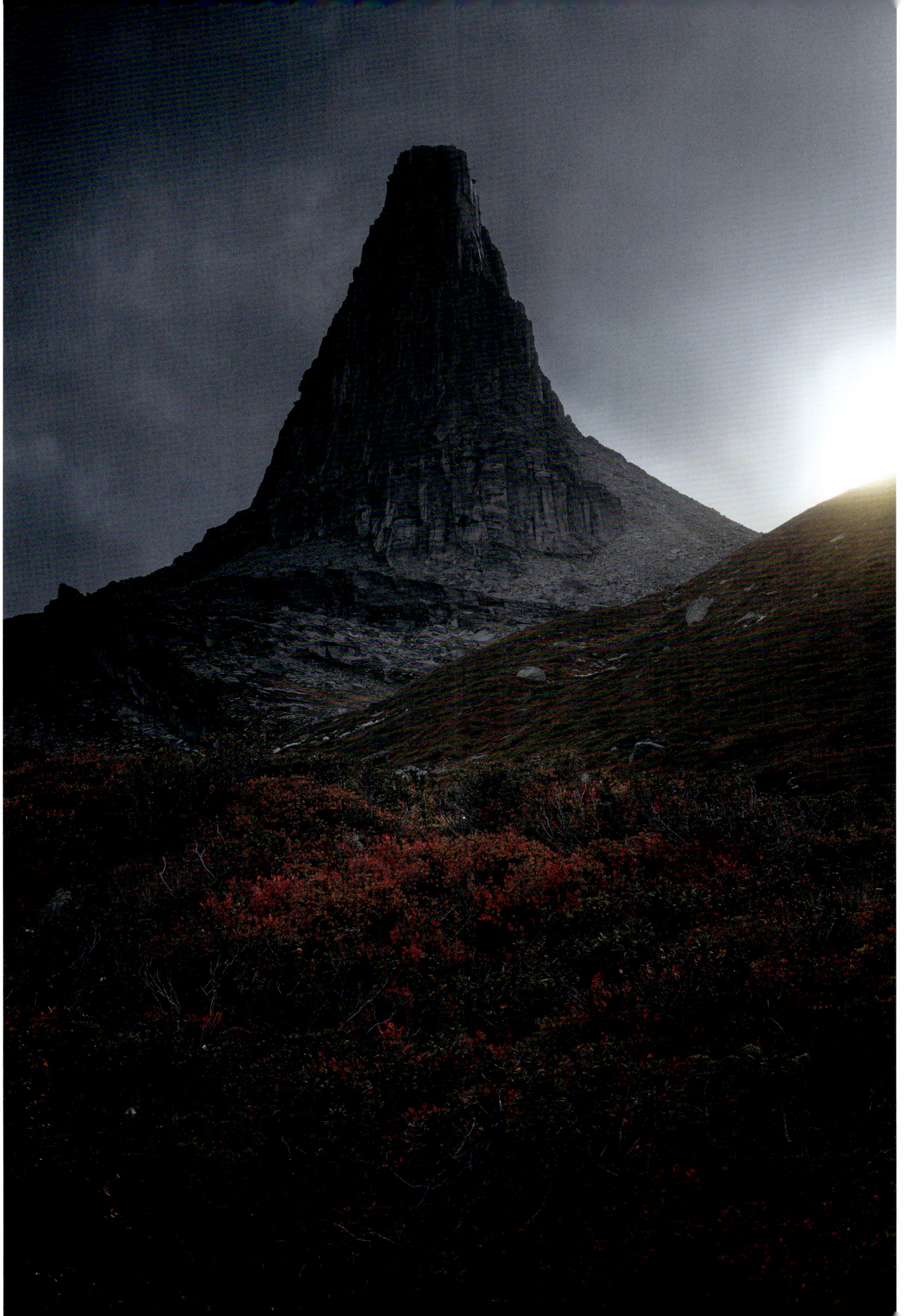

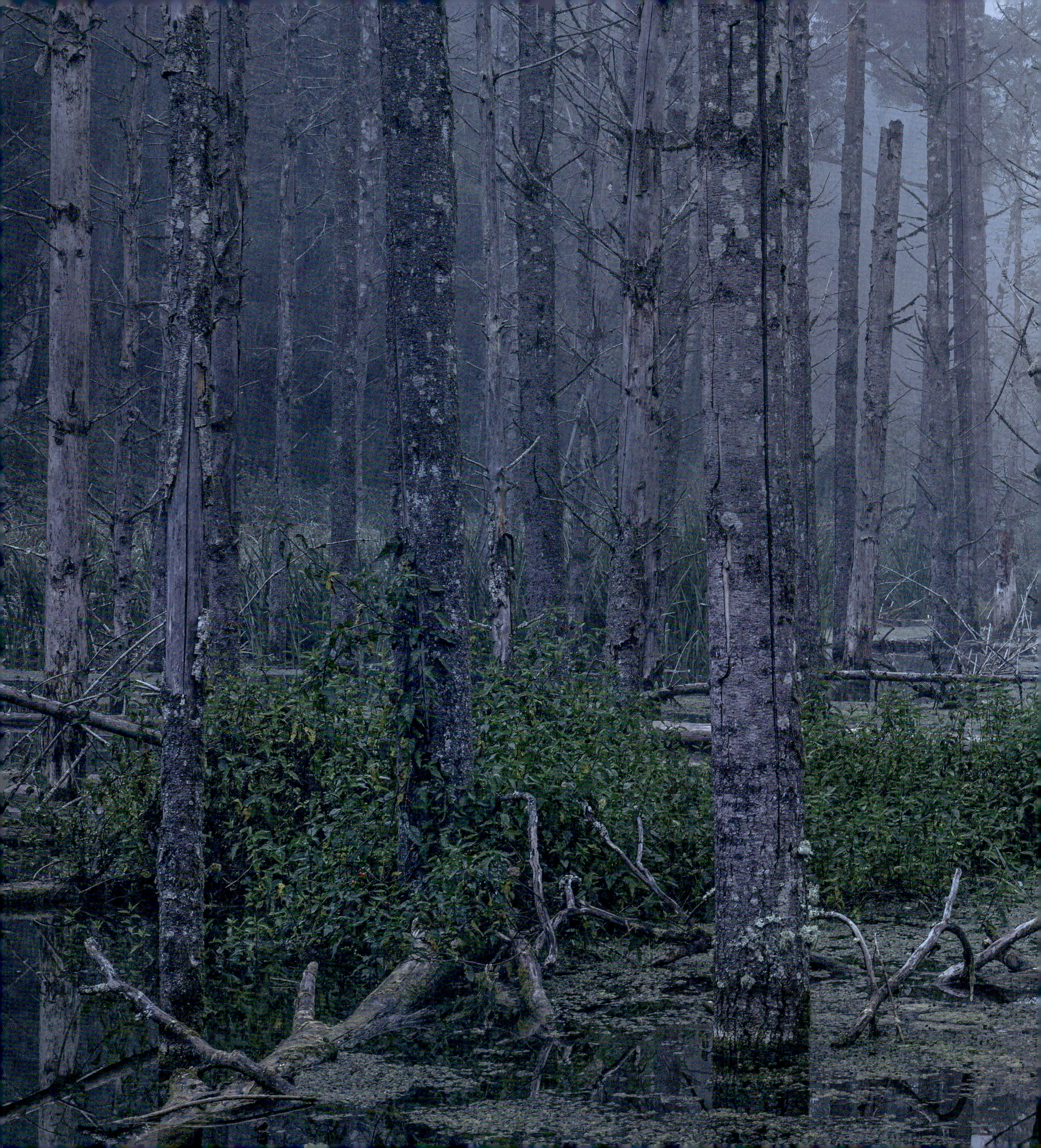

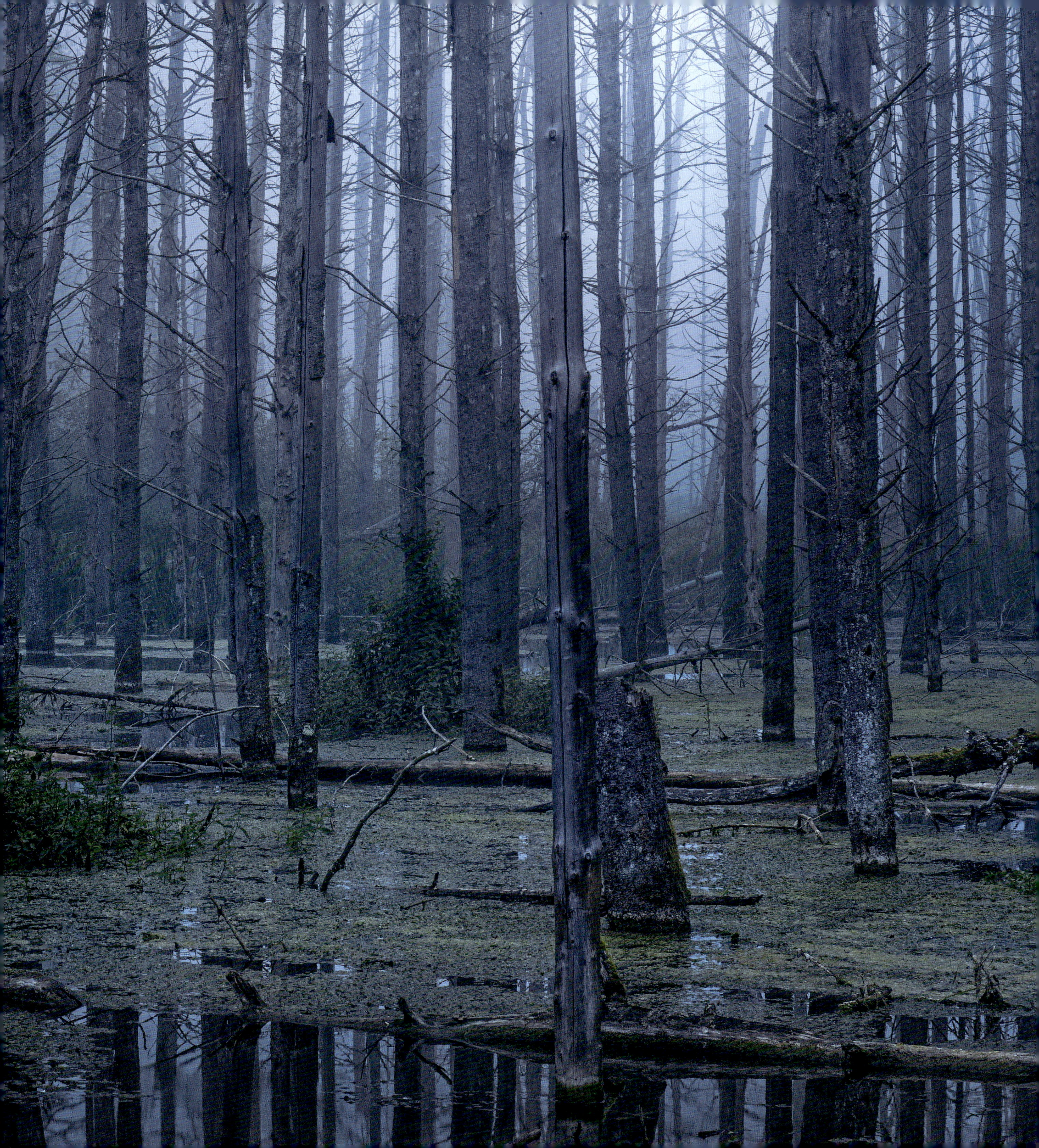

Verlust und Sehnsucht

Wenn die Last einer Aufgabe sich durch einen Verlust vervielfacht, droht nicht nur das Scheitern, sondern es tritt oft auch eine starke Sehnsucht ein, die darin wurzelt, dass der Verlust übertüncht sein will, dass Schönheit oder ein Wunschgebilde die drohende Verzweiflung vertreiben mögen. Schwere Stunden werden erträglich, wenn Empathie und Geborgenheit uns umfangen, und seien sie nur vorgestellt. Sich dann auf Sehnsüchte einzulassen, muss kein Ausweichen, kein Eskapismus sein, sondern kann auch dazu dienen, Perspektiven wieder geradezurücken, Kräfte neu zu sammeln, Mut zu schöpfen für das Wagnis, die Last erneut zu schultern. Und doch besteht die Gefahr, dass man sich darin verliert und die Aufgabe oder gar sich selbst vergisst. Wie einst Nimrodel, die Elbenmaid.

Einen solchen Verlust und seine Bewältigung in gefährlichen Sehnsüchten arbeitet auch Tolkien in *Der Herr der Ringe* ein; eine dramaturgische Notwendigkeit und eine Variante des Topos der Loslösung vom Mentor und der Übernahme von Verantwortung aus der Heldenreise. Gandalf stirbt – und obwohl er wieder zurückkommt, stirbt er doch als Mentor, denn sein Tod erzwingt, dass die Gruppe ihre Aufgabe aus eigener Kraft erfüllt, besonders die vermeintlich Schwächsten, zwei plötzlich ganz auf sich gestellte Hobbits ohne jede Kampf- oder strategische Erfahrungen.

Das ist nichts weniger als die auf den literarischen Punkt gebrachte Erfahrung, dass bei jeder Aufgabe, Reise, ja dem Leben selbst der Punkt kommt, an dem die eigene Kraft und Geschicklichkeit übernehmen müssen. Es ist ein Übergang, wie er immer wieder vorkommt und der manchmal – längst nicht immer – mit Schmerzen einhergeht. Dann aber droht man, aus der Bahn geworfen zu werden, sich dem Wunsch, einfach auszuweichen, hinzugeben, wie Frodo es erlebt, als er beinahe in den Schwertelfeldern von den Geistern der Vergangenheit von seinem Pfad abgebracht wird.

Zufluss: Was kümmert den Quell die Trauer
an seinem Ufer? Vielleicht mehr als man denkt,
denn er hat so viel davon schon gesehen.

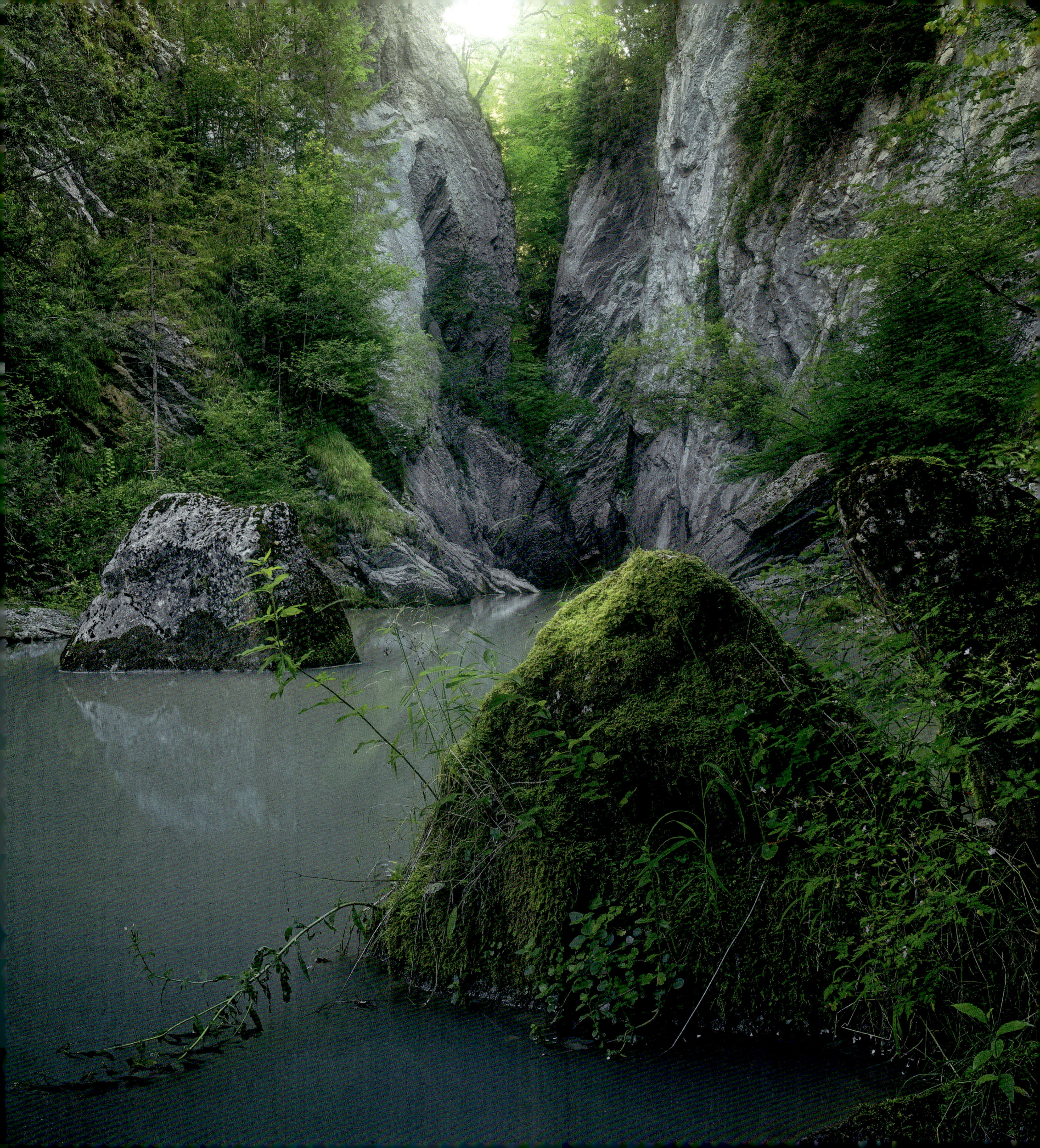

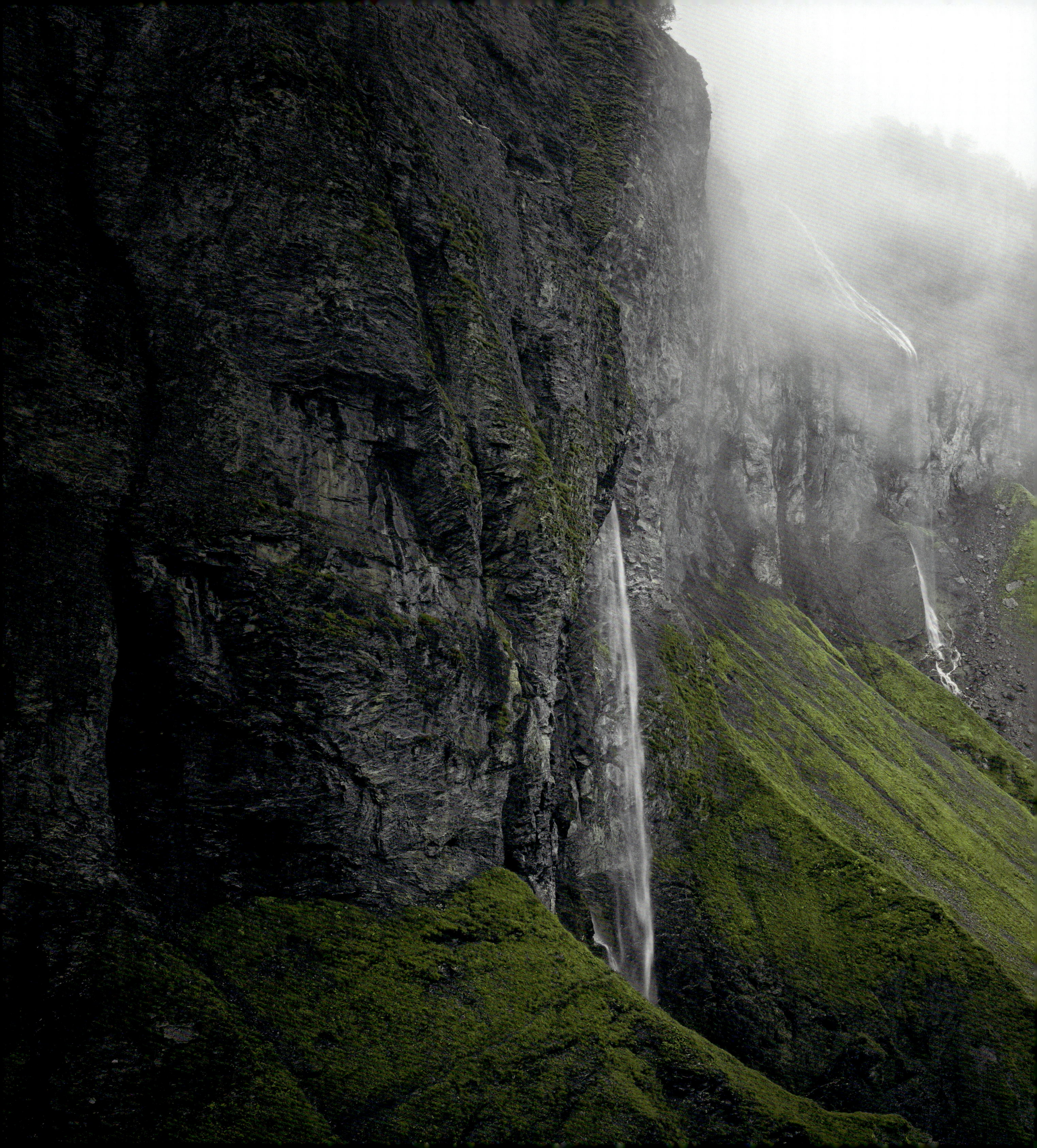

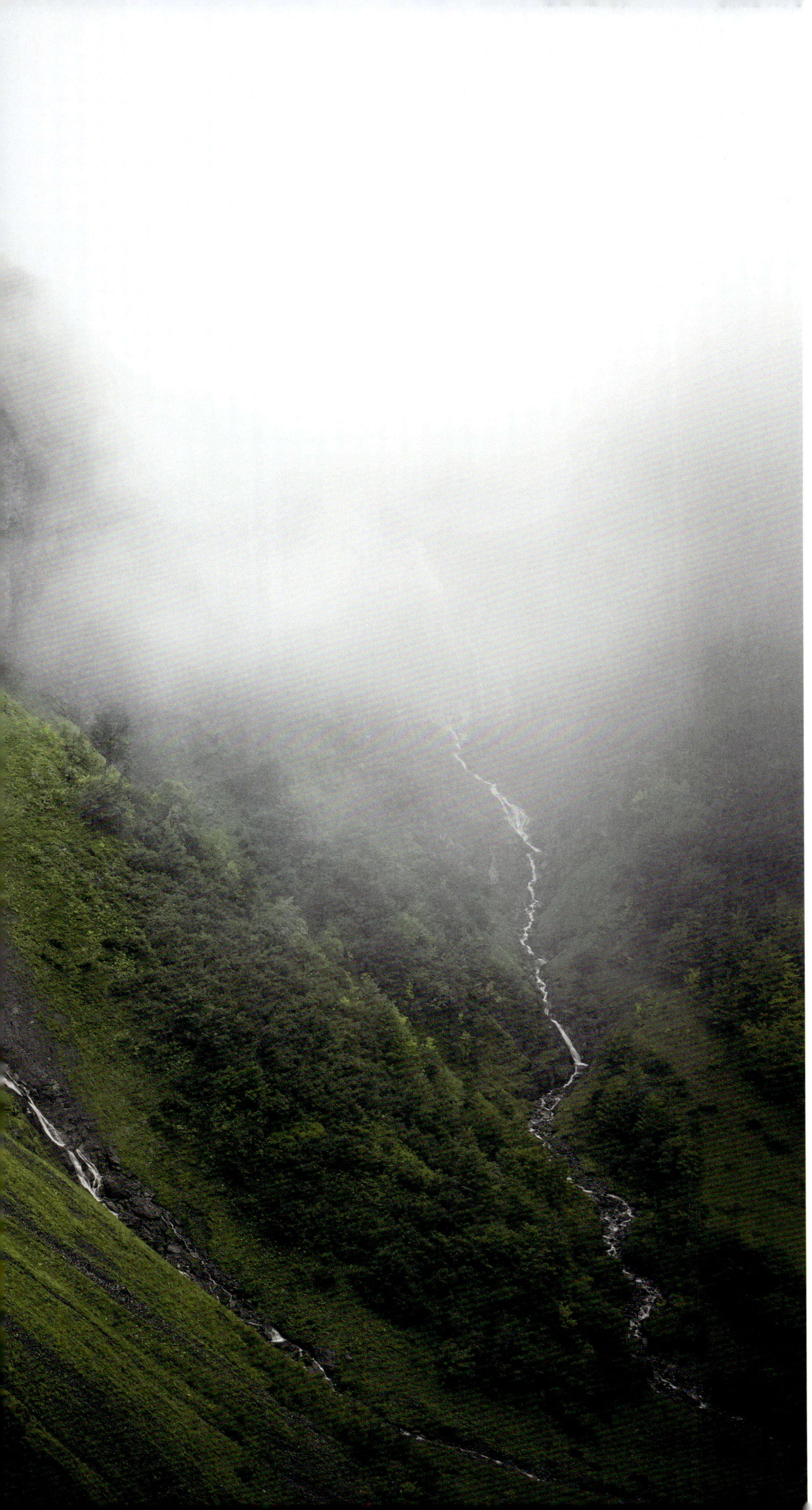

Heut aber kennt sie keiner mehr
Noch ihren Aufenthalt;
Sie fand nicht Weg noch Wiederkehr
Aus Wildnis, Berg und Wald.

Nimrodels Lied

Aufruhr: Dampf und Rauch aus der Tiefe der Berge hängen über dem Tal; die Welt selbst nimmt Anteil … aber es betrifft sie ja auch!

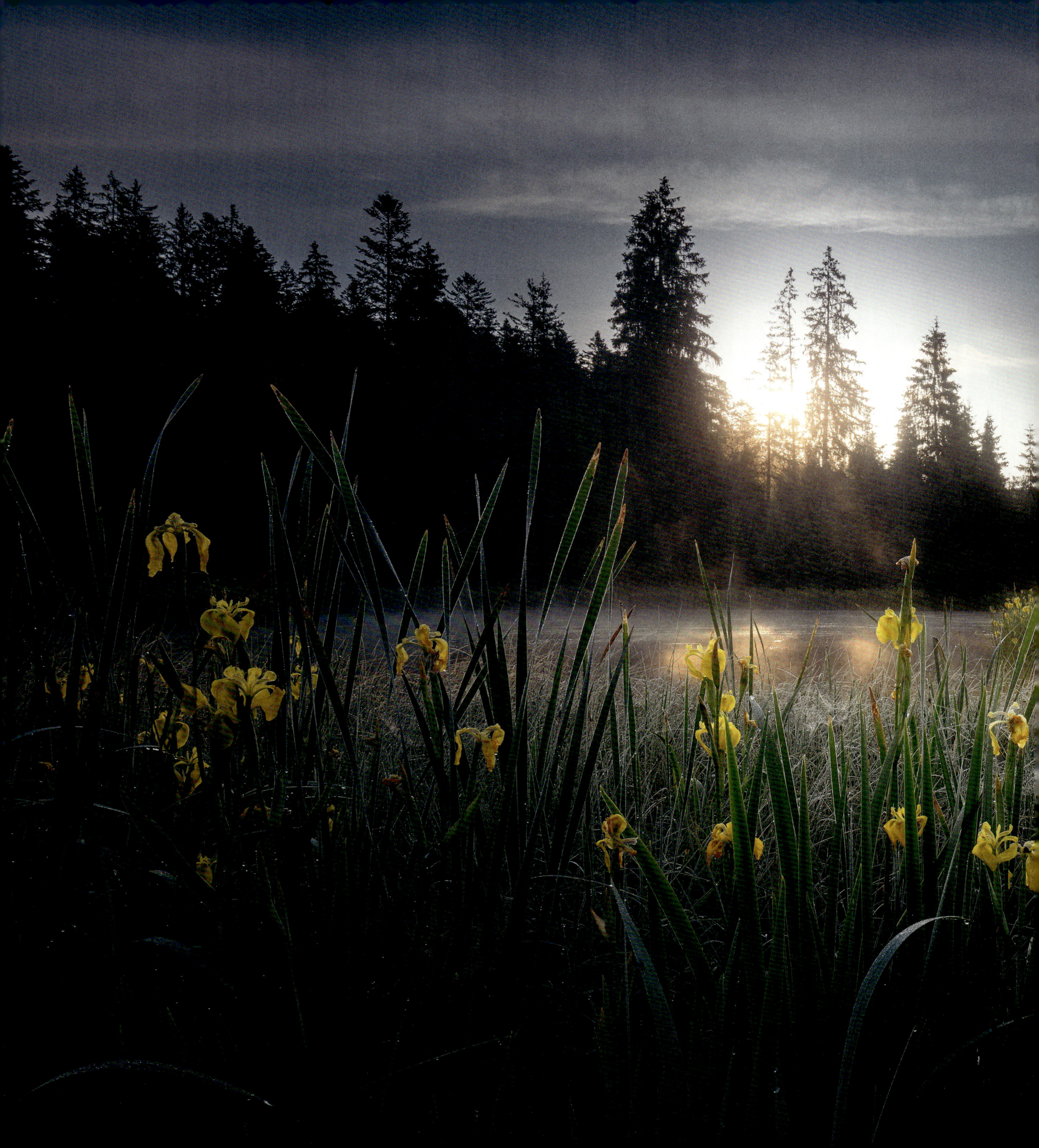

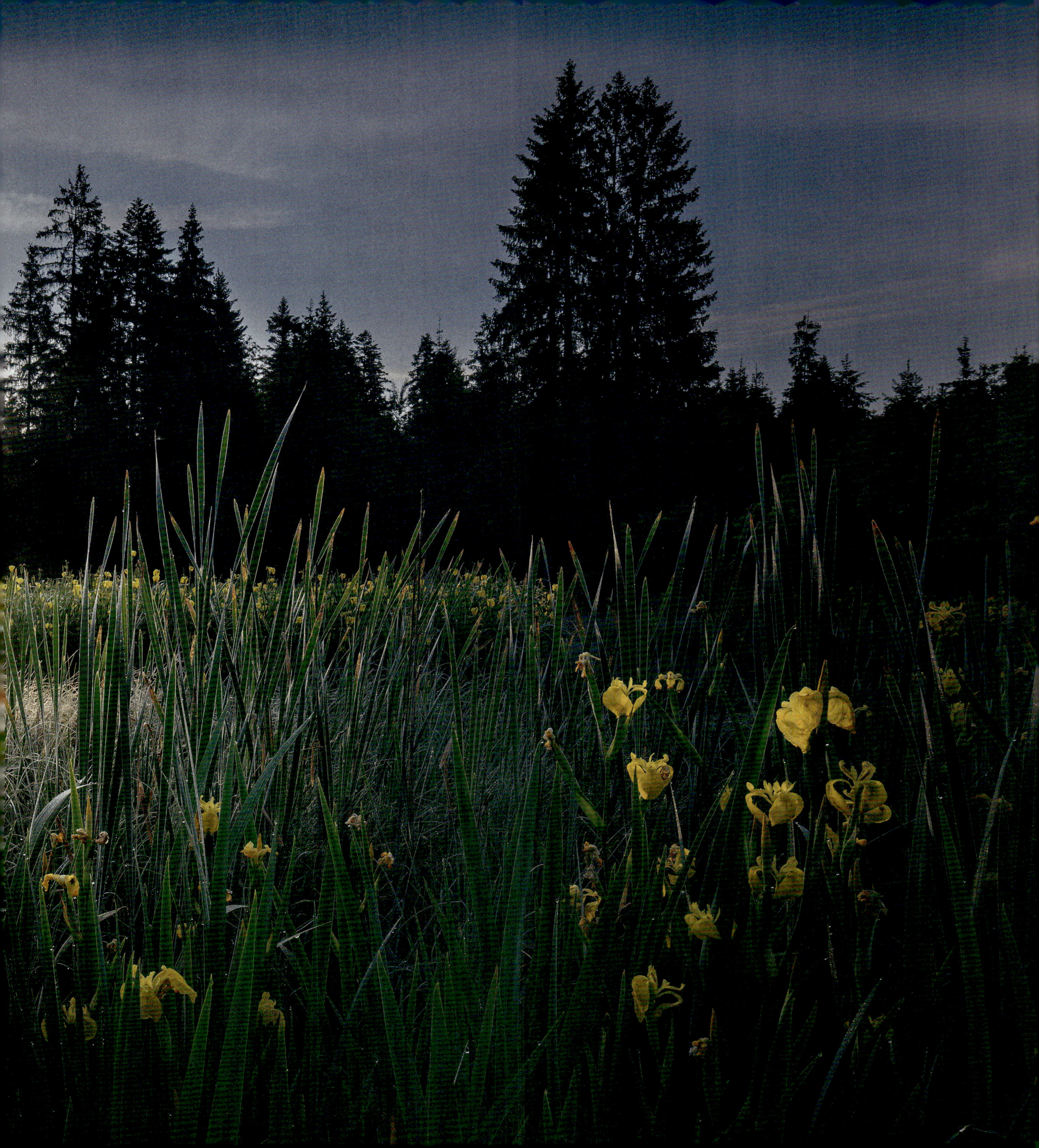

... und aus ihm lief über einen steinernen Rand ein Bach, schimmernd und murmelnd ...

HdR, Lothlórien

Lied des Wassers: Im Tosen des Wassers schwingt das Echo alter Zeit und alten Leids; Trauer, in Schönheit gekleidet.

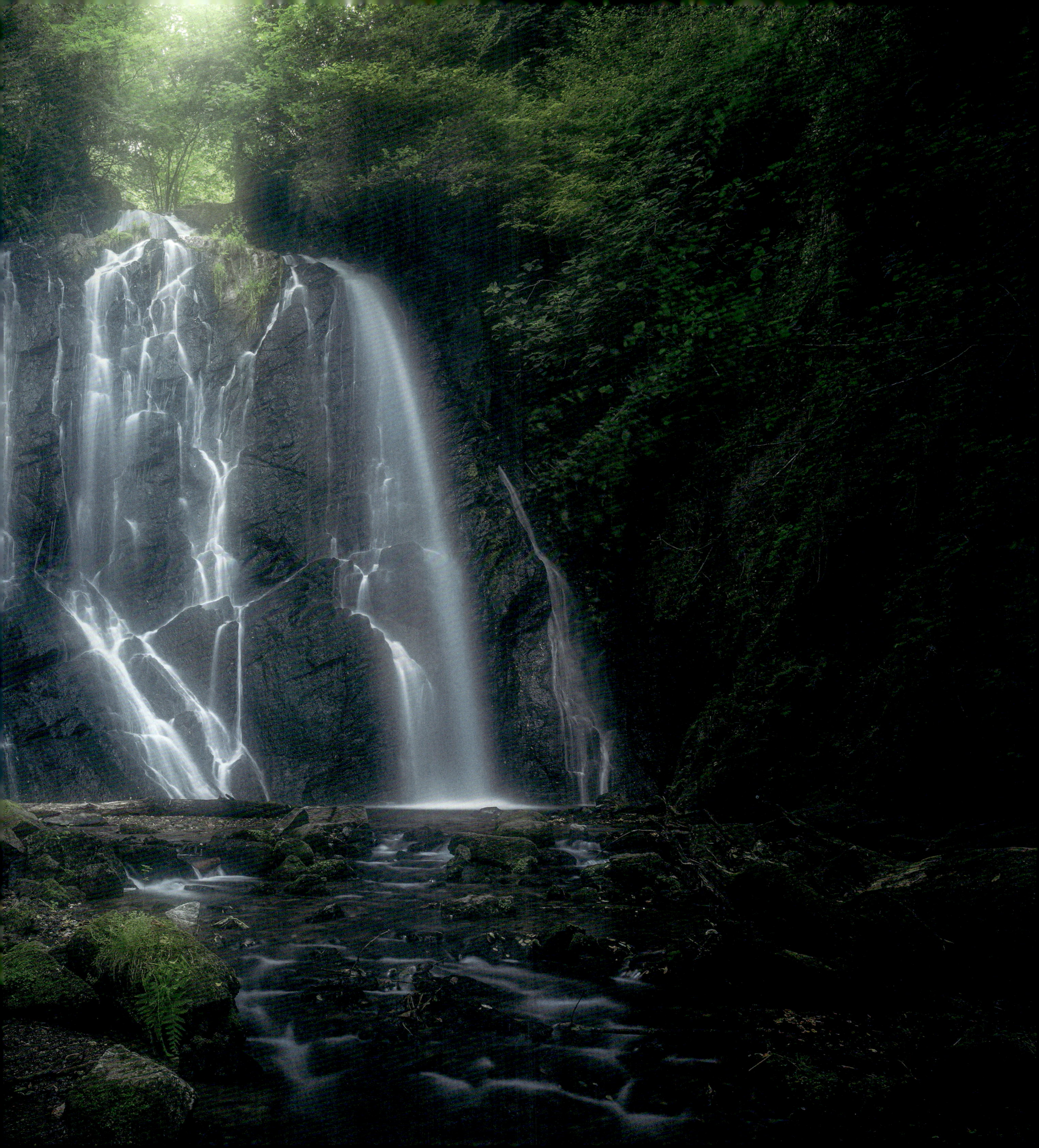

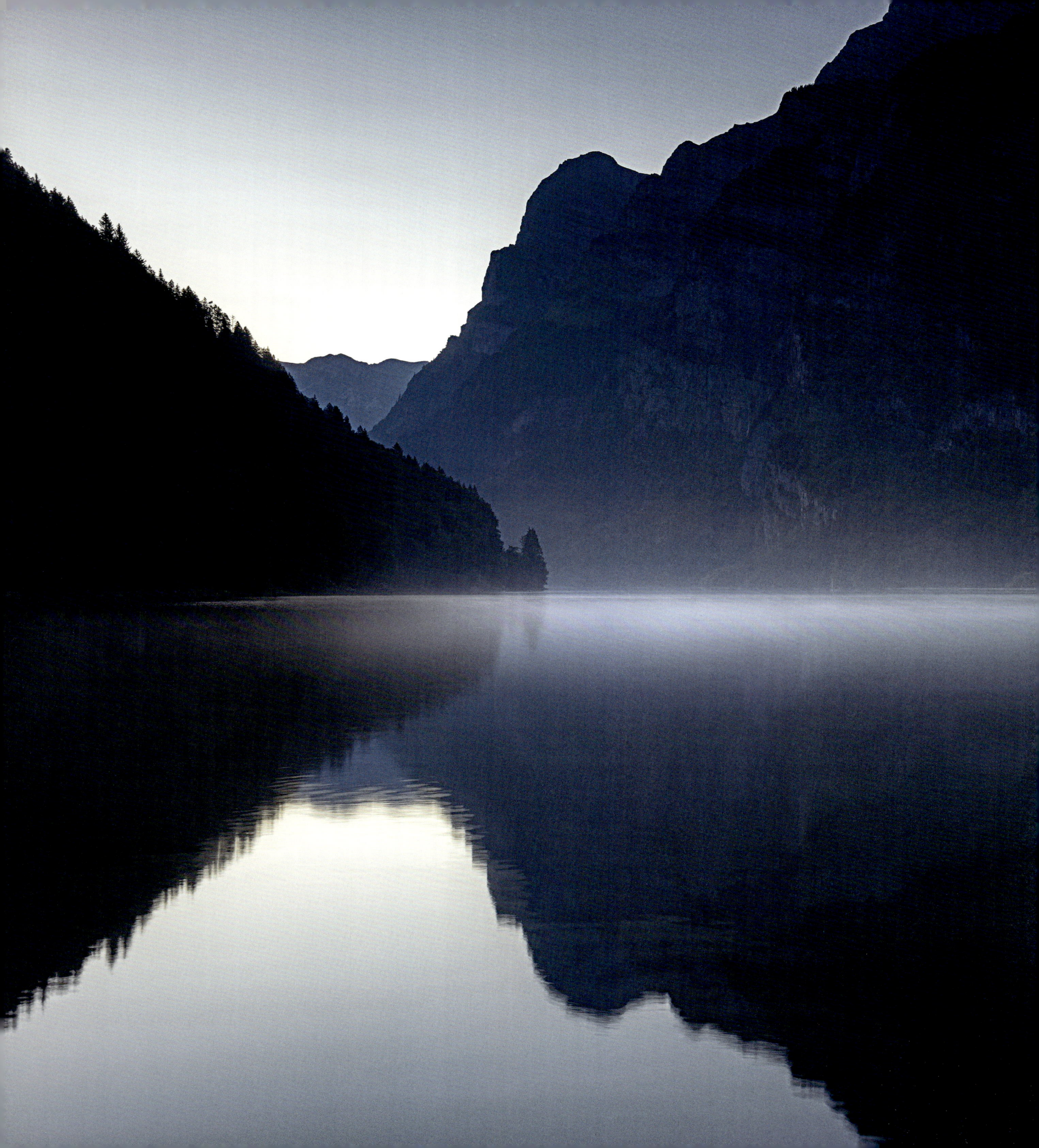

Der Große Fluss

Die Majestät von Landschaften stellt sich in vielen Formen dar. Gebirge, Höhlen, Wüsten, Täler, Meere und manches mehr beeindrucken das Auge und das Denken. Flüsse spielen eine ganz besondere Rolle, doch ist es nicht das Wasser allein, das imponiert, sondern dass es fließt. Flüsse fließen wie das Blut und wie die Zeit selbst, und beides ist Ausdruck von Leben. Der Metaphern gibt es noch einige mehr, etwa die der stetigen Veränderung, die vor mehr als 2000 Jahren Heraklit unsterblich machte, als er sagte, dass man nicht zweimal in denselben Fluss steigen kann. Oder die Metapher der Fruchtbarkeit, die der Fluss als ganze Landschaften bewässernd Realität werden lässt.

Doch Flüsse sind nicht nur symbolträchtig, sondern bilden auch den Nukleus der Sesshaftwerdung der Menschheit. Nicht ohne Grund entstanden die großen Zivilisationen der Geschichte an Euphrat und Tigris, am Nil, im Tal des Jangtsekiang und an anderen Strömen. Aber der Einfluss des Stroms wirkt auch unmittelbar, wenn man an seinen Ufern entlangwandert oder sich von den verschiedensten Wasserfahrzeugen tragen lässt, wobei das Erlebnis umso intensiver ist, je kleiner das Fahrzeug ausfällt – Kajak, Paddelboot, unter Umständen gar ein Floß. Das langsame Gleiten, das leise Plätschern, auf das man sich konzentrieren muss, die stille Rhythmik kleiner stets in die gleiche Richtung verlaufender Wellen im Verein mit gelegentlichen Strudeln und Wirbeln, die in Fließrichtung zerfasern – all das zieht einen in einen sanften Bann, der nur allzu leicht von anderem Geschehen durchbrochen wird. Wobei es natürlich auch den anderen, den reißenden Fluss in der Schlucht gibt; aber in Mittelerde spielt statt solcher Wildwasser der Anduin, der Große Strom, eine Rolle.

Und der Anduin ist ein ruhiger Strom, der mit gut 2500 Kilometern Länge dem Ganges gleicht, aber durch eine Landschaft mitteleuropäischer Prägung fließt, im eisigen Norden Mittelerdes entspringend und in die Bucht von Belfalas mündend, in einer Region, die Tolkien selbst mit Troja verglichen hat. Aber es ist eine Welt im Niedergang, die Tolkien in *Der Herr der Ringe* beschreibt, als viele Wunder der Welt längst untergegangen sind und einstige Größe nur noch in Nischen existiert, die im heraufziehenden Krieg ebenfalls verloren zu gehen drohen. Auch die einstige Erhabenheit des Anduin – an dessen Ufern sich das letzte zivilisierte Reich der Menschen ansiedelte, so wie sich Reiche in der realen Welt an Strömen gründeten – ist vergangen, und die Helden, die auf ihm reisen, verbringen auf dem Fluss »eintönige graue Stunden« unter »einem fahlen Himmel« und blicken auf dem Ostufer auf ein vom Feind erobertes Land, das »einer unfreundlichen Wüste« gleicht. Die Inspiration des Stromes ist in Mittelerde zu finden, doch sie dient dazu, zu zeigen, dass selbst eine Bastion der Stärke wie ein großer Strom fallen kann, und damit hat der Autor schließlich nicht unrecht, wie Verschmutzung, Staudämme und Flussbegradigungen beweisen.

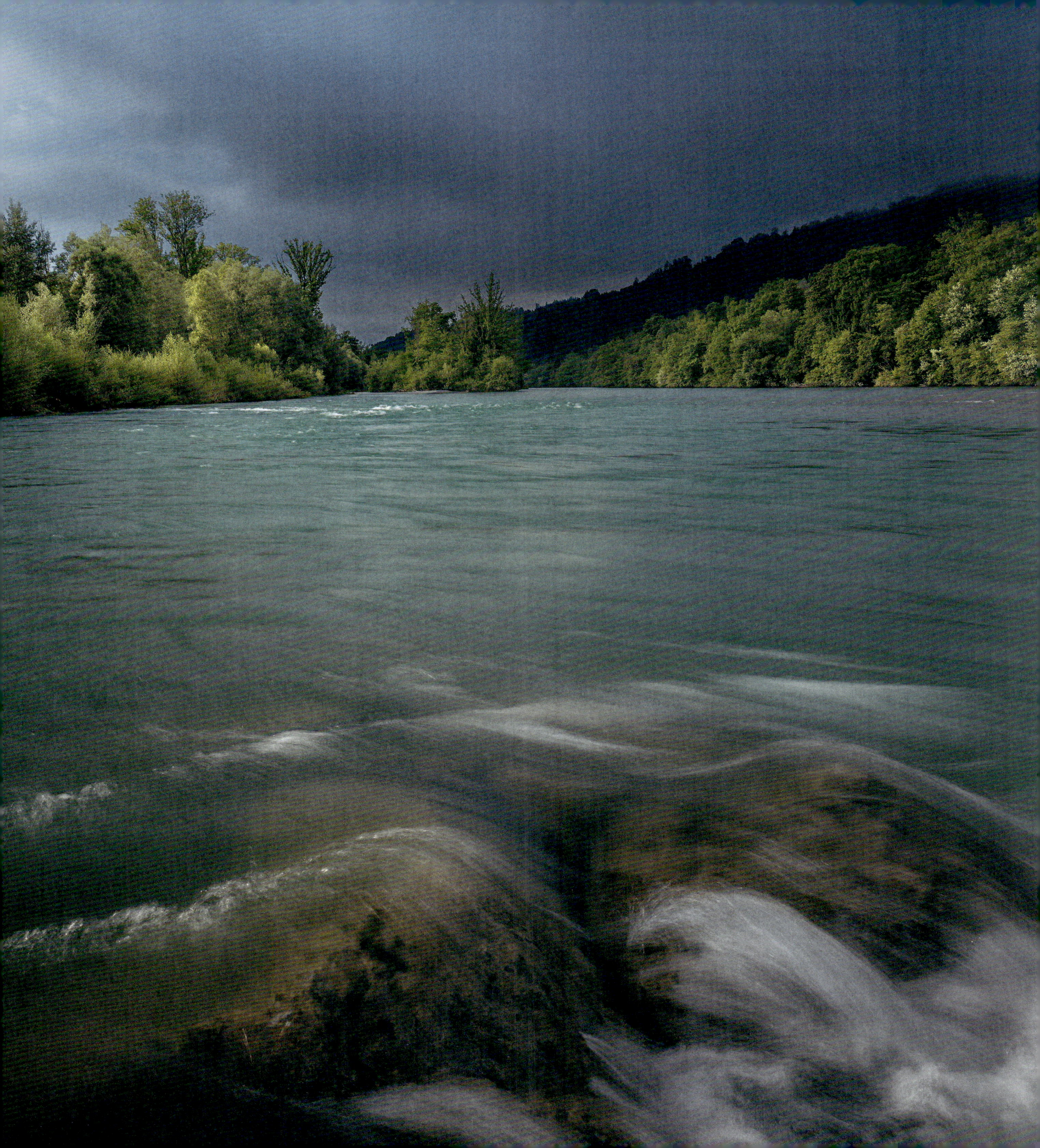

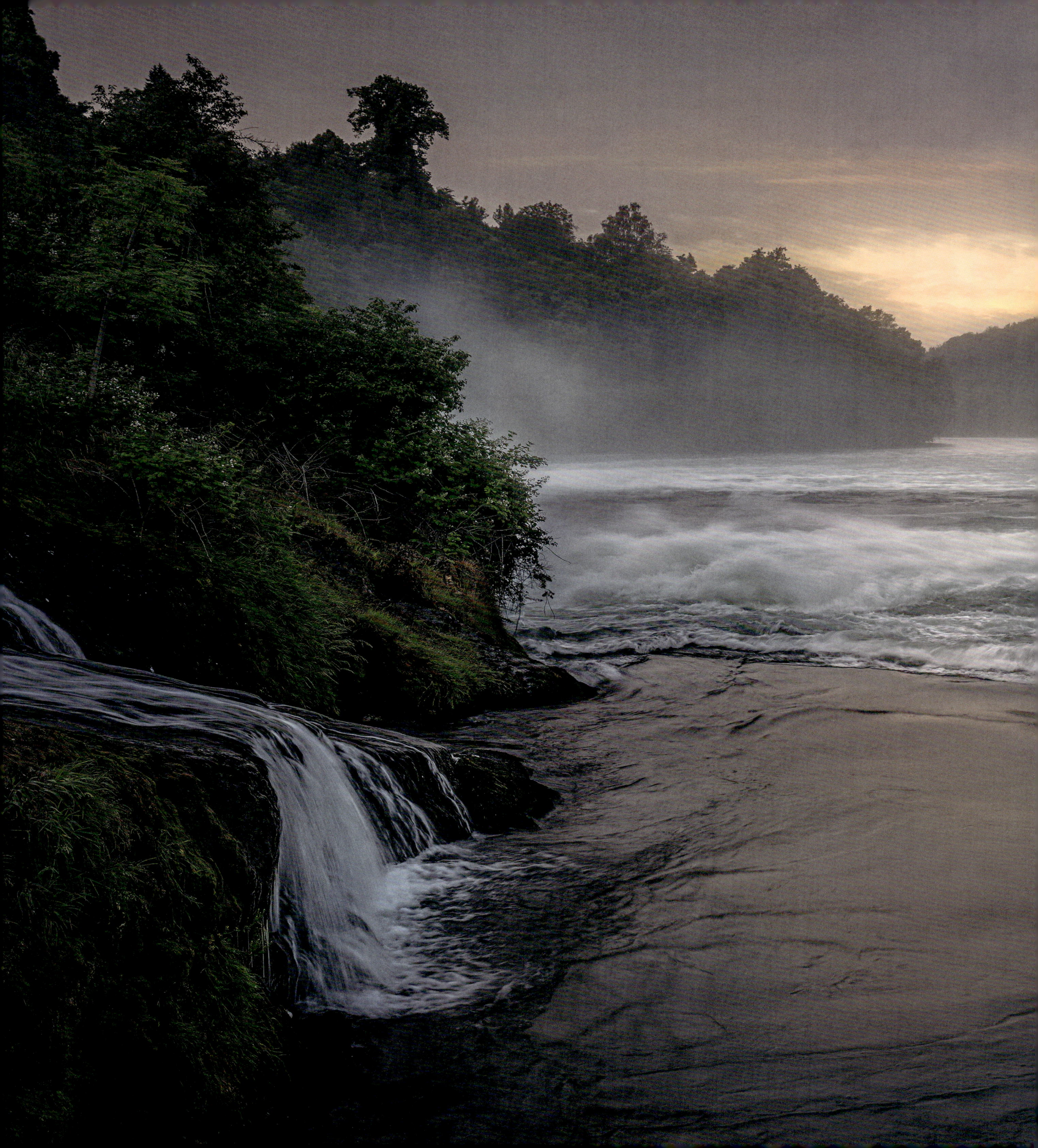

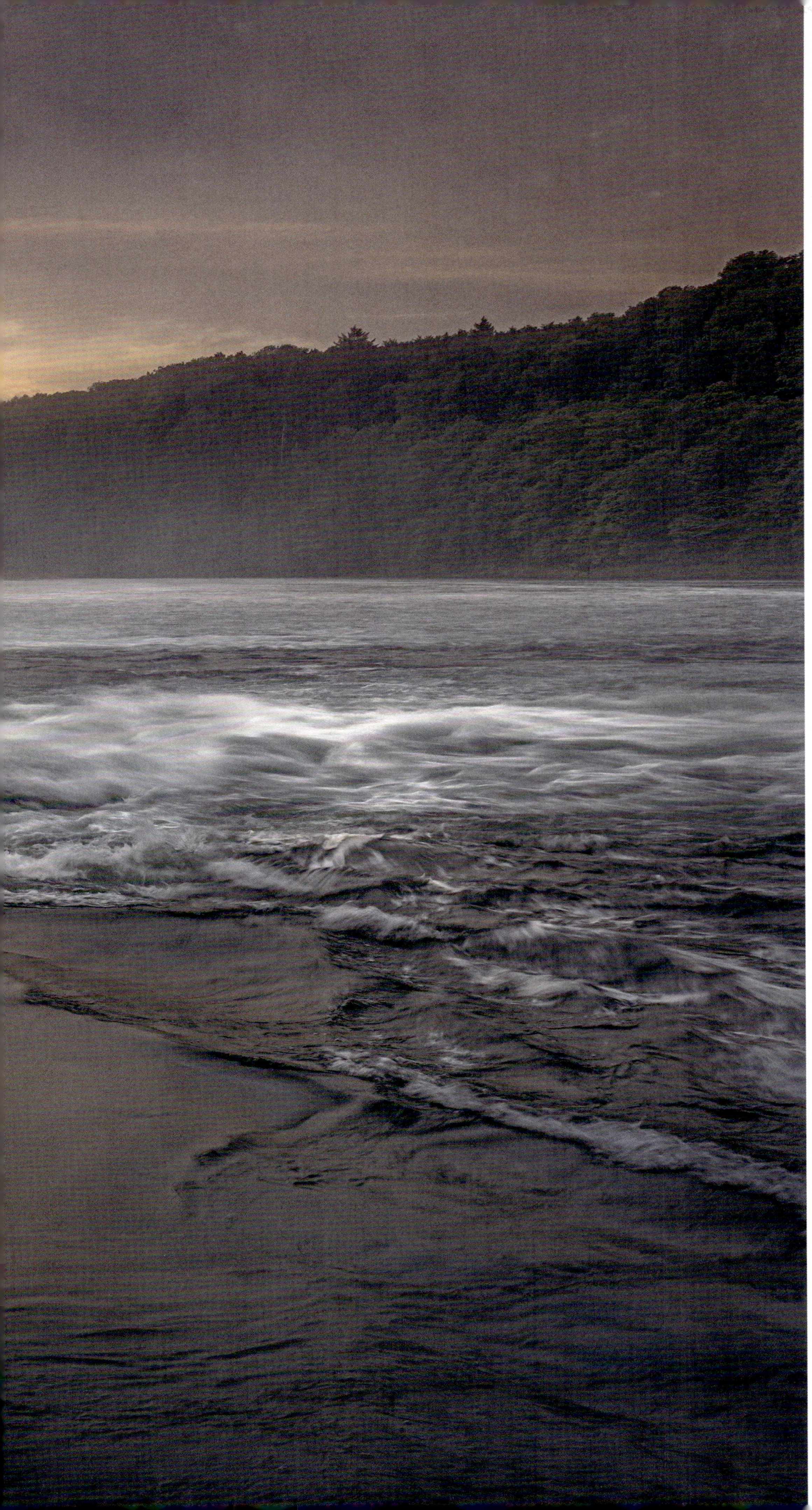

Während sie noch schauten, floss der Silberlauf hinaus in die Strömungen des Großen Stroms, und ihre Boote drehten sich und begannen nach Süden zu eilen.

HdR, Abschied von Lórien

Urgewalt: Mächtig fließt der Strom dem großen Meer entgegen, mal sanft treibend, mal tosend und zerstörerisch; hüben und drüben verbindend, komme, was wolle.

Bäume

Weiden, Buchen, Kiefern, Eichen, Birken sind realweltliche Protagonisten, die als Inspiration für Mittelerde selbst heute noch die meisten Menschen in Mitteleuropa in der Nähe ihres Zuhauses recht mühelos aufsuchen können. Bäume bilden Wälder, die den Menschen seit Jahrhunderten als Sehnsuchtsorte dienen. Oder als Schrecknis, wie es Tacitus um 100 n. Chr. beschreibt und dabei vor allem an den römischen Feldherrn Varus und dessen in Germanien verlorene Legionen denkt. Einzelne Bäume wie die Eiche oder die Linde haben mythischen Charakter erlangt, die Weltesche Yggdrasil wurde in den nordischen Sagas sogar zum Mittelpunkt des Universums erhoben.

Tolkien hat diesen Zauber von Wald und Baum auf verschiedene Arten auf die eigene Schöpfung übertragen. Da gibt es nahezu gewohnte Wälder in vielen Ecken Mittelerdes, aber auch übernatürlich verfremdete Formen wie den seiner selbst bewussten und ob des Holzeinschlags der Menschen bösartig gewordenen Weidenmann im Alten Wald quasi vor der Haustür des Auenlands. Zauberhaft sind die gänzlich frei erfundenen Mellyrn (Singular: Mallorn) im Elbenreich Lothlórien, die mit ihren goldenen Blättern von der Pracht des Herbstlaubs inspiriert scheinen. Am vielleicht eindrucksvollsten aber sind die Wesen im Fangorn: einerseits die wilden, lauffähigen Huorn, die nicht mehr ganz Flora und zudem außerordentlich gefährlich sind, andererseits die gänzlich zur Fauna zu zählenden intelligenten und nichtsdestoweniger baumartigen Ents, die einst die Hüter aller Wälder waren und jetzt nur mehr in geringer Zahl im Fangorn leben.

Die Wälder Mittelerdes sind genau wie die Wälder, die Sinnsuchende und Dichter in der Realität besingen: Zuflucht und Bedrohung zugleich. Vor allem aber sind sie Refugien, abgelegene Rückzugsorte, die Platz und Ruhe bieten, um zu verweilen und bei sich zu sein; nicht anders in Mittelerde, wo sie sogar aktiv Schutz bieten, wie Fangorn, oder die Seele trösten, wie die Mellyrn Lothlóriens. Man fühlt sich bei Tolkien oft an die Romantik erinnert, der er sicherlich auch einige Ideen verdankt, obwohl Antike und Mittelalter sein Werk und Denken stärker prägen. Die Liebe zu und Ehrfurcht gegenüber Baum und Wald hätte aber auch von Caspar David Friedrich oder Joseph von Eichendorff formuliert sein können.

Inmitten des Waldes ... Licht! Gib dich dem dunklen Zauber ruhig hin. Gefahr wird nur ernten, wer Zorn mit sich bringt.

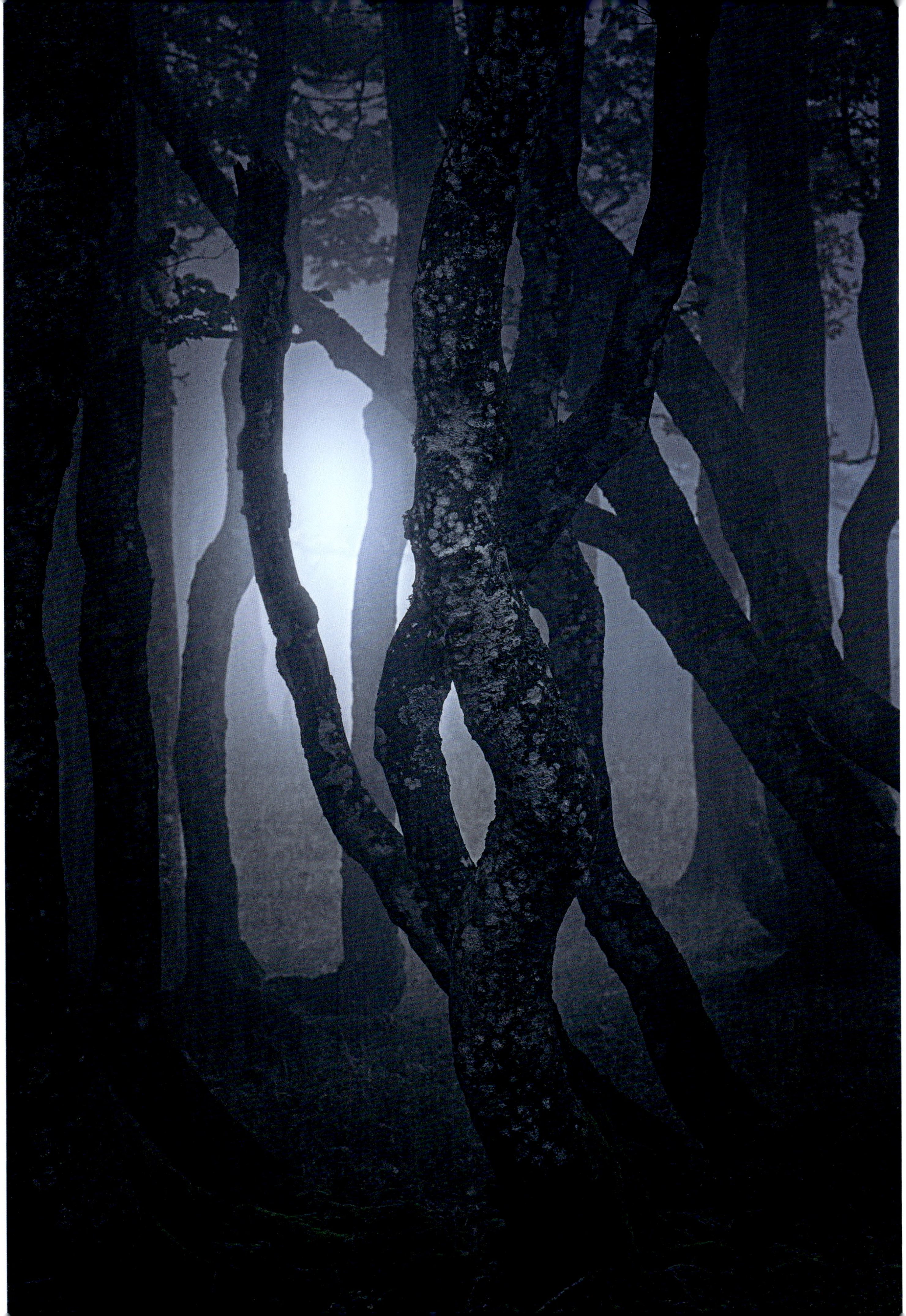

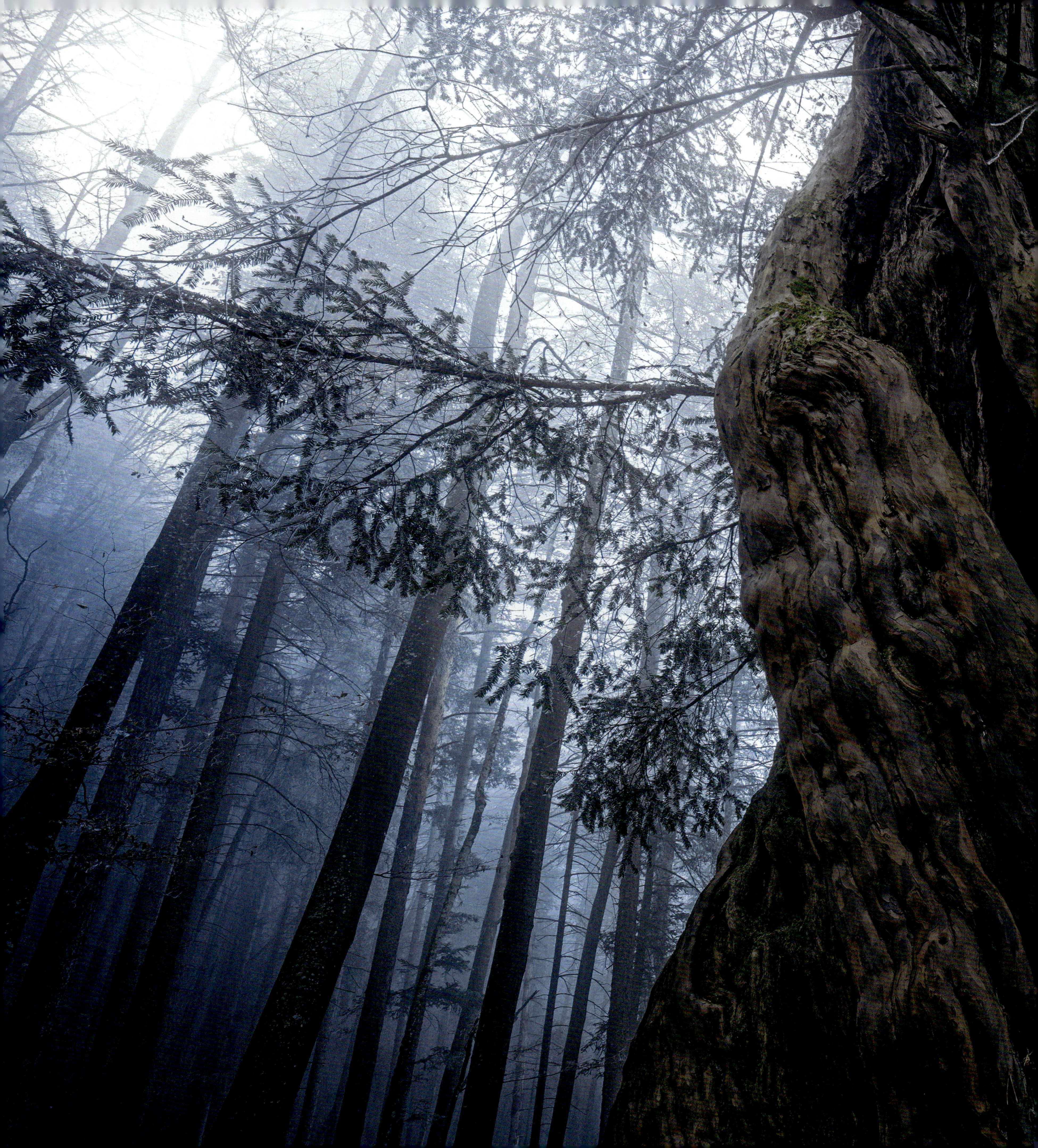

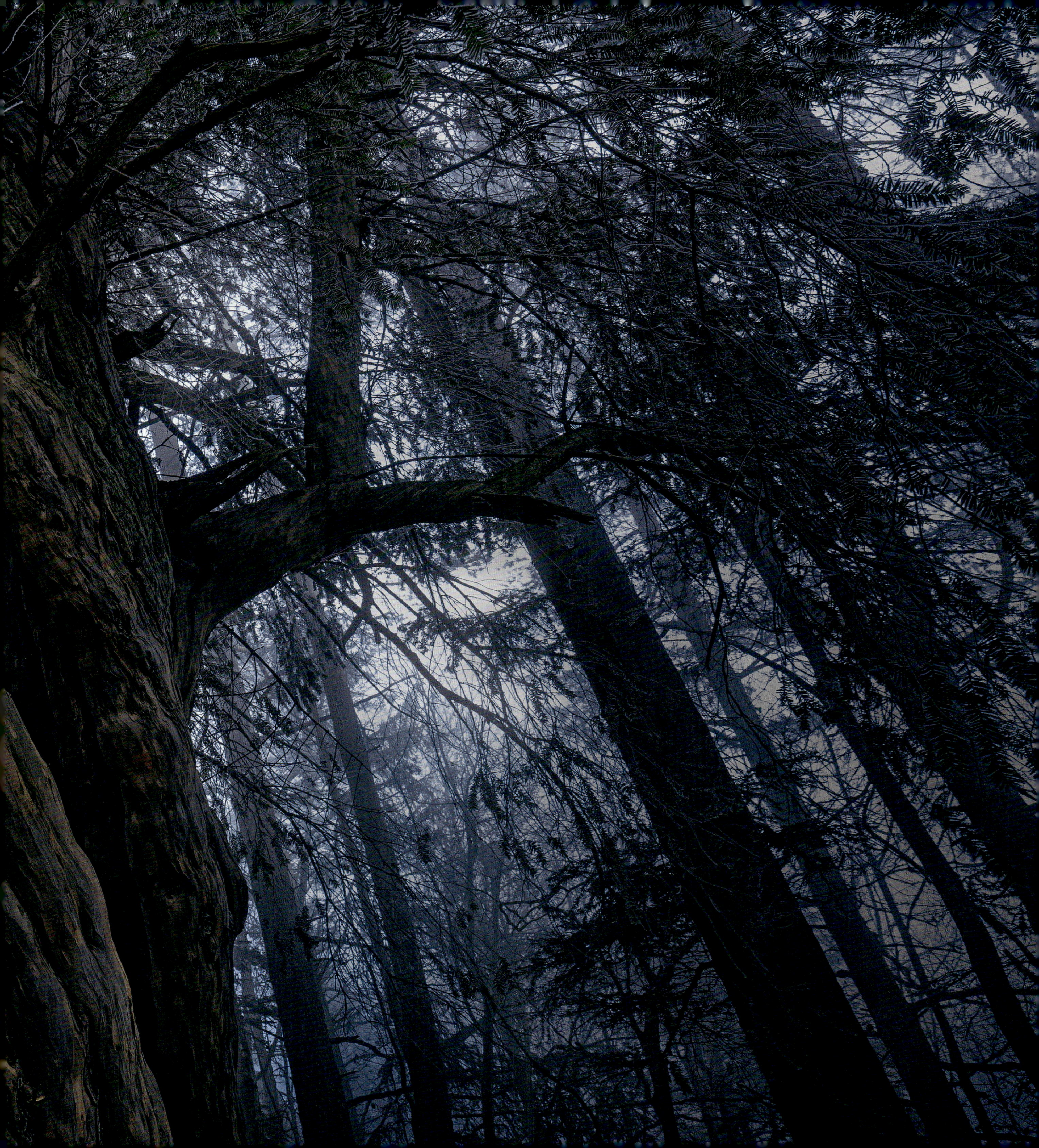

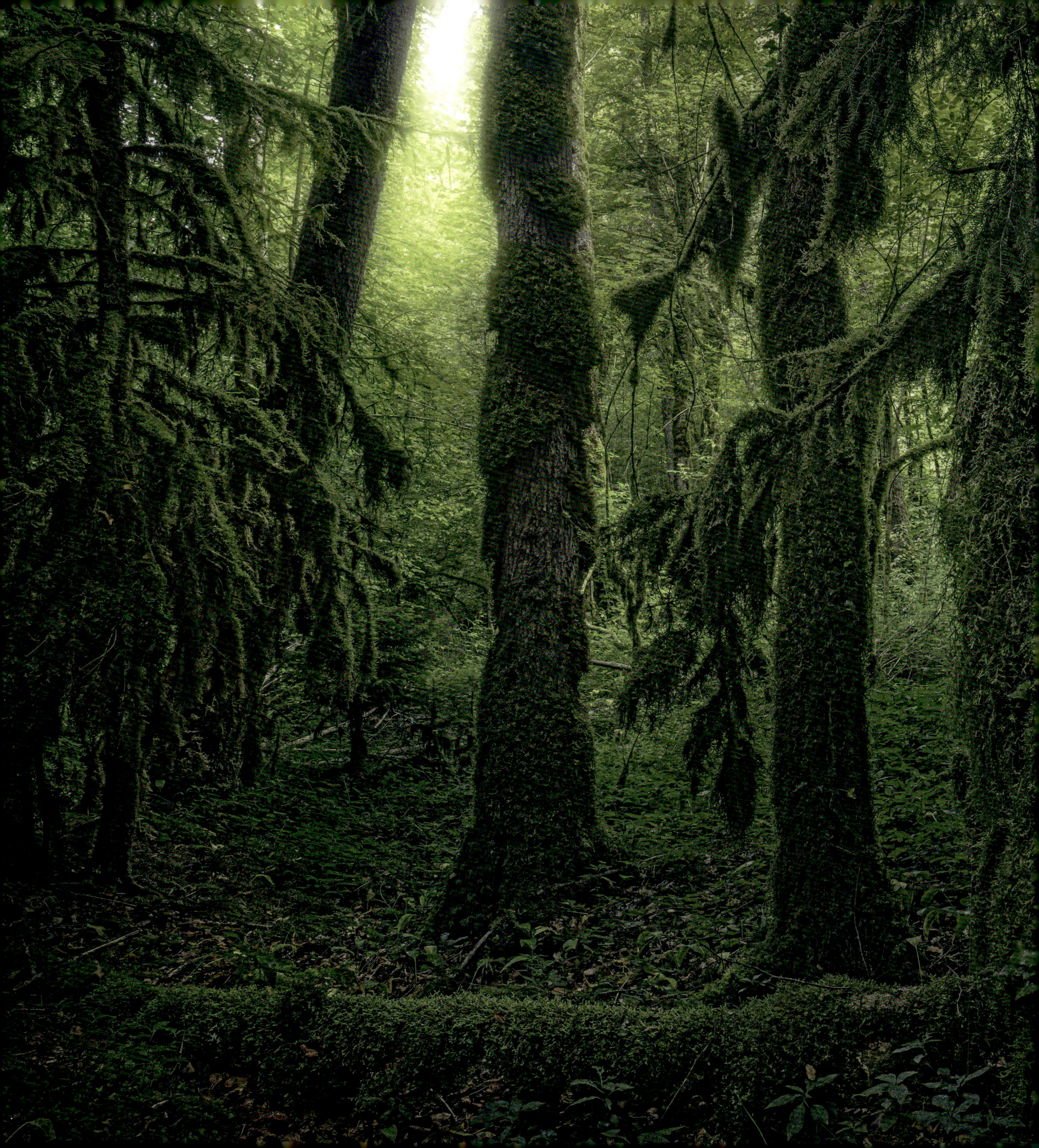

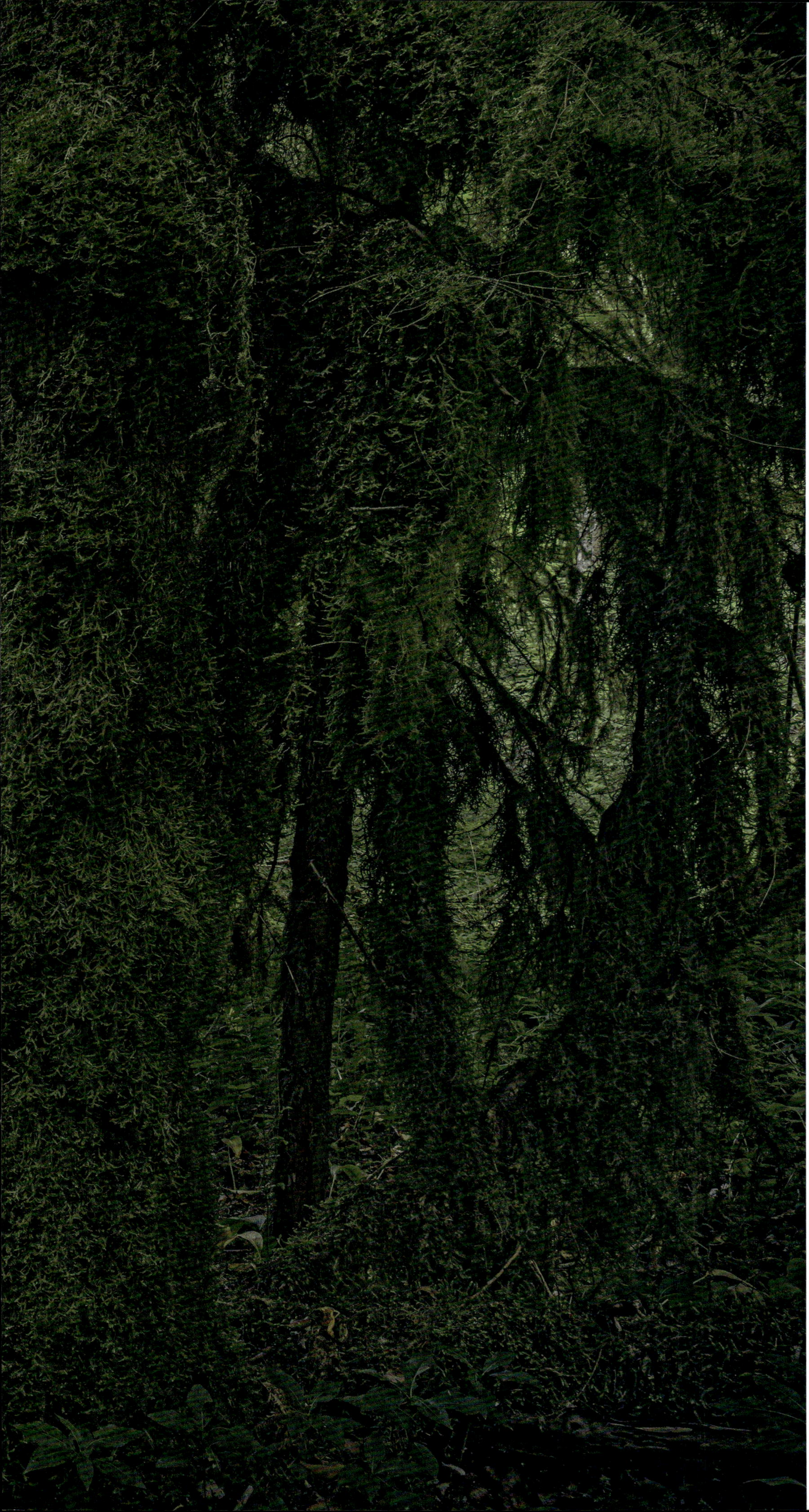

Da draußen, stets betrogen,
Saust die geschäft'ge Welt,
Schlag noch einmal die Bogen
Um mich, du grünes Zelt!

Joseph v. Eichendorff, *Abschied*

Moosgesicht: Wachsam seit Anbeginn der Zeit beschützt es die Bewohner des Waldes. Obacht, es weiß sich zu wehren.

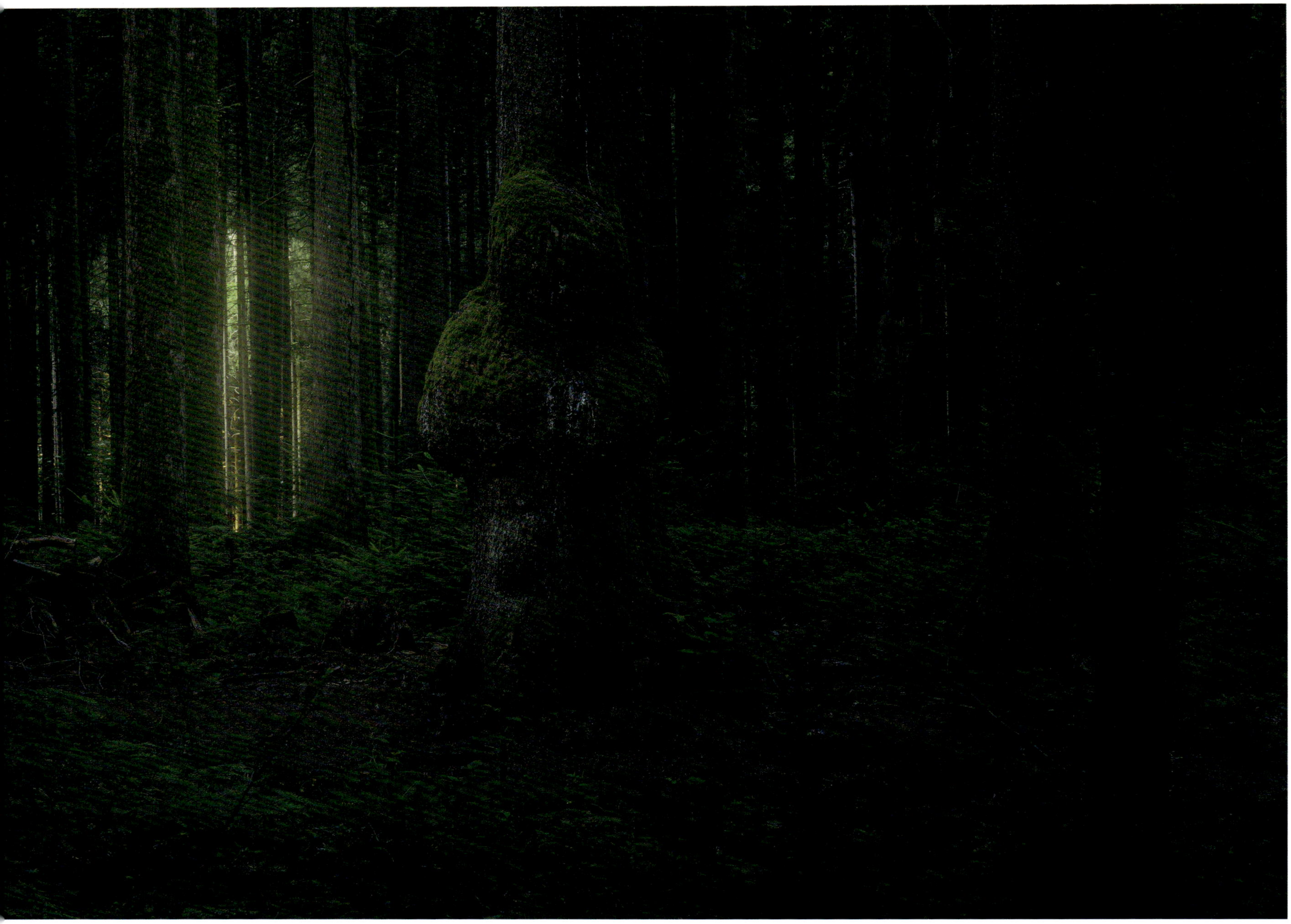

Baumwesen: Sie leben im Verborgenen, welch ein Glück doch hat, wer ihnen begegnet. Solange du in Frieden kommst und ihnen und ihrer Heimat Respekt erweist.

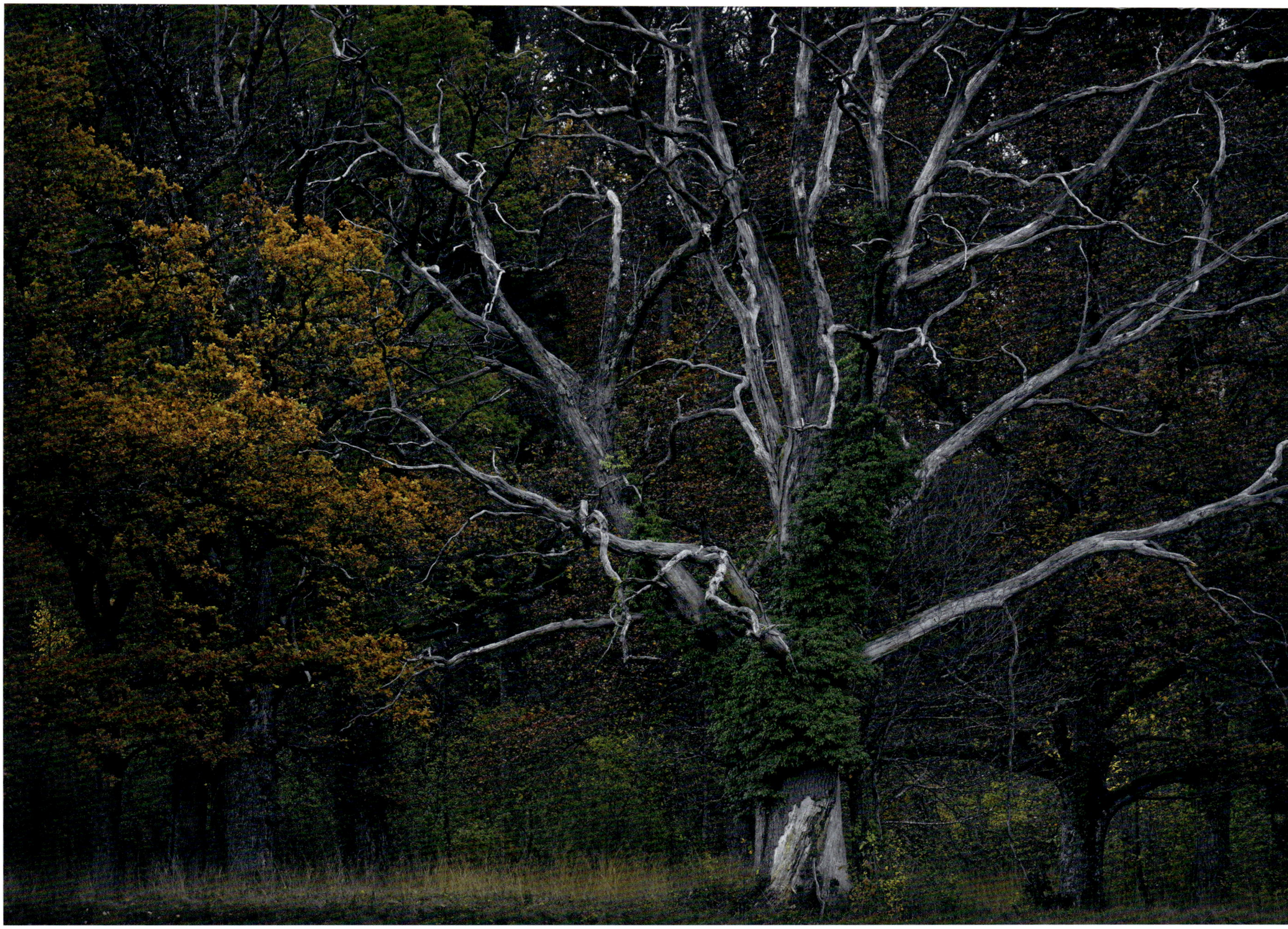

Binnen sieben Stunden erblühte jeder Baum zu vollem Glanz und verblasste wieder zu nichts; und jeder erwachte wieder zum Leben, eine Stunde bevor der andere zu leuchten aufhörte.

Tolkien: *Das Silmarillion*, Vom Anbeginn der Tage

»Denn es heißt, obwohl die Früchte des Baumes selten zur Reife gelangen, mag dennoch das Leben viele Jahre schlafend in ihnen liegen, und niemand kann die Zeit voraussagen, da es erwacht.«

HdR, Der Truchsess und der König

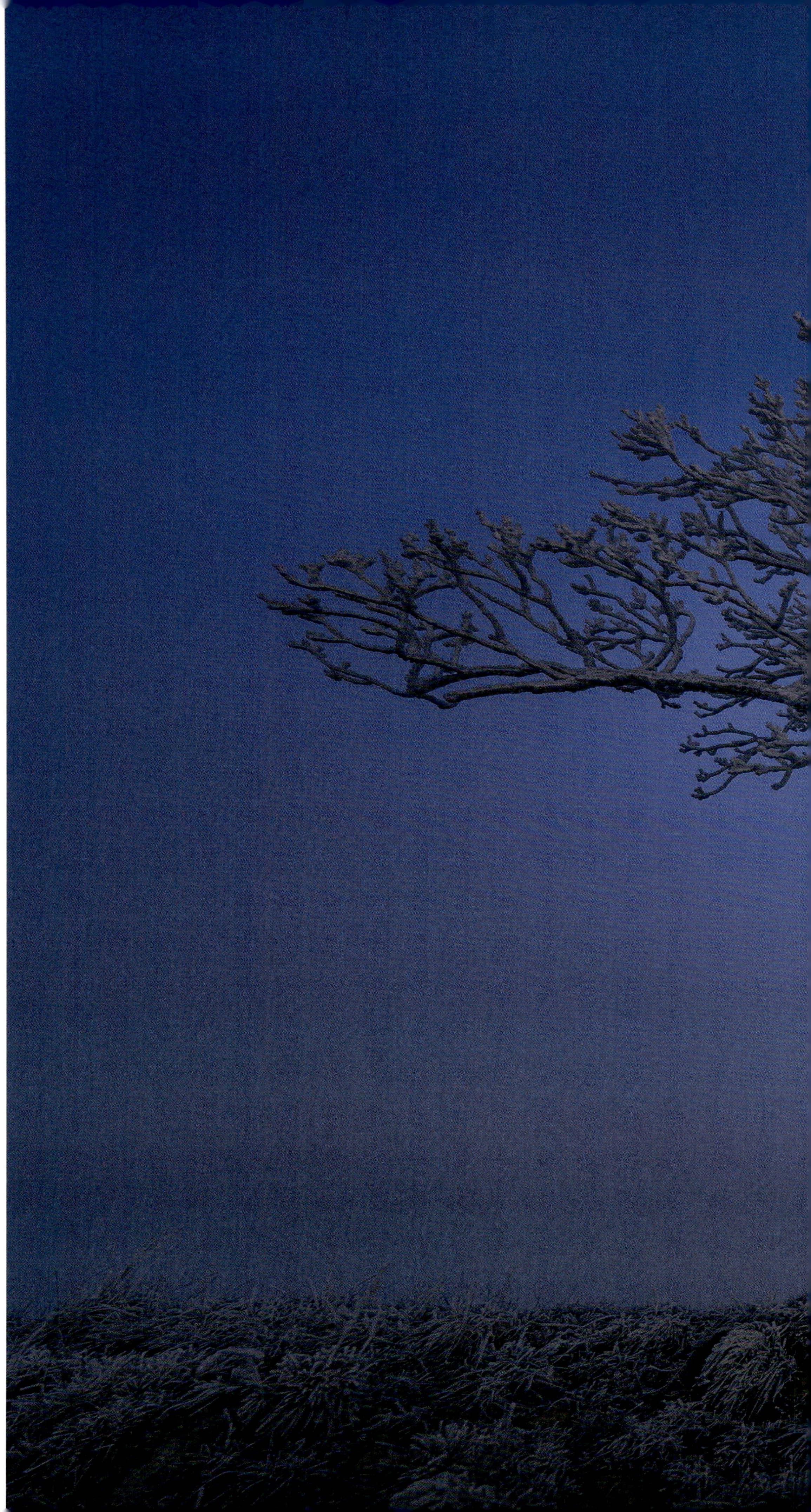

Einsamer Wächter: Sein Geäst reckt sich einem Geweih gleich in den Himmel; diese Bäume sind so viel mehr als man sich unter einem Baum wohl vorstellt.

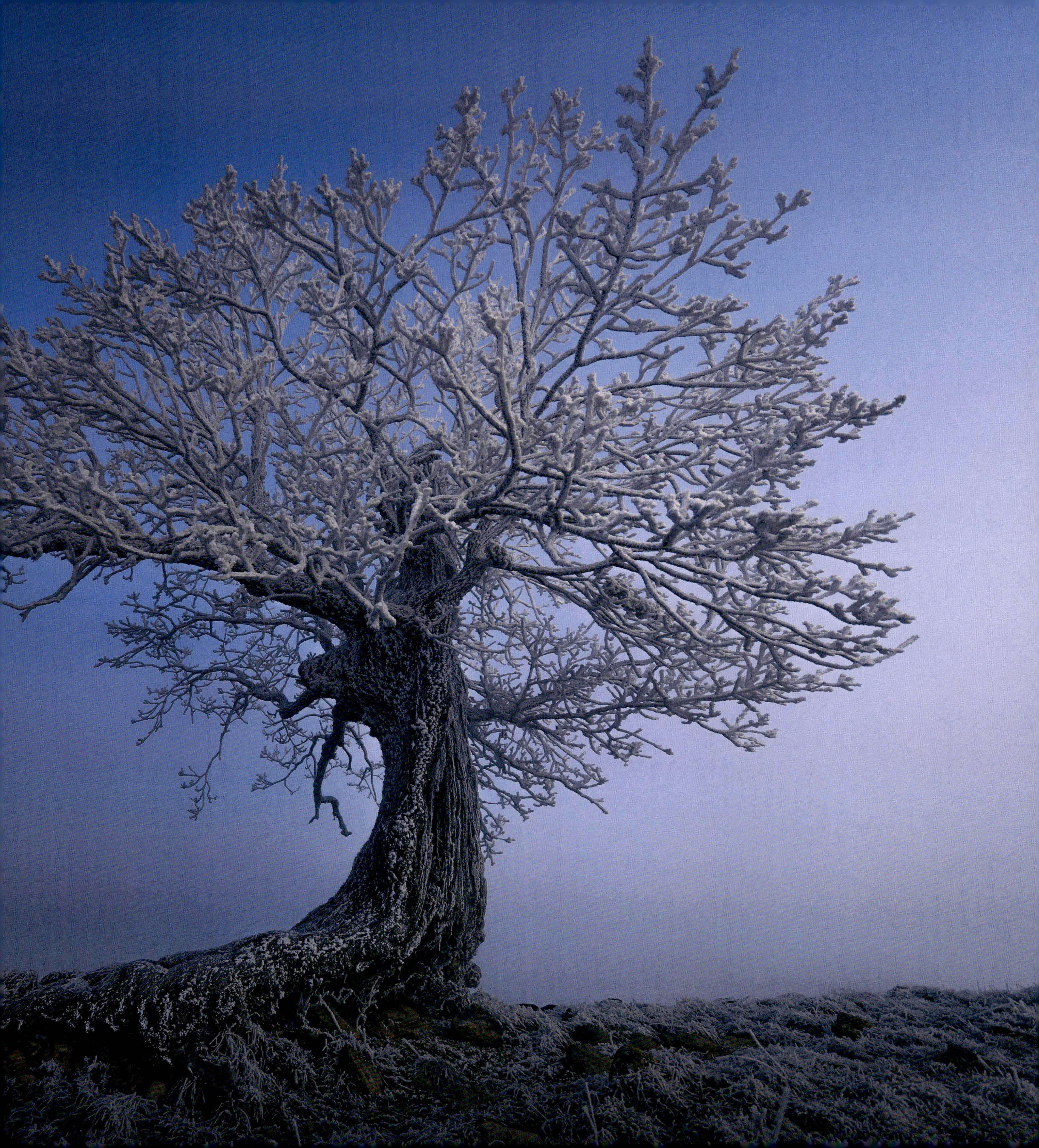

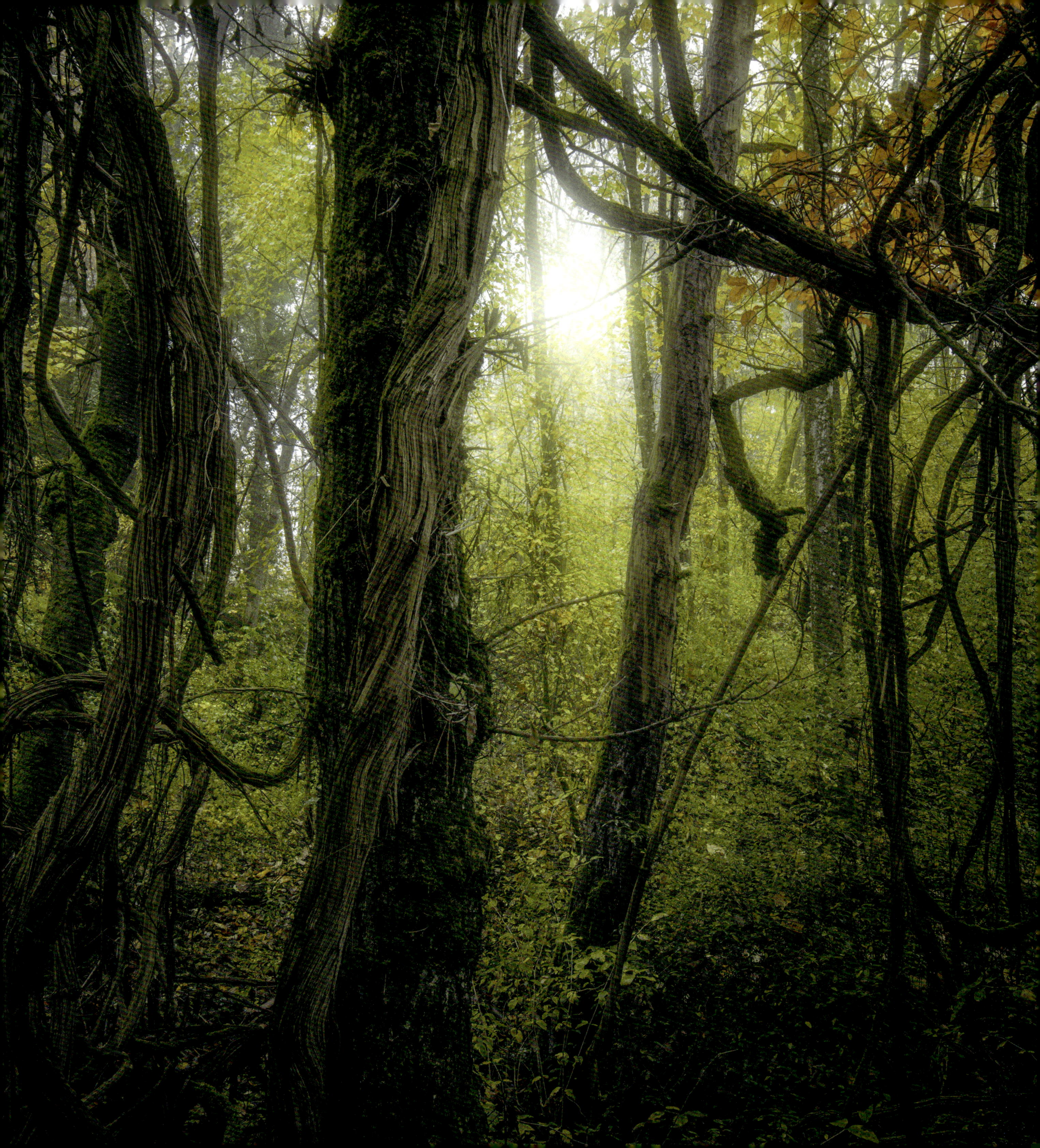

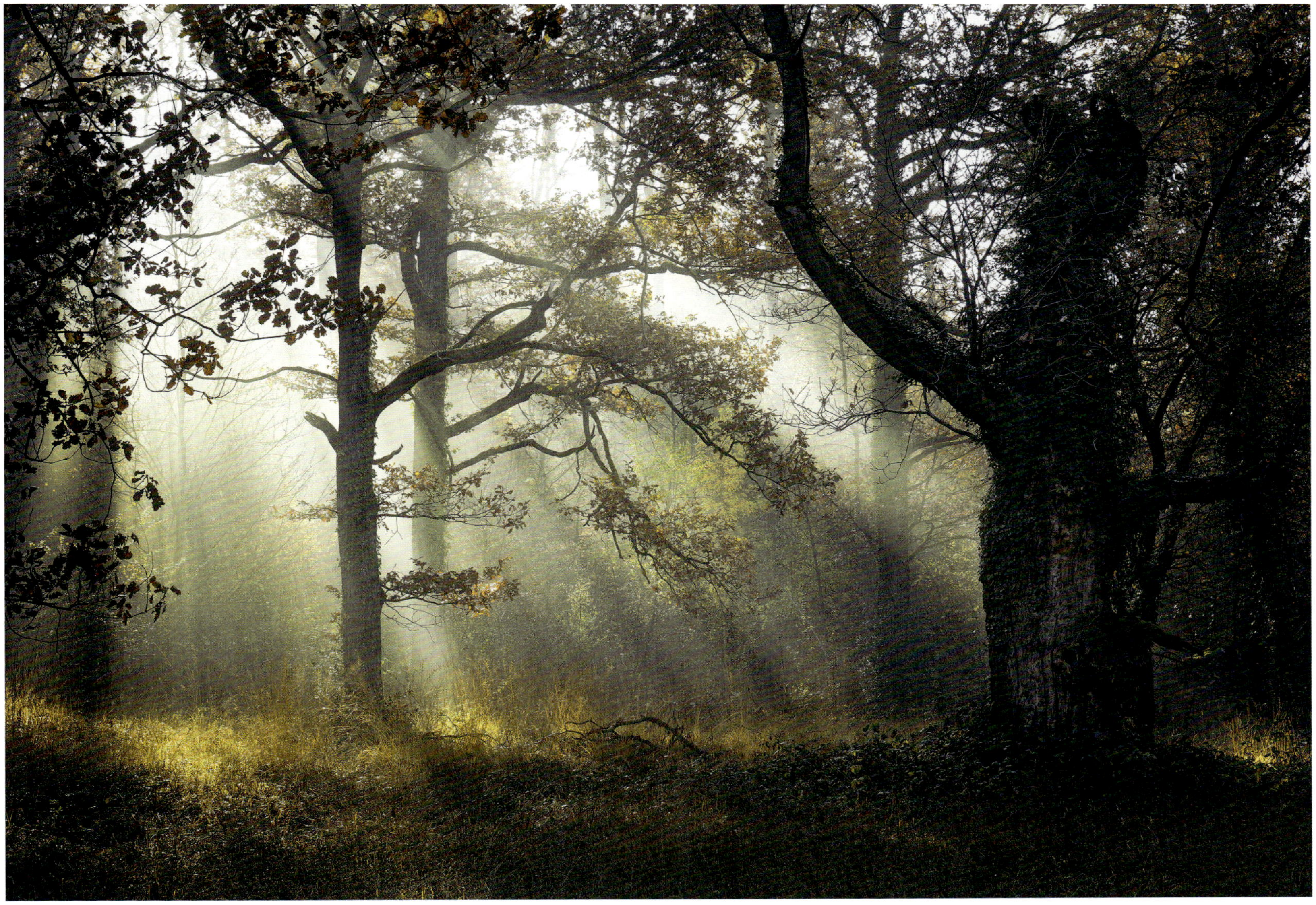

Gold und Silber: Lebendes Geschmeide, anmutiger und prächtiger als edelstes Metall, trägt es Mensch und Elb und Hobbit – nicht andersherum.

Weites Land

Mittelerde ist unsere Welt; sie ist laut Tolkien »unsere Welt, in eine imaginäre Periode des Altertums gerückt«. Er betont: »Mittelerde ist keine imaginäre Welt.« Eines der Elemente, die der Welt ihre enorme Tiefe verleihen, ist die Vielfalt der Landschaften, ein vermeintliches Beiwerk, das aber sagt: Dies ist ein weites Land. Mittelerde umfasst eine ganze Welt, und auch wenn diese im Verlauf der Handlung auf einen Ausschnitt beschränkt bleibt, der in etwa die Größe Westeuropas aufweist, so werden doch all ihre Aspekte berührt.

Das entspricht der Heldenreise, die in ihrer originären Form alle Aspekte und Schritte eines Lebens berührt. Typisch für die Heldenreise ist das – wenn auch nach Campbell strikt verklausulierte – Auftreten von Alternativen, womit wiederum die Erfahrung der Notwendigkeit von Entscheidungen in Lebensläufen wiederholt wird. Das Leben ist ein weites Land, für den genauen Weg hindurch muss man sich bewusst entscheiden. Und auch die Ringgefährten entscheiden sich bemerkenswerterweise an wichtigen Punkten der Geschichte an Orten mit ungehinderten Ausblicken. Sam und Frodo hätten in der offenen Landschaft Ithiliens die Möglichkeit, sich der Sicherheit des Schutzes der Soldaten von Gondor unter ihrem Heerführer Faramir zu überantworten. Aragorn entscheidet sich auf der Ebene von Rohan für die Rettung der anderen Hobbits. Beide Entscheidungen hätten nicht anders ausfallen dürfen.

Der Blick hinaus zu einem unverstellten Horizont befreit das Denken. Die sichtbare Weite schärft das Bewusstsein, dass Alternativen gegeben sind, dass stets eine gewisse Freiheit besteht. Dieser Blick ist ein Aspekt, der Reisen und Wandern so belebend macht – nicht umsonst sind auf Karten Aussichtsplätze besonders hervorgehoben. Dass es dazu nicht unbedingt der Savannen Afrikas oder der Tundren Sibiriens bedarf, verdeutlichen die gleichen Karten – oder auch die Verfilmung von *Der Herr der Ringe* in dem doch recht übersichtlichen Inselstaat Neuseeland. Weshalb auch die Schweiz als Inspiration für die gesamte Welt Mittelerde gar nicht fernliegt, selbst wenn man sie noch nicht kennt und erst durch die Linse eines Fotoapparats erfährt, dass Zauber, Schönheit und eben auch die Weite des Landes eine Frage der Perspektive sind.

Einsame Weite: Auch hier findet der Wanderer Hilfe; solange der Mensch sich anpasst, wird das Land ihn beherbergen und nähren.

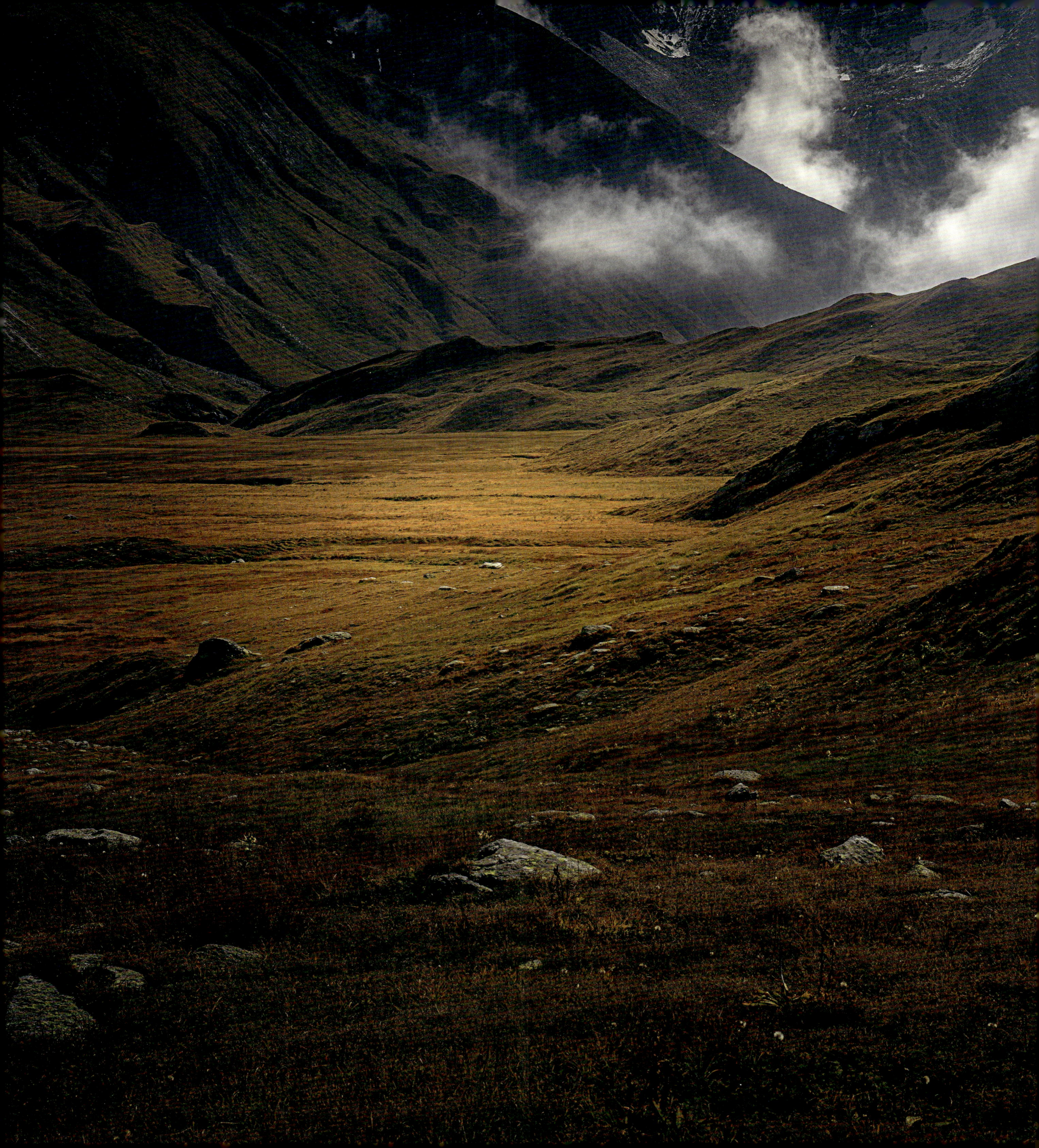

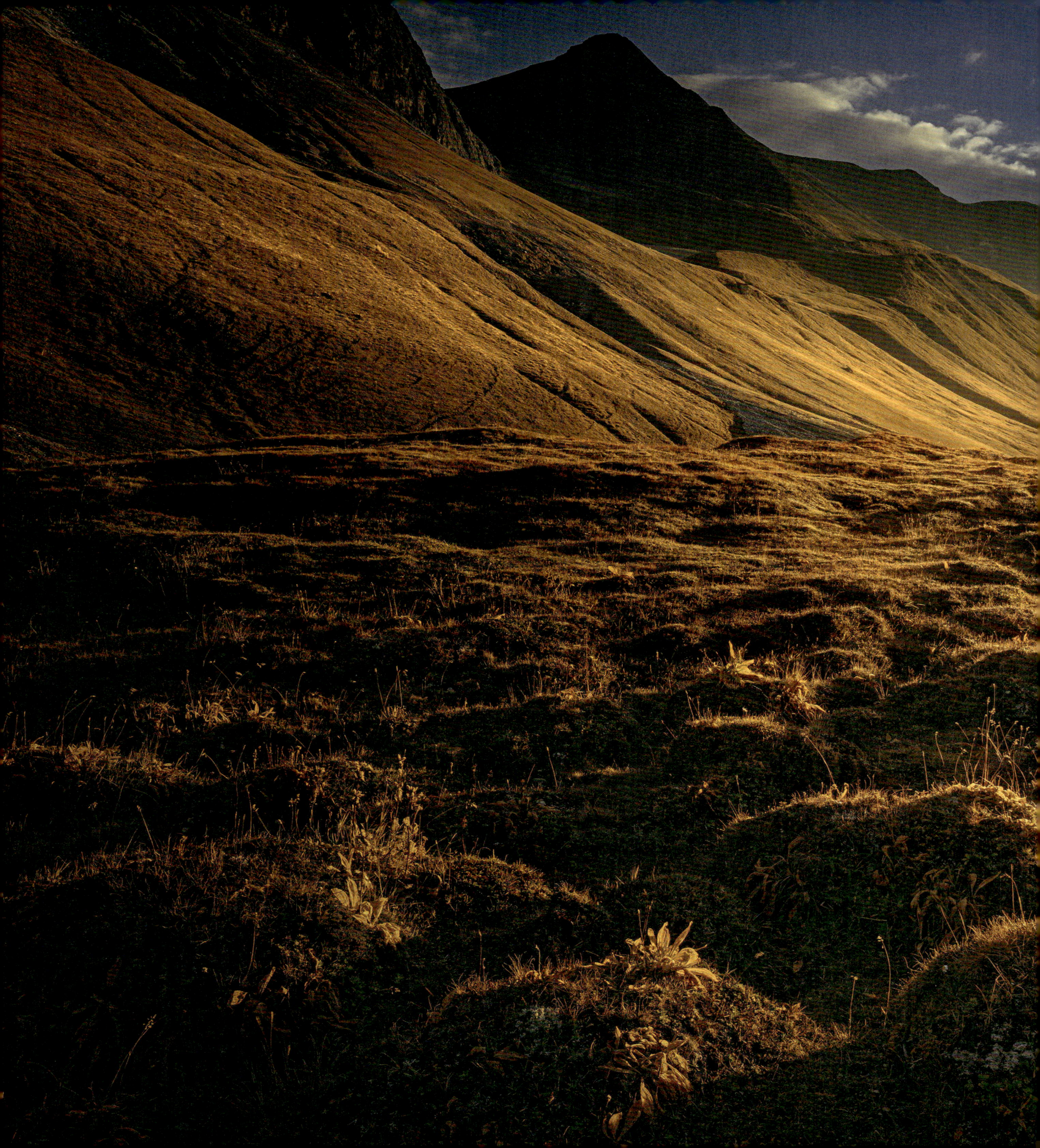

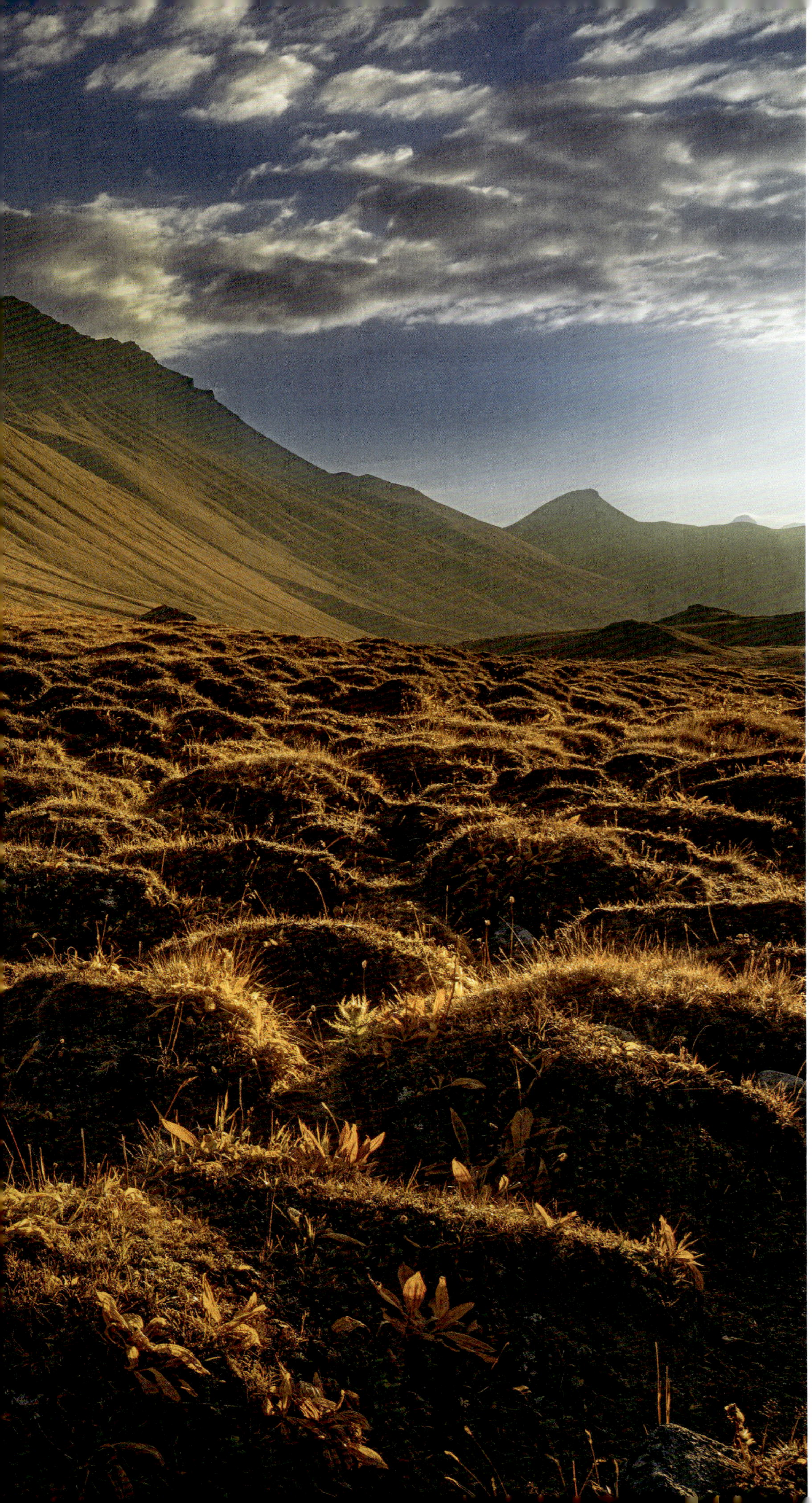

Der Grat fiel vor ihren Füßen steil ab: der Ostwall von Rohan. So endete die Emyn Muil, und die grünen Ebenen der Rohirrim erstreckten sich vor ihnen, so weit das Auge reichte.

HdR, die Reiter von Rohan

Die Woge: Der Landozean brandet unter einem wohlwollenden Himmel gegen das Gebirgsufer.

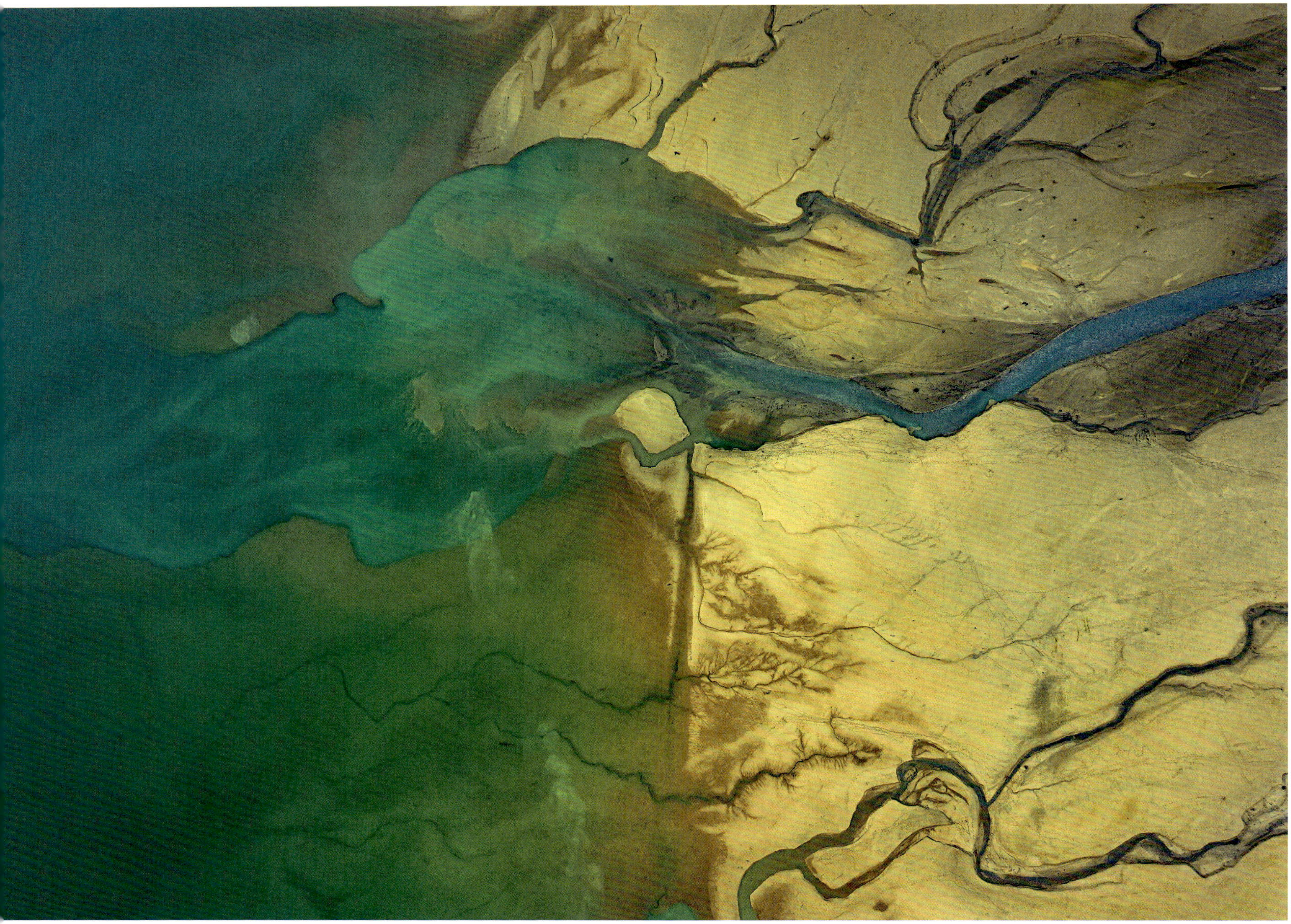

Mäander: Tausend Arme spenden der Ebene Leben, doch
die Reisenden müssen sie durcheilen,
auf dass sie nicht versiegen.

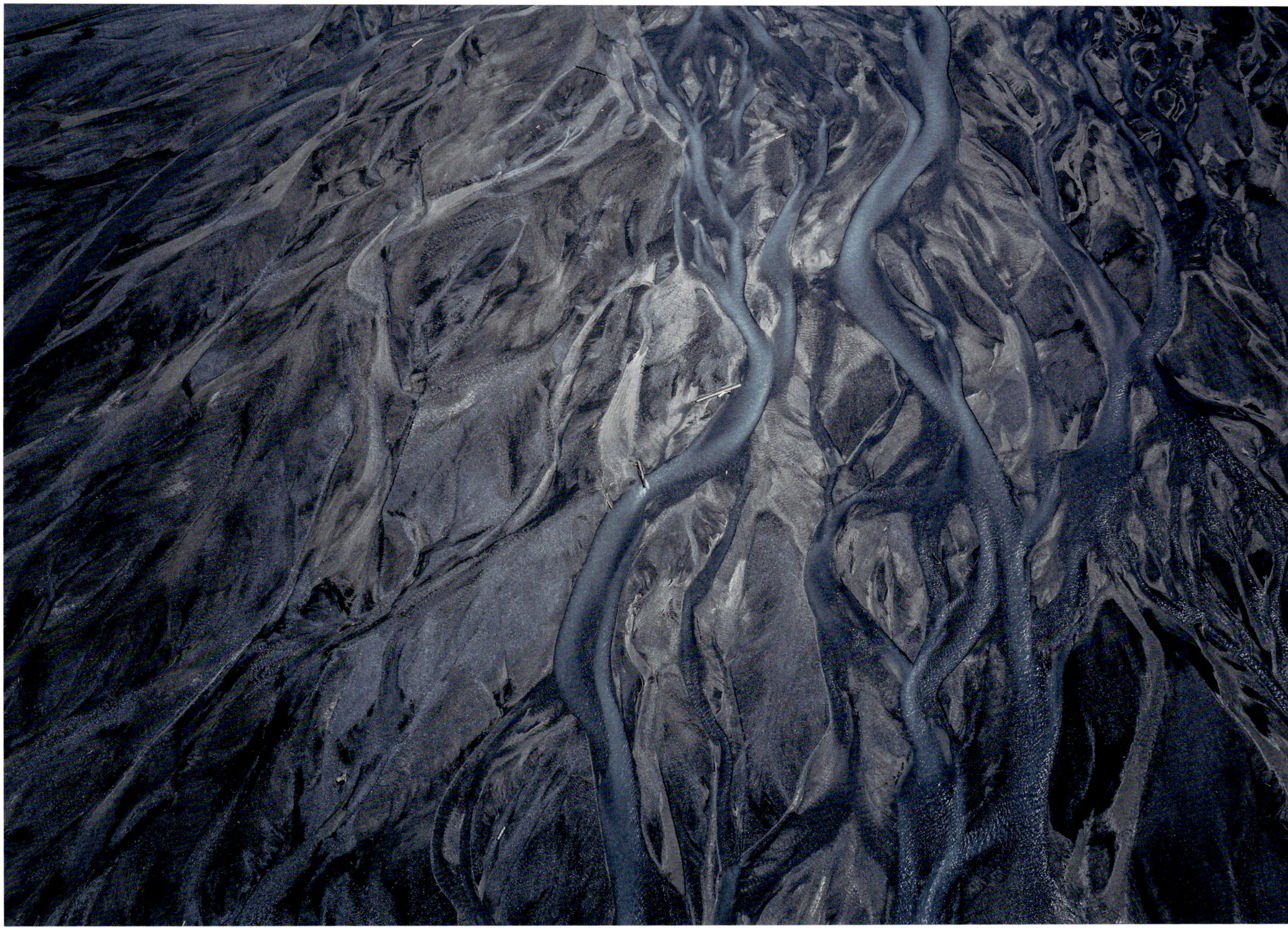

Ulmo ist der Herr des Wassers. Er ist allein. Er bleibt nirgends lange, sondern zieht durch all die tiefen Wasser um die Erde oder unter der Erde.

Tolkien: *Das Silmarillion*, Von den Valar

Das Weiße Gebirge

»Der Berg ruft« ist ein Ausspruch, der zum Klischee und sogar verhohnepipelt wurde. Nichtsdestotrotz drückt sich darin eine tiefere Wahrheit aus, die Menschen anspricht und die auch in der Literatur vielfach verewigt wurde. Was da ruft, das ist – neben der Ästhetik von Gipfel und Ausblick – die Grenze. Dem Himmel so nah kommt man nur nach einer außerordentlichen körperlichen Leistung, die im Verein mit den Gipfeleindrücken sehr oft zur spirituellen Erfahrung wird. Die Erde ist rund und damit endlos, aber steile Gipfel, die am Firmament zu kratzen scheinen, bringen den Menschen einem Rand der Welt so nah, wie das nur möglich ist.

Zur Heldenreise gehört die Erfahrung von Transzendenz. In dem Zusammenhang darf man aber nicht aus den Augen verlieren, dass es sich bei Campbells Modell um das Mittel zur Analyse eines Mythos – also von etwas Irrealem – handelt. Verallgemeinert man diese Perspektive auf eine in der Realität ja durchaus mögliche Grenzerfahrung, so ist eine Gipfelbesteigung dem, was man als Begegnung mit einer höheren Macht erwarten dürfte, durchaus vergleichbar. Die Ausblicke, das tiefere Blau, die dünnere Luft, das schärfer einfallende Licht, die besondere psychische Verfasstheit – all das führt zu dem Eindruck, dass man diesen Moment schon nicht mehr ganz auf der bekannten Welt durchlebt.

In Mittelerde sind Gebirge höher, abweisender oder gefährlicher als in der Realität, und sie sind nicht selten mit Zaubern behaftet. Im *Silmarillion* bieten Gebirge einen trügerischen Schutz, der zeigt, dass komplette Sicherheit eine Illusion ist. Im Hobbit stellt ein Berg das Zentrum des Konflikts dar, auf den die ganze Handlung zusteuert und der zu seinen Füßen auch aufgelöst wird. In *Der Herr der Ringe* steht die Unterschreitung eines Gebirges für den Punkt, an dem die Gefährten nicht mehr zurückkönnen und es nun ganz allein von ihnen abhängt, wie die Unternehmung ausgehen wird. Zudem lauern die schlimmsten Gefahren in den Bergen – der Drache im *Hobbit* und der Balrog in der Ringerzählung. Die Kapazität, Grenzerfahrungen zu vermitteln, hat das Weiße Gebirge in der Realität jedoch nicht minder als in der Fiktion.

Riegel: Felsen und Gletscher unter weißer Decke schieben sich vor die müden Augen der Wanderer.

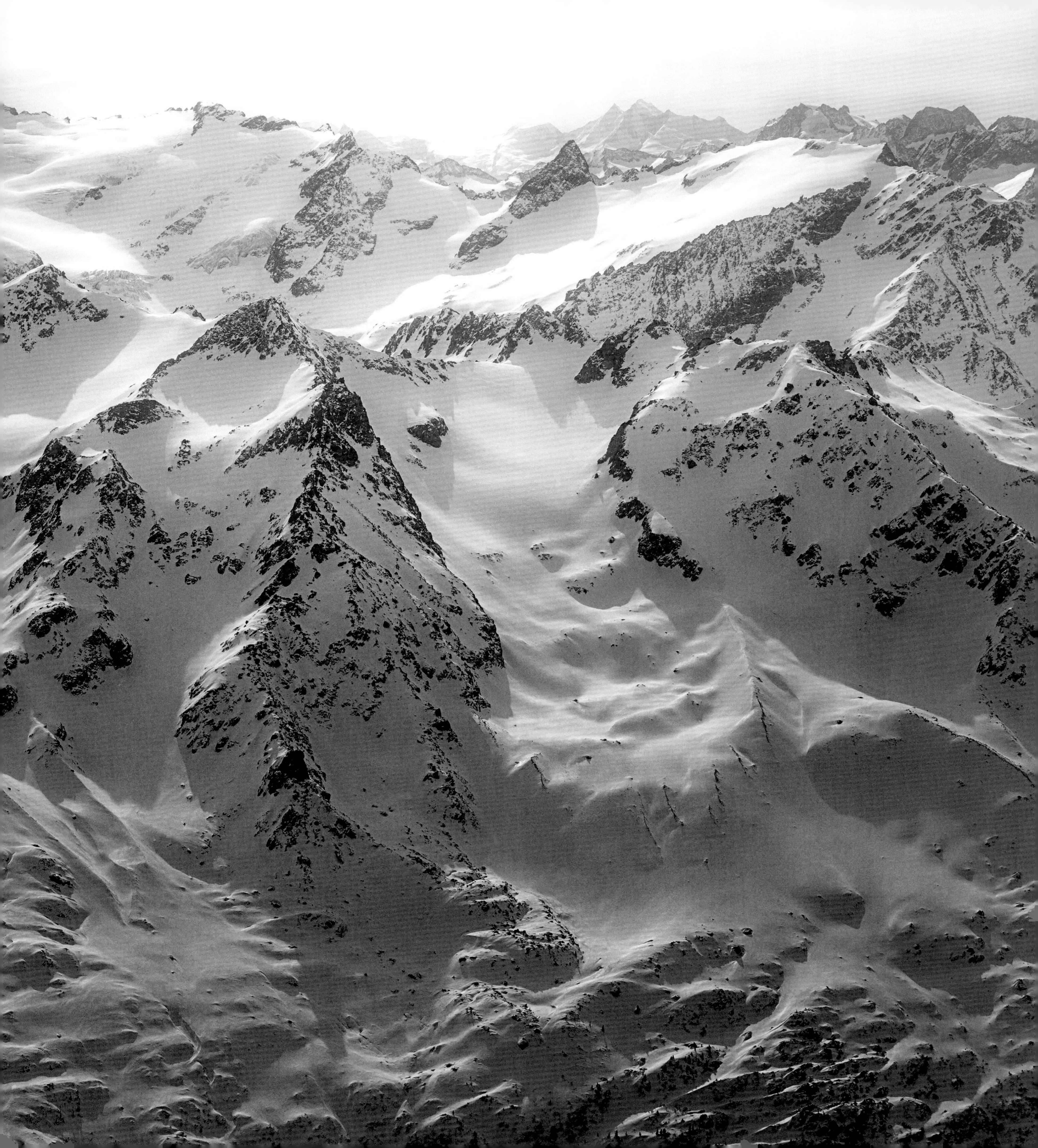

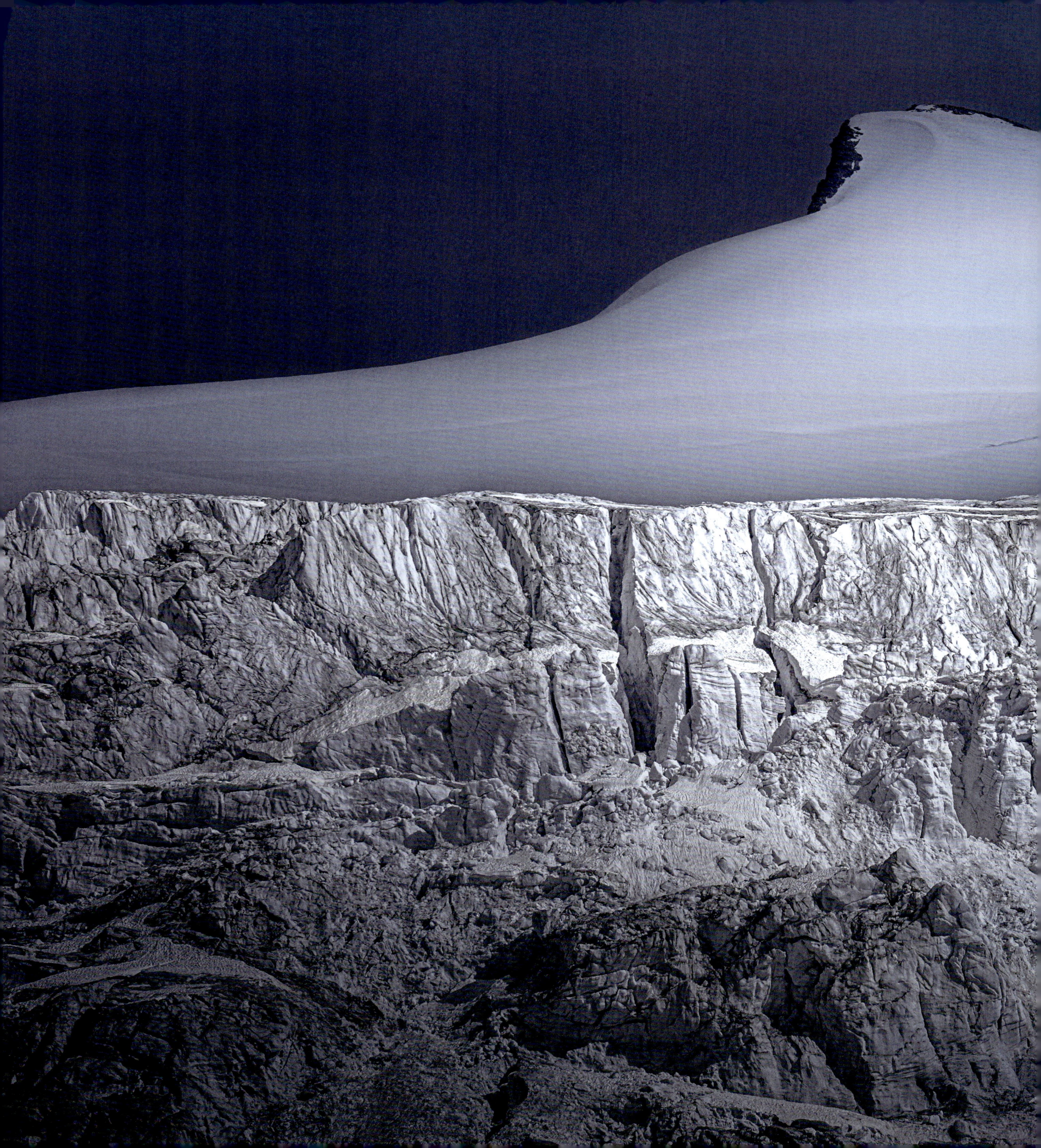

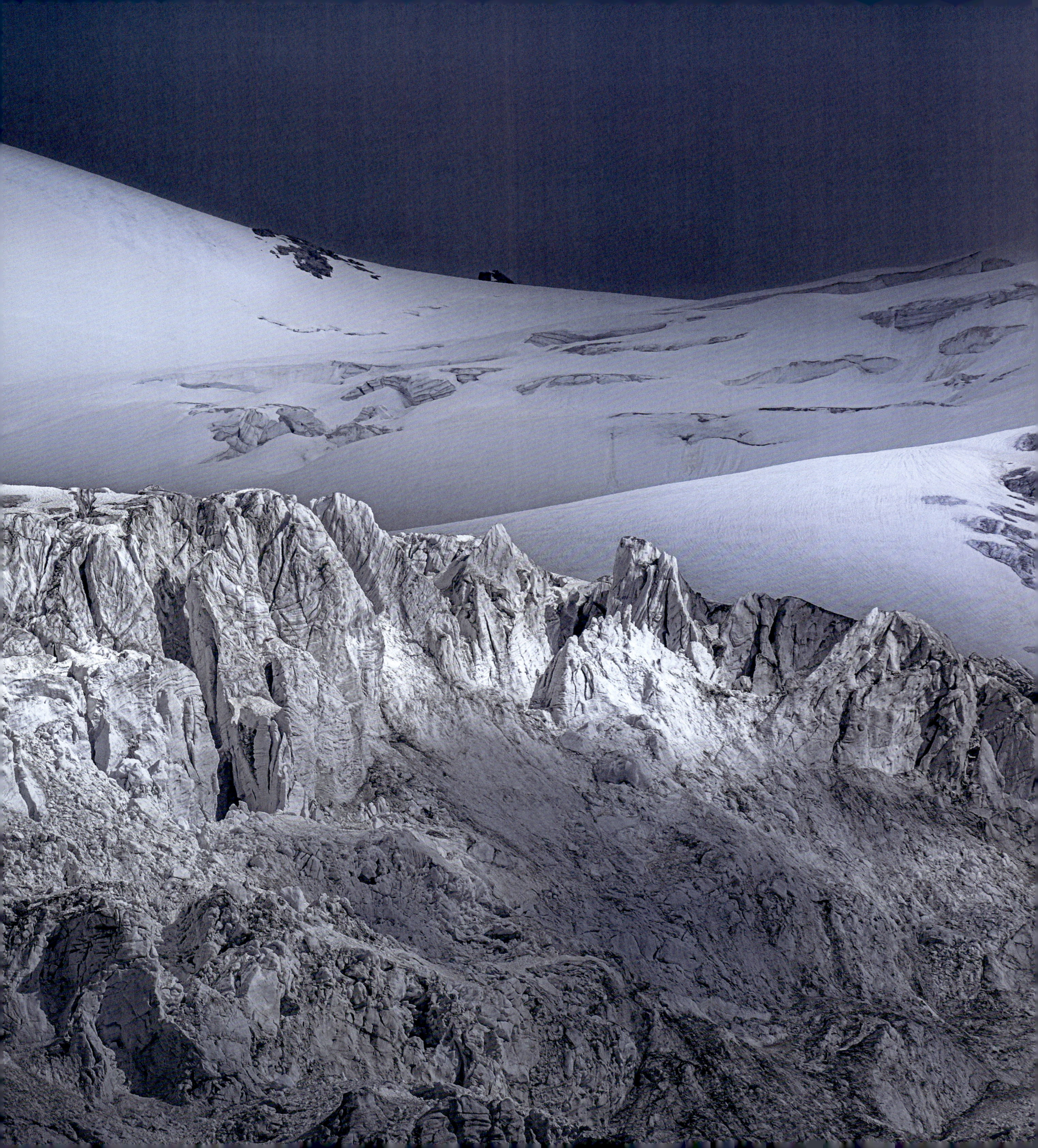

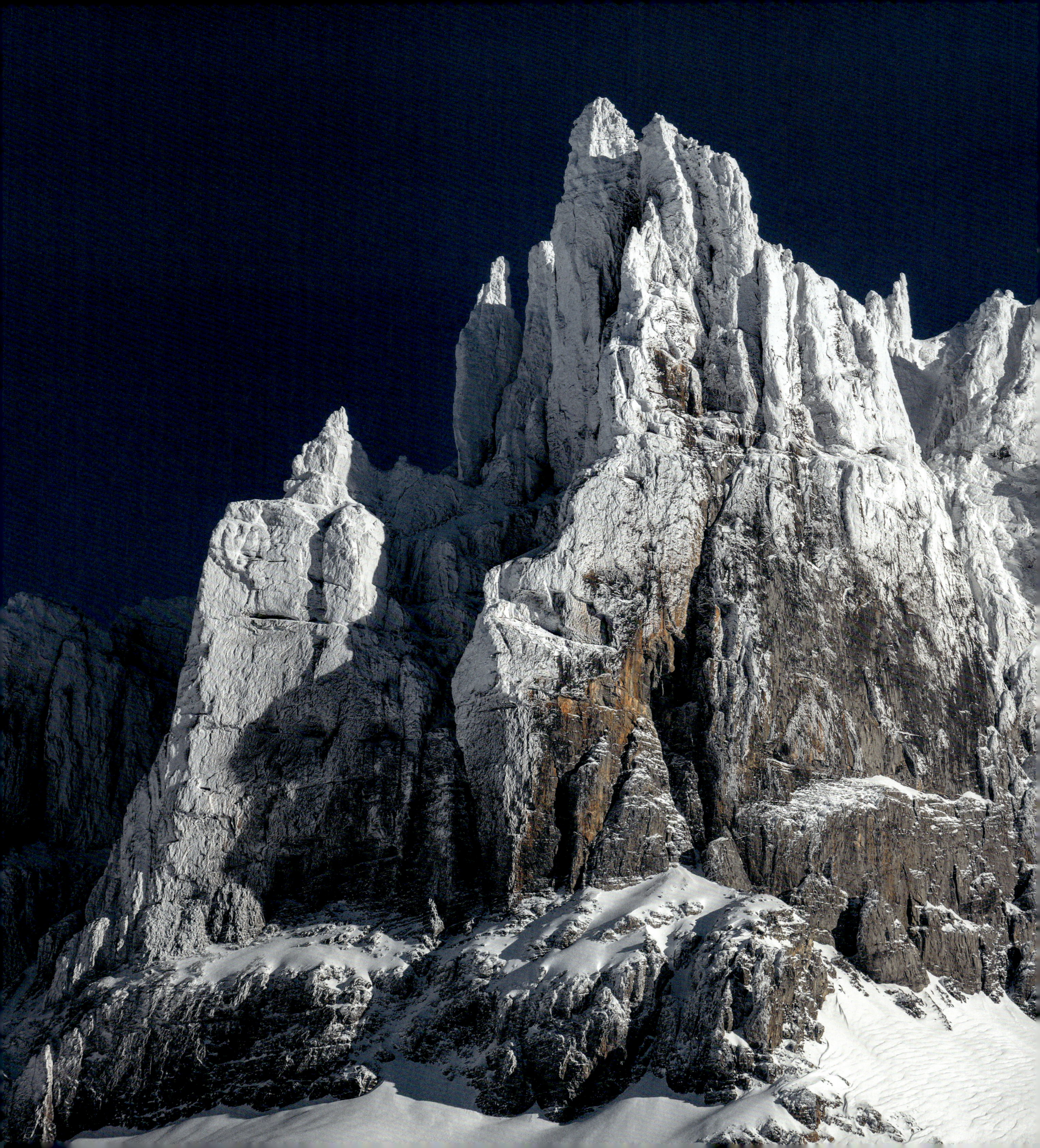

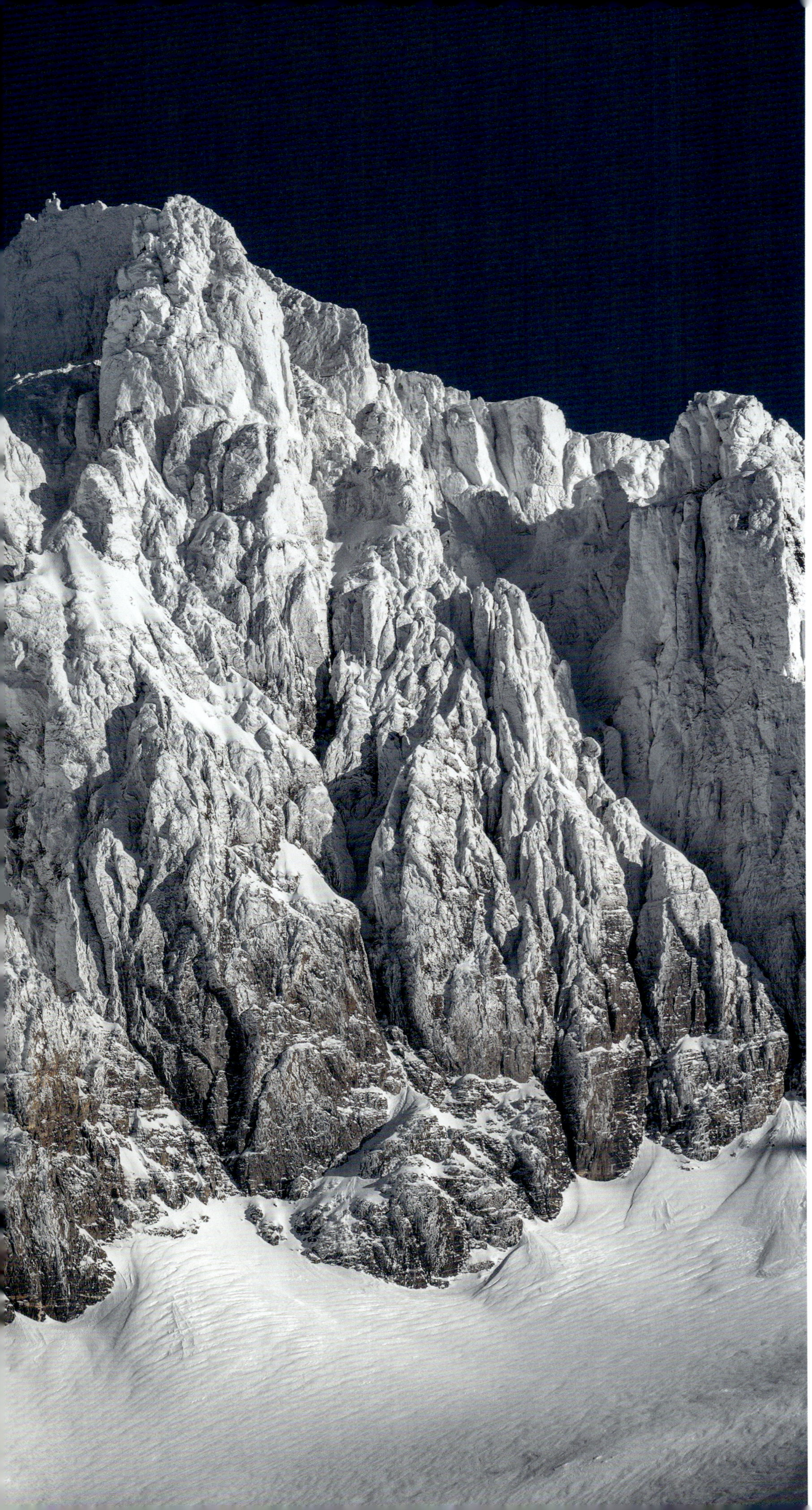

… als sie dem Rothornpass den Rücken wandten und müde den Hang hinunterstolperten. Caradhras hatte sie besiegt.

HdR, Der Ring geht nach Süden

Grenze: Scharfe Zacken, thronendes Eis, schroffe Wände - alle Kraft und Hoffnung drohen, vor der letzten Grenze zu versagen.

Fruchtbares Land

Tolkiens *Der Herr der Ringe* gilt zu Recht als eines der ersten einflussreichen Bücher, die den im wahrsten Sinne des Wortes existenziellen Wert einer gesunden Welt und Umwelt hervorheben. Dabei war Mittelerde weder programmatisch gemeint, noch war Tolkien ein Umweltaktivist, wie Matthew Dickerson und Jonathan Evans in einer exzellenten Analyse der Rolle der Natur in den Werken des Professors feststellen. Vielmehr ist der hohe Stellenwert der Natur, der sich in den Büchern über Mittelerde immer wieder in ebenso romantisierenden wie ehrfürchtigen Beschreibungen von Wäldern, Seen, Tälern oder Höhlen ausdrückt, quasi nebenbei entstanden und ein direkter Ausfluss von Tolkiens Überzeugung des Wertes der Schöpfung.

Fruchtbar ist das Land nicht nur unter dem Blick des Bauern, sondern letztlich als Einheit von Fauna, Flora und intelligentem Leben, was die Gaia-Hypothese als ein die gesamte Erde umfassender, einheitlicher Organismus schon erahnen lässt, die in den 1970er-Jahren entwickelt wurde. Nach der Erschaffung der Welt Mittelerde gleicht sie einem Garten Eden, einem Garten allerdings, der sofort gefährdet ist, der beinahe umgehend angegriffen wird; und das nicht nur von irgendwie böse gearteten äußeren Kräften, sondern dadurch, dass Elfen, Zwerge und Menschen ihrer eigentlich offensichtlichen Aufgabe – die Schöpfung, wie sie ist, zu erhalten – nicht gerecht werden.

Die Entwicklung dieses Versagens skizziert der Autor letztlich vor einem christlichen Hintergrund. Entkleidet man das Versagen aber des religiösen Hintergrunds, so gleichen die Vergehen an der Gesundheit des Organismus Mittelerde dem Geschehen in der Realität. Wie es sein könnte und sollte, wird zu Zeiten der Ringerzählung fast nur noch in Geschichten berichtet – etwa davon, wie das Gartenland Ithilien einst das Reich Gondor ernährte – oder ist in kleinen Refugien wie den letzten Elbendomänen oder dem Kleinod Auenland zu erleben. Und die Heimat der Hobbits wird durch eine Art von industrieller Ausbeutung des Besatzers Saruman innerhalb von Monaten beinahe zerstört.

Es gibt unfassliche Schönheit in Mittelerde, und die Fruchtbarkeit dieser Welt hätte ausgereicht, um jeden Bewohner im Überfluss zu ernähren – ganz wie die reale Welt. Dramaturgisch dienen die fruchtbaren Lande im Rahmen der Heldenreise der Vorbereitung des Höhepunkts: Es zeigt sich darin der Wert des durch den Kampf der Ringgemeinschaft verteidigten Gutes. John Elder betrachtet die spezifische Heldenreise der Ringgefährten als eine »Allianz«, die darum kämpft, »Gesundheit und Integrität der Welt« in all ihrer »Diversität« zu erhalten. Und wenn das auch etwas zu modern für Entstehungszeit und Autor klingen mag, so geht es doch auf jeden Fall um den Erhalt eines unermesslich wertvollen Guts – ganz wie in der realen Welt.

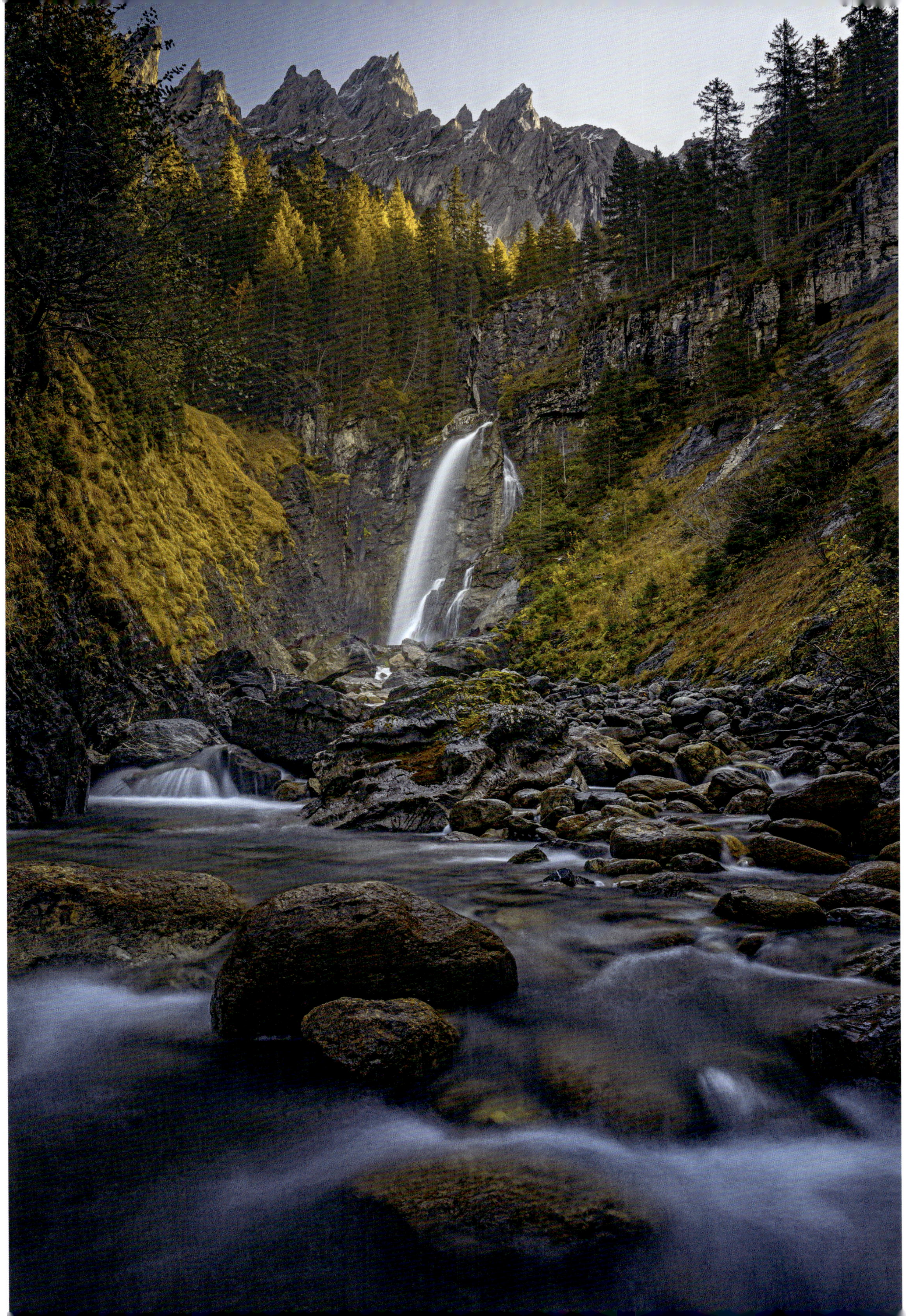

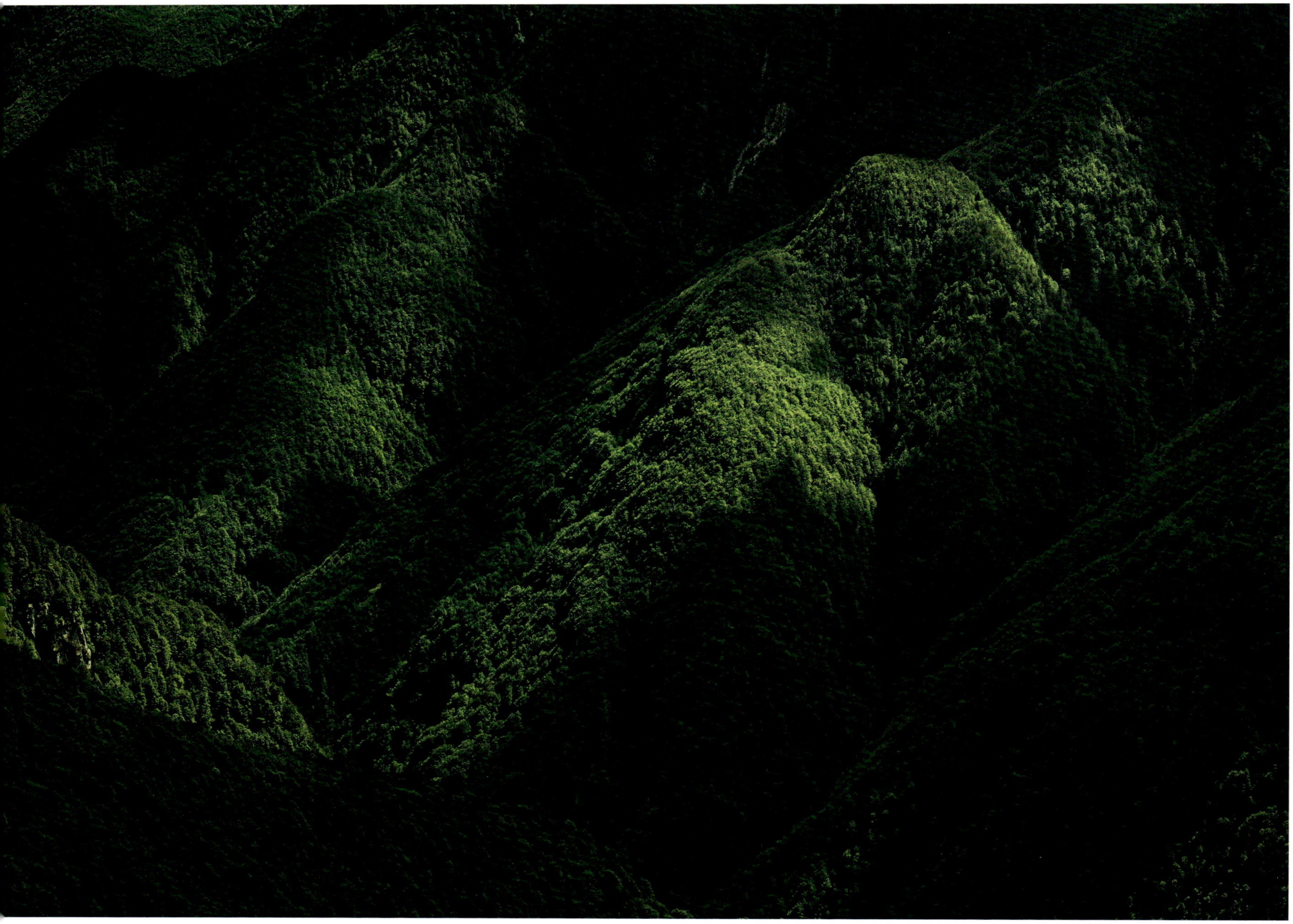

Außerdem schmerzte mich von Kindheit an die Armut des eigenen lieben Vaterlandes: Es hatte keinen Eigenbesitz an auf seinem Boden und in seiner Sprache heimischen Geschichten, zumindest keine von dem Charakter, die ich suchte …

Tolkien: *Briefe*, Brief 131

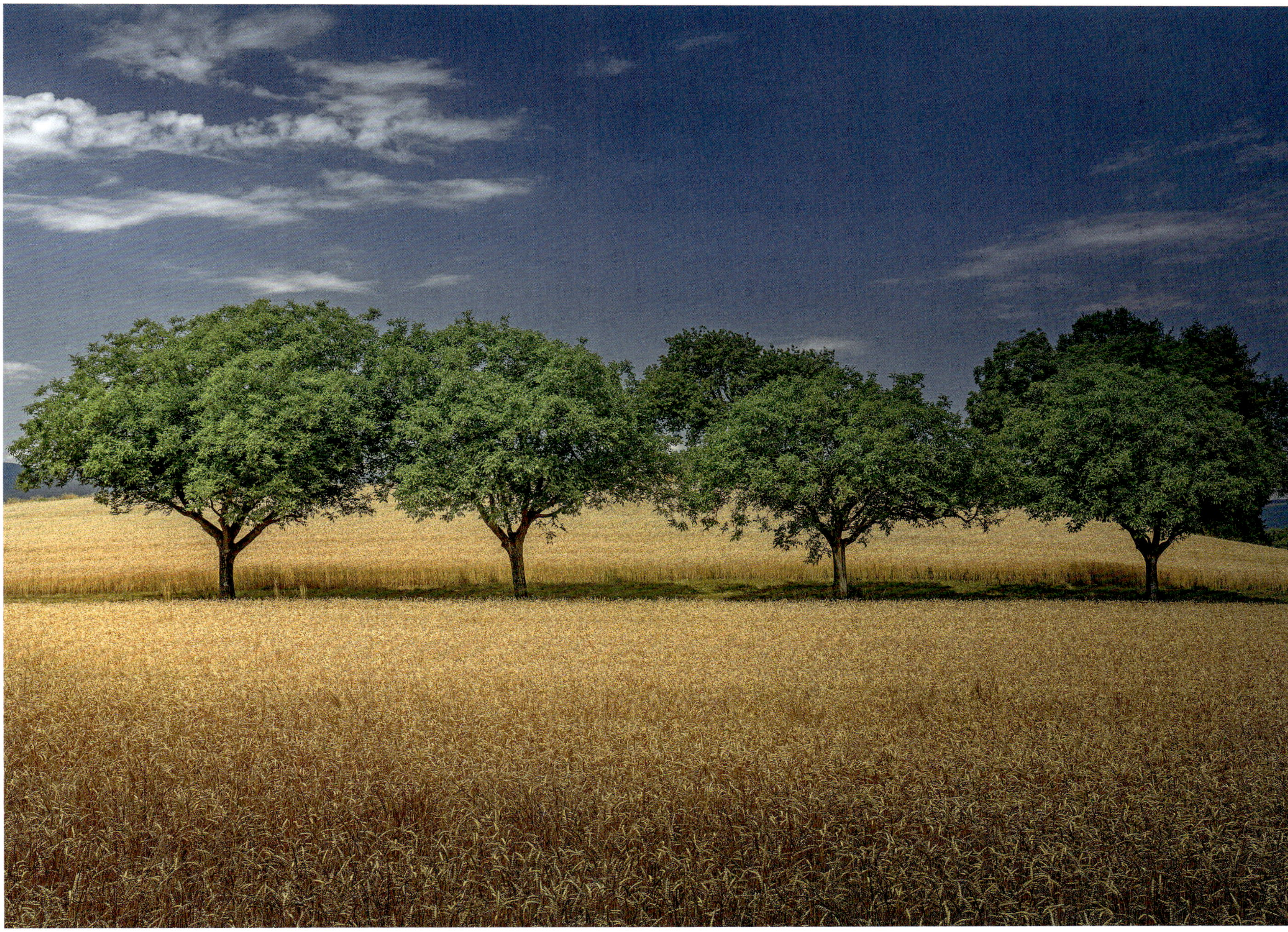

Gartenland: Vor der letzten Grenze überziehen Felder reifen Korns das Land – ein Garten in tödlicher Gefahr auf der Demarkationslinie zur entscheidenden Prüfung.

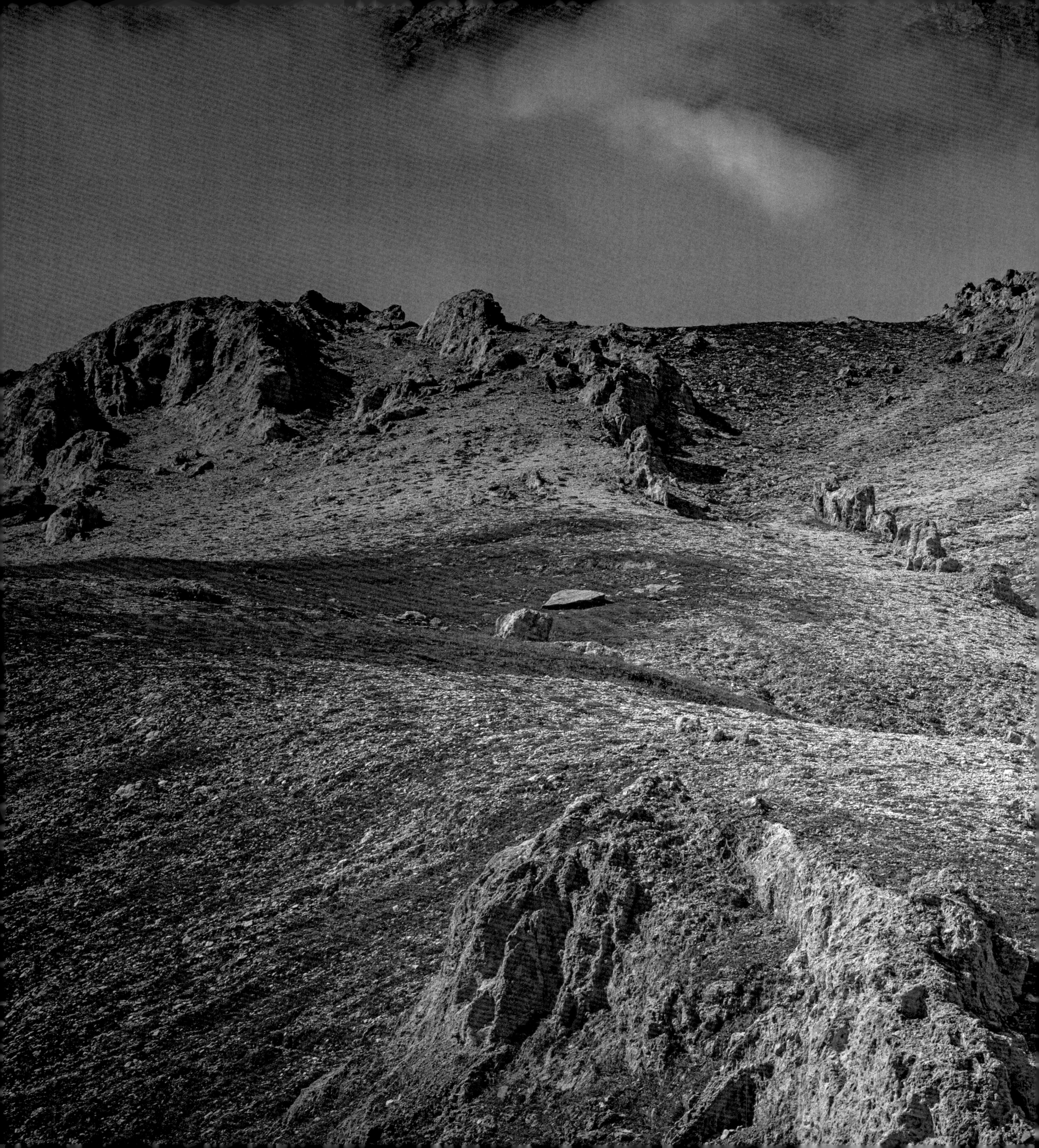

Durchs Schattenreich

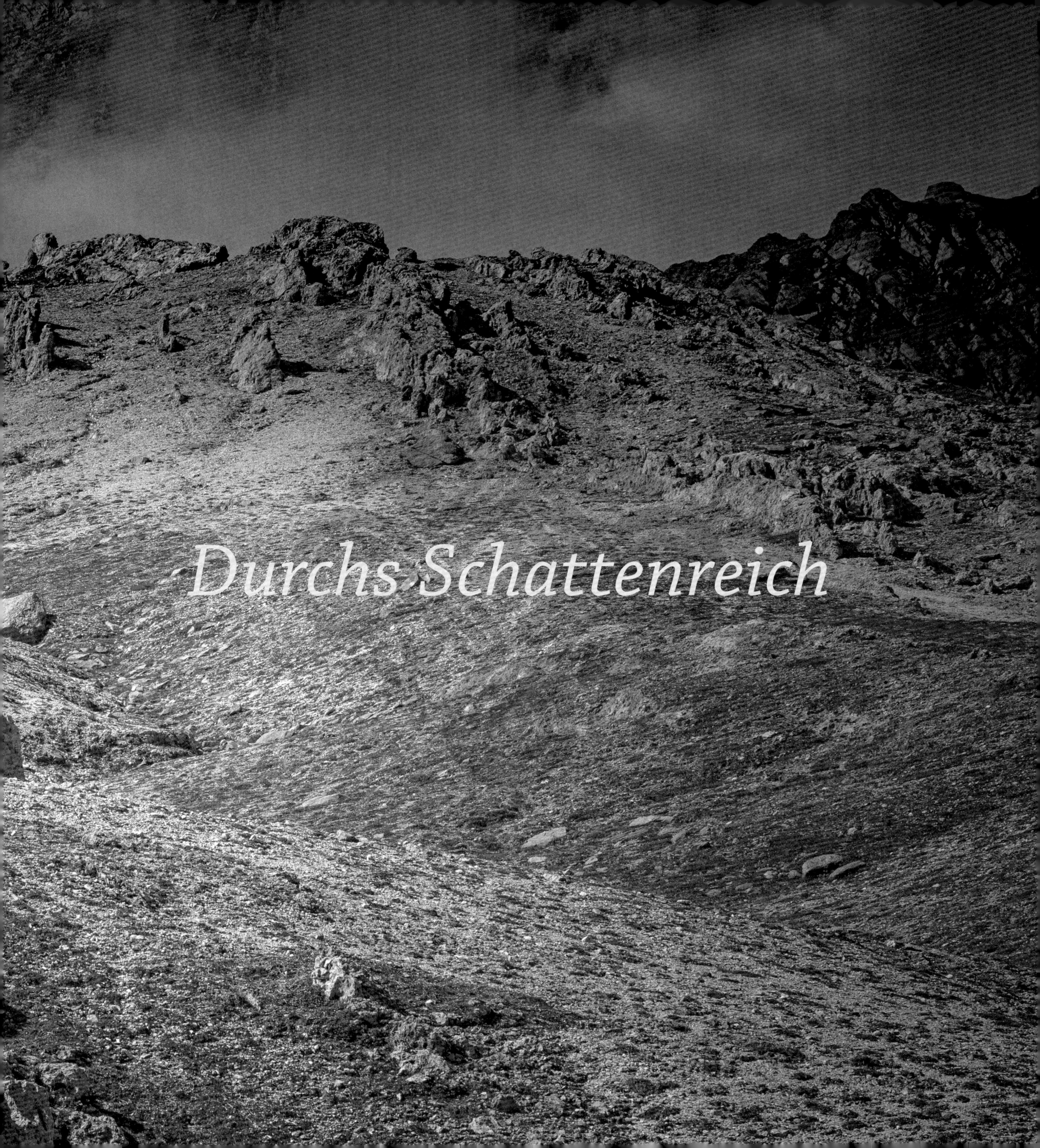

DURCHS SCHATTENREICH

Die Feuerprobe

Der Feuerproben gibt es in Tolkiens Werken einige, besonders wenn man den Begriff sprichwörtlich als eine ultimative Prüfung liest. Doch die Begegnung und der Kampf mit dem Balrog, einem Feuerdämon aus uralten Zeiten, setzt die Helden wirklich einer Art Höllenfeuer aus und erweist sich als Katalysator für alle Folgeereignisse. Die Ringgefährten dringen in die riesigen Höhlen der verlassenen unterirdischen Stadt Zwergenbinge vor und wecken dabei einen Balrog auf, der es an Macht mit Gandalf, dem Anführer der Gefährten, aufnehmen kann. Es kommt zum Kampf, bei dem Gandalf in eine bodenlose Schlucht stürzt und augenscheinlich stirbt.

Bis zu diesem Zeitpunkt hat sich die ganze Gruppe nahezu vollständig auf den Zauberer verlassen, der damit als klassischer Mentor der Heldenreise dient. Entsprechend stellt sein Verlust einen dramatischen Schlag dar, besonders für den Ringträger, der sowieso schon das Gefühl hat, von seiner Aufgabe überfordert zu sein. Dramaturgisch hat der vermeintliche Tod Gandalfs die Rolle, die Helden endgültig in die Verantwortung für ihr Tun zu entlassen; das findet funktionell in nahezu allen Monomythen und Genrewerken statt. Hier reflektiert sich die Erfahrung aus der Realität, dass ein gelingendes Leben auf den eigenen Beinen stehend geführt werden muss.

Mit Landschaft als Topos haben, wie im Kapitel über die Prüfungen schon diskutiert, Art und Ausgang der Feuerprobe wenig zu tun. Der ein wenig an Dantes Diktum von der Hoffnung, die der Sünder fahren lassen muss, erinnernde Eintritt in die Höhlenregion lässt die Szenerie im Dunkel versinken, bis der Dämon mit dem Flammenschwert alles mit loderndem Feuer erhellt; und dann geht es um Kampf und Leid, nicht um die Bühne, auf der es geschieht.

Doch es besteht ein tieferer Sinn darin, ausgerechnet diese Bühne zu wählen, der sich nahtlos an die im Abschnitt »Fruchtbares Land« angesprochene Ökologie und Tolkiens Überzeugung vom Wert der Natur anschließt. Dickerson und Evans reden von »stewardship« – Statthalterschaft –, wenn sie über die den Elben, Menschen und Zwergen vom Schöpfer übertragene Rolle eines Wächters von Welt und Umwelt sprechen. Mittelerde wurde ihnen übergeben, damit sie ihr »dienen und nicht andersherum«, wie es das biblische Wort von der Untertänigkeit der Erde suggeriert. In Zwergenbinge verstießen die Zwerge ganz eindeutig gegen diese Aufgabe, indem sie auf gleichnishafte Weise zu tief gruben und so ihren Untergang durch den bis dato hilflos im Gestein eingekerkerten Balrog selbst verursachten.

Dieser Lektion über die Folgen grenzenloser Unbescheidenheit wird später in der Erzählung eine weitere Höhle gegenübergestellt, deren Beschreibung zu den schönsten Landschaftsschilderungen der Literaturgeschichte zählt. Und diese Höhlen von Aglarond, so versichert Gimli der Zwerg jetzt, würde sein Volk voller Ehrfurcht bewahren: »ein leichtes Klopfen hier und dort … ein kleiner Felssplitter nicht mehr an einem ganzen bedachtsamen Tag« – so würden sie darin arbeiten, wenn überhaupt.

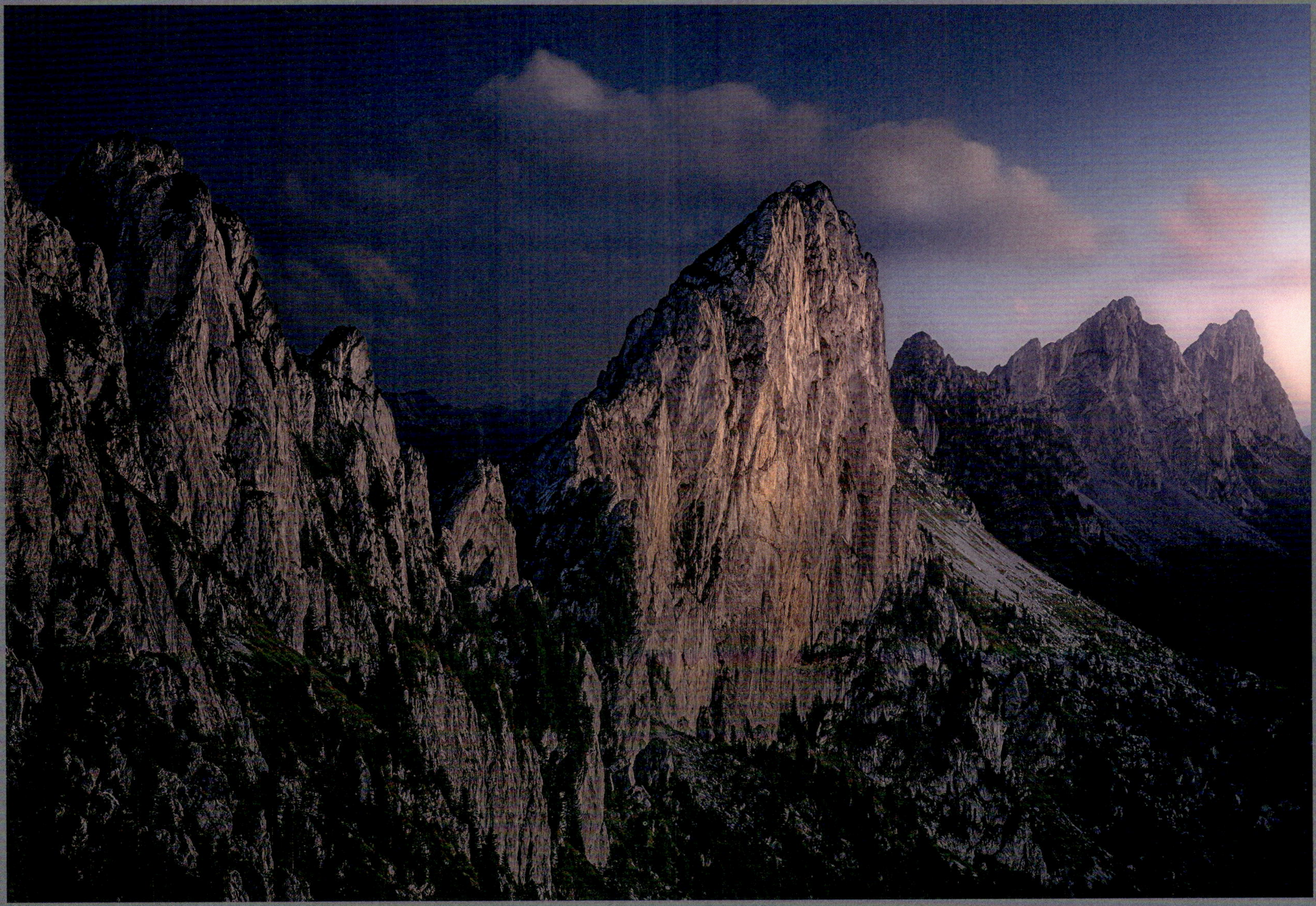

»To dungeons deep and caverns old,
we must away, ere break of day.«

Zwergenlied aus der Verfilmung von *Der Hobbit*

Trostlose Sümpfe

Sumpf ist ein nicht eindeutig definierter Begriff, der ein feuchtes, aber nur mit wenigen offenen Wasserflächen durchsetztes Gebiet bezeichnet und im Englischen oft fälschlicherweise synonym zu Moor verwendet wird. In Mittelerde gibt es sowohl Sümpfe als auch Moore, doch um deren Ökologie geht es bei den trostlosen Sümpfen nicht, sondern um ihre symbolische Bedeutung, die auf der mit der Landschaft verbundenen Trostlosigkeit beruht.

Im echten Leben geht es angesichts von Trost- und Mutlosigkeit um die Überwindung von Selbstzweifeln und um das Finden und Aufrechterhalten des eigenen Willens. In der Heldenreise gehört diese Erfahrung zu den Prüfungen, die in diesem Fall aber nicht extern auferlegt werden, sondern auf dem Boden der eigenen Persönlichkeit erwachsen und deshalb vielleicht am schwersten zu bestehen sind. Hier drücken sich die im Rahmen des Pfads der Prüfungen angesprochenen inneren Widerstände am deutlichsten aus.

Besonders Frodo und Sam müssen sich dieser ihnen selbst innewohnenden Gefahr stellen. Ihr Feind ist die Verzweiflung, die sich in den Visionen manifestiert, die die Hobbits in den Totensümpfen haben und denen sie beinahe erliegen. Hier wird keine Landschaft dämonisiert, wie das in anderen literarischen Beschreibungen von Sümpfen geschieht, es ist vielmehr die innere Landschaft der eigenen Psyche, die in Form der äußeren Landschaft gespiegelt wird. Einer Landschaft übrigens, die durch eine alte Schlacht verheert wurde, durch einen Eingriff des Menschen also. Natur an sich ist in Mittelerde an keiner Stelle negativ konnotiert.

Tückischer Untergrund: Ein verborgener Pfad führt durch das Geflecht von Tümpeln, Sumpfgras und nachgiebigem Moos … und dem Führer ist nicht zu trauen …

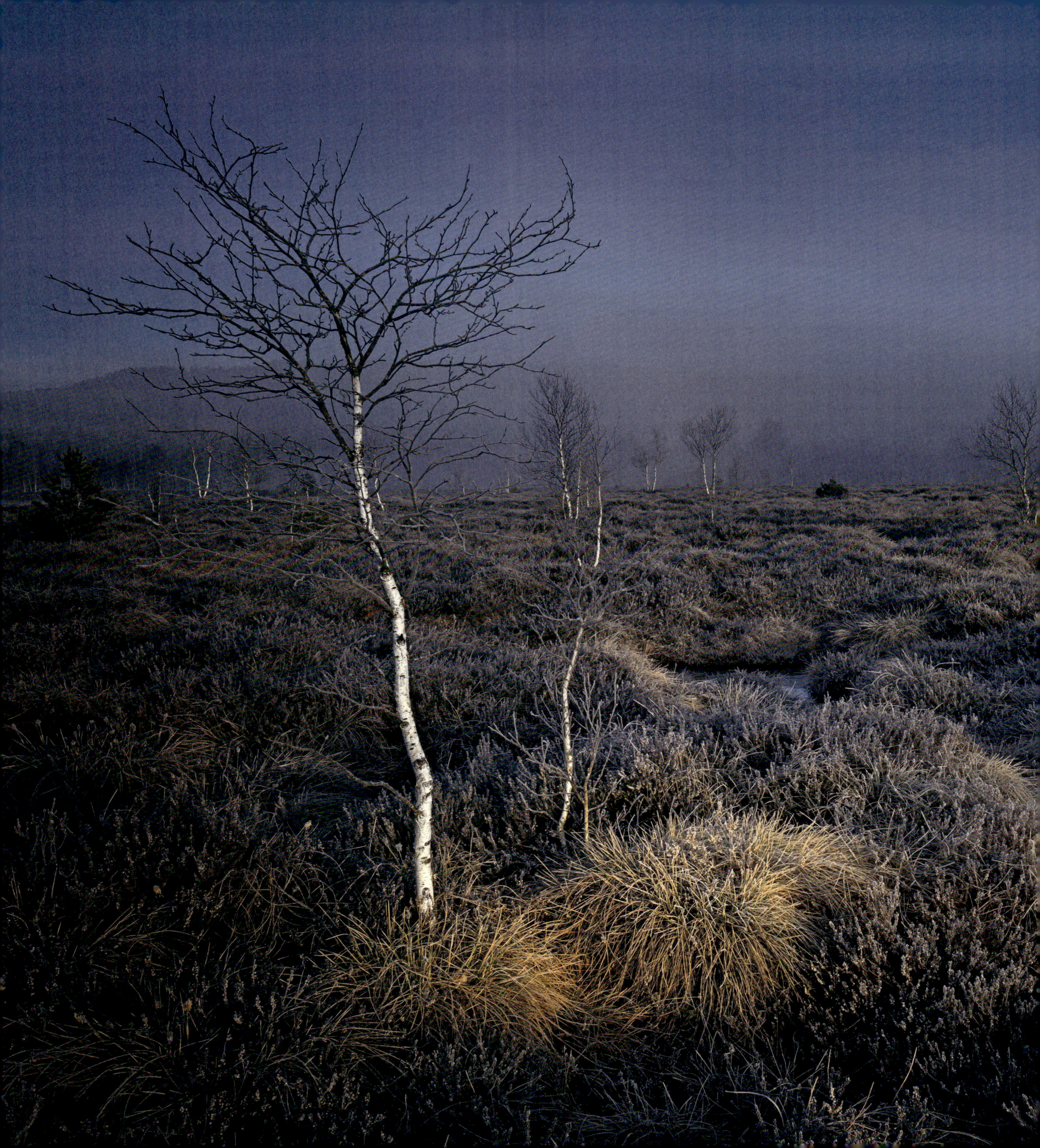

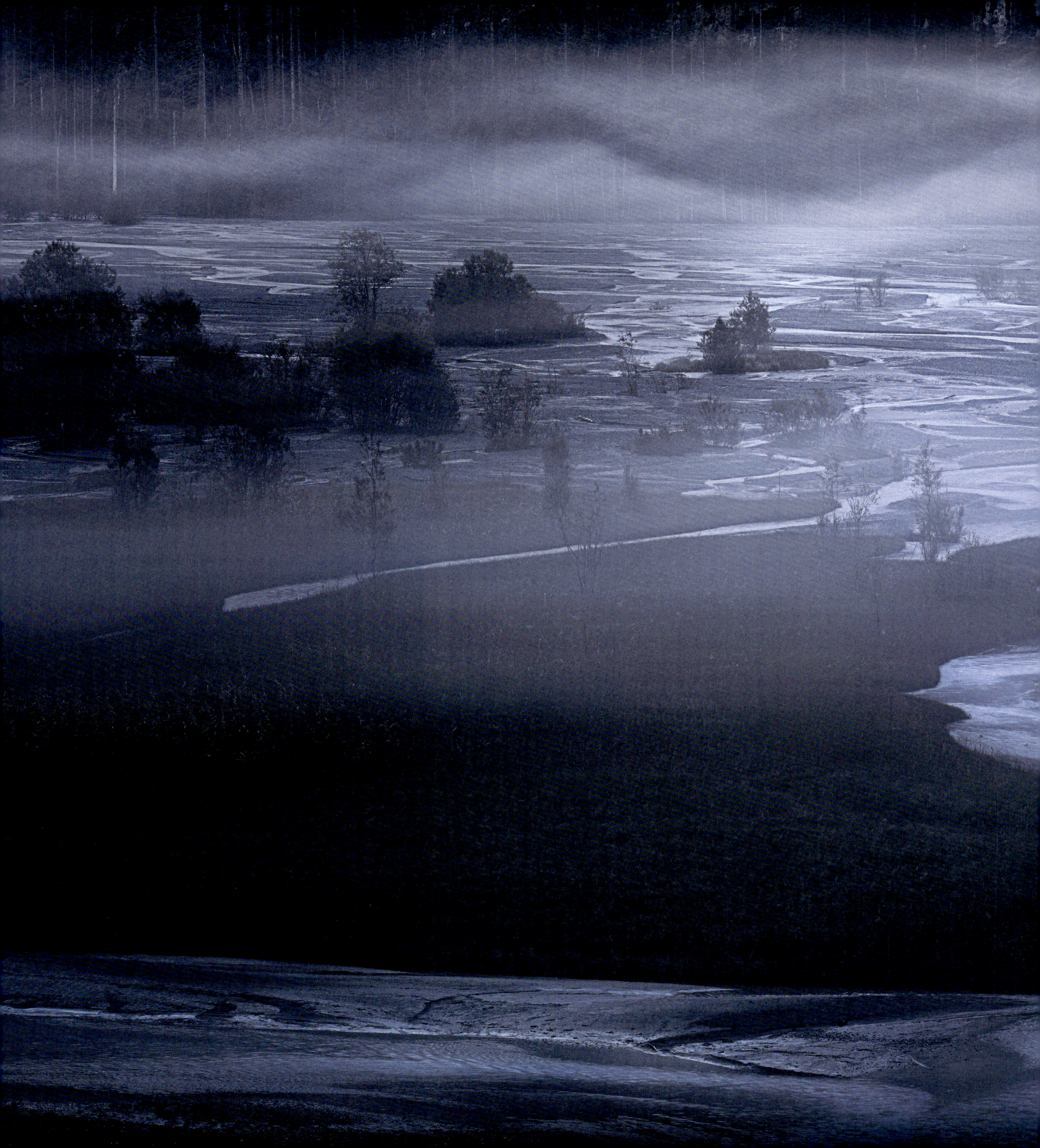

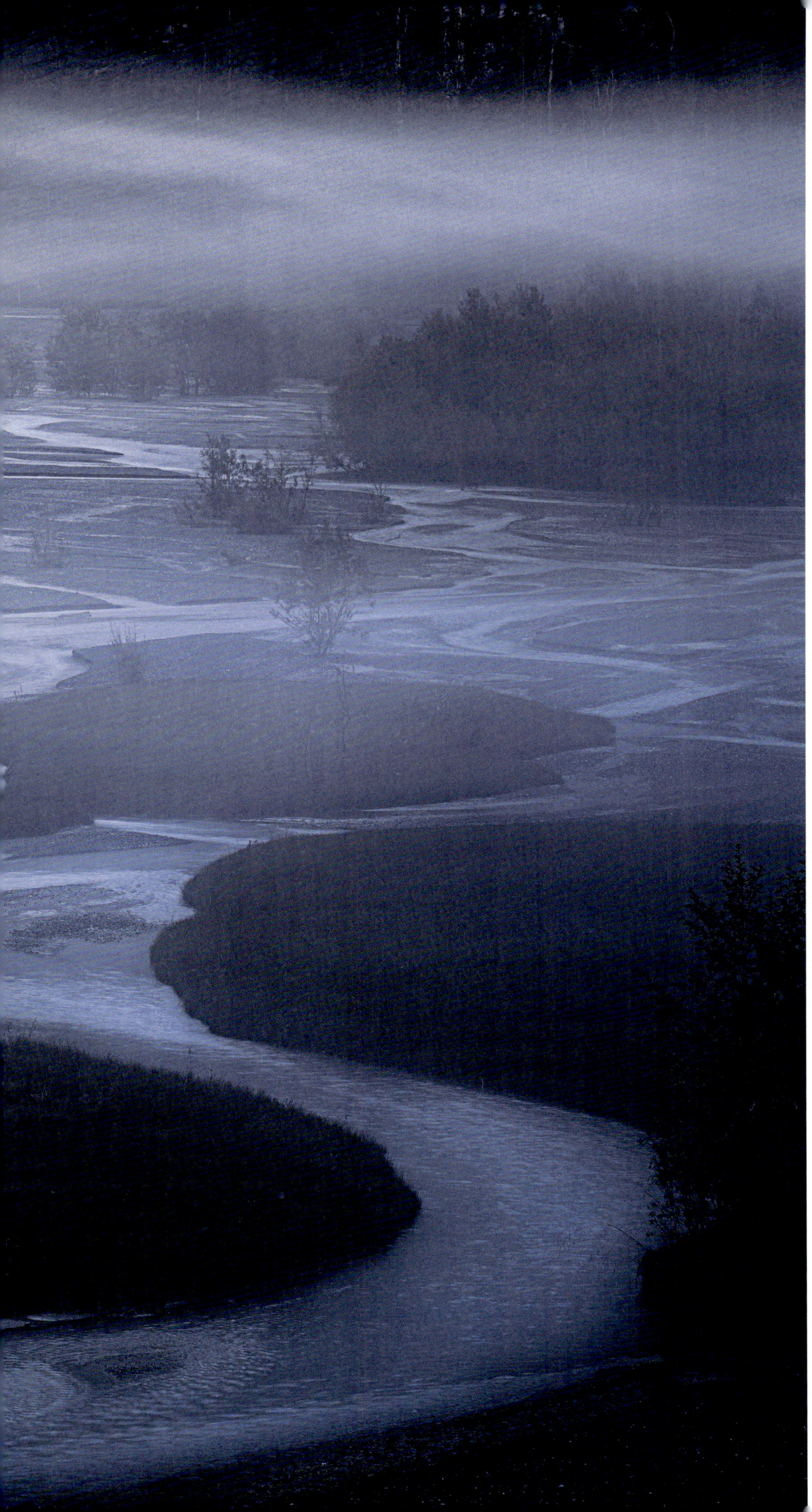

»Sie liegen in all den Tümpeln, bleiche Gesichter, tief, tief unter dem dunklen Wasser.«

HdR, Die Durchquerung der Sümpfe

Totenstille: Im Moor versteckt enthüllt sich die blutige Vergangenheit erst im bleichen Lichtertanz der Gefallenen.

Karge Steinwüste

Nachdem das Publikum den Ringgefährten zu verschneiten Gipfeln, zauberhaften Wäldern und unheimlichen Sümpfen gefolgt ist, bekommt es einen ersten Eindruck von den leblosen Landschaften Mordors. Die Hobbits Frodo und Sam in Begleitung des zweifelhaften Gollum übertreten die Grenze und erblicken, zu was sich das Land unter der Herrschaft des dunklen Gebieters entwickelt hat: Karge Steinwüsten und trostlose Gipfel umzingeln die Ebene, in der der Schicksalsberg und die Festung Saurons liegen.

Durch Sams Augen sehen wir »eine schwarzgraue, schattenlose Welt, die langsam zu einer farblosen Düsternis verblasste«. Einst erhoben sich die Berge, auf die Sam hier blickt, über das Land Ithilien wie eine grüne Wand, die stolze Gipfel bis in den Himmel zu strecken schien, nun ist da nichts als nackter Stein und schroffe Grate. Jetzt ist die Landschaft ausgetrocknet, schal und verdorben, die Felsen erstrecken sich kahl in eine trübe Höhe, und die Heerscharen des Bösen sind das Einzige, was sich hier auf einst prächtigen Straßen noch bewegt.

Doch dann bricht die Wolkendecke auf, und man sieht: Das besudelte Haupt des Denkmals eines der alten Könige trägt eine frische Krone aus kleinen strahlend weißen Blüten, die im plötzlichen Sonnenlicht aufblitzen. »›Sie können nicht auf immer siegen!‹, sagte Frodo. Und dann plötzlich war das kurze Aufleuchten vorbei. Die Sonne tauchte unter und verschwand, und als ob eine Lampe verdunkelt würde, brach die schwarze Nacht herein.«

Die Trostlosigkeit der Bühne für diesen Teil der Reise unserer Helden ist für einen Augenblick durchbrochen, und das erinnert daran, dass es immer und unter allen Umständen auch Grund für Hoffnung gibt, dass sich Juwelen auch unter Unrat verbergen können, dass Kälte nicht endlos anhält. Doch die Hoffnung dieses Augenblicks wird noch lange reichen müssen.

Weglose Pfade: Eine vergiftete Landschaft mag so erstarren, dass die Ödnis selbst zum Labyrinth wird.

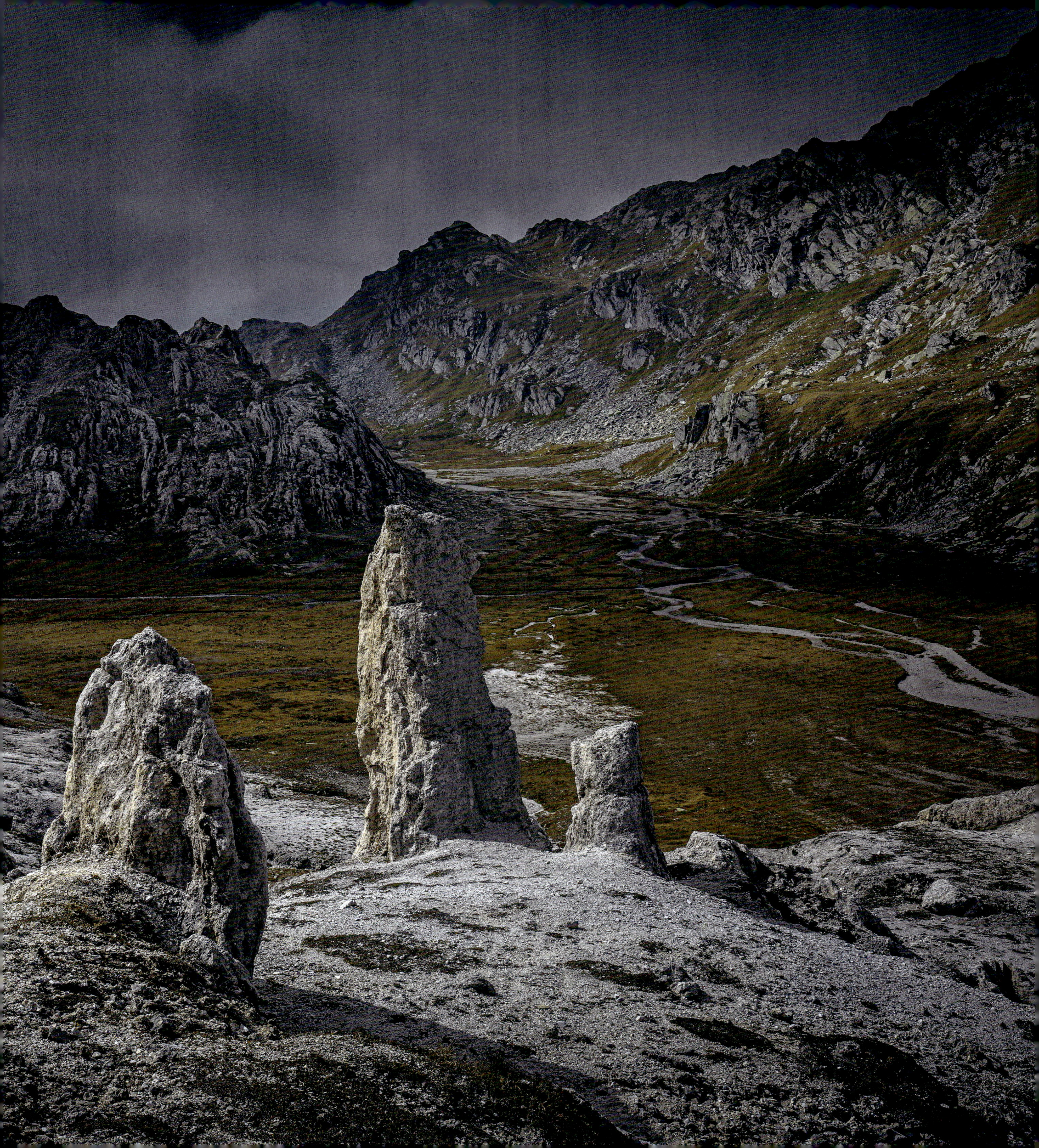

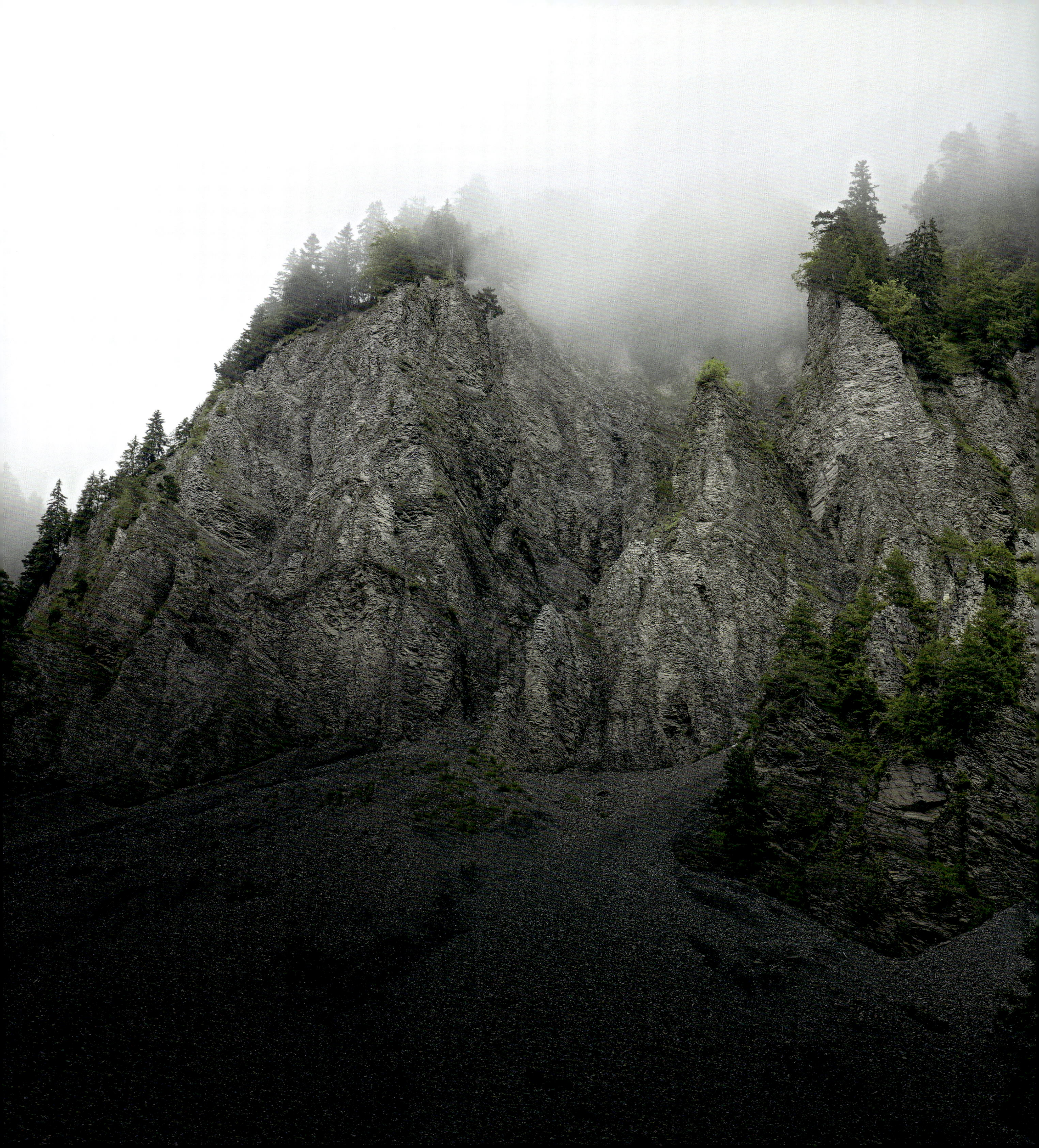

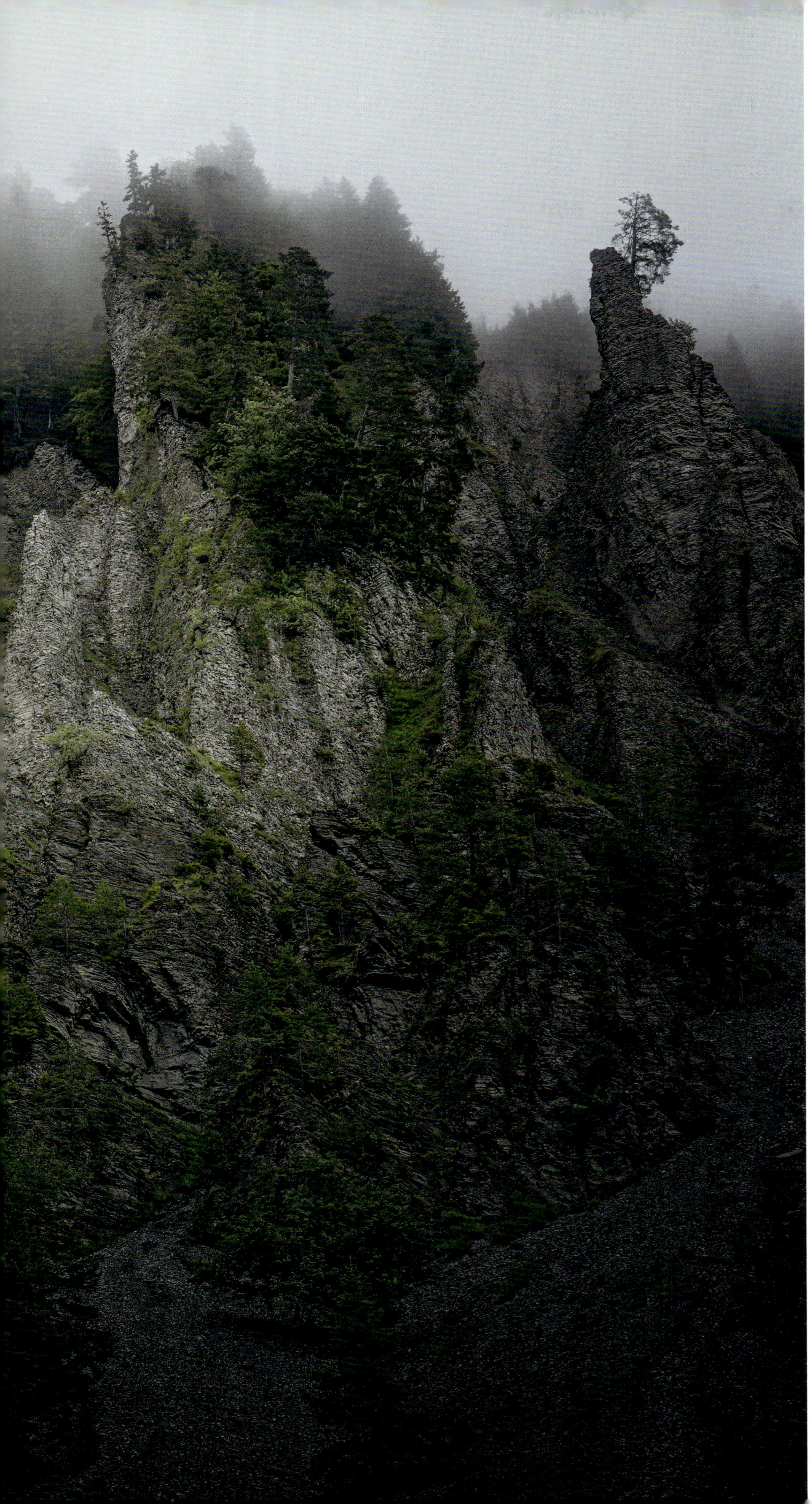

Alle Büsche in Mordor haben Dornen.

Tom Shippey: *Der Weg nach Mittelerde*

Auf Abstand: Harter Fels, kalt umtrübt – die unwirtliche Kulisse beschwert den Fuß des Wanderers.

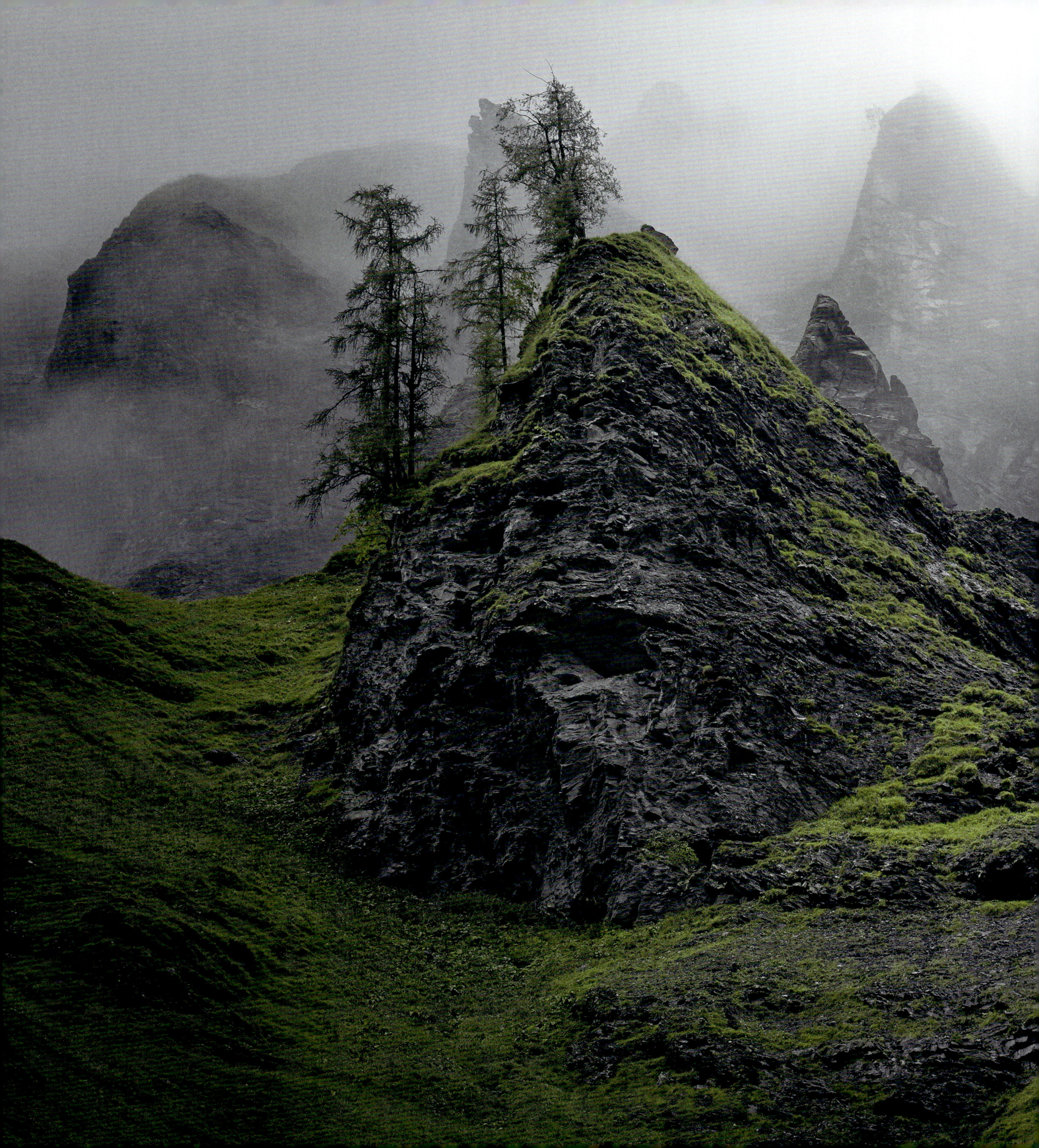

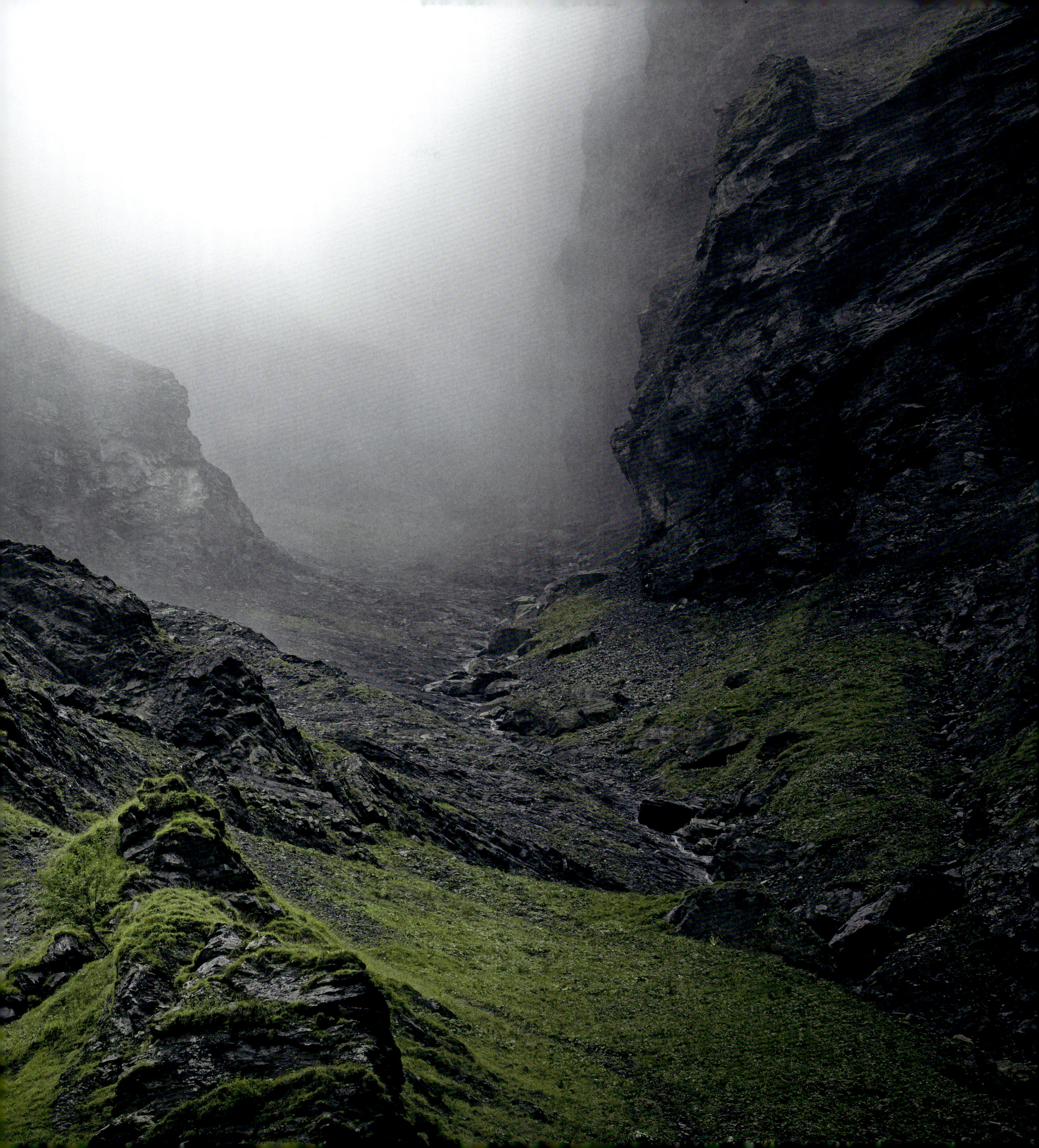

Dort in der Ferne, hinter dem traurigen Gondor, das jetzt in tiefen Schatten begraben war, ging die Sonne unter.

HdR, Wanderung zum Scheideweg

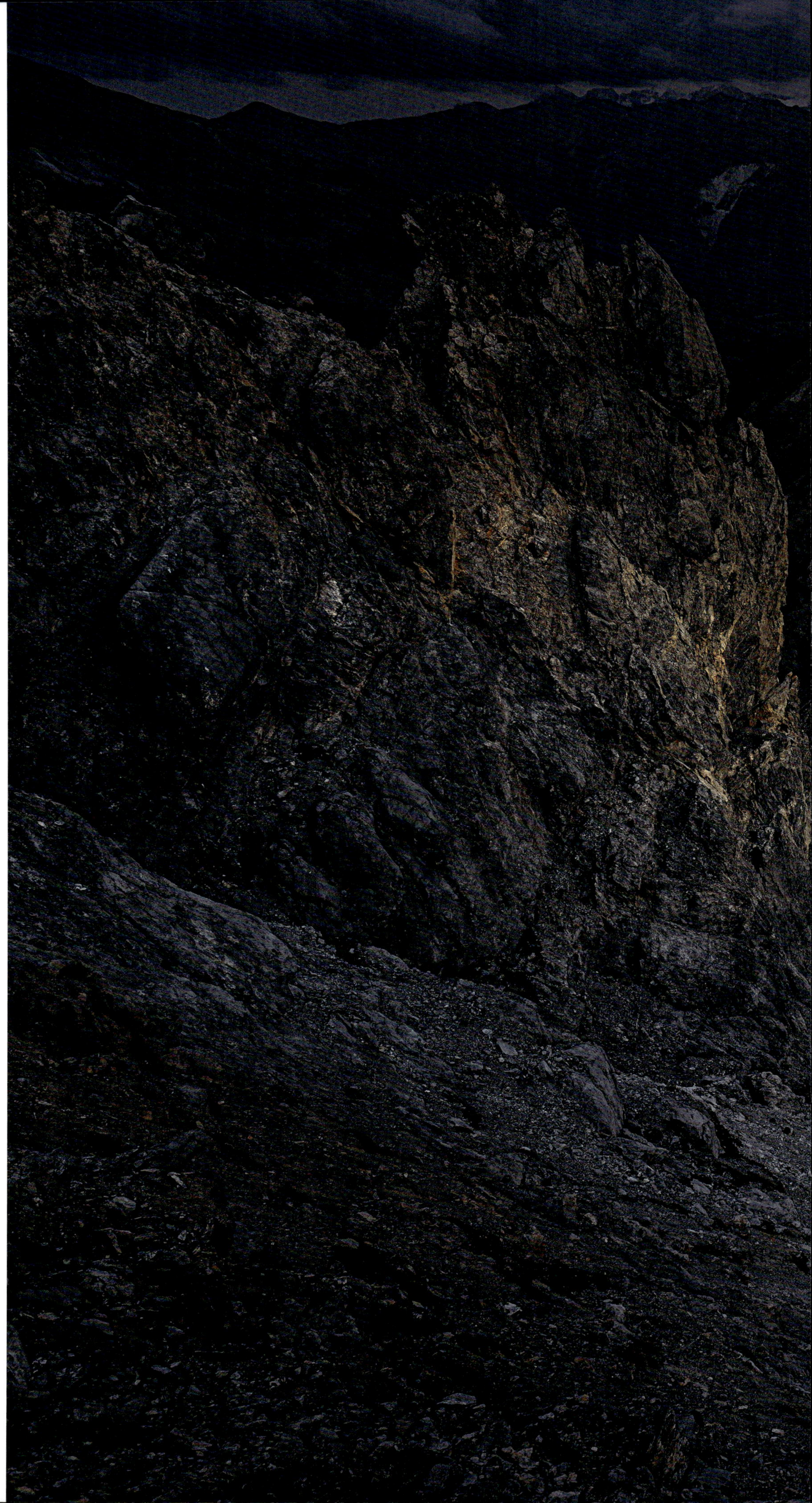

Hoffnung: Doch einmal zerreißt selbst in diesen verzweifelten Tagen die drückende Wolkendecke. Die Sonne bricht hindurch und spricht: »Und doch mag es noch gelingen.«

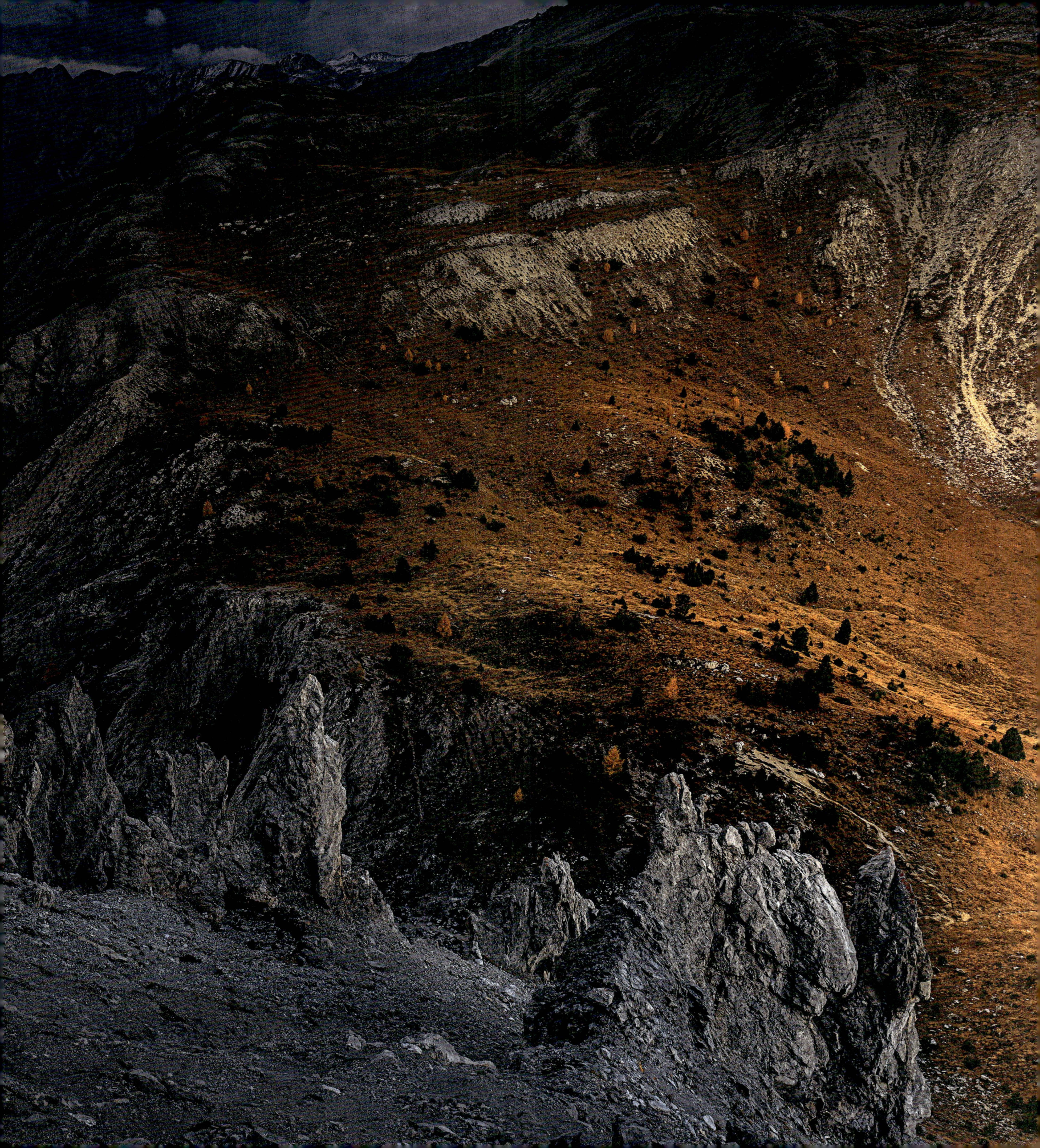

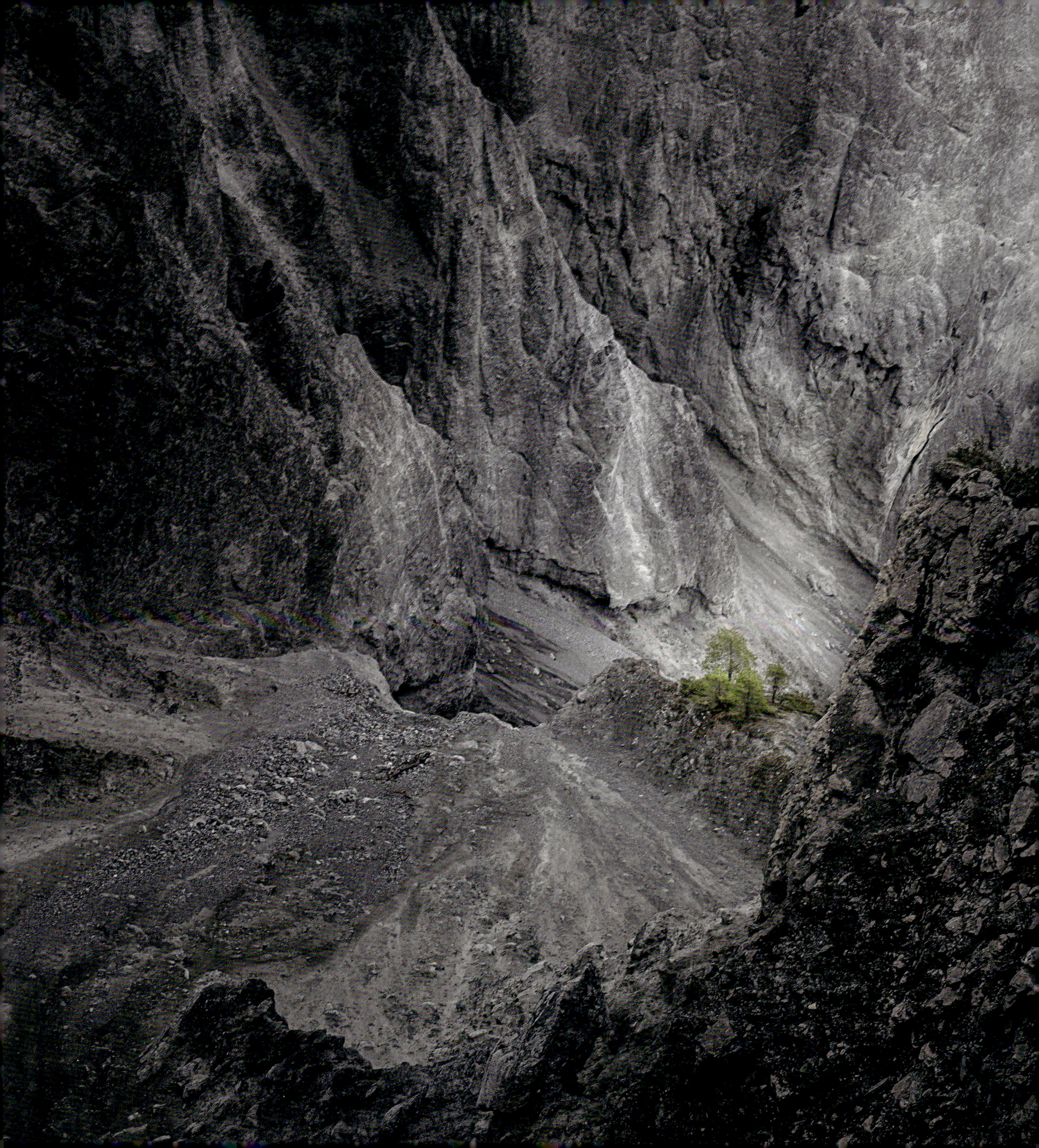

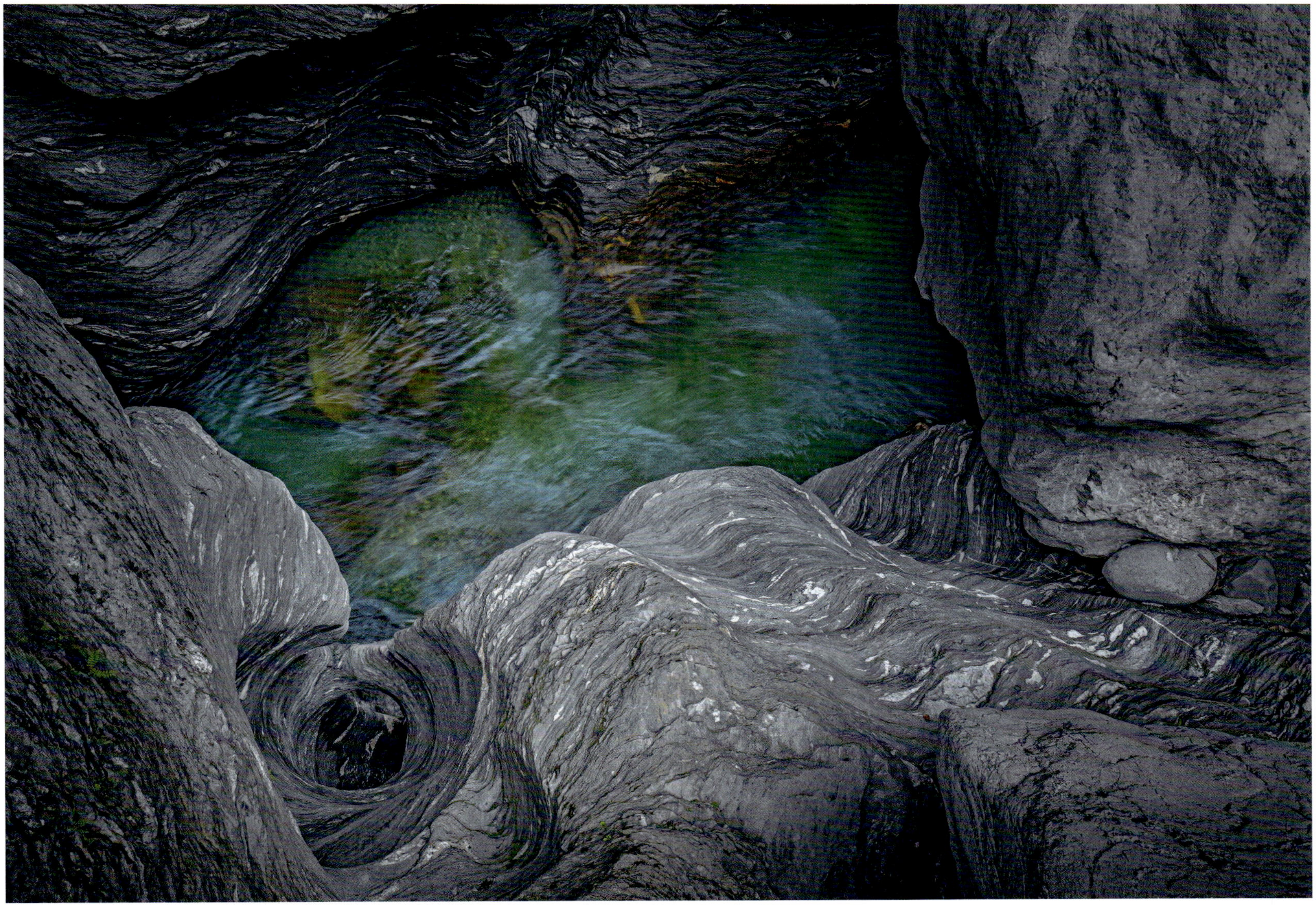

Versteckte Schätze: Selbst der schroffste Fels schmückt sich in manch verstecktem Winkel. Nirgendwo ist nichts als Übel.

Bedrohliche Gipfel

Wenn das Ziel in Sichtweite gerät, wenn es nun wirklich zu spät ist, das Vorhaben abzubrechen, kommt ein Abschnitt, der nichtsdestotrotz geeignet ist, einem den Mut zu rauben. Im echten Leben fragt man sich meistens nur, ob man alles bedacht hat, und sammelt die Entschlossenheit, um die letzten Schritte zu gehen. Doch in Geschichten ist alles dramatischer, und gerade fantastische Geschichten wollen uns mit dem Menschenmöglichen konfrontieren und dann noch darüber hinausgehen.

Heldenepen, wie sie sich die Menschen seit dem Altertum über Gilgamesch und Enkidu, Hector und Achill, König Arthur und seine Ritter erzählen, sind pointierter und gewaltiger als das reale Menschenleben. Nichts weniger als das Schicksal der Schöpfung hängt auch bei Tolkien von den Taten der Hobbits ab, auch wenn sie anders als Gilgamesch oder Achill ganz bestimmt keine Krieger sind. Wie drückend muss dann erst diese vorletzte Phase ihrer großen Reise sein, wenn sie sich, das Ziel am Horizont, durch die Steinwüste Mordors schleppen? Frierend, hungrig und durstig lagern sie am Rand eines Lands, das kein Grün, kein Tier zu kennen scheint, und wieder geht ihr Blick voraus.

Der Ephel Dúath, das Schattengebirge, umgibt die Ödnis Mordors, und seine Ausläufer gehen in die Ebene Gorgoroth über, inmitten derer der Schicksalsberg steht, den die Hobbits erreichen müssen; es »schien alles zerstört und tot zu sein, eine verbrannte und erstickte Wüste«. Mehr als einhundert Kilometer Luftlinie und ein ganzes Heer trennen sie von ihrem Ziel. Dabei haben sie kaum noch Kraft, im Schatten der Gipfel zu laufen ... Wenn die Majestät von Bergen sich in bedrohliche Schatten wandelt, dann ist dies ein Mittel der Dramatik, das schon. Aber es wirkt, weil sich hier Erhabenheit und Schauder tatsächlich vereinen.

Jenseits der Lebenskraft: Ein dräuender Gipfel wird das letzte bleiche Licht verschlucken. Nicht einmal das Firmament vermag jetzt noch zu trösten.

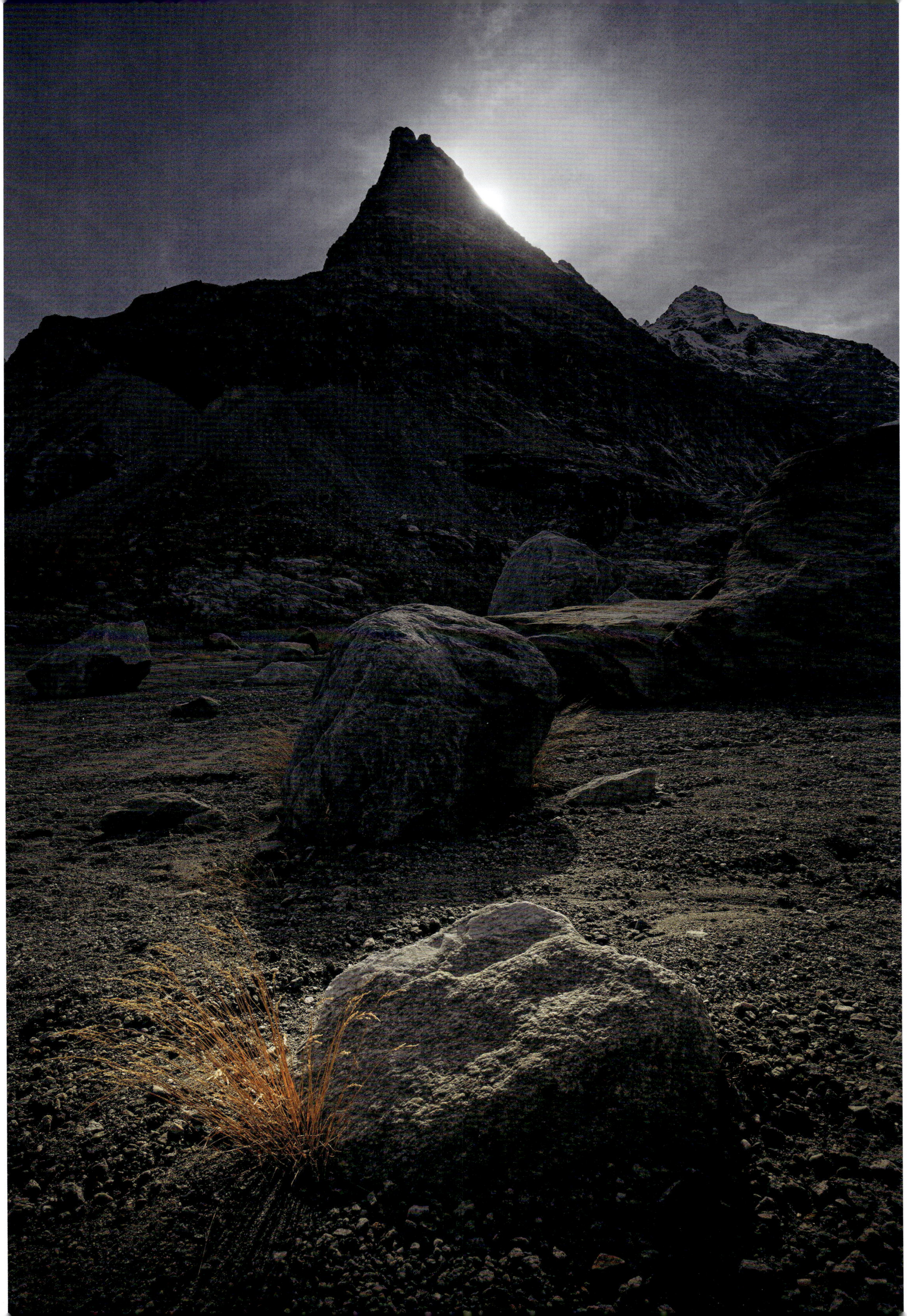

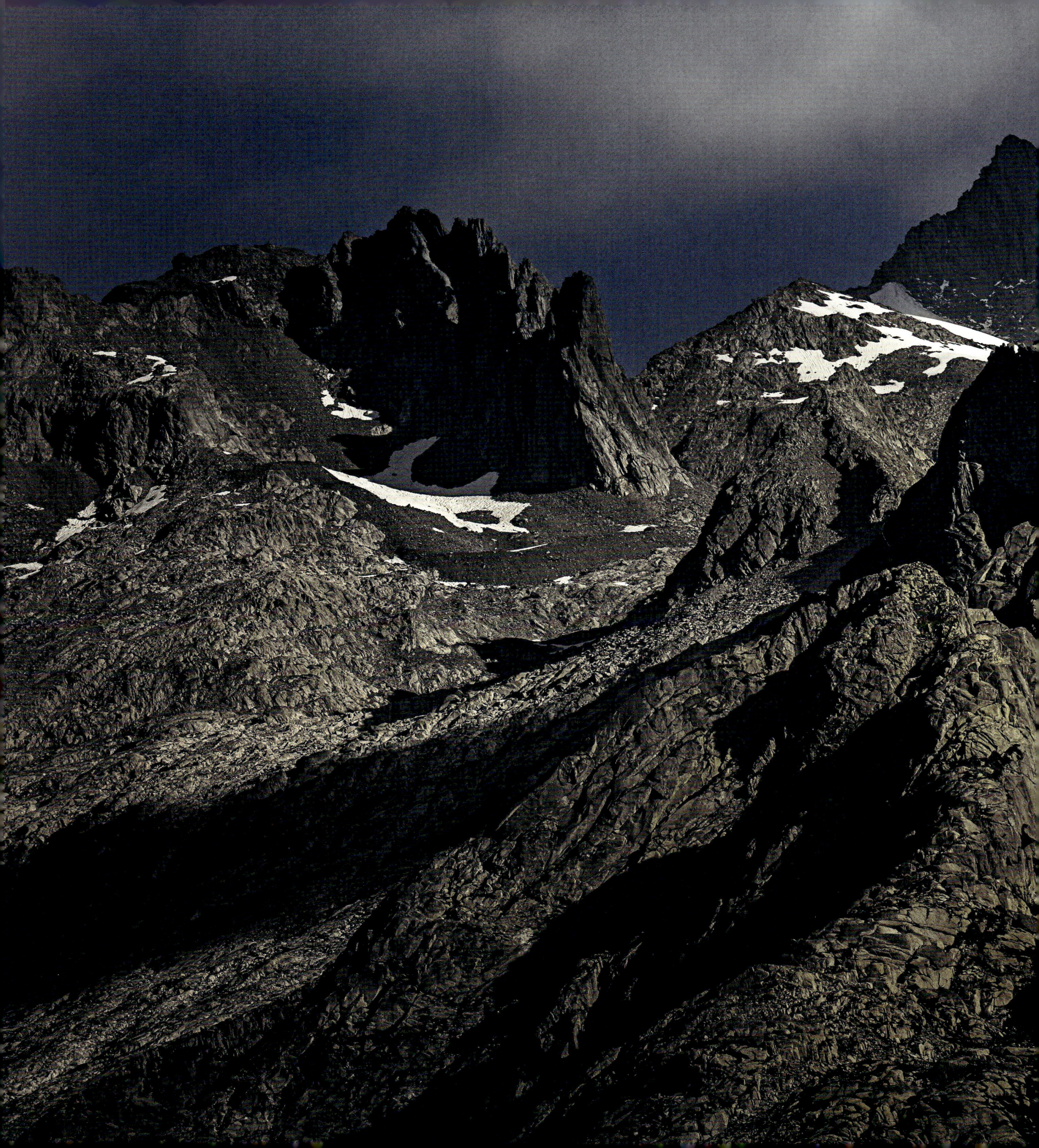

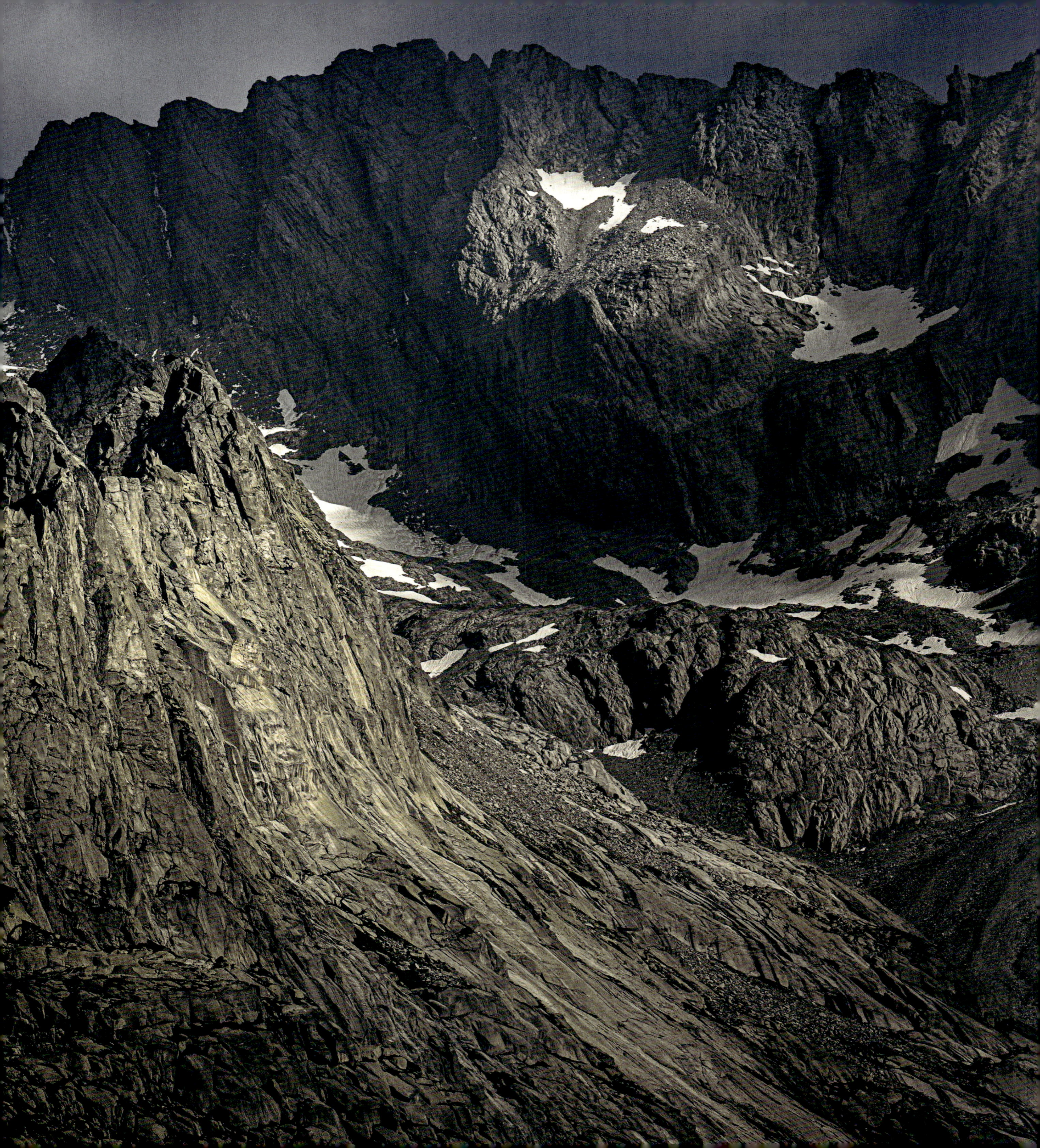

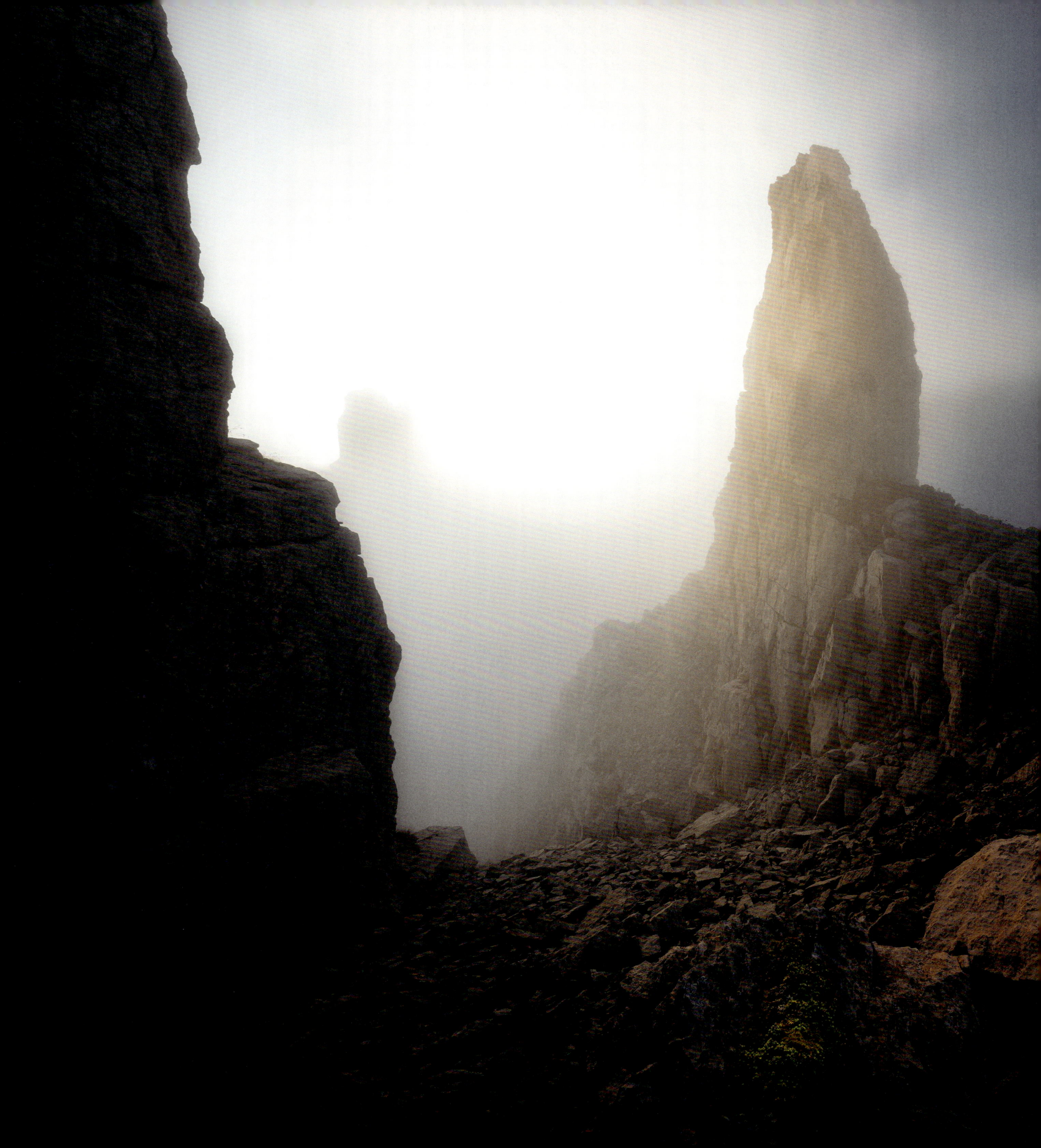

In dem entsetzlichen Licht stand Sam tief bestürzt, denn als er jetzt nach links schaute, erblickte er den Turm von Cirith Ungol in all seiner Macht.

HdR, Der Turm von Cirith Ungol

Turmwächter: Die Berge selbst scheinen sich dem Willen des bösen Herrschers zu beugen und jede Seele einkerkern zu wollen, die es wagt, sie zu überschreiten.

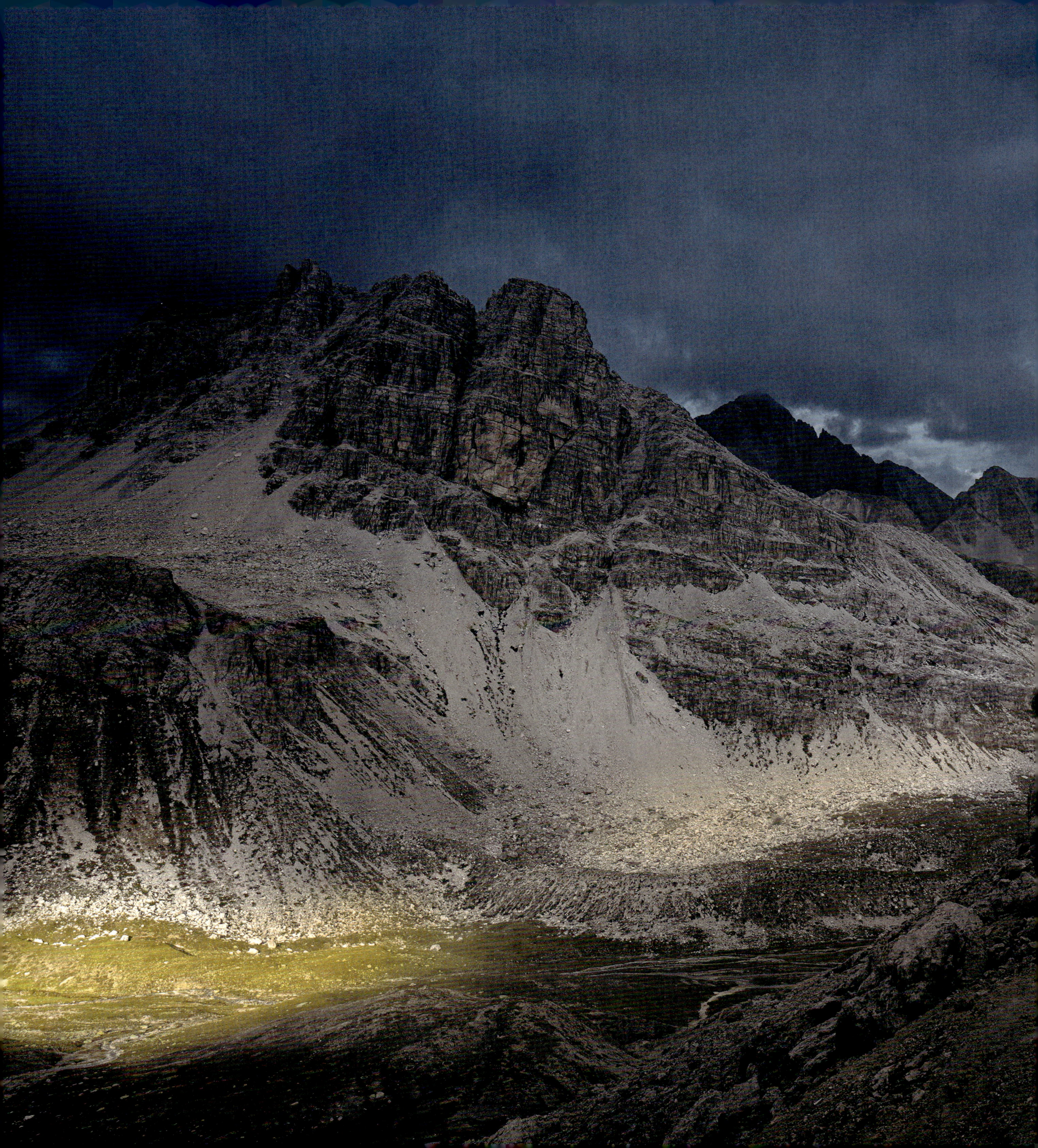

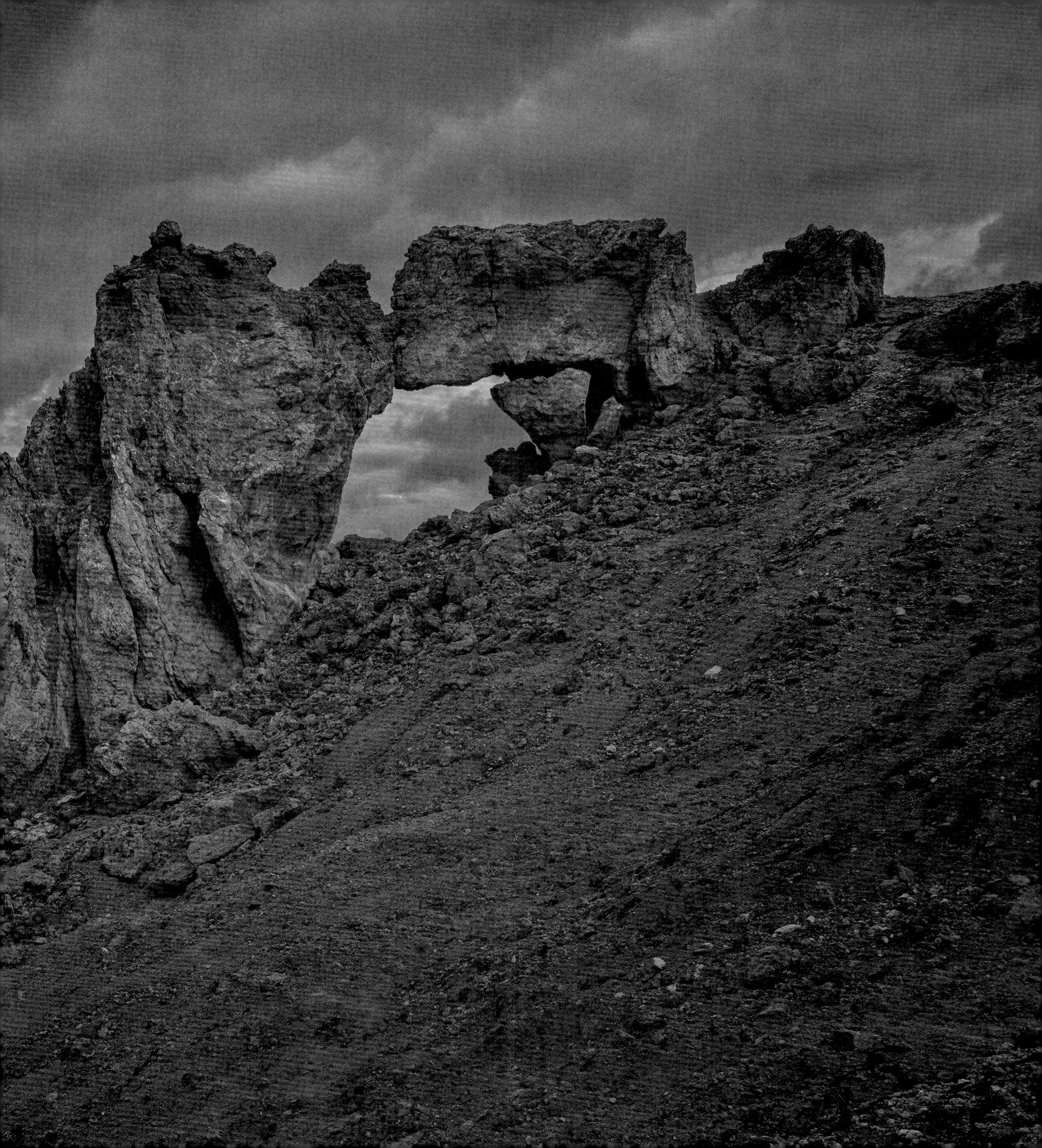

Schattenland

Am Ende aller Kräfte und ihres Mutes wandern, ja irren die beiden Hobbits Frodo und Sam durch »Mordor, wo die Schatten drohn«, wo der ultimative Feind, der »dunkle Herr sitzt auf dunklem Thron«. Tolkien findet in den Kapiteln »Das Land des Schattens« und »Der Schicksalsberg« seine vielleicht eindringlichsten Worte, um die Bürde der Helden zu beschreiben und zugleich das Extrem zu verdeutlichen, zu dem eine Heldenreise zu werden vermag. Und der Autor kannte es gut, das Schattenland, denn er selbst hatte es im Ersten Weltkrieg erlebt.

Auch wenn Tolkien im Vorwort zu *Der Herr der Ringe* betont, dass sein Werk nicht allegorisch gemeint sei, so hat die Tolkienforschung doch überzeugend argumentiert, dass des Autors Kriegserlebnisse in den Schützengräben an der Somme ihn tief geprägt haben. Liest man die Passagen über Mordor und die Entbehrungen der Hobbits dort, so fallen einem Werke wie T. S. Eliots Monumentalgedicht *Das wüste Land* oder Kurt Vonneguts *Schlachthof 5* als durchaus vergleichbar ein, auch wenn Tolkien sich zur Verarbeitung des Erlebten der für Kriegsliteratur ungewohnten Bühne einer märchenhaften Welt und der Form der epischen Sage bedient. Es ist schwer, bei den Beschreibungen des von der Kriegswirtschaft des Dunklen Herrschers völlig zerstörten Landes Mordor oder der trostlosen Ufer des Núrnenmeeres (dt. »Trauerwasser«) nicht an die Schlachtfelder Flanderns und Frankreichs im Jahr 1916 zu denken.

Doch Umweltzerstörungen und drohender Tod sind nicht das Einzige, was man im Schattenland sehen kann. Schattenlande als natürliches Phänomen sind ein Ausdruck von Grenzen. Berge, die sich jenseits der letzten Ausläufer der Pflanzen- und Tierwelt erheben und allem Leben feindlich gesinnt zu sein scheinen, kennen kein Gut oder Böse. Das natürliche Schattenland von leblosen Schluchten, Gipfeln, Vulkanen und Calderen ist das Produkt von Tektonik und Erosion. Es mag lebensfeindlich sein, aber es ist nicht feindlich gesinnt, sondern gewachsener Ausdruck dessen, was man als Grenze auf Erden an Land erreichen kann. Und welche Landschaft könnte eine bessere Bühne für den Höhepunkt der Heldenreise bieten als das Überschreiten einer letzten Grenze?

Trostlosigkeit: Fahles Licht fällt auf das tote Land. Woher die Kraft nehmen, darunter weiterzugehen?

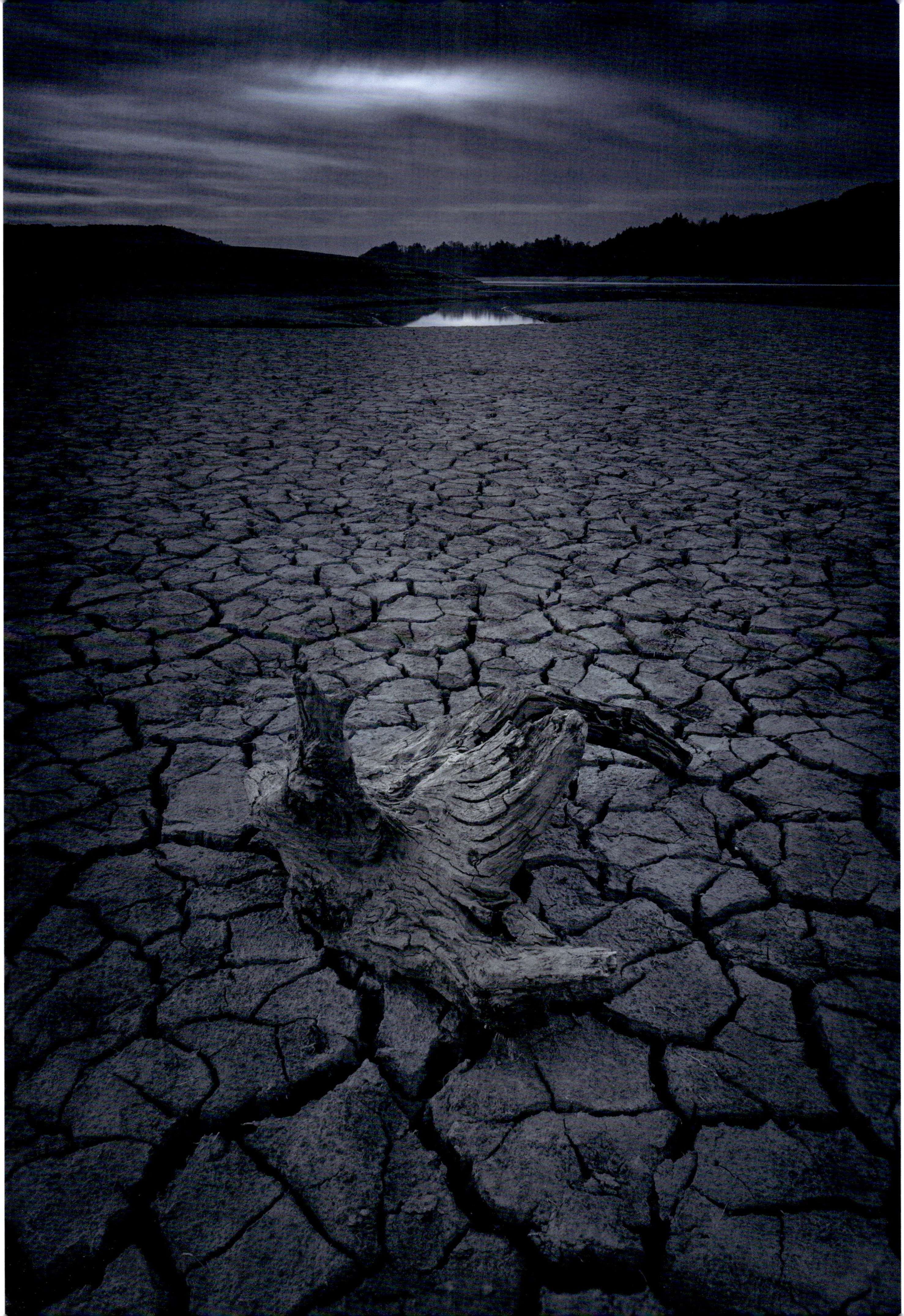

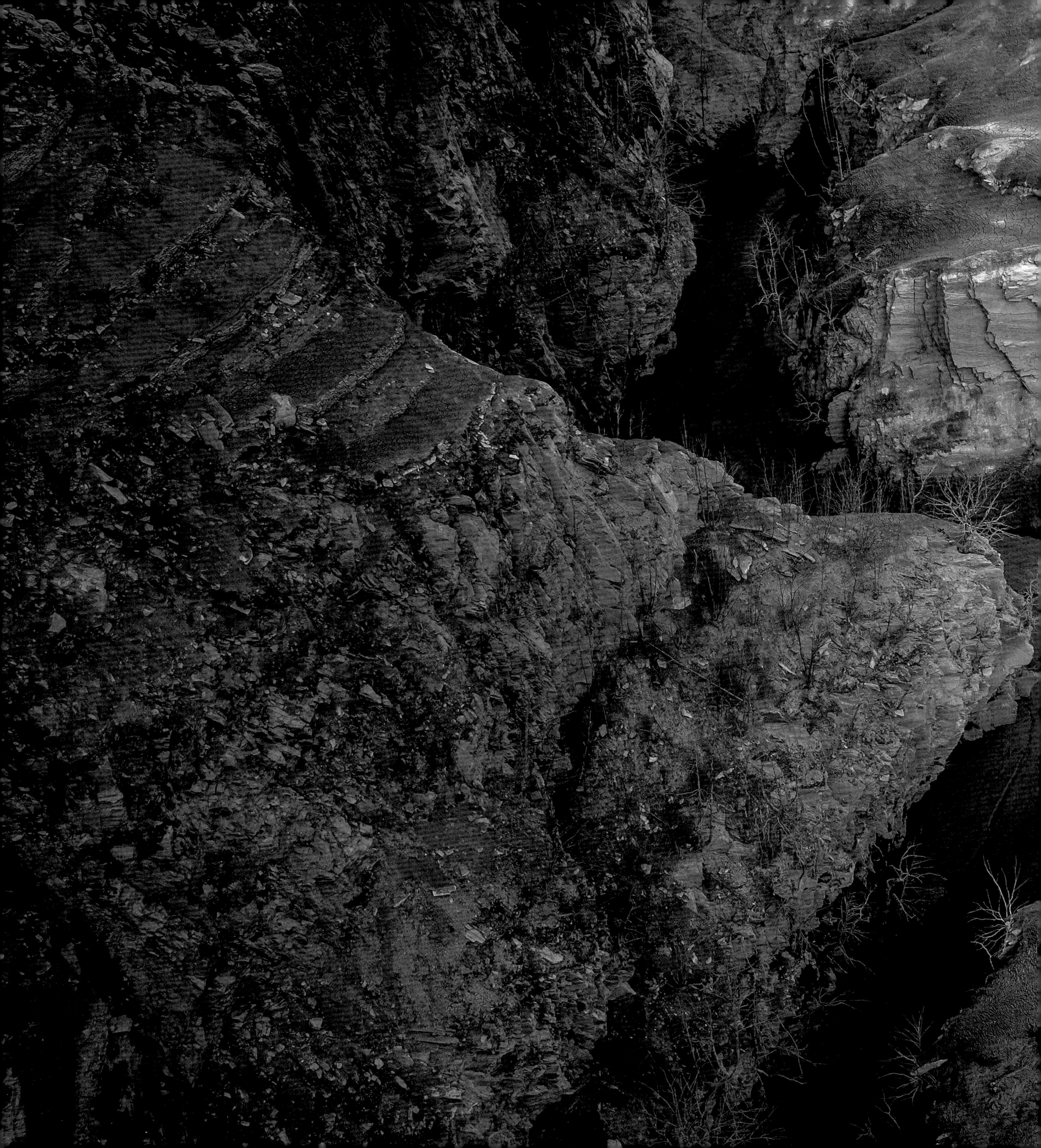

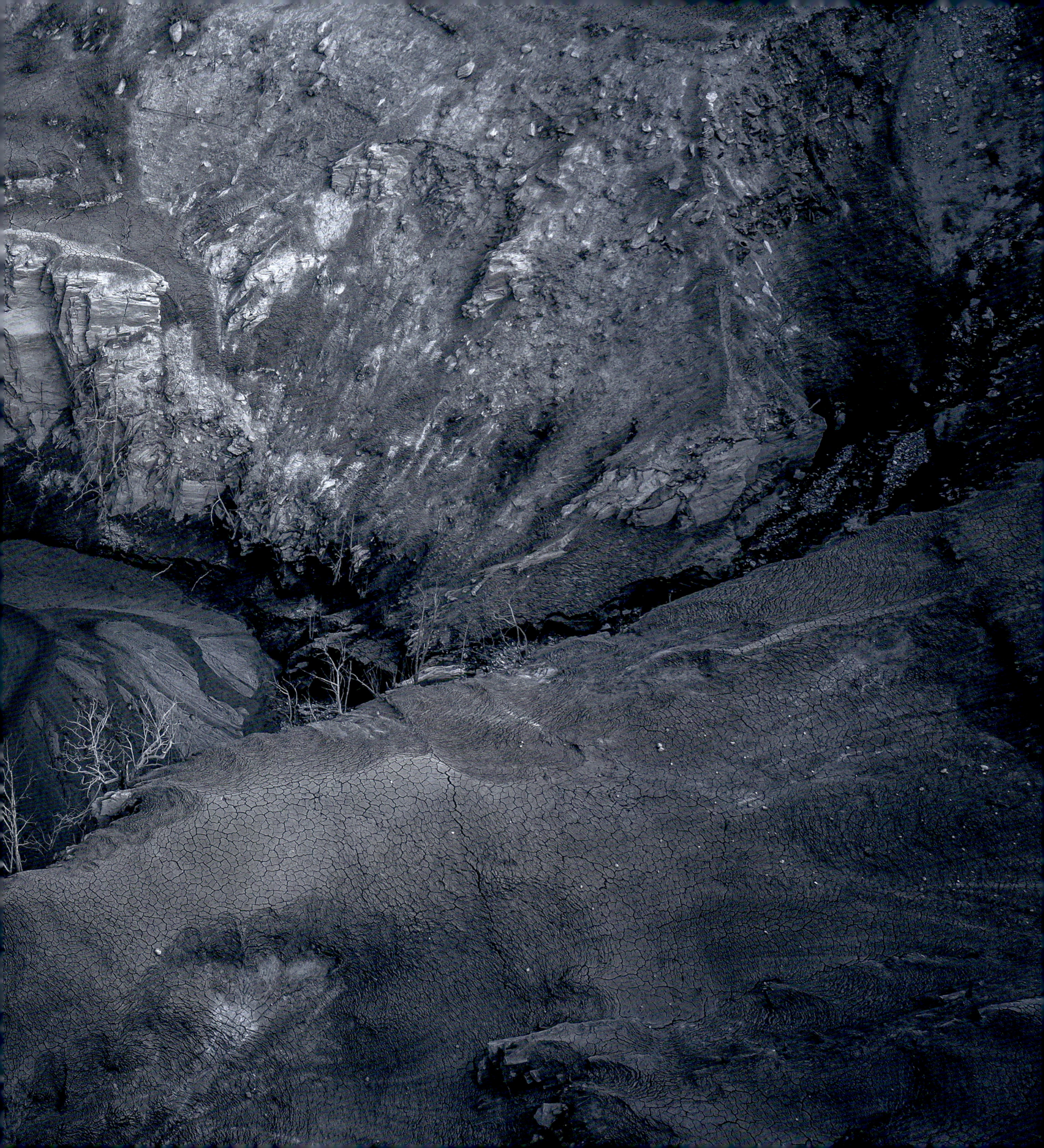

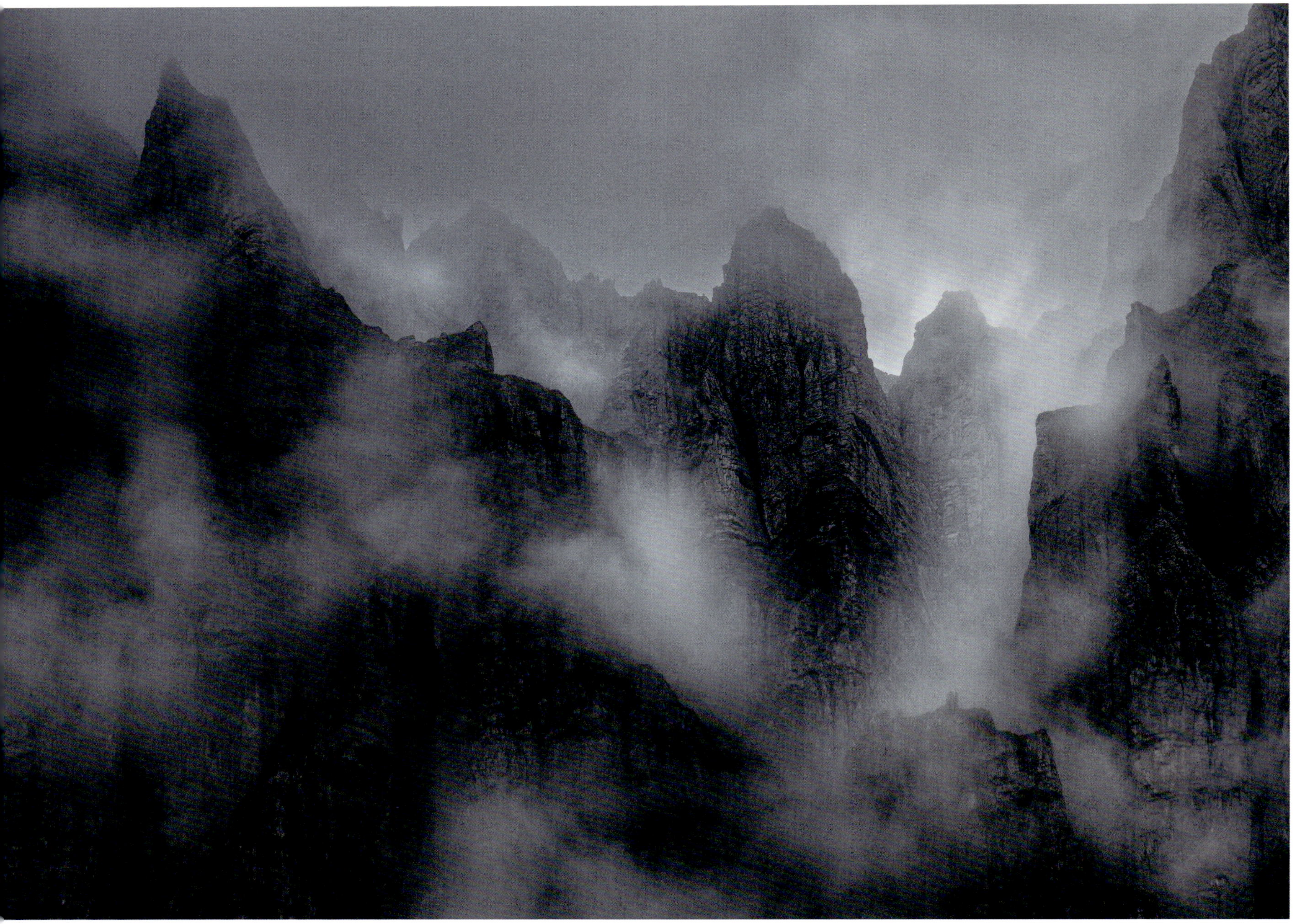

Vorwärts: Doch was hilft Verzweiflung? Über diese Grate hinweg führt kein Weg zurück.

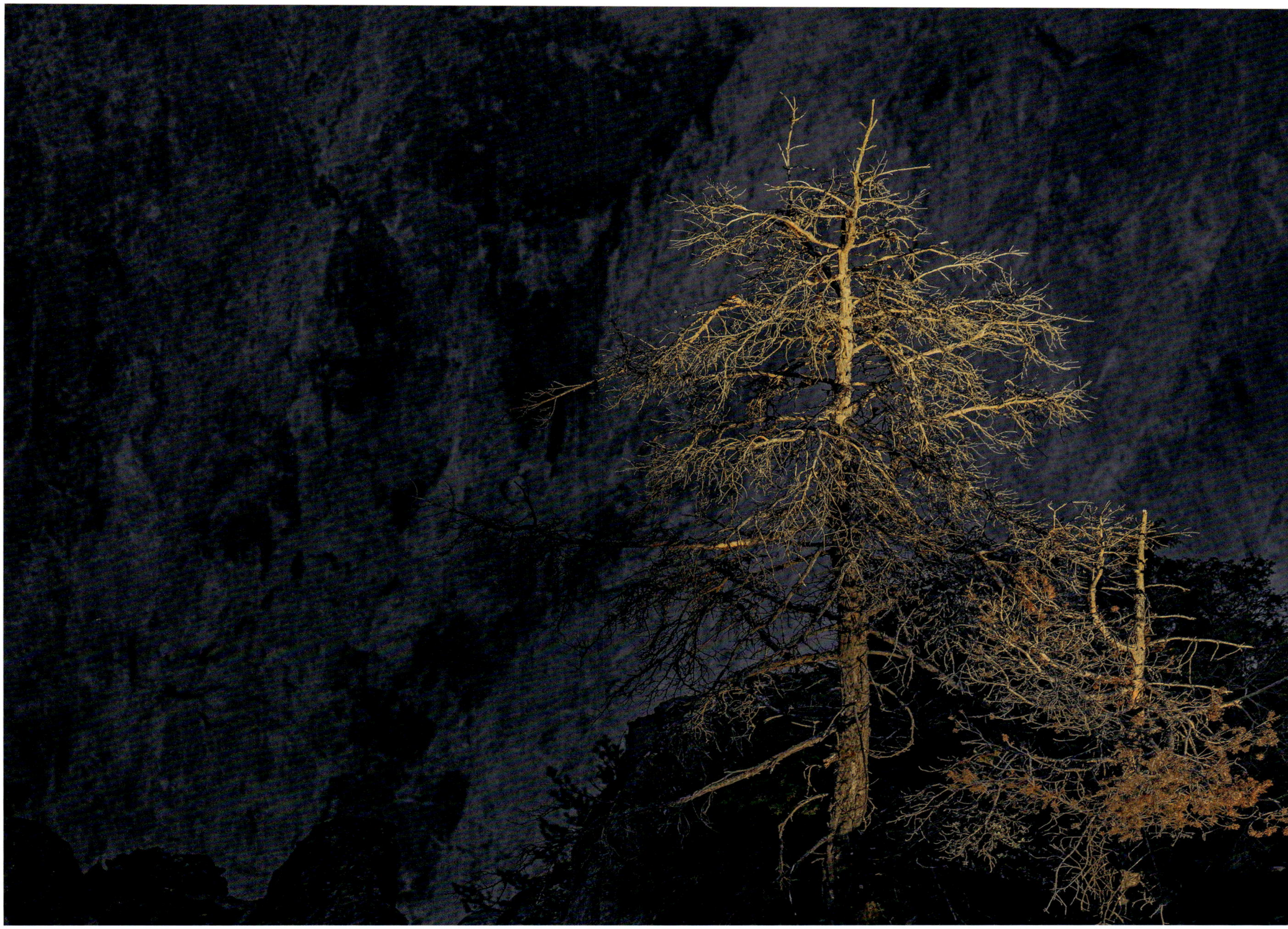

… und wenn die Aufgabe erfüllt war, dann würden sie dort ihr Ende finden.

HdR, Der Schicksalsberg

»Ich werde hinkommen, und wenn ich alles außer meinen Knochen zurücklasse«, sagte Sam.

HdR, Der Schicksalsberg

Schicksal: Wenn es also bestimmt ist, dass dieser Weg ins Zentrum der Dunkelheit führt, so werden sie ihn gehen.

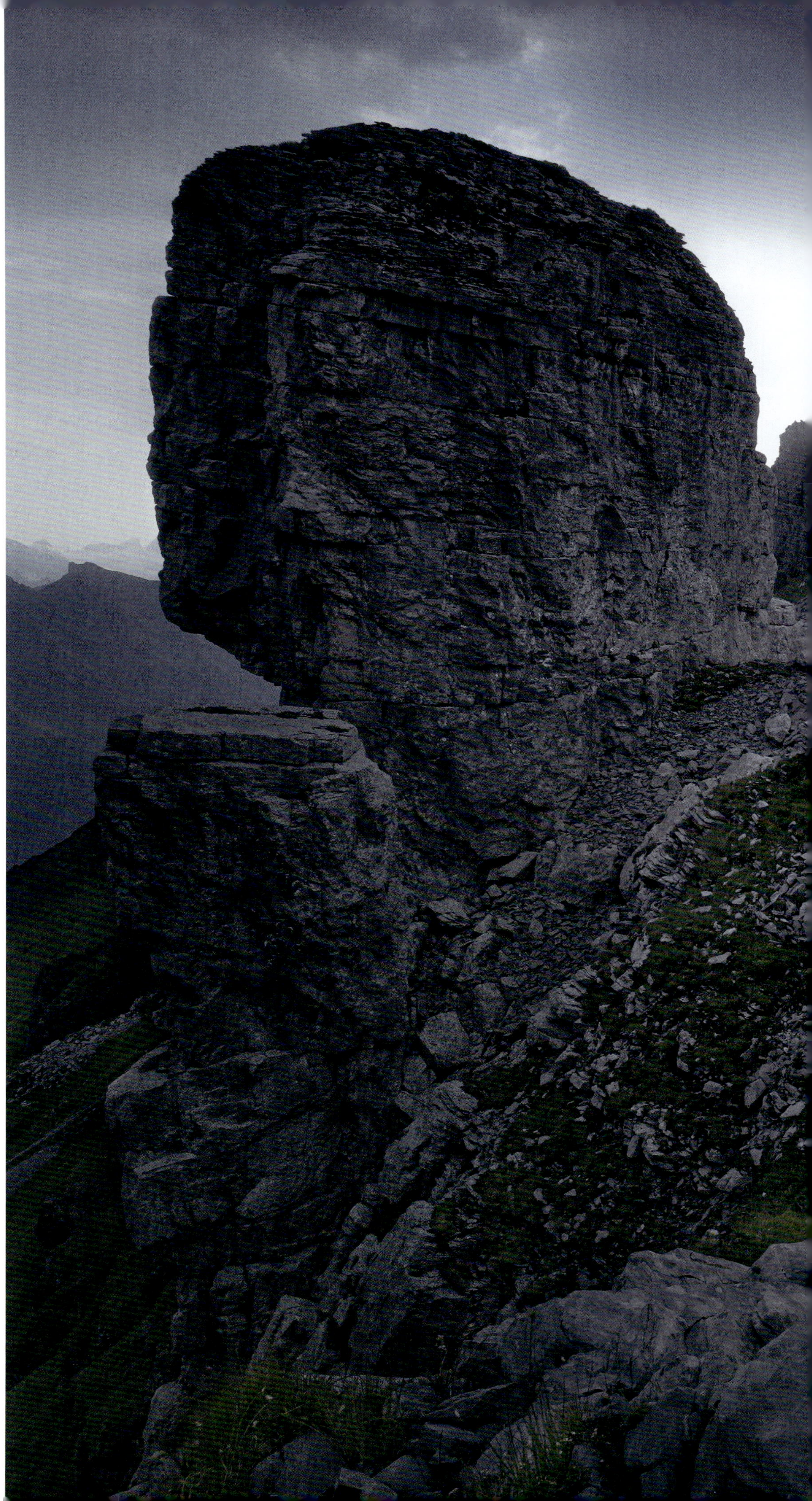

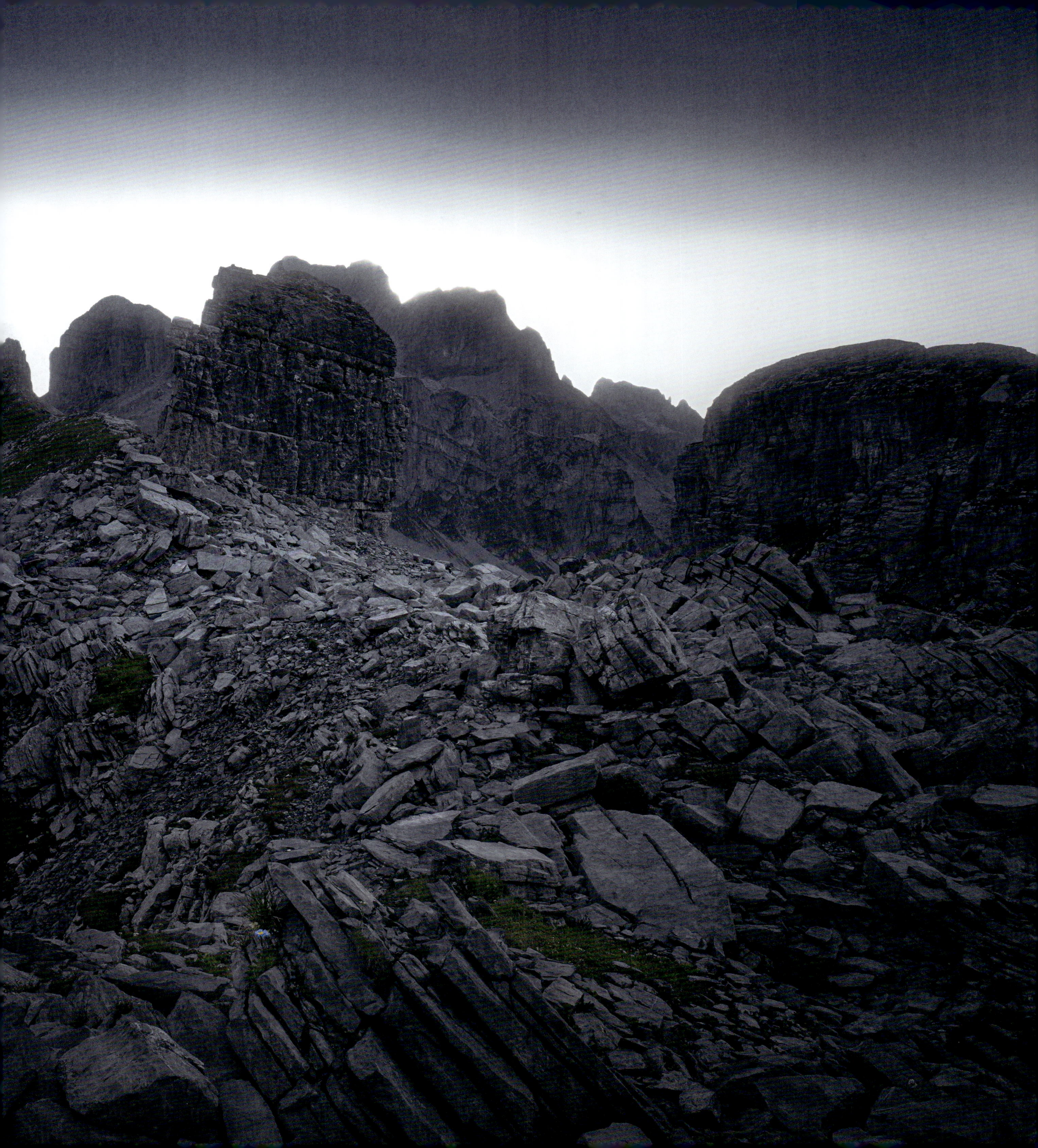

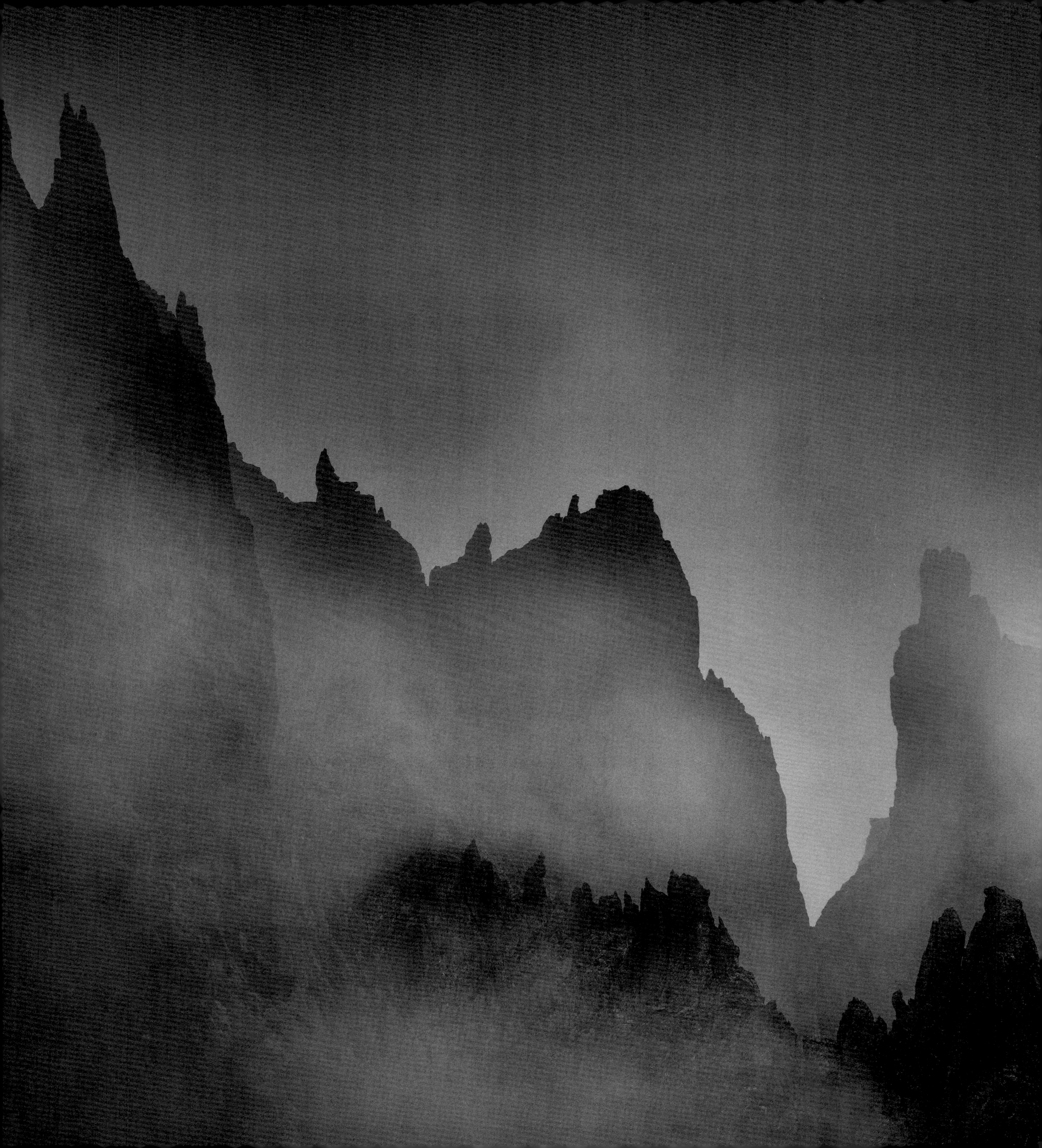

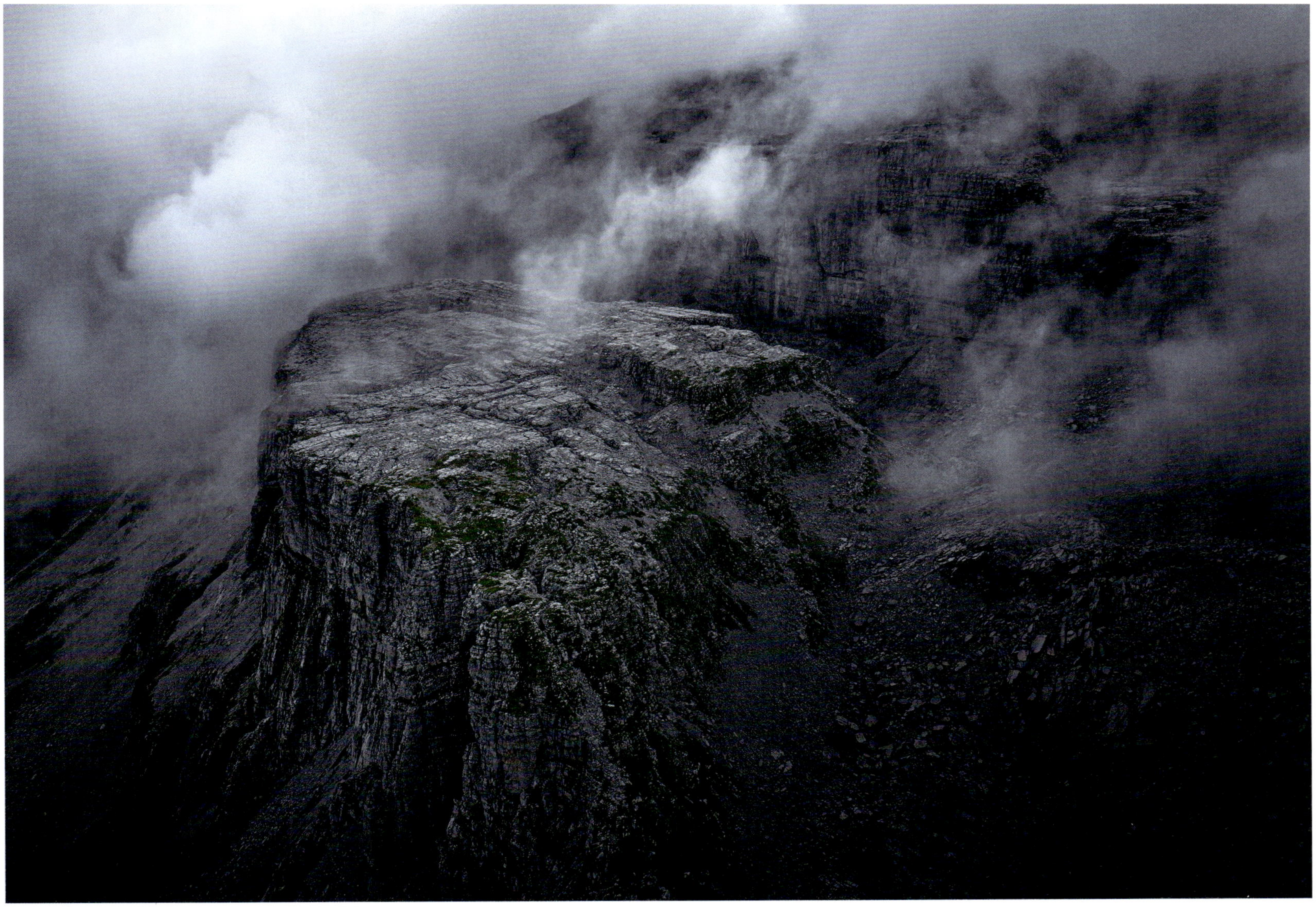

Entscheidung: So stehen die beiden Hobbits zum Schluss vor dem Feuer der Erde. Der Weg ist gegangen, so oder so wird es enden.

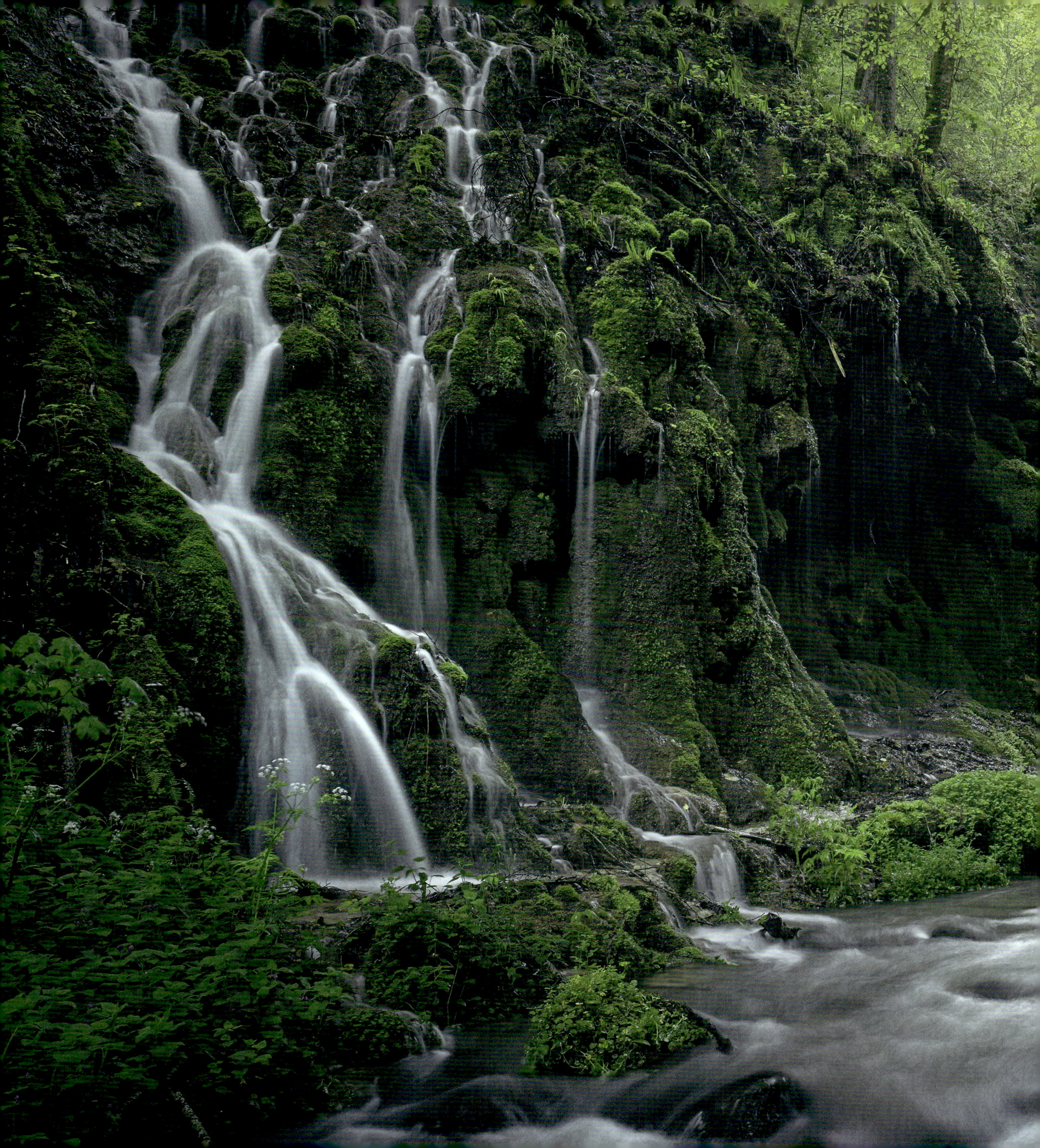

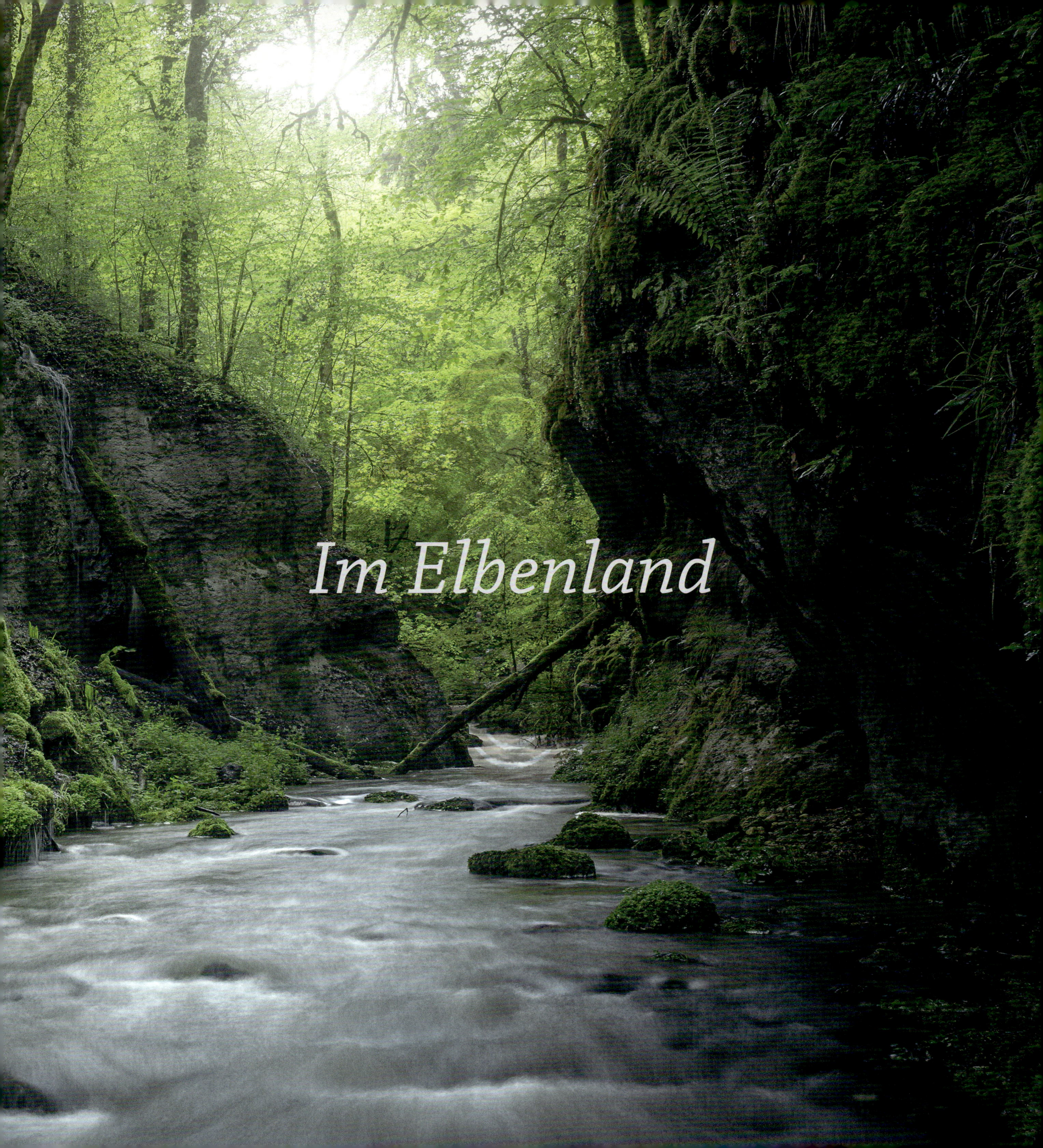

Im Elbenland

Erlösung

So formelhaft Märchen mit »Es war einmal …« beginnen, so enden sie auch mit »und wenn sie nicht gestorben sind …«. Auch die Ringerzählung endet damit, dass fast alle überleben und dass das Böse besiegt wird. Ein Ende, wie man es sich für alle eigenen großen Aufgaben und Reisen – und natürlich das Leben selbst – wünscht … aber es allzu oft höchstens teilweise bekommt. Und weil das so ist, enden die großen Erzählungen und die Heldenreise als Topos nicht mit den Worten »glücklich bis ans Ende ihrer Zeiten«, denn ein solch naiver Abschluss würde der Geschichte ihre Kraft nehmen.

Eine Heldenreise endet mit der Rückkehr der durch ihre Reise transformierten Helden, die in gewisser Weise – es handelt sich eben um die Analyse eines Mythos, nicht einer bloßen Abenteurergeschichte – über das bloße Leben des Normalsterblichen hinausgegangen und nun nicht mehr ganz der Welt ihrer Geschichte zugehörig sind. Dementsprechend spricht Campbell auch von »death or departure«, Tod oder Abschied, als Höhepunkt der Biografie des Helden. Und genau das passiert auch einigen Überlebenden der Ringgemeinschaft: Sie werden entrückt, weil sie nicht mehr in die Welt gehören, die sie retteten – ein tragisches, aber konsequentes Ende.

Die verschiedenen Versionen der Heldenreise, die Literaturwissenschaftler und Psychologinnen im Laufe ihrer Forschungsarbeit entwickelten, unterscheiden sich besonders in ihren Enden, und nicht immer sind das glückliche Ausgänge, in denen der Held Liebe, Ruhm und Reichtum gewinnt. Das ist auch im *Hobbit* und in *Der Herr der Ringe* nicht der Fall. Zwar wird Aragorn rechtmäßiger König Gondors und aller angrenzenden Gebiete, und Merry, Pippin und Sam führen hochangesehen ein langes und glückliches Leben. Doch die Ringträger ertragen die Welt nicht mehr, und Zwerg, Elb und Zauberer verlassen mit ihnen die irdischen Gefilde. Mit ihnen verschwinden im Laufe weniger Jahre, wie in den umfangreichen Anhängen der Ringerzählung zumindest angedeutet wird, alle Wesen übernatürlicher Art und sogar die ganz und gar natürlichen Hobbits. Übrig bleiben allein wir Menschen. Mittelerde ist damit – allen Zaubers entkleidet – zu unserer nüchternen Realität geworden.

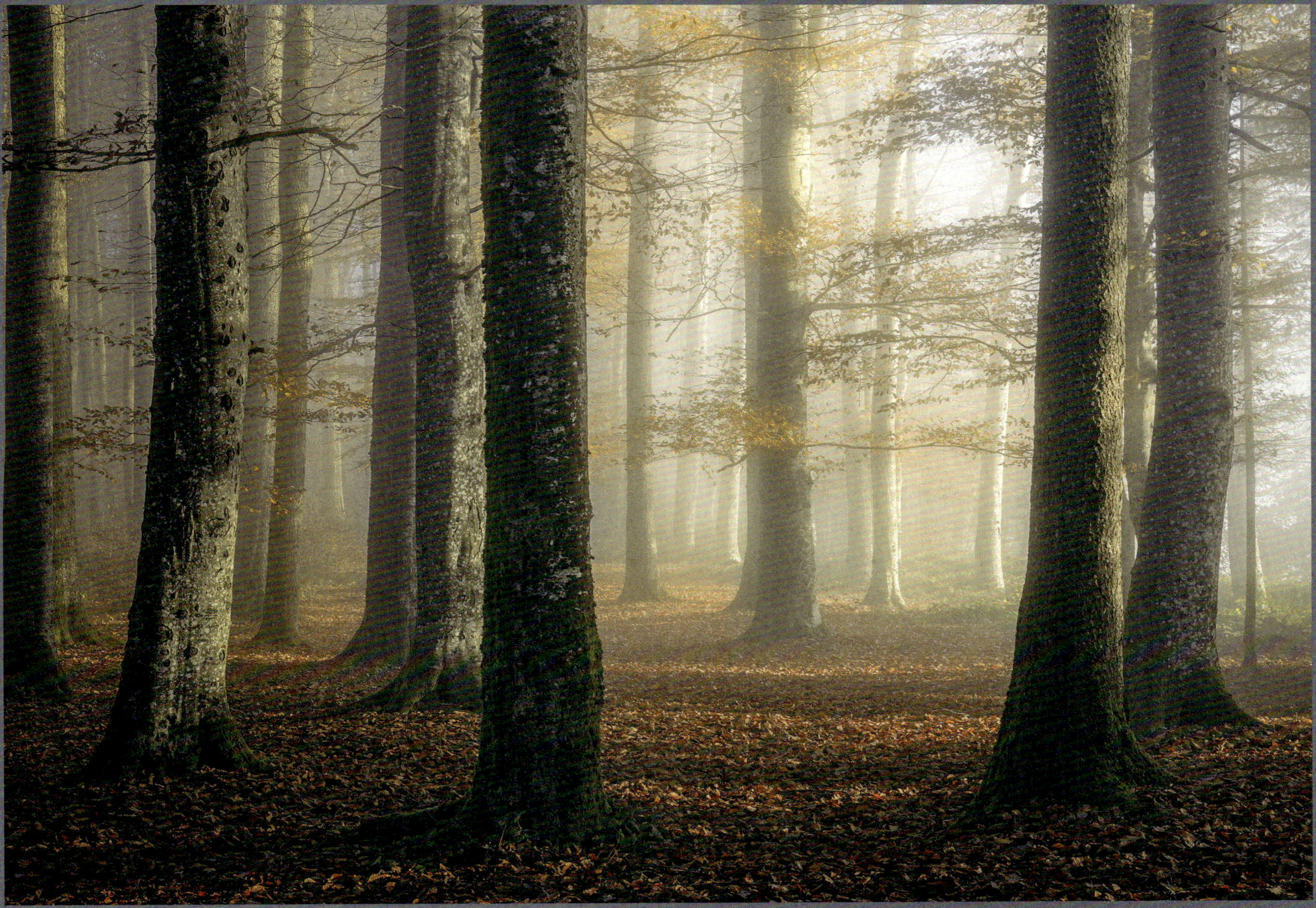

Es ist nicht die Gesellschaft, die den Helden leitet oder rettet,
es ist exakt andersherum.

Joseph Campbell: *The Hero with a Thousand Faces*

Tod und Abschied

Die Welt wurde erlöst von der Last des Bösen und der totalitären Absolutheit an Macht, die Sauron innegehabt hätte, wäre es ihm gelungen, den Ring zurückzugewinnen. Doch es ist eine Erlösung, die nicht nur den Akteuren, sondern der ganzen Welt einen gewaltigen Preis abverlangt. Mit den verschwindenden Ents und Zwergen und den sich aus Mittelerde in ihre paradiesischen Stammlande zurückziehenden Elben sowie dem Untergang Lothlóriens, das ohne die Anwesenheit seiner elbischen Hüter nicht länger bestehen kann, endet diese Heldenreise in letzter Konsequenz mit Tod und Abschied. Und das ist, wie Tolkien in einem Brief an den Dichter W. H. Auden schrieb, das »unvermeidliche Resultat« des Sieges über das Böse.

Tolkiens erfundene Welt ist eine Welt des Niedergangs, in der Spuren der ursprünglichen Herrlichkeit nur noch in nahezu homöopathischen Dosen vorkommen, wie der letzte goldblättrige Mallorn aus dem untergegangenen Lothlórien, der in Samweis Gamdschies Garten steht. Die ganz großen Züge der Geschichte Mittelerde in Form der vier Zeitalter dieser Welt, von denen jedes weniger zauberhaft als das vorhergehende ist, reflektieren den großartigen Mythos vom Goldenen Zeitalter. Dieser Topos wird sowohl in europäischen wie auch in asiatischen Geschichtsmythen berichtet und scheint stark vereinfacht selbst in der Bibel in Form des Bildes des Garten Eden im Ersten Buch Moses auf.

Alle Beschreibungen des Goldenen Zeitalters stimmen darin überein, dass die Welt einst ein Ort von überwältigender Schönheit war, beherrscht von ebenso weisen wie mächtigen und gerechten Regentinnen und Regenten, die oft göttlicher oder sonstiger übernatürlicher Provenienz waren. Durch in der Regel typisch menschliche Unzulänglichkeiten wird das prächtige Idyll zerstört und degeneriert immer mehr zu einer Welt, die aller Wunder entbehrt und nur noch in Mythen und Sagen von ihnen erzählen kann. Damit boten der Mythos und seine Zerstörung eine Erklärung für den desolaten Zustand der Realität, in der die von Krieg, Krankheit und Katastrophen immer wieder betroffene reale Menschheit leben muss. Bezogen auf Mittelerde erklärt die degenerative Abfolge der Zeitalter, warum wir heute – denn Mittelerde ist ja unsere Welt im Vierten Zeitalter – ohne Elben und Zwerge und die zauberhaften Landschaften, Fauna und Flora leben müssen, von denen *Silmarillion*, *Hobbit* und *Herr der Ringe* erzählen.

Am Bach: Das kühle Nass lindert die Schmerzen in den Füßen des erschöpften Wanderers. Es ist nun alles gut, nicht wahr?

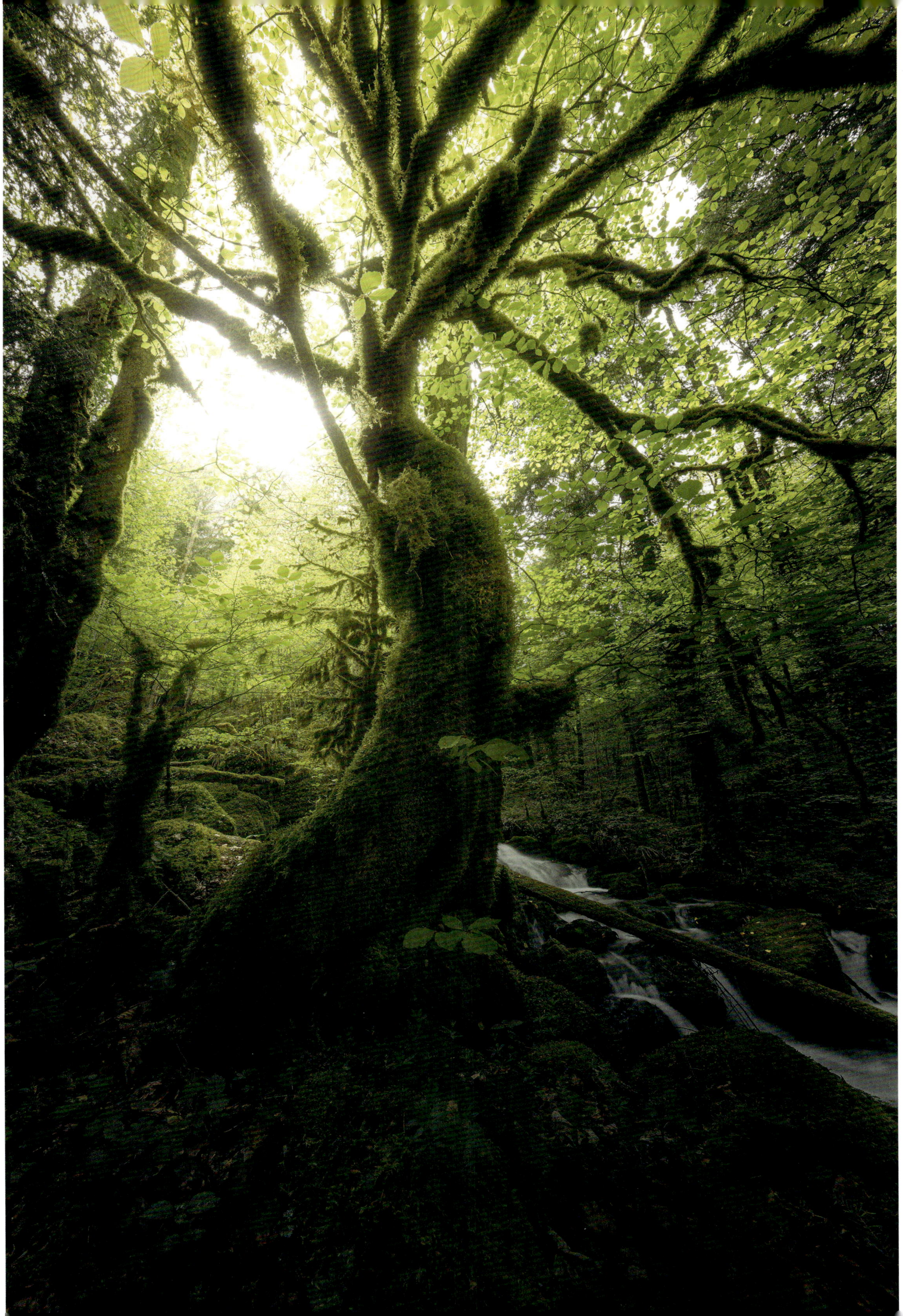

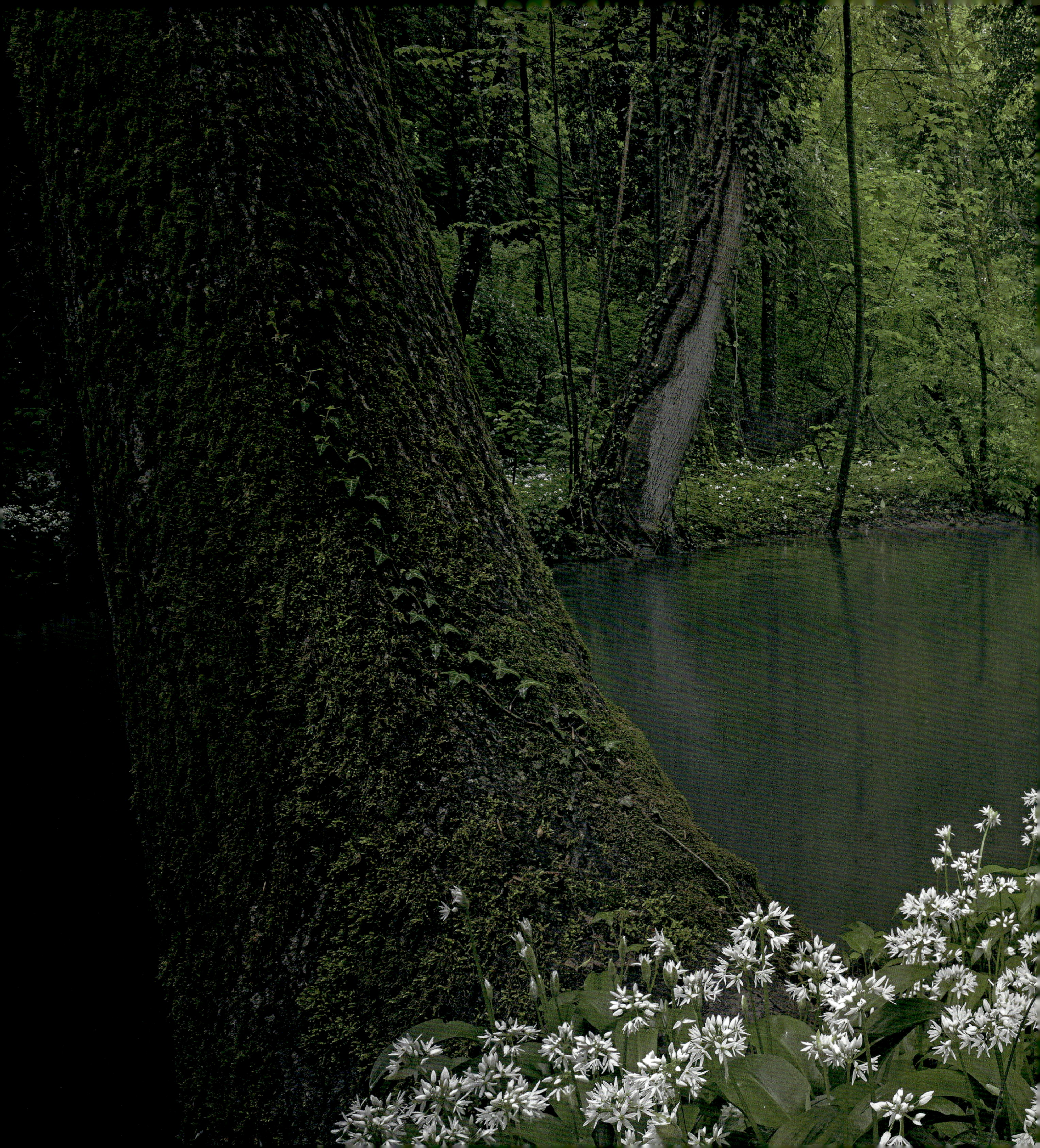

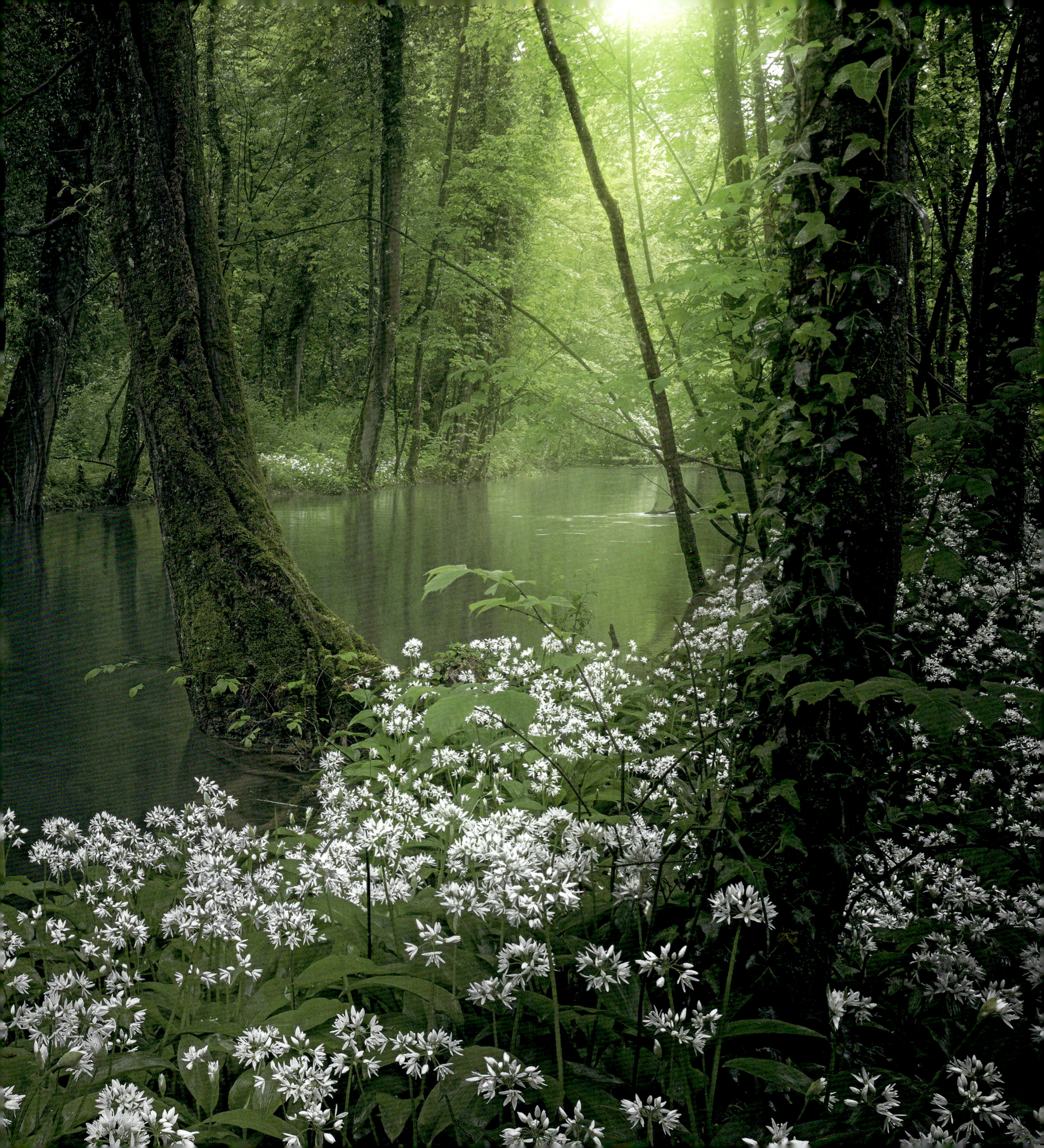

Lohn

Wieso dieses Ende? Nicht allein Tom Shippey, der vielleicht beste Tolkienkenner, den wir haben, zählt den Professor zu den großen Schriftstellern, die aufgrund ihrer Kriegserfahrungen über das Böse geschrieben haben, und stellt ihn Autoren wie Kurt Vonnegut, George Orwell oder William Golding an die Seite. Tolkien hat im Ersten Weltkrieg auf der letztlich siegreichen Seite in der Hölle der Schützengräben an der Somme gekämpft und hautnah erlebt, dass es unter Soldaten keine Sieger gibt, nur Überlebende. Da ist das bittersüße Ende der Ringerzählung nur folgerichtig, zumal sich darin auch Tolkiens Kritik an der Industrialisierung der Welt und den auch zu seiner Zeit schon erkennbaren Umweltzerstörungen widerspiegelt. All dies war für ihn, den überzeugten Christen, Ausfluss der Verachtung des Wertes der Schöpfung.

Aber sollte dieses Ende wirklich der Lohn der Mühen der Reise sein?

Das Ende der Ringerzählung ist in der Tat der von Tragik nicht freie Lohn der Mühe dieser Helden, aber nicht der der Leserinnen und Leser. *Der Hobbit* und *Der Herr der Ringe* sind Geschichten, sind irreal. Aber die Inspiration ist real, und sie wirkt weiter. Der Held der Geschichten habe auch heute noch die Aufgabe, die Gesellschaft zu retten, sagt Joseph Campbell. Das tut er durch seine Vorbildfunktion, die, obwohl in der fantastischen Literatur meist übermenschlich groß gezeichnet, beispielgebend für das Gute ist. Das gilt umso mehr, wenn die Helden ganz gewöhnliche Menschen sind, wenn auch nur so klein wie Hobbits: »Bei den großen Entscheidungen der Weltgeschichte [geben] oft nicht die Großen und Mächtigen, nicht einmal die Götter den Ausschlag, sondern die scheinbar Schwachen und Unberühmten«, schreibt Tolkien über die von ihm seinen Hobbits zugedachte Rolle. Diese Erkenntnis inspiriert nicht weniger, als es der Welt Mittelerde selbst gelingt. Wenn die Tolkien in Gedanken zugewandten Wanderer die Stationen der Ringgefährten und Bilbos in realen Schluchten und auf Bergkämmen wiederfinden, so ist die Erkenntnis der engen Verwandtschaft von Vorbild und fantastischer Abbildung der Lohn, den man in Empfang nimmt.

Es ist nicht die Kamera, die gute Fotos schießt, sondern das Auge des Fotografen, das erkennt, welche Perspektive eine lohnende Geschichte erzählt, und diese festhält. Bei jeder Geschichte geht es um die Perspektive, und die wird immer von Menschen eingenommen. Die Natur der Schweiz stellt unendlich viele Perspektiven zur Verfügung. Und das ist der Lohn, den das Publikum zu Hause im Lesesessel oder draußen in Feld und Flur ausbezahlt bekommt: die Möglichkeit der Wahl aus Blickwinkeln, deren Zauberhaftigkeit ganz im Auge des Betrachtenden liegt.

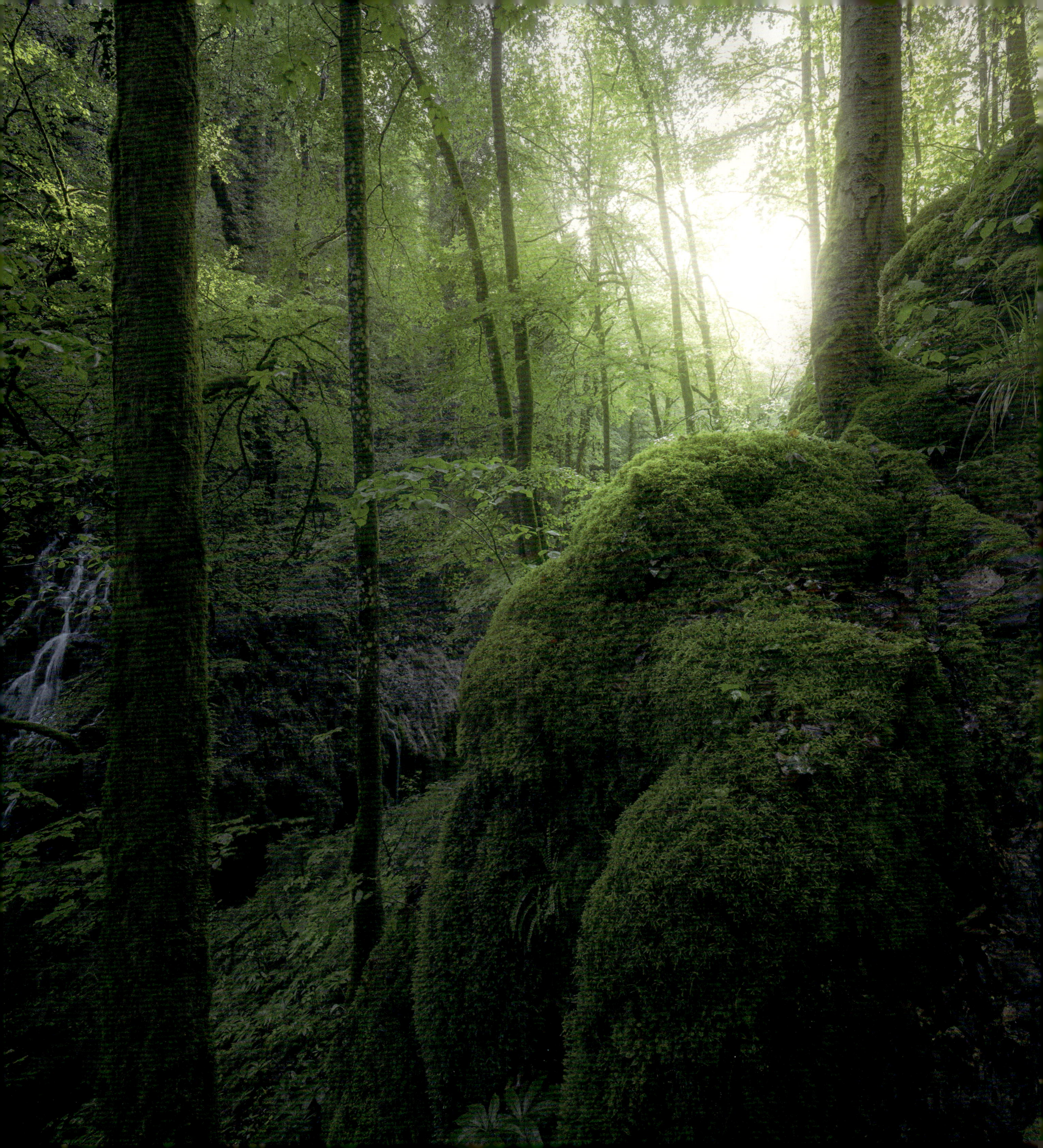

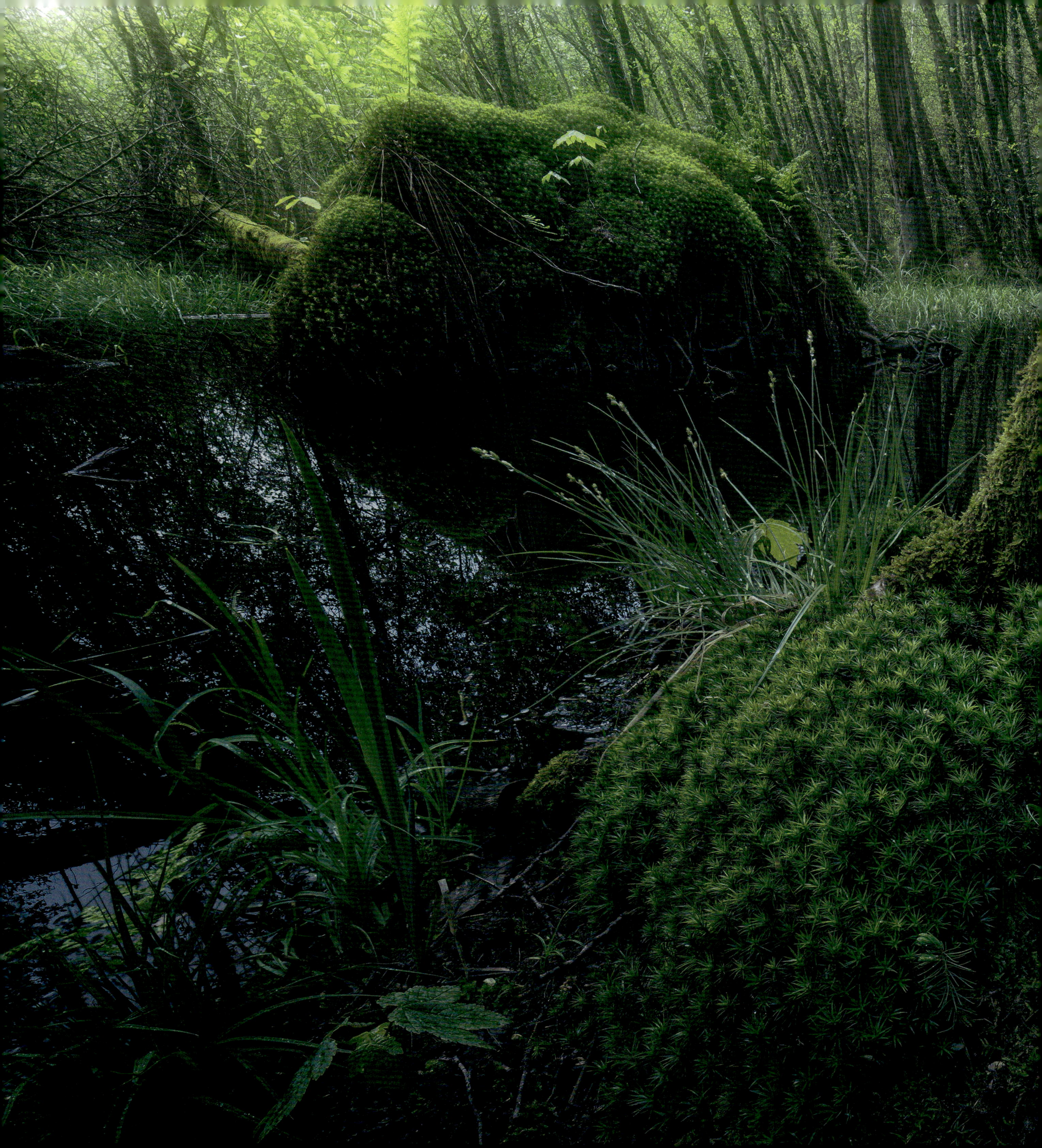

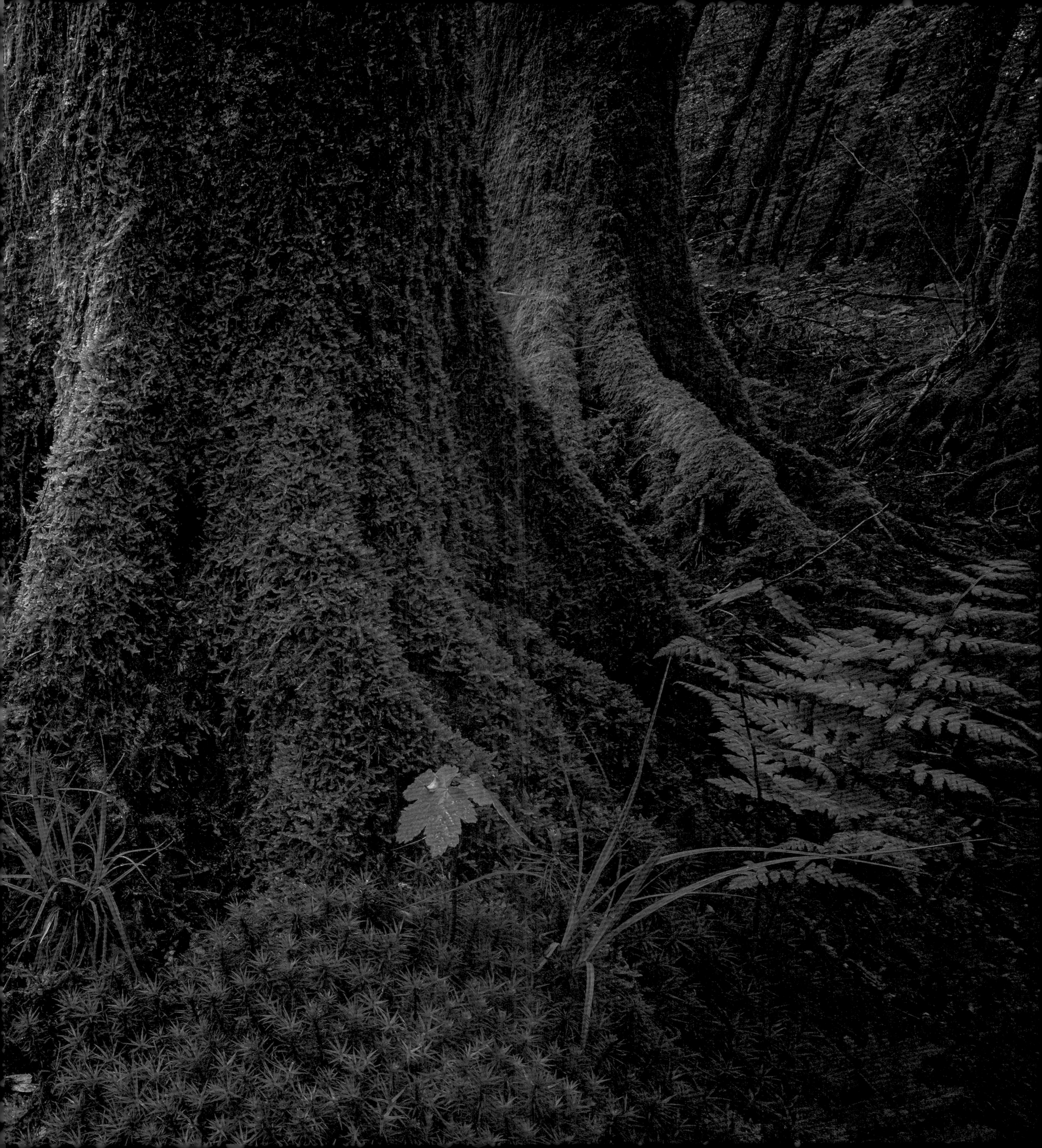

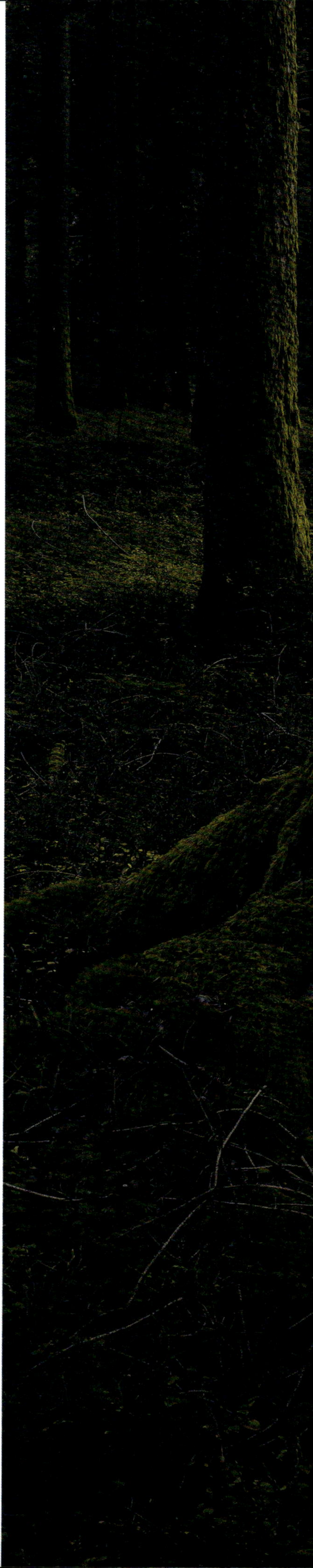

Der letzte Mallorn: Strahlendes Licht trifft eine Welt im Wandel. Es ist nicht alles gut, zu vieles ging verloren.

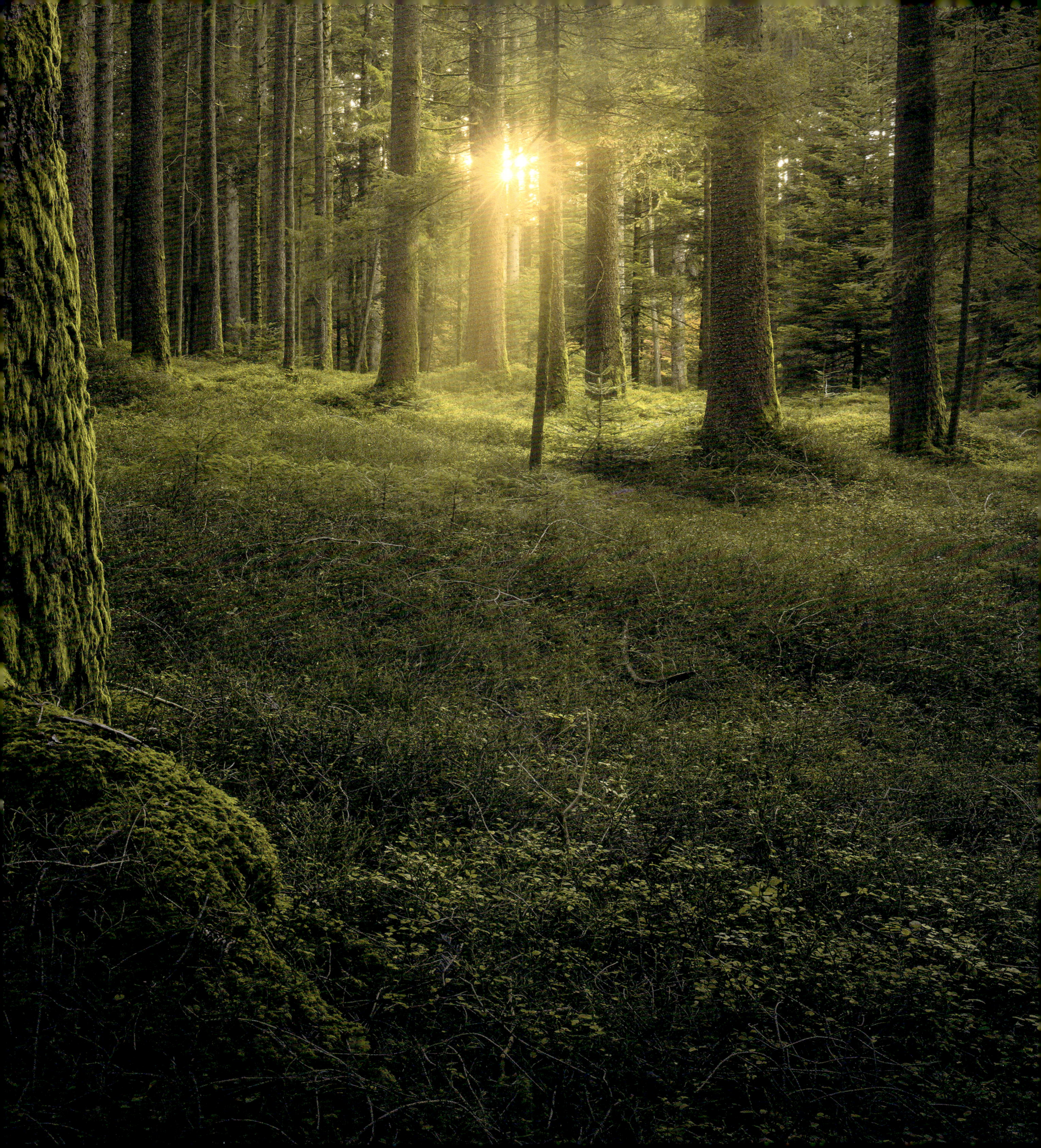

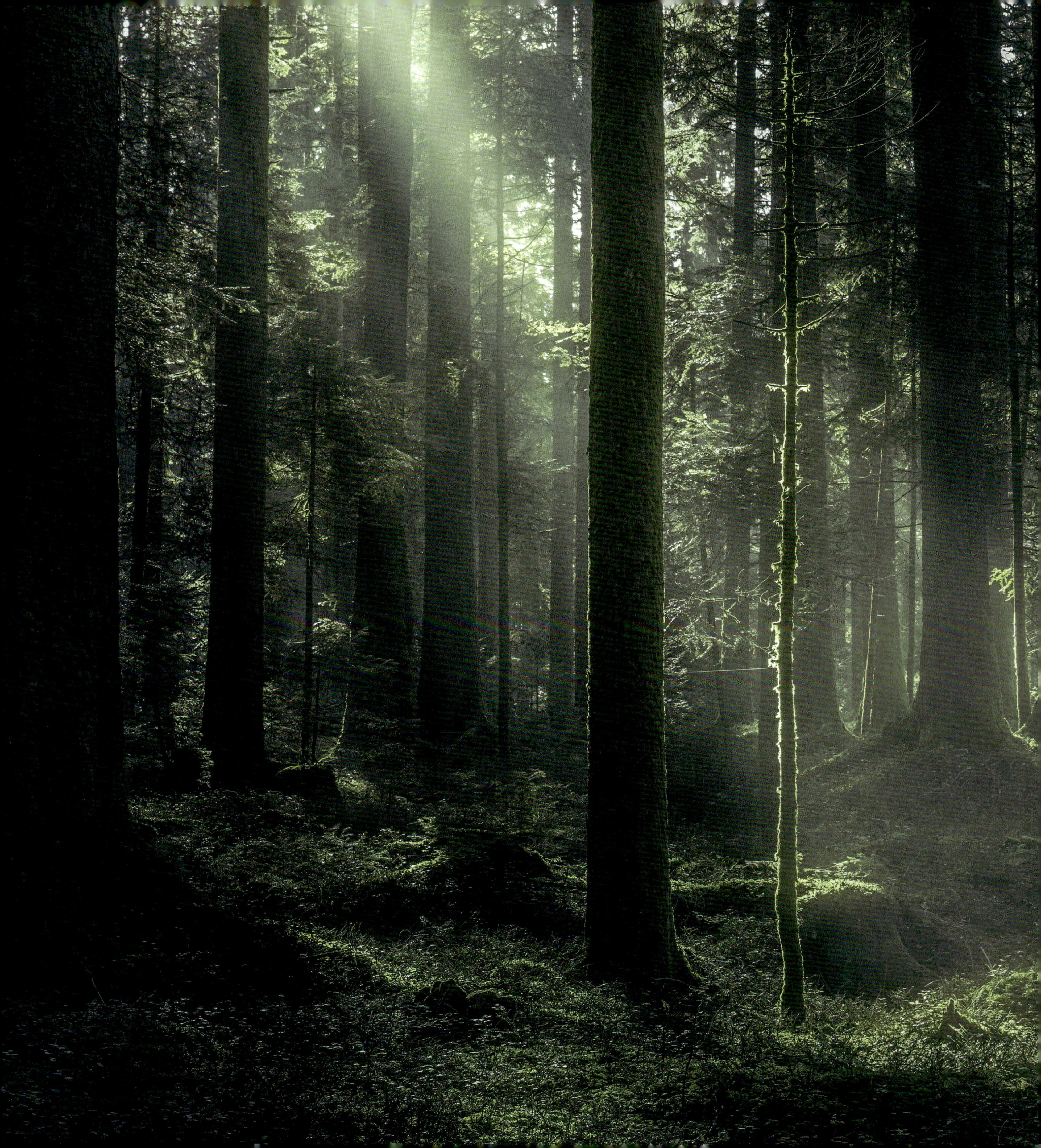

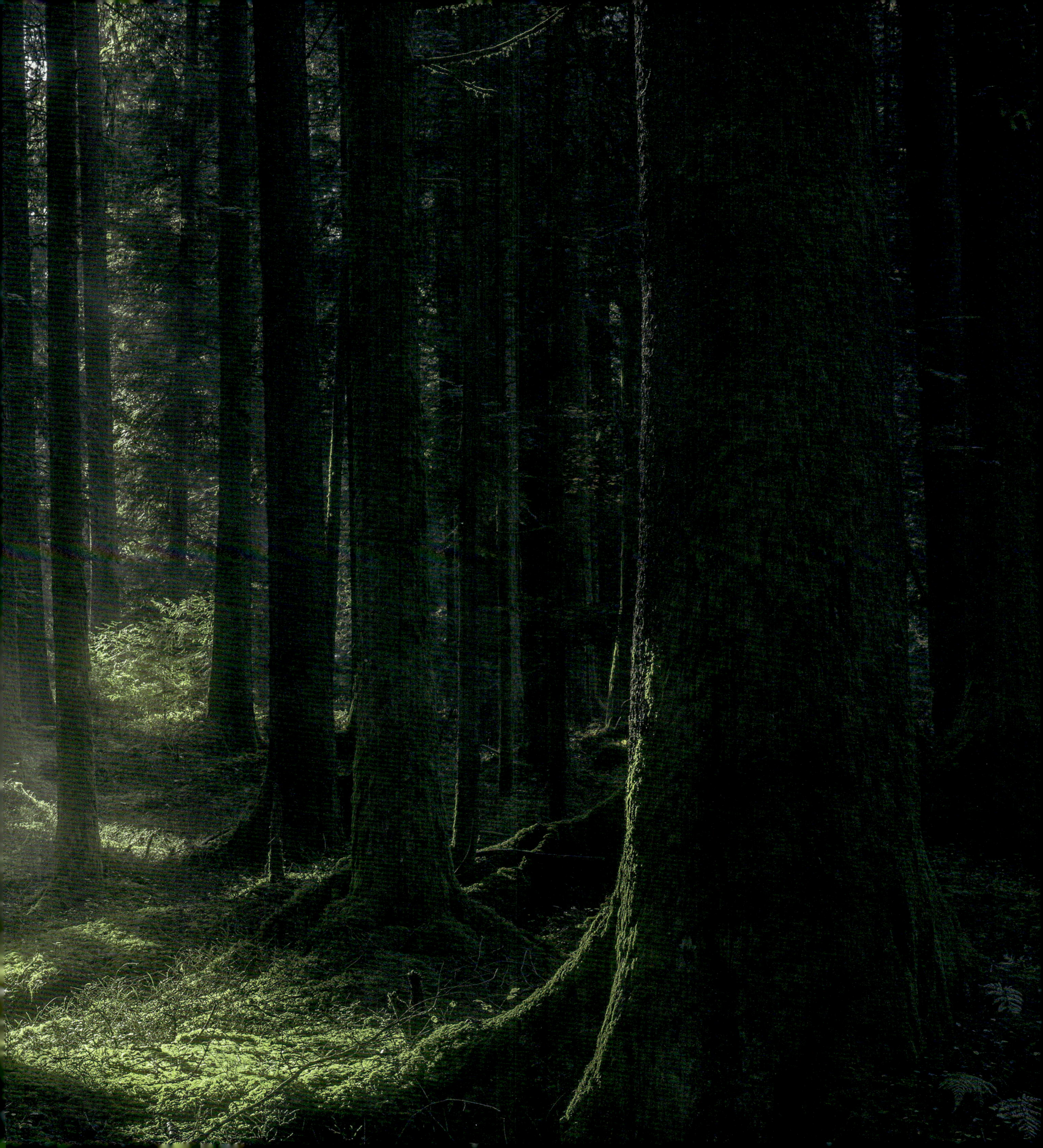

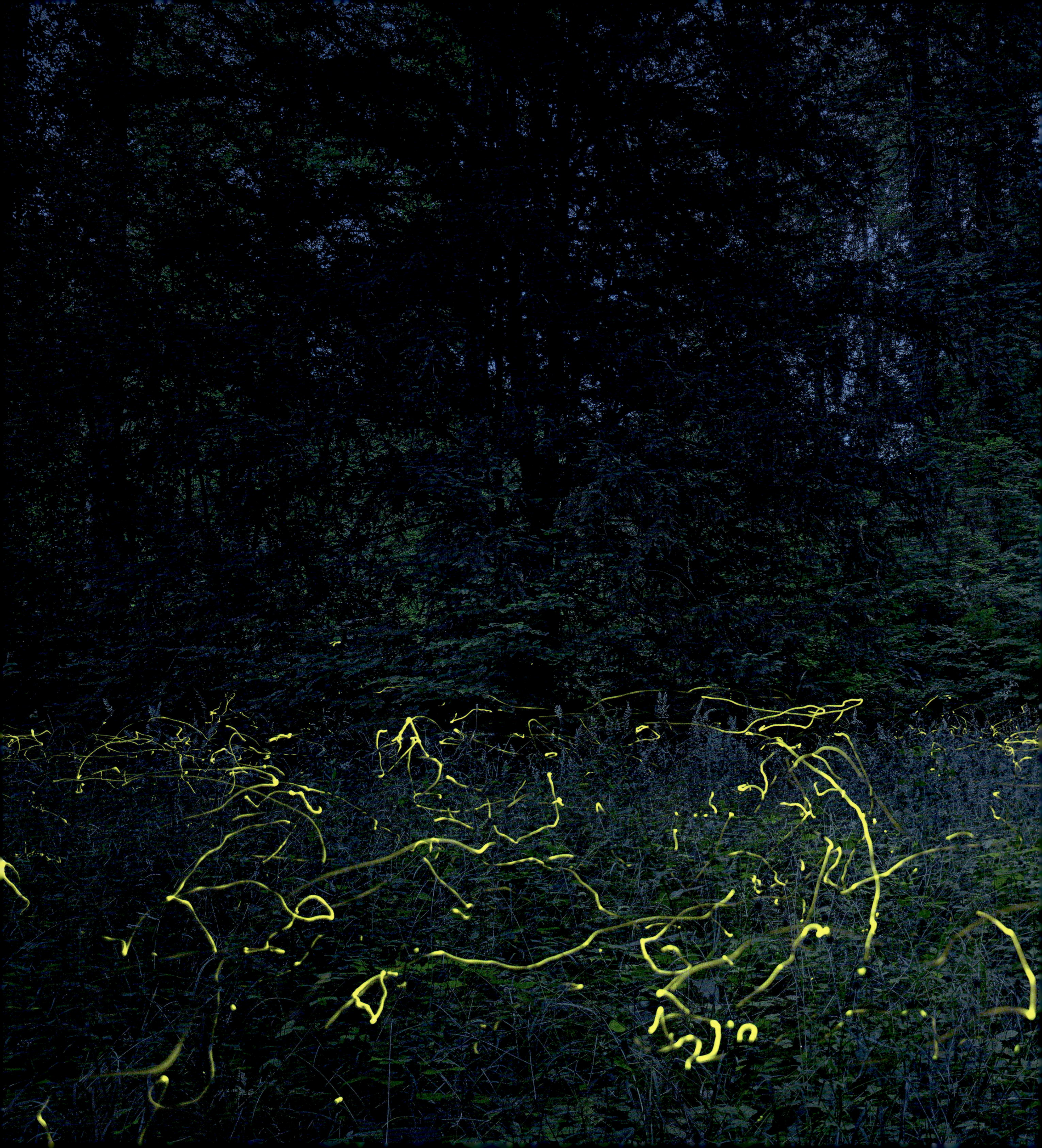

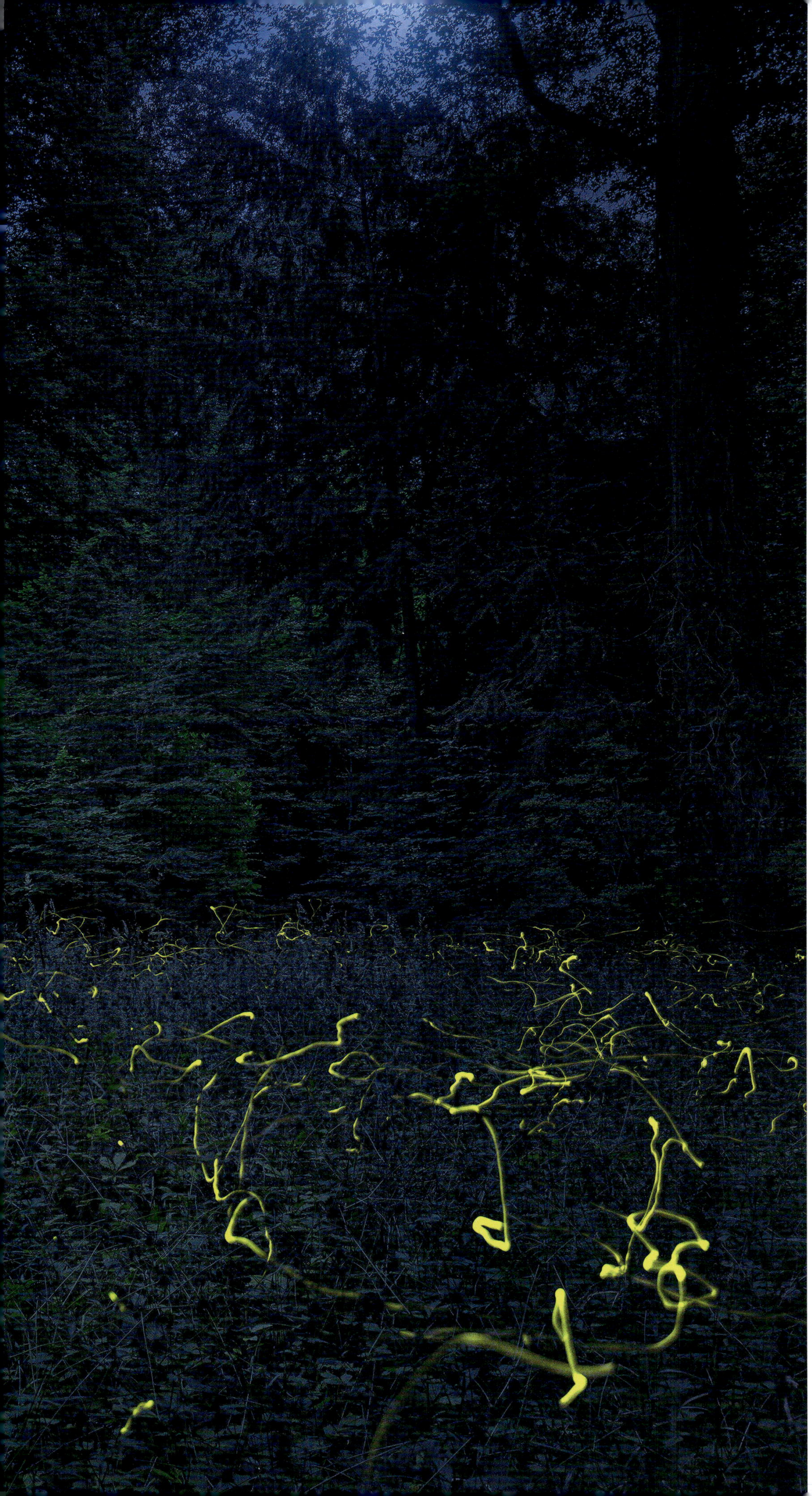

*»Ihr lauf ich müden Fußes nach,
Bis sie sich groß und breit verflicht
Mit Weg und Wagnis tausendfach,
Und wohin dann? Ich weiß es nicht.«*

Bilbos Wanderlied

Abschied: Flüchtige Lichter tanzen im Mondlicht einer enger gewordenen Welt. Und unter Tränen lachen sie beim Abschied.

ZUR FOTOGRAFIE, VON ANDREAS GERTH

Interpretation der Wirklichkeit

Seit vielen Jahren fotografiere ich die schönsten Landschaften um ihrer selbst willen im möglichst besten Licht: die allseits bekannten majestätischen Berge, berühmte Wasserfälle und traumhafte Seen. Die Schweiz als Naturparadies – von der ganzen Welt begehrt und bewundert.

Doch für dieses Buch ging ich den umgekehrten Weg: Der Ursprung eines jeden Bildes war meine Fantasie. Nicht das abgelichtete Motiv stand im Mittelpunkt, sondern der Ort, den meine Fantasie im Motiv erkannte. Ich musste mich vollständig von der realen Welt lösen und in die Landschaft eintauchen, bis sich das Empfinden einstellte, dass die Realität mit der Vorstellung übereinstimmt. Soll heißen, ich fotografierte nicht mehr einfach ein Waldstück, sondern Fangorn oder Düsterwald, und ich sah die Baumwesen förmlich vor mir.

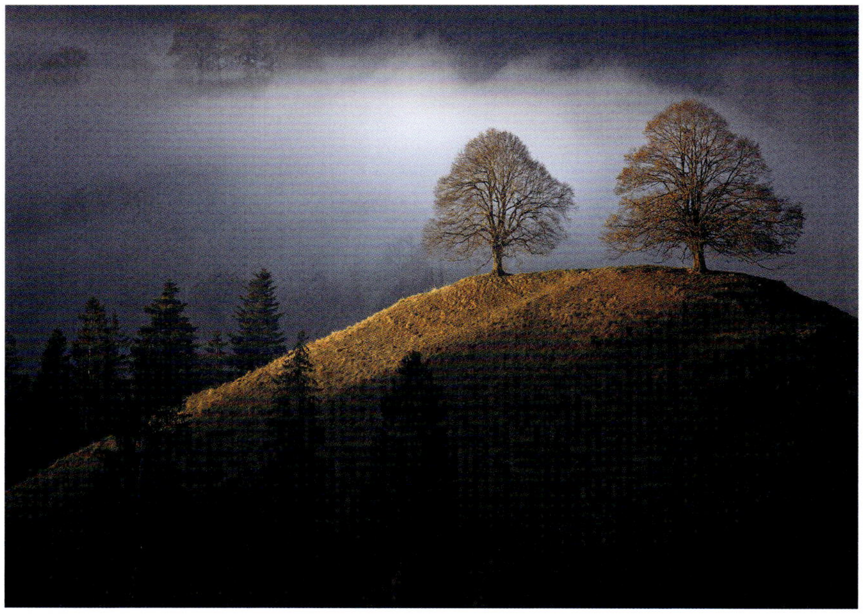

Es war meine persönliche Suche nach dem Elbenland und nach Orten, wo Fantasie und Wirklichkeit aufeinandertreffen – in der Hoffnung, die fiktiven Landschaften Tolkiens in der realen Welt zu finden und in Bilder umzusetzen.

Die Diskussion um die Fotografie und ihr Verhältnis zur Wirklichkeit zieht sich durch die gesamte Fotogeschichte. In ihrem bekannten Essay *Über Fotografie* schrieb schon die Schriftstellerin Susan Sontag: »Auch wenn es in gewisser Hinsicht zutrifft, dass die Kamera die Realität einfängt und nicht nur interpretiert, sind Fotos doch genauso eine Interpretation der Welt wie Gemälde und Zeichnungen.«

Eine Fotografie bildet die Realität nicht authentisch ab, denn die Wirklichkeit hat keine Ansicht. Sie ist lebendig, beinhaltet auch taktile, akustische und weitere Sinneseindrücke und befindet sich in einem Zeitfluss. Auch sind die Eindrücke des visuell Wahrnehmbaren vielfältiger als das, was das Bild wiedergibt. Bilder stellen etwas dar, was sie selbst nicht sind. Eines der bedeutendsten Bilder von René Magritte, »Der Verrat der Bilder«, weist auf diesen Umstand hin. Wenn dieses Etwas aber nicht real ist, wie z. B. die Fantasiewelt von Tolkien, dann stellen Fotos diese irrealen Objekte nicht nur dar, sondern auch her.

Die Fotos in diesem Buch sind kein Spiegel der Wirklichkeit, sondern transformierte, interpretierte Bild-Wirklichkeiten, da sie eine bestimmte Vorstellung in der realen Welt darstellen. Dies gilt sowohl für die Auswahl der Motive als auch für die Bildbearbeitung. Letztere ist für mich ein Werkzeug, um meine Wahrnehmung und Empfindung der Wirklichkeit in meinen Bildern noch deutlicher zum Ausdruck zu bringen. Damit kann ich dem Betrachter zeigen, was mich in der realen

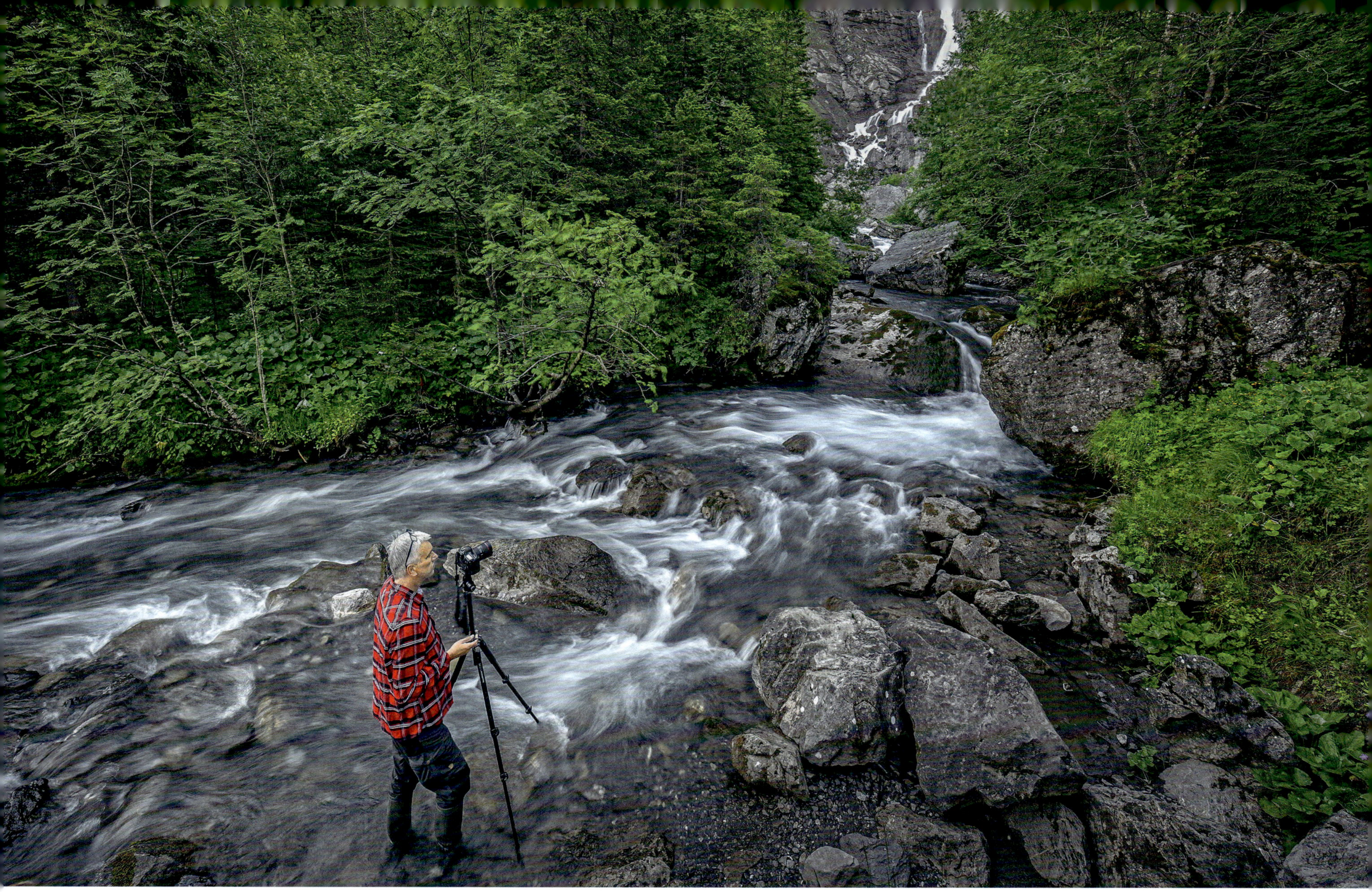

Welt zu dieser Aufnahme bewegt hat, da ich schon vor Ort und während der Aufnahme weiß, wie das Bild später aussehen soll.

Warum dient gerade die Schweiz als Quell der Motive dieses Buches? Einerseits ist da der direkte Bezug zu Tolkien und seiner Reise durch dieses Land. Viel wichtiger aber war mir die Herausforderung, diese fiktive Landschaft in meiner unmittelbaren Umgebung zu finden. Obwohl die Schweiz Tolkien als Inspirationsquelle diente, springt Mittelerde in der Schweiz des 21. Jahrhunderts nicht gleich ins Auge. Trotzdem – wenn man sich etwas intensiver mit dem Thema auseinandersetzt, findet man unzählige Bildmotive, die entsprechende Emotionen und Analogien zu Tolkiens Fantasiewelt auslösen. Es wäre natürlich – abgesehen vom Zeitaufwand – einfacher gewesen, auf der ganzen Welt diejenigen Spots aufzusuchen, die nach gängiger Meinung Mittelerde darstellen. Doch hätte dies nicht einer Suche entsprochen, sondern vielmehr dem Sammeln populärer Vorstellungen. Mir war wichtig, Mittelerde in einem eingegrenzten Gebiet zu finden. Durch die Beschränkung auf die Schweiz wurde Mittelerde für mich real, und ich konnte in diese Fantasiewelt eintauchen. Dadurch war es möglich, konkrete Landschaften Teil meiner Vorstellung werden zu lassen – und umgekehrt.

Dieses Buch soll deshalb auch als Anregung dienen, Mittelerde in der eigenen Umgebung zu suchen. Sollte jemand dennoch den Wunsch verspüren, die hier abgebildeten Orte zu besuchen, stellt das nachfolgende Kapitel »Tipps für Entdecker« einige Locations vor, die einfach zu erreichen sind.

Tipps für Entdecker

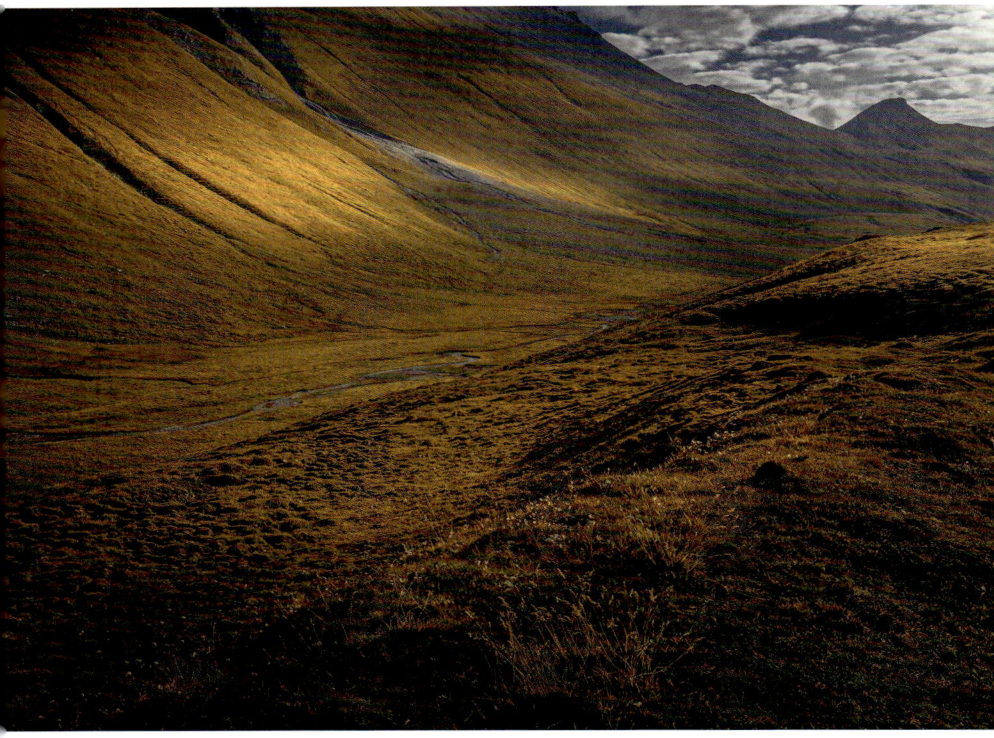

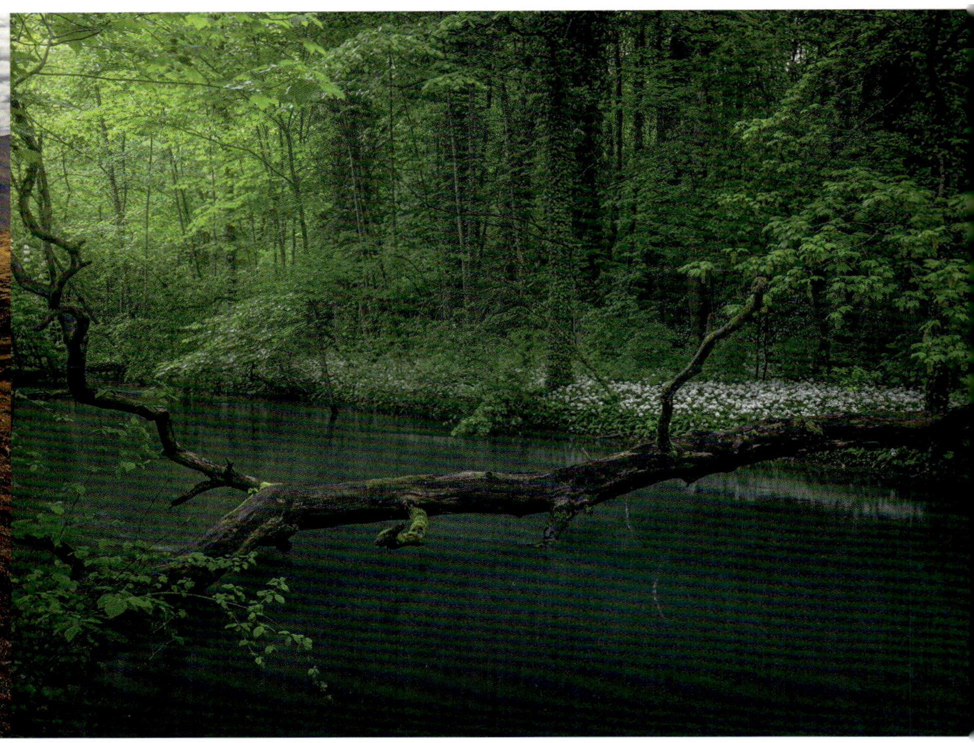

ALBULAPASS

Entdeckung der Ebenen von Rohan

Von Bergün nach La Punt führt einer der schönsten Alpenpässe ins Engadin: der Albulapass. Die weite Landschaft auf der Passhöhe erinnert stark an Länder im hohen Norden und vor allem an die Ebenen von Rohan.

Anreise: In Tiefencastel wählt man nicht den Julierpass für die Weiterfahrt ins Engadin, sondern fährt Richtung Osten noch weiter bis Bergün. Hier beginnt die Passstraße und führt durch eine wunderbare Landschaft hoch auf 2312 Meter über dem Meeresspiegel. Nach der Passhöhe blickt man ins weite Tal.

ALTE AARE

Magisch wie die Wälder Lothlóriens

Auf einer Wanderung entlang der Alten Aare fühlt man sich wie in den Wäldern Lothlóriens: Natürliche Ufer, teilweise im Wasser stehende Bäume und im Frühling ein weißes Meer von Bärlauchblüten ziehen die Wanderer in ihren Bann. Der ursprüngliche Flusslauf mäandert durch die flache, zauberhafte Auenlandschaft und beflügelt die Fantasie.

Anreise: Aarberg liegt ziemlich genau zwischen den Städten Bern und Biel. Vom Städtchen aus führt ein Wanderweg den Fluss entlang bis nach Büren an der Aare.

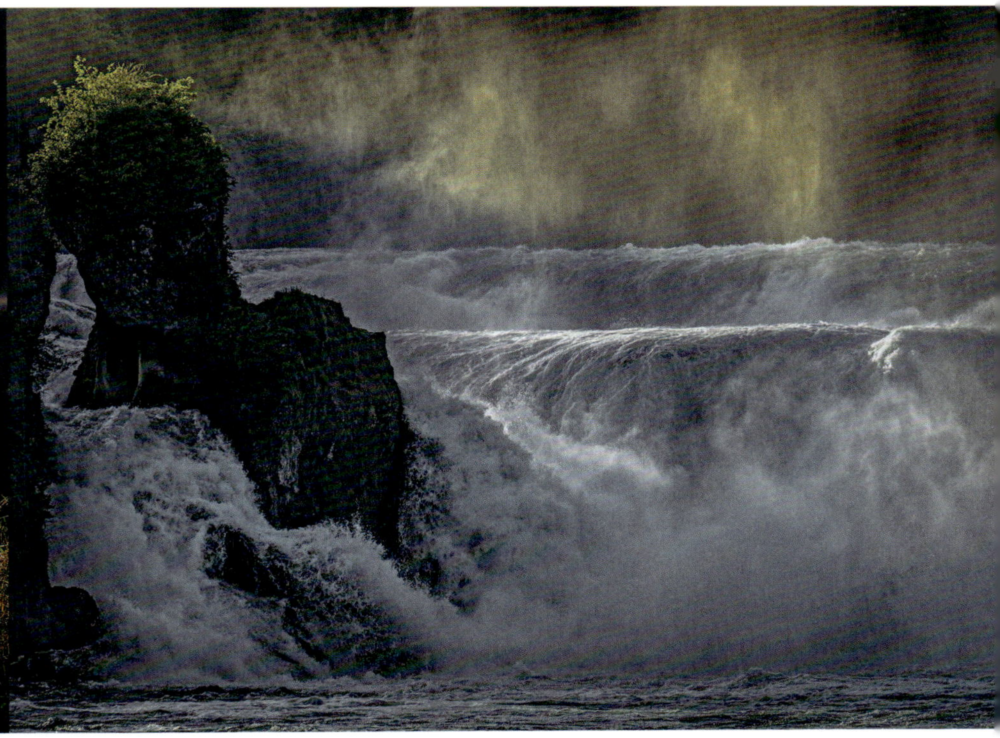

KLÖNTALERSEE

Der Hauch vom Spiegelsee

Der durch einen Bergsturz entstandene Natursee liegt in 848 Meter Höhe oberhalb von Glarus. Er erinnert sehr stark an den dunklen, tiefen Spiegelsee aus Tolkiens Werk. Wenn die ersten Sonnenstrahlen auf das Wasser treffen, erlebt man am westlichen Ufer stehend fast magische Momente. Von der Ostseite aus betrachtet erinnert der See an einen norwegischen Fjord.

Anreise: Ab Glarus führt eine Straße ins Klöntal und zum See. Da dieser für viele als einer der schönsten der Schweiz gilt, ist von Besuchen am Wochenende abzuraten.

RHEINFALL

Das Rauschen der Raurosfälle

Der Rheinfall gehört zu den größten Wasserfällen Europas und erinnert an die Raurosfälle von Mittelerde. Außerdem ist der Rhein an dieser Stelle ein mächtiger Fluss – so wie der Anduin, der durch die Tieflande Gondors fließt.

Anreise: Ab Schaffhausen ist der Weg zum Parkplatz in Neuhausen (nördliches Ufer) ausgeschildert. Um zum südlichen Ufer beim Schloss Laufen zu gelangen, benutzen Sie auf der Autobahn A4 die Ausfahrt Dachsen/Rheinfall und folgen anschließend den Wegweisern.

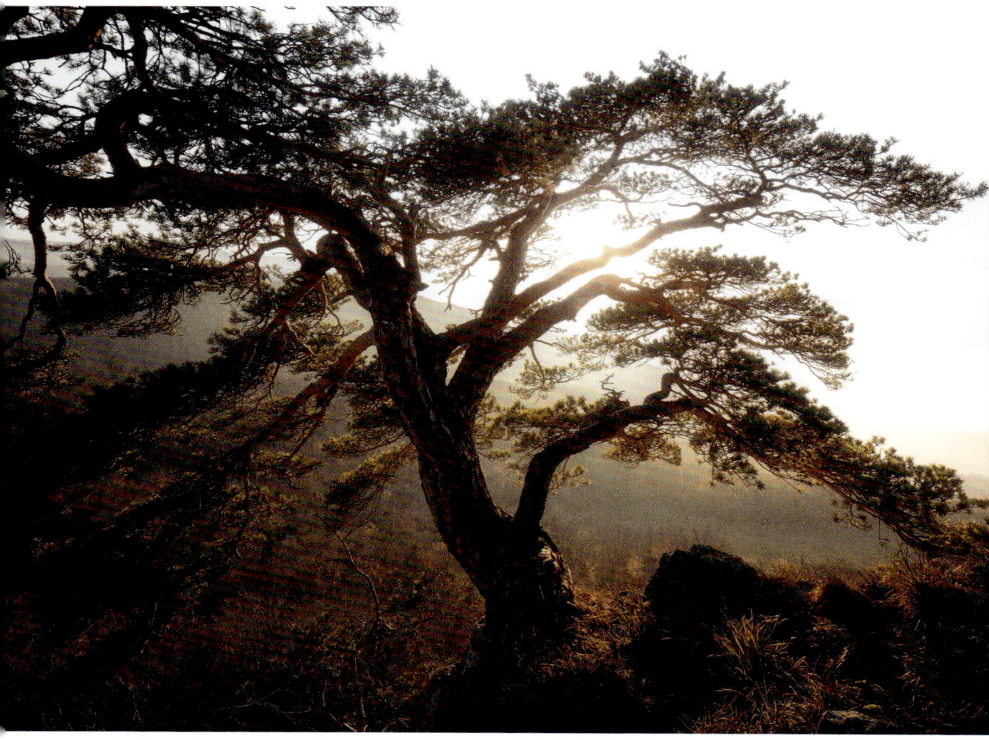

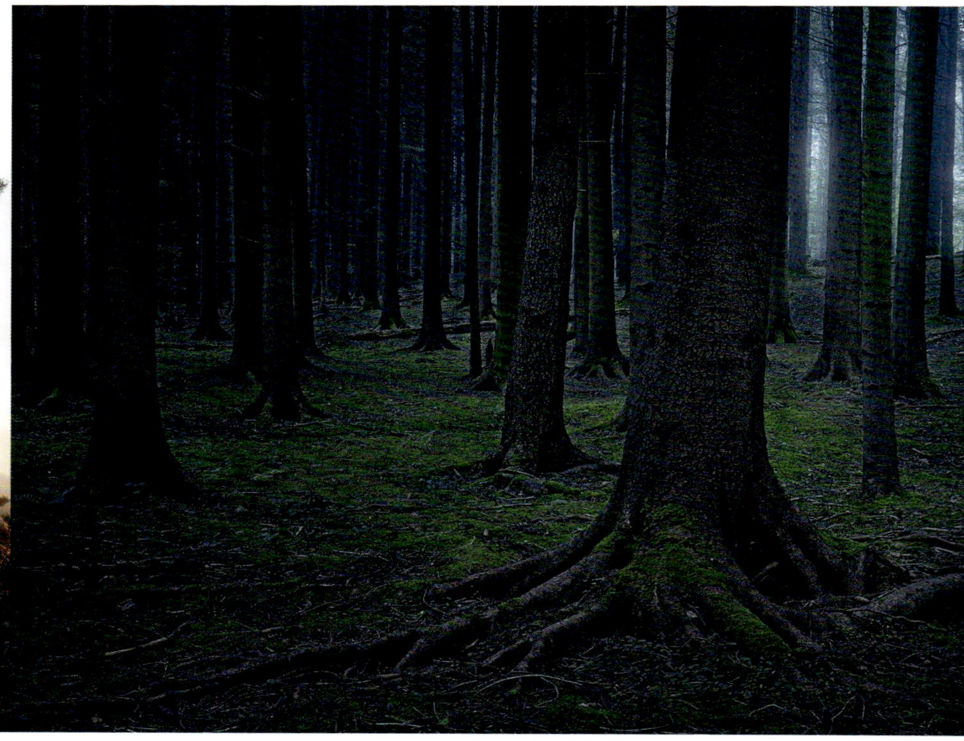

SCHARTENFLUH

Mittelerde liegt in der Luft

Wenige Kilometer südöstlich von Basel erhebt sich am Rand des Birstales die Schartenfluh, die höchste Erhebung des Gempenplateaus. Am Rand des nach Westen hin steil abfallenden Felskopfes wachsen einige knorrige Föhren, die von den Höhen in Tolkiens Mittelerde stammen könnten.

Anreise: Vom Dorf Gempen führt eine Straße hoch zum Restaurant Gempenturm, das auf dem höchsten Punkt der Schartenfluh direkt an der Felskante steht. Entlang der Kante finden sich verschiedene Exemplare dieser Föhren.

SIHLWALD

Schauer vom Düsterwald

Der Sihlwald ist ein großer, ursprünglicher Buchenwald vor den Toren Zürichs. Im Frühling ist der Boden hier übersät mit stark duftenden Bärlauchblüten. Der Bereich »Tannboden« ist ein unterholzfreies Waldstück, auf dem jedoch Fichten wachsen und der vor allem in den frühen Morgenstunden Assoziationen zum Düsterwald hervorruft.

Anreise: Ab dem Bahnhof Sihlwald überquert man auf einer Brücke zuerst die Sihltalstraße, bevor verschiedene Wege durch den Sihlwald führen. Zum »Tannboden« führt ein Pfad rund 800 Meter den Wald hoch.

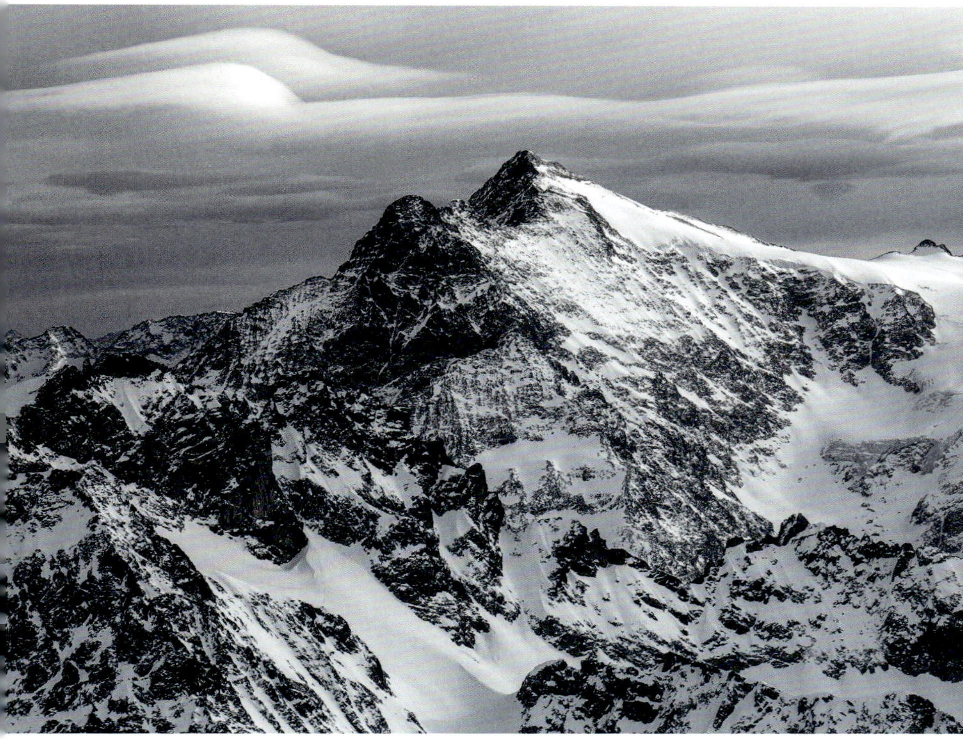 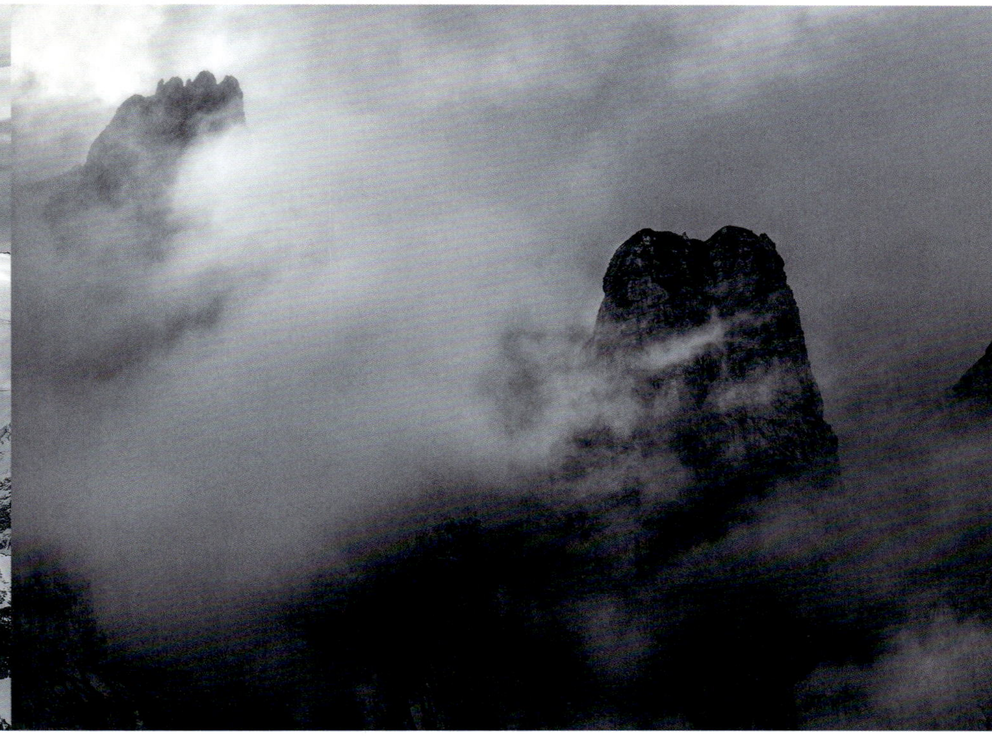

BLICK VOM TITLIS

Glanz des Weißen Gebirges

Vom Titlis auf 3020 Metern über dem Meeresspiegel bietet sich ein fantastischer Ausblick über Alpengipfel und Gletscher. Den Berg in der Zentralschweiz kann man das ganze Jahr besuchen. Vor allem im Winter, wenn die Gipfel schneebedeckt sind, fühlt man sich wie mitten im Weißen Gebirge.

Anreise: Sie erreichen Engelberg am Fuße des Titlis von der Autobahn A2 (Basel–Gotthard) ab der Ausfahrt Stans-Süd nach etwa 20 Kilometern. Mit einer drehbaren Luftseilbahn gelangen Sie anschließend auf den Gipfel.

URNERBODEN

Visionen vom Schattengebirge

Der Urnerboden – die größte Alp der Schweiz – ist ein langes, von hohen Bergen eingekeiltes Hochtal, das östlich der Klausenpasshöhe liegt. Wenn nach einem Regenschauer die Nebelfetzen um die Felstürme ziehen, erscheint die Landschaft bedrohlich wie Tolkiens Schattengebirge.

Anreise: Von Linthal im Kanton Glarus führt die Klausenpassstraße nach Altdorf im Kanton Uri. Vor dem Anstieg zur Passhöhe durchquert sie das lang gezogene Tal, und auf der rechten Seite ragen die dunklen Felsen in die Höhe.

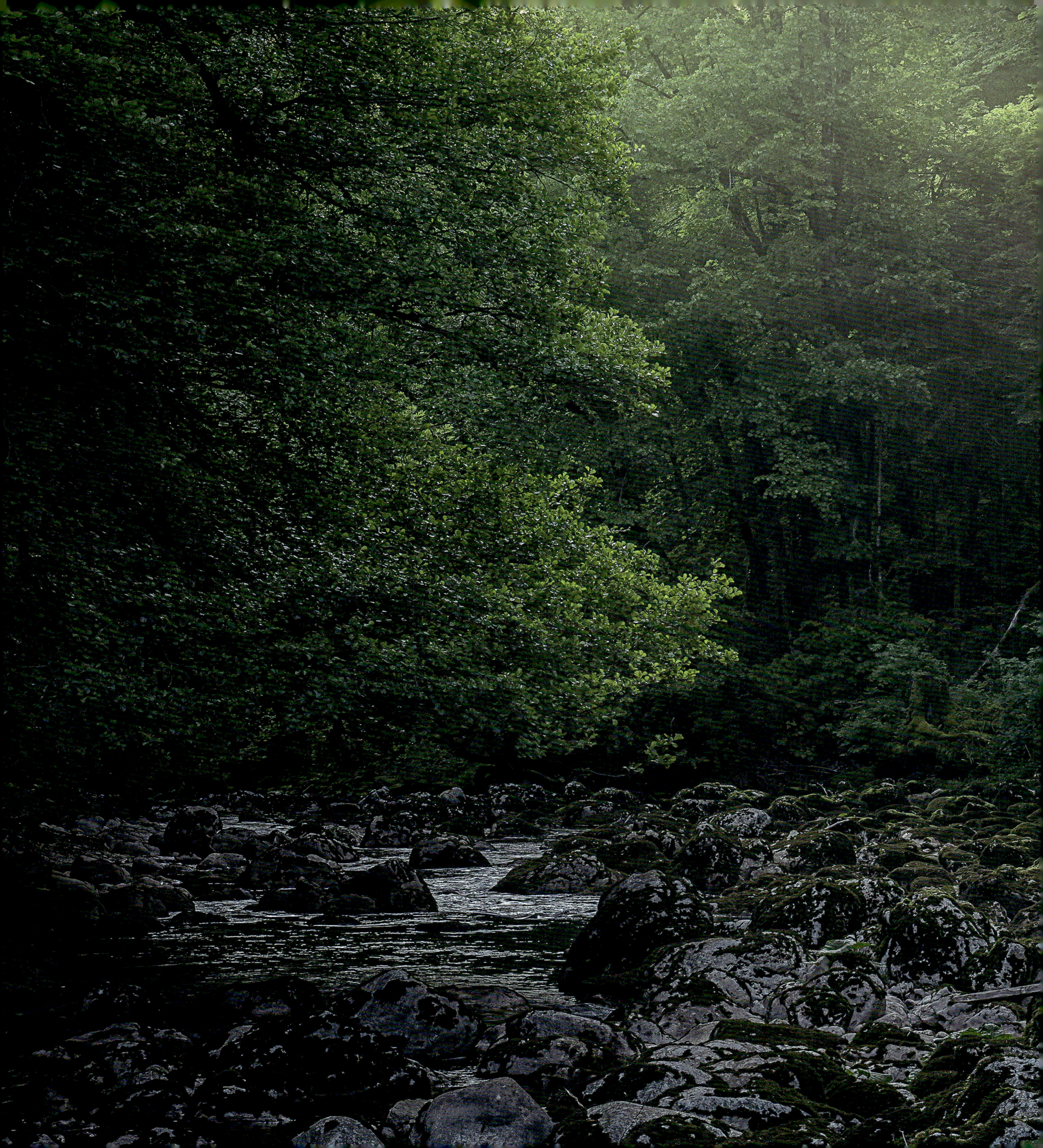

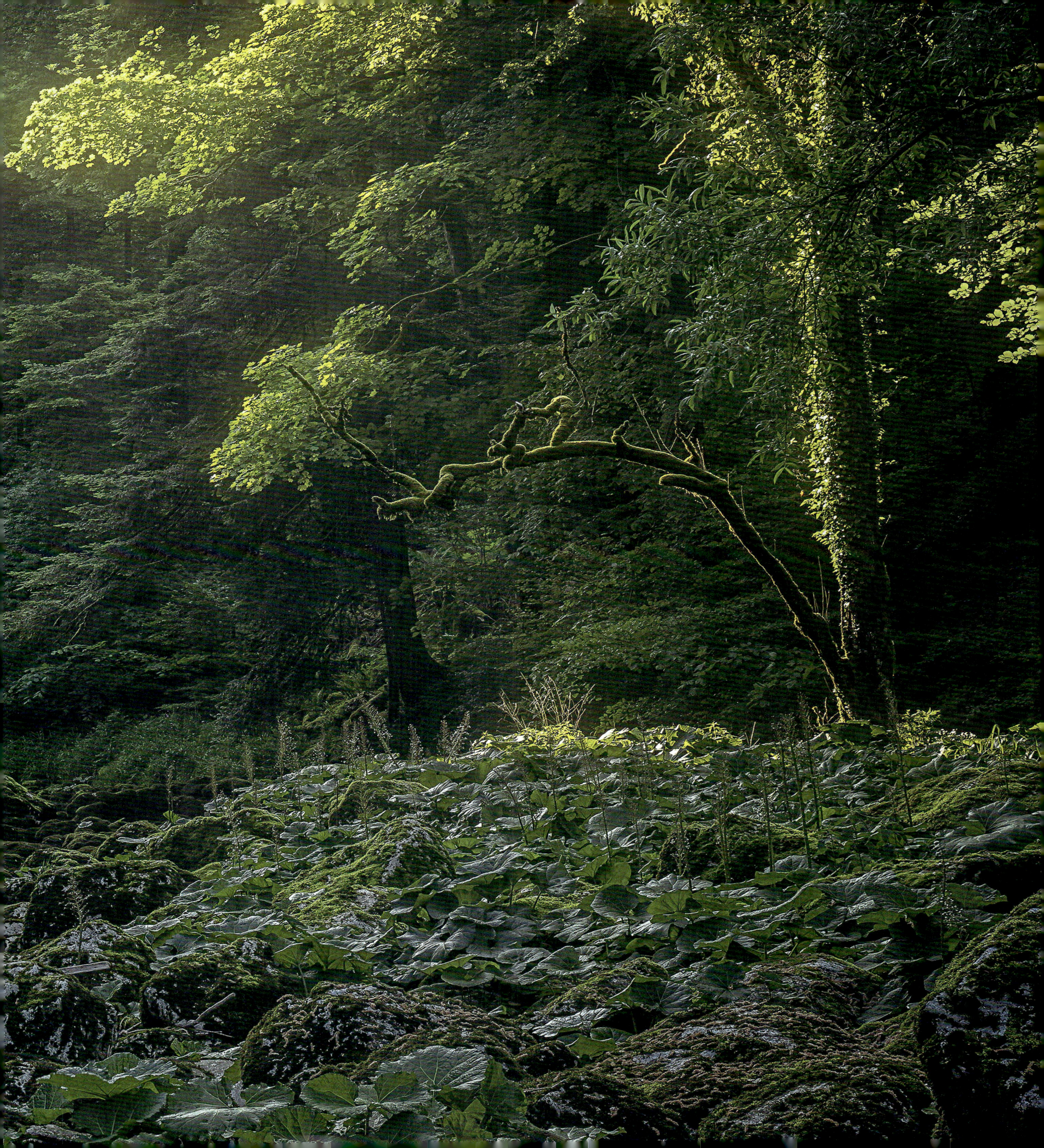

Quellennachweis

Vorwort:
S. 18: »Mittelerde ist keine imaginäre Welt.«, Briefe, S. 315.

Einleitung:
S. 22: »Es ist zu Recht ...«, Tom Shippey Afterword S. 269.

Landschaften in der Fantasy-Literatur:
S. 24: Indirektes Zitat, Le Guin *The Language of the Night*, S. 58 – S. 25: »dass die Phantastik gar nicht phantastisch ist, Weinreich 2012 – ebd.: »Willentliche Aussetzung des Unglaubens«, Coleridge *Biographia Literaria* S. 169 – S. 26 »Indem ich dem Gemeinen ...«, S. 26, Novalis *Blüthenstaub Fragmente* – ebd.: »Mythos für England« , *Briefe* S. 192 – S. 27: Zitat der Inhaltsanalyse, Weinreich *Violence in the Lord of the Rings*, S. 27.

Aufbruch in eine andere Welt – Berufung und Aufbruch:
S. 30: »Ob ich wohl jemals wieder ...« *HdR*, S. 99. S. 31: Herrmann Hesse, *Stufen*. **Der Verlust von Schönheit und Ruhe:** S. 36: »Für Abenteuer haben wir ...« *Hobbit*, S. 64, »ein großes ordentliches Land mit achtbaren Bewohnern ...« a.a.O., S. 92 – S. 41: »Dann verblasste die Vision ...« *HdR*, S. 178 – S. 42: »Weit im Westen ...« *HdR*, S. 1088. **Grüne Berge und tiefe Schluchten:** S. 51: HdR, S. 145. **Schützende Wälder:** S 52: Fließtext: Denekamp, S. 1 – S. 56: »Enden und Sich-Lichten« *HdR*, S. 143 – S. 60: »Der Trunk war wie Wasser ...«, *HdR*, S. 528. **Täler und Höhen:** S. 69: »Es steht fest ...” Curry 1997, S. 60 – S. 72: »Eines Morgens in der Frühe der Zeiten ...«, *Hobbit*, S. 61 – S. 80: »... ein richtiger Weg, der zu einem Haus ...« *Hobbit*, S. 97 – S. 85: »Aber es waren Trolle ...« *Hobbit*, S. 97 – S. 87: »Ich frage mich, ...« *Schmied von Großholzingen*, S. 71. **Übers Gebirge:** S. 90: »Er nahm eine Reihe von ...« *John Howe*, Vorwort zu M. S. Monsch: *Die Schweiz in Tolkiens Mittelerde*, S. XI – ebd. »in das Unbekannte verschluckt« Campbell, *Hero with a Thousand Faces*. S. 97 – S. 95: »Wer wird uns jetzt führen ...« *HdR*, S. 354 – S. 98: »Das wird der Tod ...« *HdR*, S. 333.

Jenseits der Berge – Pfad der Prüfungen:
S. 104: »Road of Trials«, *Campbell* S. 113 – S: 105: »Ein Teil des Namens ...« *HdR*, S. 527. **Reise auf dunklen Wegen:** S. 111: »So, das ist der Düsterwald ...« *Hobbit*, S. 211. **Verlust und Sehnsucht:** S. 121: »Heut aber kennt sie keiner mehr ...« *HdR*, S. 386 – S. 124: »und aus ihm lief ...« *HdR*, S. 381. **Der Große Fluss:** S. 128: »eintönige graue Stunden ...« *HdR*, S. 430f. – S. 131: »Während sie noch schauten ...« *HdR*, S. 428. **Bäume**: S. 137: Joseph von Eichendorff: *Abschied* von 1810 – S. 139: »Binnen sieben Stunden ...« Das Silmarillion, S. 47 – S. 140: »Denn es heißt, obwohl die Früchte des Baumes ...« *HdR*, S. 1075 **Weites Land:** S. 144: »unsere Welt, in eine imaginäre Periode ...« *Schneidewind* 2006 S. 9 – ebd.: »not an imaginary world« *Briefe* S. 315 – S. 147: »Der Grat fiel vor ihren Füßen steil ab ...« *HdR*, S. 475 – S. 149: »»Ulmo ist der Herr des Wassers. ...« Das Silmarillion, S. 33. **Das Weiße Gebirge:** S. 155: »als sie dem Rothornpass den Rücken wandten ...« *HdR*, S. 337. **Fruchtbares Land:** Indirektes Zitat S. 156: kein Umweltaktivist, *Dickerson, Evans* S. XVI – ebd.: »Allianz« et al, *Elder* S. XII – S. 158: »Außerdem schmerzte mich ...« *Briefe* S. 191.

Durchs Schattenreich – Die Feuerprobe:
S. 160: »stewardship« *Dickerson, Evans* S. 37 – ebd.: »dienen und nicht andersherum« *Dickerson, Evans*, S. 38 – ebd.: »ein leichtes Klopfen hier ...« *HdR*, S. 610 – S. 163: »To dungeons deep ...« Lied aus der Peter-Jackson-Verfilmung von *Der Hobbit*, Teil 1. **Trostlose Sümpfe:** S. 167: »Sie liegen in all den Tümpeln«, *HdR*, S. 699. **Karge Steinwüste:** S. 168: »eine schwarzgraue, schattenlose Welt ...« *HdR*, S. S. 777 – ebd.: »Sie können nicht auf immer siegen! « *HdR*, S. 779 – S. 171: »Alle Büsche in Mordor haben Dornen« Shippey, *Weg* S. 274 – S. 174: »Dort in der Ferne ...« *HdR*, S. 779. **Bedrohliche Gipfel:** S. 178: »... es schien alles zerstört ...« *HdR*, S. 1021 – S. 183: »In dem entsetzlichen Licht...« *HdR*, S. 994. **Schattenland:** S. 186: Zitat aus dem Ringgedicht *HdR*, S. 75f. – S. 191: »und wenn die Aufgabe erfüllt war...« *HdR*, S. 1033 – S. 192: »Ich werde hinkommen...« *HdR*, S. 1039.

Im Elbenland – Erlösung:
S. 198: »death or departure.« *Campbell* S. 373 – S. 199: »Es ist nicht die Gesellschaft ....« *Campbell* S. 409. **Tod und Abschied:** S. 200: Tolkien ein Kriegsschriftsteller. Shippey: *Weg* S. 414f. – ebd.: »unvermeidliches Resultat.«, *Briefe* S. 318f. **Lohn:** S. 204, Indirektes Zitat: Aufgabe des Helden. *Campbell*, S. 409 –ebd.: Bei den großen Entscheidungen ...« *Briefe*, S. 198 – S. 208: »Es gibt diese Sache...« *Briefe*, S. 190 – S. 213: »Ihr lauf ich müden Fußes nach...« *HdR*, S. 101.

Zur Fotografie:
S. 214: Sontag, S. 12.

Primärquellen:

Coleridge, Samuel Taylor: *Biographia Literaria*. London: J. M. Dent & Sons. 1965.

Eichendorff, Joseph von: *Abschied*. https://gedichte.xbib.de/Eichendorff_gedicht_Abschied.htm

Hermann Hesse: *Stufen*. https://hhesse.de/gedichte/stufen/

Novalis (Georg Friedrich Philipp Freiherr von Hardenberg): Blüthenstaubfragmente. In: *Werke*. München: Beck. 2001.

Tolkien, J R. R.: *Das Silmarillion*. Aus dem Englischen von Wolfgang Krege. Stuttgart: J. G. Cottasche Buchhandlung. 1978.

Tolkien, J.R.R. 2002. *J.R.R. Tolkien Briefe*. Herausgegeben von Humphrey Carpenter unter Mitwirkung von Christopher Tolkien. Aus dem Englischen von Wolfgang Krege. Stuttgart: J. G. Cottasche Buchhandlung. 1991.

Tolkien, J. R. R.: *Der Hobbit*. Aus dem Englischen von Wolfgang Krege. Stuttgart: J. G. Cottasche Buchhandlung. 2012.

Tolkien, J. R. R.: *Der Schmied von Großholzingen*. Stuttgart: J. G. Cottasche Buchhandlung. 2016.

Tolkien, J. R. R.: *Der Herr der Ringe*. Aus dem Englischen von Margaret Carroux. Stuttgart: J. G. Cottasche Buchhandlung. 2021.

Sekundärliteratur:

Andrea Denekamp: »Transform Stalwart Trees«: Sylvan Biocentrism in *The Lord of the Rings*. In: Martin Simonson (Hrsg.): *Representations of Nature in Middle-earth*. 1-27.

Campbell Joseph: *The Hero with a Thousand Faces*. 2nd Edition Princeton: Princeton University Press. Revised Edition 2020.

Curry, Patrick: *Defending Middle-earth*. Tolkien: *Myth and Modernity*. New York: St. Martin's Press 1997.

Dickerson, Matthew, Evans, Jonathan: *Elves, Ents and Eriador. The Environmental Vision of J.R.R. Tolkien*. Lexington: The University Press of Kentucky. 2006.

Elder, John: Foreword to Ents, Elves and Eriador. IX-XI.

Garth, John: *The Worlds of J.R.R. Tolkien. The Places that Inspired Middle-earth*. London: Frances Lincoln. 2020.

Howe, John: Vorwort. In: Monsch, Martin S.: *Die Schweiz in Tolkiens Mittelerde. Auf den Spuren einer abenteuerlichen Sommerreise im Jahr 1911*. Zürich 2021. IX-XII.

Le Guin, Ursula: *The Language of the Night*. New York: Putnam & Sons. 1979.

Lewis, Alex and Elizabeth Currie; Artwork by Ruth Lacon: *Tolkien's Switzerland. A Biography of One Special Summer*. N.p.: Elansea. 2019

Pilarczyk, Ulrike, Mietzner, Ulrike: *Das reflektierte Bild. Die seriell-ikonografische Fotoanalyse in den Erziehungs- und Sozialwissenschaften*. Bad Heilbrunn: Klinkhardt. 2005.

https://www.pedocs.de/volltexte/2010/2666/pdf/50086_Mietzner_D_A.pdf

Scheler, Uwe: *Die photographische Wahrnehmung der Wirklichkeit*. O. O. u. J.

http://www.uwescheler.de/Texte/E6Wahrn.pdf

Schneidewind, Friedhelm: Wo und wann ist Mittelerde? In: Fr. Schneidewind, Fr. Weinreich (Hrsg.): *Mittelerde ist unsere Welt. Wie es »wirklich« war*. Edition Stein und Baum, Band 2. Saarbrücken: Verlag der Villa Fledermaus. 2006. 9–13.

Shippey, Tom: *Der Weg nach Mittelerde. Wie J. R. R. Tolkien ‚Der Herr der Ringe' schuf*. Stuttgart: J. G. Cottasche Buchhandlung. 2008.

Shippey, Tom: *Afterword zu Ents, Elves and Eriador*. 2006. 269–271.

Simonson, Martin (Hrsg.): *Representations of Nature in Middle-earth*. Cormarë Series Vol. 34. Zürich, Jena: Walking Tree Publishers. 2015.

Sontag, Susan: *Über Fotografie*. Frankfurt/M.: Fischer. 1980.

Weinreich, Frank: *Fantasy. Einführung*. Essen: Oldib. 2007.

Weinreich, Frank: Violence in Lord of the Rings. In: Th. Fornet-Ponse et al: *Violence, Conflict and War in Tolkien*. Hither Shore, Band 6. Köln: Scriptorium Oxoniae 2010. 10–26.

Weinreich, Frank: Die Phantastik ist nicht phantastisch. Zum Verhältnis von Phantastik und Realität. In: L. Schmeink, H.-H. Müller (Hrsg.) *Fremde Welten. Wege und Räume der Fantastik im 21. Jahrhundert*. Berlin, Boston: De Gruyter 2012. 19–35.

Impressum

Producing
Verantwortlich: Dorothea Sipilä
Umschlaggestaltung: Regina Degenkolbe
Layout und Satz: Peter Feierabend Unique Books, Köln
Satz und Gestaltung: Frank Behrendt, Köln
Lektorat: Linde Wiesner, München
Technische Produktion: LUDWIG:media
Herstellung: Bettina Schippel
Printed in Slovakia

Textnachweis
Alle Texte in diesem Band stammen von Frank Weinreich mit Ausnahme der Kapitel »Zur Fotografie« und »Tipps für Entdecker«, diese wurden von Andreas Gerth verfasst, sowie des Vorworts, welches von Thomas Honegger geschrieben wurde.

Bildnachweis:
Alle Bilder des Umschlags und des Innenteils stammen von Andreas Gerth.

Umschlagvorderseite:
Von Nebel umhüllte Felsspitzen im Weisstannental, Ostschweiz

Umschlagrückseite:
Der Canyon von Tine de Conflens, Region Morges im Kanton Waadt

★★★★★

Sind Sie mit diesem Titel zufrieden? Dann würden wir uns über Ihre Weiterempfehlung freuen. Erzählen Sie es im Freundeskreis, berichten Sie Ihrem Buchhändler, oder bewerten Sie bei Onlinekauf. Und wenn Sie Kritik, Korrekturen, Aktualisierungen haben, freuen wir uns über Ihre Nachricht an Bruckmann Verlag GmbH, Postfach 40 02 09, D-80702 München oder per E-Mail an lektorat@verlagshaus.de.

Unser komplettes Programm finden Sie unter www.frederking-thaler.de

Alle Angaben dieses Werkes wurden von den Autoren sorgfältig recherchiert und auf den neuesten Stand gebracht sowie vom Verlag geprüft. Für die Richtigkeit der Angaben kann jedoch keine Haftung übernommen werden, weshalb die Nutzung auf eigene Gefahr erfolgt. Insbesondere bei GPS-Daten können Abweichungen nicht ausgeschlossen werden. Sollte dieses Werk Links auf Webseiten Dritter enthalten, so machen wir uns die Inhalte nicht zu eigen und übernehmen für die Inhalte keine Haftung.

In diesem Buch wird aus Gründen der Lesbarkeit das generische Maskulinum verwendet. Weibliche und andere Geschlechtsidentitäten werden dabei ausdrücklich mitgemeint, soweit es für die Aussage erforderlich ist.

Die Deutsche Nationalbibliothek verzeichnet diese Publikation in der Deutschen Nationalbibliografie; detaillierte bibliografische Daten sind im Internet über http://dnb.d-nb.de abrufbar.

ISBN 978-3-95416-363-2

EBENFALLS ERHÄLTLICH

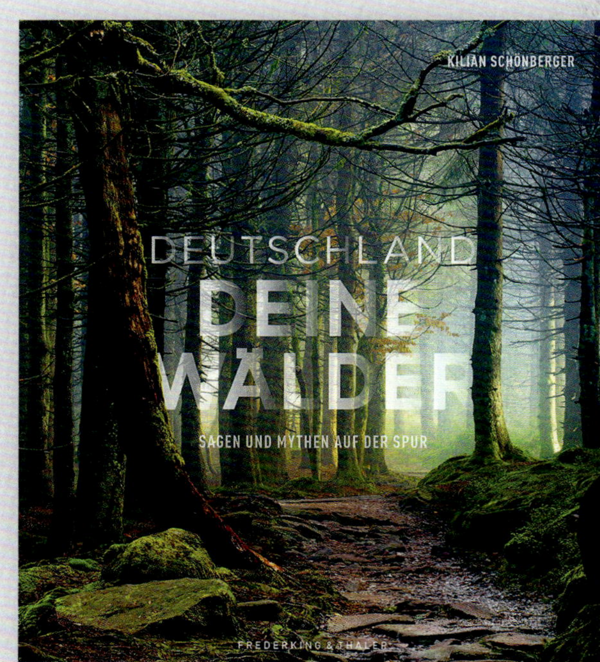

ISBN: 978-3-95416-308-3

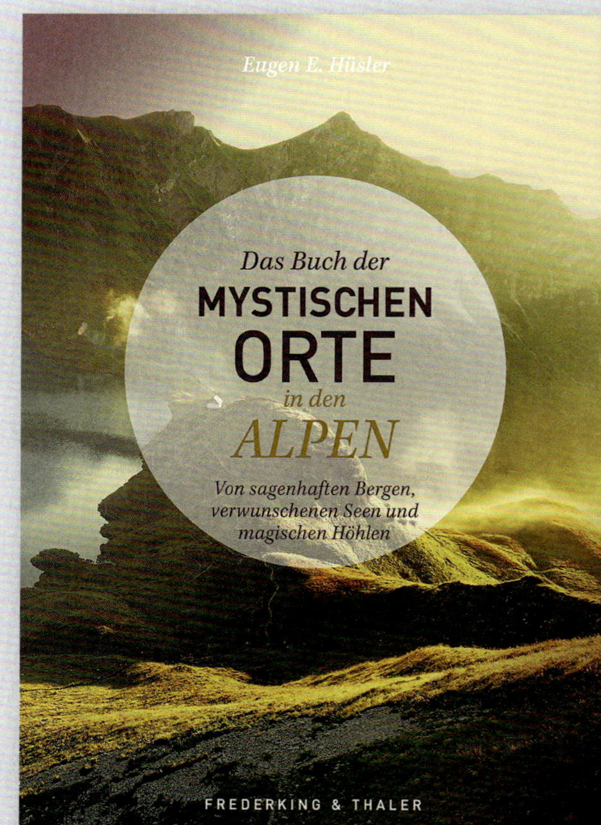

ISBN: 978-3-95416-290-1